《客运索道运营安全生产标准化管理》团体标准应用指南

李书清　蔺鸿达　主编

应急管理出版社

·北京·

图书在版编目（CIP）数据

《客运索道运营安全生产标准化管理》团体标准应用指南/李书清，蔺鸿达主编．－－北京：应急管理出版社，2022
 ISBN 978－7－5020－9690－8

Ⅰ.①客… Ⅱ.①李… ②蔺… Ⅲ.①旅客运输—索道运输—企业安全—安全生产—标准化管理—指南 Ⅳ.①U18-62

中国版本图书馆 CIP 数据核字(2022)第 218246 号

《客运索道运营安全生产标准化管理》团体标准应用指南

主　　编	李书清　蔺鸿达
责任编辑	赵金园
责任校对	邢蕾严
封面设计	于春颖
出版发行	应急管理出版社（北京市朝阳区芍药居 35 号　100029）
电　　话	010-84657898（总编室）　010-84657880（读者服务部）
网　　址	www.cciph.com.cn
印　　刷	三河市中晟雅豪印务有限公司
经　　销	全国新华书店
开　　本	880mm×1230mm $^1/_{16}$　印张 $22^3/_4$　字数　691 千字
版　　次	2023 年 1 月第 1 版　2023 年 1 月第 1 次印刷
社内编号	20221321　　　　　　　　　定价　110.00 元

版权所有　违者必究

本书如有缺页、倒页、脱页等质量问题，本社负责调换，电话：010-84657880

前　　言

为了全面推进和加强客运索道企业安全运营管理，认真贯彻落实 2021 年发布实施的《中华人民共和国安全生产法》关于加强安全生产标准化建设的要求，构建安全风险分级管控和隐患排查治理双重预防机制，指导、规范和强化客运索道运营企业安全生产标准化管理体系建设，提高安全运营管理水平，2022 年 10 月，中国索道协会首次组织制定并发布实施了《客运索道运营安全生产标准化管理》团体标准，并于 2023 年 1 月 1 日起实施，标准的制定填补了国内客运索道行业团体标准的空白。为便于企业安全运营管理的实施，我们编写了《客运索道运营安全生产标准化管理团体标准应用指南》。这也是中国索道协会成立二十年以来，第一次对客运索道运营企业实施十五年安全生产标准化管理体系建设发展作出历史的总结和回顾。

本书包括以下主要内容：第 1 篇汇集了中国索道协会首次组织制定发布的《客运索道运营安全生产标准化管理》团体标准，依据团体标准制定了《客运索道运营企业安全生产标准化评定标准》；特别回顾了协会成立二十年以来，全国客运索道运营企业十五年安全生产标准化管理体系建设取得的显著成效，并附录了相关历史制度标准文件。第 2 篇从理论和实际操作层面叙述并给企业提供了客运索道运营企业在安全生产标准化管理体系建设实施过程中，做好安全风险分级管控及隐患排查治理的工作要求和管理范本，包括管理制度及工作表格参照，同时选录了大理旅游集团苍山洗马潭索道分公司《安全风险管控及隐患排查治理》以及陕西华山三特索道有限公司安全生产标准化建设图册，以供索道运营企业和协会安全生产标准化评审工作学习借鉴。

在编写本书的过程中，得到了中国索道协会、客运索道运营企业领导和同仁以及部分评审专家的大力指导、支持和帮助。黄鹏智、张强、和学乾、汪宏峰、靳勇、张永红、任凯、洪金标、柏龙、张红战、杜军红、曹天才、周毅、李向成、夏田等同志为本书的起草、资料收集、整理、出版做出了不懈努力，在此表示衷心感谢！本书如有不当和疏漏之处，也恳请广大读者批评指正！

编　者

2022 年 1 月

目　　录

第1篇　客运索道运营安全生产标准化管理体系建设

1 关于《客运索道运营安全生产标准化管理》团体标准发布实施的通知
（中索协〔2022〕6号）·· 3

2 关于印发《客运索道运营企业安全生产标准化评定标准》的通知
（中索协〔2022〕7号）·· 25

3 全国客运索道运营企业十五年来安全生产标准化管理体系建设取得显著成效·················· 62

4 国家安监总局　国家质检总局关于开展客运索道运营企业安全生产标准化建设的通知
（安监总管二〔2013〕74号）··· 67

5 国家安监总局关于印发企业安全生产标准化评审工作管理办法（试行）的通知
（安监总办〔2014〕49号）·· 99

6 关于开展客运索道企业安全生产标准化和安全服务质量三年期满复评工作的通知
（中索协〔2017〕12号）·· 115

7 关于印发《客运索道企业安全生产标准化评审实施办法（试行）》的通知
（中索协〔2018〕18号）·· 117

8 财政部、国家税务总局对客运索道运营企业营改增行业划分和税收税率政策的落实············· 125

第2篇　客运索道运营安全风险管控及隐患排查治理双重预防机制应用指南

1 客运索道运营企业安全生产标准化管理体系建设中安全风险分级管控及隐患排查治理
管理范本·· 131

2 大理旅游集团苍山洗马潭索道分公司企业标准·· 193

3 陕西华山三特索道有限公司安全生产标准化建设图册·· 267

第1篇

客运索道运营安全生产标准化管理体系建设

中国索道协会文件

中索协〔2022〕6 号

关于《客运索道运营安全生产标准化管理》
团体标准发布实施的通知

各索道单位：

为全面加强客运索道运营企业安全运营管理，认真贯彻落实《中华人民共和国安全生产法》关于加强安全生产标准化建设的要求。根据《中国索道协会团体标准制定管理办法》的有关规定，中国索道协会组织制定了《客运索道运营安全生产标准化管理》团体标准，经协会团体标准评审专家的审定通过，现批准发布并定于 2023 年 1 月 1 日起实施，请认真组织学习，遵照执行。

详细信息见下表：

序号	标准编号	标准名称	发布日期	实施日期
1	T/CRA 001—2022	《客运索道运营安全生产标准化管理》	2022-11-1	2023-1-1

《关于印发〈客运索道企业安全生产标准化基本规范〉的通知》（中索协〔2018〕16 号）同时废止。

现予以公布。

中国索道协会
2022 年 11 月 1 日

ICS 45.100
J 00

团 体 标 准

T/CRA 001—2022

客运索道运营安全生产标准化管理

The management for safety production standardization of
passenger ropeway operation

2022-11-1 发布　　　　　　　　　　　　　　　　　　2023-1-1 实施

中国索道协会　　发 布

第1篇 客运索道运营安全生产标准化管理体系建设

前 言

为全面加强客运索道企业安全运营管理,根据《中华人民共和国安全生产法》(主席令第88号),关于加强安全生产标准化建设,构建安全生产风险分级管控和隐患排查治理双重预防机制,提高安全生产管理水平,确保安全生产要求。为适应当前和今后客运索道安全运营管理发展的需要,进一步规范客运索道运营企业安全生产标准化管理体系建设,推动、指导、规范客运索道运营企业安全生产标准化工作的开展,中国索道协会组织编制本团体标准(以下简称标准)。

本标准依据《企业安全生产标准化基本规范》(GB/T 33000—2016)、《客运架空索道安全规范》(GB 12352—2018)、《客运索道安全服务质量》(GB/T 24728—2009)等国家有关安全生产法律法规标准,结合十五年来开展客运索道运营企业安全生产标准化和安全服务质量建设工作的基础上,根据客运索道企业业务实际和安全运营管理需要编制而成。

本标准由中国索道协会提出并归口。

本标准负责起草单位:中国索道协会;参与起草单位:国家客运架空索道安全监督检验中心、丽江玉龙旅游股份有限公司、黄山旅游发展股份有限公司、陕西太华旅游索道公路有限公司、陕西骏景索道投资建设有限公司。

本标准主要起草人:李书清;

参与起草人:张强、和学乾、汪宏峰、靳勇、张永红、任凯。

本标准由中国索道协会负责解释。

《客运索道运营安全生产标准化管理》团体标准应用指南

1 范围

本标准规定了客运索道企业安全生产标准化体系建立、保持与评定的管理要求,包括目标职责、制度化管理、教育培训、现场管理、安全风险管控及隐患排查治理、应急管理、事故管理、持续改进、服务质量共九个方面。

本标准适用于中华人民共和国境内客运架空索道和客运地面缆车的运营单位。

2 规范性引用文件

下列文件对于本标准的应用是必不可少的,凡是注明日期的引用文件,仅注日期的版本适用于本文件。凡是不注明日期的引用文件,其最新版本(包括所有的修改单)适用本文件。

GB 2894—2008 《安全标志及其使用导则》
GB 2893—2008 《安全色》
GB 3096—2008 《声环境质量标准》
GB 5768.2—2022 《道路交通标志和标线》
GB 8408—2018 《大型游乐设施安全规范》
GB 12352—2018 《客运架空索道安全规范》
GB 13495.1—2015 《消防安全标志 第一部分 标志》
GB 19402—2012 《客运地面缆车安全要求》
GB 37487—2019 《公共场所卫生管理规范》
GB 37488—2019 《公共场所卫生指标及限值要求》
GB 50127—2020 《架空索道工程技术标准》
GB 51309—2018 《消防应急照明和疏散指示系统技术标准》
GB 55012—2021 《生活垃圾处理处置工程项目规范》
GB/T 9075—2008 《索道用钢丝绳检验和报废规范》
GB/T 10001.2—2021 《标志用公共信息图形符 第2部分 旅游休闲》
GB/T 11651—2008 《个体防护装备选用规范》
GB/T 17145—1997 《废润滑油回收与再生利用技术导则》
GB/T 24728—2009 《客运索道安全服务质量》
GB/T 29639—2020 《生产经营单位生产安全事故应急预案编制导则》
GB/T 33000—2016 《企业安全生产标准化基本规范》
GB/T 34024—2017 《客运架空索道风险评价方法》
GB/T 34368—2017 《客运索道重大修理的技术要求》
GB/T 40248—2021 《人员密集场所消防安全管理》
GB/T 41094—2021 《客运索道使用管理》
GB/Z 158—2003 《工作场所职业病危害警示标识》
AQ/T 9007—2019 《生产安全事故应急演练基本规范》
TSG 08—2017 《特种设备使用管理规则》
TSG S7001—2013 《客运索道监督检验和定期检验规则》
TSG Z6001—2019 《特种设备作业人员考核规则》
主席令第4号 《中华人民共和国特种设备安全法》
主席令第16号 《中华人民共和国旅游法》

主席令第 22 号　《中华人民共和国环境保护法》
主席令第 24 号　《中华人民共和国职业病防治法》
主席令第 43 号　《中华人民共和国固体废物污染环境防治法》
主席令第 69 号　《中华人民共和国突发事件应对法》
主席令第 81 号　《中华人民共和国消防法》
主席令第 88 号　《中华人民共和国安全生产法》
应急管理部令第 2 号　《生产安全事故应急预案管理办法》
市监总局令第 31 号　《客运索道安全监督管理规定》
市监总局令第 57 号　《特种设备安全监督检查办法》
原国家质检总局 2015 年 5 号　《特种设备现场安全监督检查规则》
原国家质检总局令 70 号　《特种设备作业人员监督管理办法》

3　术语与定义

下列术语和定义适用于本标准。

3.1　企业安全生产标准（Enterprise safety production standardization）

企业通过落实安全生产主体责任、全员全过程参与、建立并保持安全生产管理体系以及全面管控生产经营活动各环节的安全生产和职业卫生工作，实现安全健康管理系统化、岗位操作行为规范化、设备设施本质安全化以及作业环境器具定置化，并持续改进。

3.2　安全生产绩效（Safety production performance）

根据安全生产目标和职业卫生目标，在安全生产、职业卫生等工作方面取得的可考评结果。

3.3　企业主要负责人（Main person in charge of the enterprise）

有限责任公司、股份有限公司的董事长、总经理，其他生产经营单位的厂长、经理以及对生产经营活动有决策权的实际控制人。

3.4　相关方（Related parties）

工作场所内外与企业安全生产绩效有关或受其影响的非本企业个人或单位，如承包商、供应商等。

3.5　承包商（Contractor）

在企业的工作场所按照双方协定的要求向企业提供服务的个人或单位。

3.6　供应商（Supplier）

为企业提供材料、设备或设施及服务的外部个人或单位。

3.7　变更管理（Management of change）

对机构、人员、管理、工艺、技术、设备设施、作业环境等永久性或暂时性的变化进行有计划的控制，以避免或减轻对安全生产产生影响。

3.8　安全风险（Security risks）

发生危险事件或有害暴露的可能性，与随之引发的人身伤害、健康损害或财产损失的严重性的组合。

3.9 安全生产风险评估(Safety production risk assessment)

运用定性或定量的统计分析方法对安全风险进行分析、确定其严重程度,对现有控制措施的充分性、可靠性加以考虑,以及对其是否可接受予以确认的过程。

3.10 安全风险管理(Security risk management)

根据安全风险评估的结果,确定安全风险控制的优先顺序和安全风险控制措施,以达到改善安全生产条件、减少或避免产生安全事故的目的。

3.11 工作场所(Workplace)

从业人员进行职业活动,并由企业直接或间接控制的所有工作地点。

3.12 作业环境(Working environment)

从业人员进行生产经营活动的场所以及相关联的场所,对从业人员的安全、健康、工作效率以及对设备(设施)的安全运行产生影响的所有自然和人为因素。

3.13 持续改进(Continuous improvement)

为了实现对整体安全生产绩效的改进,根据企业的安全生产和职业卫生目标,不断地对安全生产和职业卫生工作进行完善的过程。

3.14 PDCA 管理(Management of PDCA)

由 Plan(策划)、Do(实施)、Check(检查)、Act(改进)组成的动态循环管理体系。

3.15 5S 管理(Management of 5S)

是指对整理、整顿、清扫、清洁、素养五个方面的管理。

4 一般要求

4.1 原则

客运索道运营企业开展安全生产标准化工作,应坚持中国共产党领导,坚持以人民为中心,坚持人民至上、生命至上,把保护人民生命安全放在首位,树立安全发展理念,应遵循"安全第一、预防为主、综合治理"的方针,落实企业主体责任;以安全风险管控、隐患排查治理、职业病危害防治为基础,以安全生产责任制为核心,建立安全生产标准化管理体系,实现全员参与,全面提升安全生产管理水平,持续改进安全生产工作,不断提升安全生产绩效,预防和减少事故的发生,保障人身安全健康,保证生产经营活动的有序进行。

4.2 建立和保持

客运索道运营企业应采用"策划、实施、检查、改进"(PDCA)动态循环管理模式,按照本标准的规定,结合企业自身特点,自主建立并保持安全生产标准化管理体系,并通过自我检查、自我纠正和自我完善,构建安全生产长效机制,持续提升安全生产绩效管理。

4.3 评定和监督

客运索道运营企业安全生产标准化工作实行企业自主评定和中国索道协会组织专家评审的方式,

自主评定应每年至少进行1次,协会组织专家评审每3年进行1次;企业应根据本标准及相关安全生产标准化细则,对安全生产标准化工作进行自主评定,自主评定后申请中国索道协会组织专家评审定级;安全生产标准化评审定级分为一级、二级、三级。一级为最高等级,三级为最低等级;客运索道安全服务质量等级分为5S、4S、3S三个等级。5S为最高等级,3S为最低等级;企业在申请协会评审前必须通过法定的客运索道监督检验、定期检验并取得安全检验合格标志。

评审时,如发现索道运营单位出现重大隐患和风险,应中止评审,整改完成后重新申请评审。新建索道运行三年后方可申请评审。首次申请评审时,企业应在一年内没有发生生产安全责任的死亡事故、半年内没有发生高空滞留人员超过3.5小时以上的责任事故;已取得安全生产标准化等级的企业,如发生人员死亡或高空滞留人员超过3.5小时以上的责任事故,整改完善并进行自主评定合格后,重新申请评审。

安全生产标准化评审与客运索道安全服务质量评审采取"同时评审、分别发证"的方式,中国索道协会负责发证;安全生产标准化评审项目为本标准前八项(即5.1至5.8),共计1000分,各项目的分项最低分数为0分;安全生产标准化所评审的等级须同时满足评审得分和安全生产绩效要求,否则按二者低的等级来确定评定等级(见表1)。

表1 安全生产标准化评定等级划分及标准

评定等级	评审得分	安全生产绩效
一级	≥900	申请评审之前两年内,企业无安全生产责任的死亡事故,且三年内未发生空中滞留人员超过3.5小时以上责任事故。
二级	≥750	申请评审之前一年内,企业无安全生产责任的死亡事故,且两年内未发生空中滞留人员超过3.5小时以上责任事故。
三级	≥600	申请评审之前,企业无安全生产责任的死亡事故,且一年内未发生空中滞留人员超过3.5小时以上责任事故。

客运索道安全服务质量评审项目为本标准第九项评分项目,第九项服务质量为400分。最低分数为0分;安全服务质量评审的等级须同时满足评审得分和基本要求,否则按二者低的等级来确定评定等级(见表2)。

表2 客运索道安全服务质量评定等级划分及标准

安全服务质量等级	服务质量得分	基本要求
5S	≥368	1. 索道乘坐形式应为无障碍吊厢型式。 2. 索道运行速度应≥5米/秒。 3. 站内运行速度应小于0.5米/秒。
4S	≥336	1. 索道乘坐形式应为吊厢式。 2. 索道运行速度应≥3米/秒。
3S	≥304	1. 现有设备设施运行正常。

5 核心要求

5.1 目标职责

5.1.1 目标

企业应根据自身安全生产实际,制定总体和年度安全生产目标与职业卫生目标,并纳入到企业总体生产经营目标。年度安全生产与职业卫生目标应分解落实到部门、班组和岗位。

明确目标的制定、分解、实施、检查、考核等环节,制定分级评估和考核办法。

5.1.2 机构和职责

5.1.2.1 机构设置

企业应落实负责安全生产与职业卫生的组织机构。成立以企业主要负责人和部门负责人为领导的安全生产与职业卫生管理机构,明确机构的组成和职责。配备专职或兼职的安全生产和职业卫生管理人员。

安全管理机构应每月组织召开安全会议,总结分析本单位的安全生产情况,部署安全生产工作,研究解决安全生产工作中的重大问题,决策企业安全生产的重大事项。

5.1.2.2 主要负责人及管理层职责

企业主要负责人应全面负责安全生产和职业卫生工作,并履行相应责任和义务。分管负责人应对各自范围内的安全生产和职业卫生工作负责。各级管理人员应按照安全生产和职业卫生责任制相关要求,履行安全生产和职业卫生职责。

5.1.3 全员参与

企业应建立健全全员安全生产和职业卫生责任制,明确各部门和从业人员职责,对履职情况进行定期评估和考核。

企业应建立激励和约束机制,鼓励员工积极建言献策,不断改进和提升安全生产和职业卫生管理水平。

5.1.4 安全生产投入

企业应制定满足安全生产需要的投入保障制度,有计划、按规定提取使用安全生产费用,建立安全生产费用使用台账。安全生产费用主要用于以下方面:
- ——安全技术和劳动保护措施:安全标志、安全工器具、安全设备设施、安全防护装置、安全培训、职业病防护和劳动防护用品,以及重大安全生产课题研究和预防事故采取的安全技术措施及相关工程建设等。
- ——事故预防措施:设备重大缺陷和隐患排查、治理、针对隐患的防范措施、落实技术标准及规范进行的设备设施改造、保障安全运行的技术改造等。
- ——应急管理:预案编制、应急物资、应急演练、应急救援和处置评估等。
- ——安全科技创新:涉及安全生产的新技术、新材料、新工艺、新设备的研发与投入等。
- ——保险投入:企业应按照《工伤保险条例》规定,为从业人员缴纳工伤、意外伤害保险,企业宜投保财产保险或客运索道安全生产责任险。
- ——其他:安全检查检测、安全评估、安全评价、重大危险源监控整改、安全保卫、客运索道安全生产信息化系统、安全生产标准化建设、安全技术技能竞赛、安全文化建设等。

5.1.5 安全文化建设

企业应开展安全文化建设,确立本企业的安全生产和职业病危害防治理念及行为准则,并教育、引导全体从业人员贯彻执行。

企业开展安全文化建设活动应包括但不限于以下活动:安全生产月、安全生产知识竞赛、安全生产教育培训、安全文化演出、全员参与的安全文化活动等。

5.1.6 安全生产信息化建设

企业应根据自身实际情况,加强智慧索道安全运营建设工作,建立索道设备、广播、票务、客流量等监测监控系统、重大危险源监控、安全风险管控和隐患自查自报、预测预警及职业病危害防治等信息系统。

5.2 制度化管理

5.2.1 法规标准识别

企业应建立安全生产和职业卫生的法律法规、标准规范的管理制度,及时识别和获取适用、有效的法律法规、标准规范清单和文本数据库。企业应将适用的安全生产和职业卫生法律法规、标准规范的相关要求及时转化为本单位的规章制度、操作规程,并及时传达给相关从业人员,确保落实到位。跟踪掌握有关法律法规、标准规范的修订情况。客运索道运营单位适用的安全生产法律法规、标准规范至少包括:

——《企业安全生产标准化基本规范》
——《客运索道安全服务质量》
——《客运架空索道安全规范》
——《客运地面缆车安全要求》
——《生产经营单位生产安全事故应急预案编制导则》
——《客运索道使用管理》
——《架空索道工程技术标准》
——《客运架空索道风险评价方法》
——《客运索道重大修理的技术要求》
——《索道用钢丝绳检验和报废规范》
——《安全标志及其使用导则》
——《标志用公共信息图形符号 第 2 部分 旅游休闲》
——《消防安全标志 第一部分 标志》
——《消防应急照明和疏散指示系统技术标准》
——《废润滑油回收与再生利用技术导则》
——《人员密集场所消防安全管理》
——《生活垃圾处理处置工程项目规范》
——《客运索道监督检验和定期检验规则》
——《客运索道安全监督管理规定》
——《特种设备作业人员考核规则》
——《特种设备使用管理规则》
——《特种设备安全监督检查办法》
——《生产安全事故应急演练基本规范》
——《生产安全事故应急预案管理办法》
——《中华人民共和国安全生产法》
——《中华人民共和国特种设备安全法》
——《中华人民共和国旅游法》
——《中华人民共和国突发事件应对法》
——《中华人民共和国职业病防治法》

《客运索道运营安全生产标准化管理》团体标准应用指南

——《中华人民共和国消防法》
——《中华人民共和国环境保护法》
——《中华人民共和国固体废物污染环境防治法》
——《特种设备现场安全监督检查规则》
——《特种设备作业人员监督管理办法》

企业应及时将安全生产和职业卫生法律法规、标准规范及其他要求传达给从业人员,使从业人员在工作环境中可获取有效版本。

5.2.2 规章制度

企业应建立健全安全生产和职业卫生规章制度,并征求工会及从业人员意见建议,规范安全生产和职业卫生管理工作,确保从业人员及时获取制度文本。

企业安全生产和职业卫生规章制度包括但不限于下列内容:
——目标管理
——安全生产和职业卫生责任制
——安全生产承诺书
——安全生产投入管理制度
——安全生产信息化管理制度
——技术档案管理制度
——日常安全检查制度
——维护保养制度
——定期报检制度
——安全风险管理、隐患排查治理
——作业人员和服务人员教育培训考核管理制度
——设备设施管理制度
——检维修安全管理制度
——危险作业安全管理制度
——安全警示标志管理制度
——作业和服务人员守则
——作业人员及相关服务人员安全培训考核制度
——意外事件和事故报告、分析和处置管理制度
——安全生产奖惩管理制度
——相关方安全管理制度
——变更管理制度
——安全防护用品管理制度
——应急管理制度
——安全生产报告
——绩效评定管理制度
——安全操作规程管理制度

5.2.3 操作规程

企业应结合实际,编制岗位安全生产和职业卫生操作规程,并发放到相关岗位员工,督促严格执行;企业应定期及时组织修订完善相应的安全生产和职业卫生操作规程,确保其适宜性和有效性。

5.2.4 文档管理

5.2.4.1 记录管理

企业应建立文件和记录管理制度,明确安全生产和职业卫生规章制度、操作规程的编制、评审、发布、使用、修订、作废以及文件和记录管理的职责、程序和要求,保存有关记录的电子档案,便于查询和检索。

客运索道应建立技术档案,至少包括:
——安装技术资料。
——监督检验报告。
——使用登记表。
——更新、维修技术文件。
——年度自行检验和定期检验的记录。
——应急救援演练记录。
——运行、维护保养、设备故障、故障停车记录。
——作业人员培训、考核和证书管理记录。
——安全记录。至少包括:日常检查记录、巡线记录、故障记录、安全活动记录、安全会议记录、计量和安全防护装置检验检测记录等。

5.2.4.2 评估

企业应每年至少评估一次安全生产和职业卫生法律法规、标准规范、规章制度、操作规程的适宜性、有效性和执行情况,并做好评估记录。

5.2.4.3 修订

企业应根据评估结果以及安全检查情况、自评结果、评审情况等,及时修订相关制度和规程。

5.3 教育培训

5.3.1 教育培训管理

企业应建立健全安全教育培训制度和安全教育培训计划,按照有关规定进行培训,培训大纲、内容、时间应满足有关标准的规定,企业安全教育培训应包括安全生产和职业卫生的内容。

应明确本单位安全教育培训主管部门或负责人,按规定及岗位需要,定期识别安全教育培训需求,制定、实施安全教育培训计划,提供相应的资源保证。

企业应如实记录全体从业人员的安全教育和培训情况。建立安全教育培训档案和从业人员个人安全教育培训档案,并对培训效果进行评估和改进。

5.3.2 人员教育培训

5.3.2.1 主要负责人和管理人员

企业的主要负责人和安全生产管理人员应当具备与本单位所从事的生产经营活动相适应的安全生产知识和职业卫生知识与能力。

企业应对各级管理人员进行教育培训,确保其具备正确履行岗位安全生产和职业卫生职责的知识与能力。从事法律法规要求考核其安全生产和职业卫生知识与能力的人员,应按照有关规定,通过资质考核。

5.3.2.2 从业人员

企业应对从业人员进行安全生产和职业卫生教育培训,保证从业人员具备满足岗位要求的安全生产和职业卫生知识,熟悉有关的安全生产和职业卫生法律法规、规章制度、操作规程,掌握本岗位的安全操作技能,安全风险辨识和管控方法,了解事故现场应急处置措施,并根据实际需要,定期进行复训考核。

在新技术、新设备投入使用前,应对有关从业人员进行专门安全教育和培训,未经安全教育培训合格人员,不应上岗作业。

新员工在上岗前必须进行安全教育培训,时间不少于24学时。从业人员在企业内部调整工作岗位或离岗1年以上重新上岗时,应重新进行部门和班组级的安全教育培训。

从事特种作业、特种设备作业的人员应按照有关规定,经专门安全作业培训,考核合格,取得相应资格后,方可上岗作业,并定期接受复审。企业应急救援人员应按照有关规定,经专门应急救援培训合格后,方可上岗,并定期参加复训。其他从业人员每年应接受再培训,再培训时间和内容应符合国家和地方政府有关规定。

5.3.2.3 外来人员

企业应对进入索道现场的承包商、供应商及施工方相关服务和作业人员签订《安全生产责任书》,对其他临时入场的外来参观学习人员等进行入场前安全告知。安全告知的主要内容应包括:乘坐索道安全须知、可能遇到的危险因素及相应防护措施、应急措施等。

对接收的在校实习生、社会实践生及外单位委托实习人员进行安全教育培训,培训内容应包括:公司相关安全管理规定、可能接触到的危险或有害因素、应急知识等。

5.4 现场管理

5.4.1 设备设施管理

5.4.1.1 设备设施建设

客运索道建设应符合有关法律法规、安全技术规范和标准要求;客运索道验收应按照有关规定,严格履行索道建设项目中对设计、审查、施工、验收等程序规定。

企业应配备无线和有线两种专用通讯设施,应至少有一个站房装设能与外界保持有效联系的外线电话,应配备至少覆盖全线的无线对讲机,对讲机数量≥站房总数+2,广播和专用电话均需配备备用电源,保证断电情况下广播和对讲机仍然保持有效。控制室、机房、上、下站房、支架等重点区域应设置视频监控设施,视频影像在控制室应可观,并运行正常。

售票窗口应设置安全隔离栏杆等设施,方便乘客购票,保障购票安全秩序。在售票处附近设置醒目的双语《乘坐索道安全须知》,应至少包括以下内容:未成年人应在成年人陪护下乘坐索道;车上严禁吸烟、嬉闹和向外抛洒物品;禁止有危险倾向的乘客乘坐索道;提示不适应高空运行,有诱发疾病危险的乘客(如心脏病、高血压、精神障碍、恐高症、习惯性流产等病史,以及妊娠早、晚期孕妇和行动不便的高龄乘客)不宜乘坐索道;应禁止携带易燃、易爆危险品或管制物品乘坐索道。

候车区除配备正常通风、采光设施外,还应配置应急疏散标志及足够数量的应急照明设施。候车区应设置适应不同乘客流量的安全隔离栏杆。隔离栏杆设计与建设应符合相关标准要求。隔离栏杆应在适当位置设置活动门栏,满足快速疏散乘客的安全需要。道路、站台地面应采用防滑设计或采用防滑替代措施。

索道使用单位发生变更或索道报废,应当按照《特种设备使用管理规则》等规定要求办理使用登记变更、注销。

第 1 篇 客运索道运营安全生产标准化管理体系建设

索道停止使用,应当按照《特种设备使用管理规则》等规定执行,并到登记部门办理相关停用手续。索道设备变更应执行变更管理制度,履行变更程序,并对全过程的安全风险进行隐患控制。

5.4.1.2 设备设施验收

客运索道企业应执行设备采购、到货验收制度,应购置、使用符合要求、质量合格的设备。设备设施安装后企业应进行验收,并对相关过程及结果进行记录。应通过有相关资质的特种设备检验机构的定期检验。

5.4.1.3 设备设施运行

企业应建立索道运行管理制度,明确索道运行前、中、后的程序与要求,明确正常与异常情况处置的程序与要求,对索道设备设施进行规范化管理,健全设备设施管理制度及台账。应有专人负责管理各种安全设施以及检测与监测设备,定期检查维护并做好记录。作业人员应遵守客运索道运营工作程序和操作规程,做好运行、检查记录。客运索道运行期间遇到极端恶劣天气(大风、雷暴、冰冻)或故障停车造成运行中断的,应满足 GB 12352—2018 的相关规定,方可重新运行。安全防护设备设施不得随意拆除、挪用或弃置不用,确因维修拆除的应采取临时、有效的安全措施,维修完毕后立即复原。安全保护装置应建立台账并定期检查记录。

5.4.1.4 设备设施检维修

客运索道应建立设备设施检维修管理制度,制定综合检维修计划,加强日常检维修和定期检维修管理,落实"五定"原则,即定检维修方案、定检维修人员、定安全措施、定检维修质量、定检维修进度,并做好记录。

应开展定期自检工作,自检工作至少包括日检、月检、季检、年检。客运索道应制定定期自检计划,并按照计划进行,同时做好记录。

客运索道的重大维修应当按照 GB/T 34368—2017 及安全技术规范、标准、使用维护说明书和维修方案要求进行,其中维修方案应包含作业行为分析和控制措施;索道重大维修和设备年度检维修应按照内控要求,规范执行;重大维修应由相应资质的施工单位进行。重大维修必须经特种设备检验检测机构进行监督检验。重大维修后,索道运营企业应将重大维修过程中所有文件,如:自检报告、试运行记录、监督检验报告和无损检测报告等存档。

检维修方案应包含作业安全风险分析、控制措施、应急处置措施及安全验收标准。检维修过程中应执行安全控制措施,并进行监督检查,检维修后应进行安全确认。

客运索道维修应符合以下要求:
——应保持维修工具、计量装置、照明装备完好,计量装置应根据相关规定进行检验检测。
——应提前对公众发布停运公告。
——更换的主要部件(电机、减速机、钢结构、轮组、钢丝绳、电控系统等)应执行内部验收和报废管理制度,进行记录。
——设备维修后,应及时清理维修现场。机架和支架上不应遗留有坠落危险的维修工具、零部件和杂物。
——应按维修作业指导书和设备维保手册要求,规范作业,控制维修质量,隐蔽性工程应及时验收,设备维修后应进行验收。
——维修过程应执行安全风险控制措施并进行监督检查。客运索道的维护保养应当制定维护保养计划,并按照计划进行,同时做好记录。

客运索道维护保养应符合以下要求:
——设备润滑工作后,应采取措施保障润滑油(脂)不会污损乘客身体和衣物。

《客运索道运营安全生产标准化管理》团体标准应用指南

——更换的废油品的管理应按照 GB/T 17145—1997《废润滑油回收与再生利用技术导则》执行，其中废油品由有资质单位回收。
——建立备品备件台账。

5.4.1.5 检测检验

特种设备应按照有关规定，通过具有专业资质的检测、检验机构进行定期检测、检验，并取得安全合格证。

5.4.1.6 设备设施拆除、报废

企业应建立设备设施报废管理制度。设备设施的报废应办理审批手续，在报废设备设施拆除前应制定方案，在现场对报废设备设施设置明显的标志，并在作业前对相关作业人员进行培训和安全技术交底；报废、拆除应按方案和许可内容组织落实。

5.4.2 作业安全

5.4.2.1 作业环境和作业条件

企业应事先分析、评估和控制设备设施、器材、通道、作业环境等存在的安全风险。现场应实行定置管理，保持作业环境整洁。

索道现场应配备相应的安全、职业病防护用品（具）及消防设施与器材，按照有关规定设置应急照明、安全通道，并确保安全通道畅通。企业应对临近高压输电线路作业、危险场所动火作业、有限空间作业、临时用电作业、高处作业等危险性较大的作业活动，实施作业许可管理，严格履行作业许可审批手续。

应对作业人员上岗资格条件等进行作业前安全检查，特种作业（高处作业、电工作业、焊接作业等）人员持证上岗，并设专人进行现场安全管理，确保作业人员遵守岗位操作规程、落实安全及职业病危害防护措施。

两个以上作业队伍在同一作业区域内进行作业活动时，不同作业队伍相互之间应签订管理协议，明确各自安全生产、职业卫生管理职责，并指定专人检查与协调。

作业环境应满足下列要求：
——站房主体建筑应结构完好，无异常变形、风化、下榻现象，门窗结构完整。
——转动设备或电气设备防护设施应齐全完整，保护功能有效。
——供配电设备区应配置绝缘垫、防小动物装置以及安全防护用品并与其他区域隔离。
——应急照明、工作现场施工照明应保证作业安全需要。
——驱动机房或驱动小车等区域应设置检修开关。
——支架、驱动小车等空中作业区域应设置安全平台和安全护栏。
——站口离地高度超过1米，应设置安全防护网，防护网伸出长度不小于2米，并结实牢固。
——油库及危险品仓库应装防爆灯，设置消防设施并与站台、办公区、生活区等区域隔离。
——作业环境保持清洁、无积水、油污，门口、通道、楼梯、平台等处无杂物堵塞。
——应在制度中明确单个运载工具内不应客、货混装运输的要求。
——吊厢内应有安全说明（禁止将手臂伸出窗外，禁止自行打开车门，禁止走动摇晃车厢、敲打玻璃、禁止吸烟）、标有定员和最大载荷的标志。

遵守国家和地方公共场所治安管理相关规定，制定索道经营辖区治安管理制度，重点区域设置视频监控设施，采集的视频图像信息保存期限建议达到90天但不得少于30天，履行索道经营辖区内治安管理责任。制止扰乱公共秩序，劝阻有害社会风气的行为。

运营单位应保证运营高峰期乘车安全秩序,切实保障乘客人身安全和财产安全。索道运营场所及服务区域内严禁违章经营。办公与生活区域应设置乘客禁行标志。制定交通安全管理制度,设置辖区交通安全设施,合理规划辖区车辆线路,疏导有序、车辆停靠整齐。应对车辆驾驶人员定期开展安全教育,定期对机动车辆检验,保证机动车辆车况良好。配有通勤车的索道,应制定通勤车辆遇山区滑坡、泥石流、冰雪等特殊情况的应对措施。企业应通过消防部门的相关检查,履行索道经营辖区内的消防安全责任,消防工作应遵守国家和地方相关消防安全管理的规定。索道经营辖区内的消防设施应保持完好状态,安全通道应保持畅通。

应建立消防安全管理制度,有效控制经营辖区内和运营过程中可诱发火灾的危险源,治理火灾隐患,预防火灾发生。

索道工作人员应经过消防培训,能正确使用消防器材,熟练掌握安全疏散与自救互救方法。

5.4.2.2 作业行为

企业应依法安全运营管理,加强对从业人员行为的安全管理,对从业人员作业行为进行安全风险辨识,采取相应的措施,控制作业行为安全风险。

企业应监督、指导从业人员遵守安全生产和职业卫生规章制度、操作规程,杜绝违章指挥、违规作业和违反劳动纪律的"三违"行为。

企业应为从业人员配备与岗位安全风险相适应的、符合 GB/T 11651—2008 规定的个体防护装备与用品,并监督、指导从业人员按照有关规定正确佩戴、使用、维护、保养和检查个体防护装备用品。

现场作业行为要求如下:
——现场作业负责人应根据作业人员情况明确工作任务与要求,监督安全防护措施落实,对作业过程与结果进行管控、验收。
——现场作业人员应听从统一调度指挥。
——现场作业应分工明确,人员精神状态良好且能承担相应劳动。
——高空作业人员应使用合格的安全带、安全帽、防滑鞋,立体交叉作业时要防止落物伤人。吊装作业时,应安排专人进行现场安全管理,遵守安全规程和落实安全措施。
——电气维修人员作业时,严格遵守电工安全操作规程,应配备绝缘保护装备。
——日常检查人员巡线时,应穿戴安全防护装备,配备对讲机。
——特殊情况下,不能停电作业时,应按有关带电作业的安全规定执行。

5.4.2.3 岗位达标

企业应建立班组安全活动管理制度,开展岗位达标活动,明确岗位达标的内容和要求。

从业人员应熟练掌握本岗位安全职责、安全生产操作规程、安全风险及管理措施、防护用品使用、自救互救及应急处置措施。

各班组应按照有关规定开展法律法规学习、安全生产和职业健康教育培训、安全操作技能训练、岗位作业危险预知、作业现场隐患排查、事故分析等工作并做好记录。

5.4.2.4 相关方管理

企业应建立承包商、供应商等安全管理制度,将承包商、供应商等相关方在企业管理范围内的安全生产和职业卫生纳入企业内部管理,对承包商、供应商等相关方的资格预审、选择、作业人员培训、作业过程检查监督、提供的产品与服务、绩效评估、续用或退出等进行管理。

企业应建立合格承包商、供应商等相关方的名录和档案,定期识别服务行为安全风险,并采取有效的控制措施。

企业不应将项目委托给不具备相应资质或安全生产、职业病防护条件的承包商、供应商等相关方。

《客运索道运营安全生产标准化管理》团体标准应用指南

企业应与承包商、供应商等签订工作合同,明确规定双方的安全生产及职业病防护的责任和义务。

企业应通过供应链关系促进承包商、供应商等相关方达到安全生产标准化要求。

企业应为乘客提供相对舒适和安全卫生的候车、乘车环境,有效地保障乘客候车、乘车的公共安全秩序。

客运索道车厢配备的司乘人员在保证沿途行车安全的同时,还应维护好车厢内乘车秩序。

5.4.3 职业健康

5.4.3.1 基本要求

企业应建立、健全职业卫生档案和健康监护档案;并对有职业病危害的工作场所,设置相应的防护设施,为从业人员提供符合职业健康要求的工作环境,为接触职业病危害的从业人员提供个人使用防护用品;存在高海拔(1500米以上)、严寒(最冷月份平均温度≤-10 ℃地区)、高温(35 ℃以上)、噪声(大于85分贝)等职业危害因素的场所和岗位应按规定进行管理和控制,配备必要的职业健康防护设施、器具。

企业应组织从业人员进行上岗前、在岗期间、特殊情况应急后和离岗时的职业健康检查,将检查结果书面如实告知从业人员并存档。对检查结果异常的从业人员,应及时就医,并定期复查。企业不应该安排未经职业健康检查的从业人员从事接触职业病危害的作业。

各种防护用品、各种防护器具应定点存放在安全、便于取用的地方,建立台账,并有专人负责保管,定期校验、维护和更换。确保处于正常状态。

5.4.3.2 职业病危害告知

企业与从业人员订立劳动合同时,应将工作过程中可能产生的职业病危害、后果和防护措施如实告知,并在合同中写明,不得隐瞒和欺骗。

企业应按照有关规定,在醒目位置公告栏公布有关职业病防治的规章制度、操作规程、职业病危害事故应急救援措施和工作场所职业病危害因素检测结果。对存在或产生职业病危害的工作场所、作业岗位、设备、设施,应在醒目位置设置警示标识和中文警示说明。

5.4.3.3 职业病危害项目申报

企业应按照有关规定,对职业病危害项目及时更新信息。应当及时、如实向所在地卫生行政部门申报危害项目,接受监督。

5.4.3.4 职业病危害检测与评价

企业应改善从业人员工作场所职业健康条件,控制职业病危害因素。企业应对工作场所职业病危害因素进行日常监测监控和评价。

5.4.4 警示标志

企业应按照有关规定和工作场所的安全风险特点,在有重大危险源、较大风险因素和严重职业病危害因素的工作场所,设置明显的、符合有关规定要求的安全警示标志和职业病危害警示标识。其中,警示标志的安全色和安全标志应分别符合 GB 2893—2008《安全色》和 GB 2894—2008《安全标志及其使用导则》的规定,道路交通标志和标线应符合 GB 5768.2—2009《道路交通标志和标线》(所有部分)的规定,消防安全标志应符合 GB 13495.1—2015《消防安全标志》的规定,工作场所职业病危害警示标识应符合 GB/Z 158—2003《工作场所职业病危害警示标识》的规定,航空障碍标志应符合国家相关法规和技术规范的要求。

企业应定期对警示标志进行检查维护,确保其完好有效。企业应在有较大危险因素的作业场所和设施设备上设置围栏和警示标志,进行危险提示、警示,告知危险的种类、后果及应急措施等。

5.5 安全风险管控及隐患排查治理

5.5.1 安全风险管理

5.5.1.1 安全风险辨识

企业应建立安全风险辨识管理制度,组织全员对本单位安全风险进行全面、系统的辨识。安全风险辨识范围应覆盖本单位的所有活动区域,并考虑正常、异常和紧急三种状态及过去、现在和将来三种时态。安全风险辨识应采用适宜的方法和程序,且与现场实际相符。企业应对安全风险辨识资料进行统计、分析、整理和归档。

5.5.1.2 安全风险评估

企业应建立安全风险评估管理制度,明确安全风险评估的目的、范围、频次、准则和工作程序等。企业应选择合适的安全风险评估方法,定期对作业活动、设备设施、物料、作业环境等方面所辨识出的安全风险进行评估。在进行安全风险评估时,至少应从影响人、财产和环境三个方面的可能性和严重程度进行分析,客运索道企业每3年至少进行一次安全风险评估、评价。

5.5.1.3 安全风险控制

企业应在技术、管理、防护以及运营保障等方面采取必要措施,对安全风险进行控制。企业应根据安全风险评估结果及生产经营状况等,确定相应的安全风险等级,对其进行分级分类管理,实施安全风险差异化动态管理,制定并落实相应的安全风险控制措施。企业应将安全风险评估结果及所采取的控制措施告知相关从业人员,使其熟悉工作岗位和作业环境中存在的安全风险,落实应采取的控制措施。

5.5.1.4 变更管理

企业应制定变更管理制度。企业应对机构、人员、技术、设备设施、作业过程和环境发生永久性或暂时性变化时进行控制。应对变更过程及变更后可能产生的风险进行分析,制定控制措施,履行审批及验收程序,并告知和培训相关从业人员。

5.5.2 重大危险源辨识与管理

企业应建立重大危险源管理制度。应全面辨识重大危险源,对确认的重大危险源制定安全管理措施和应急预案。

依据索道行业特点,企业应对雷电、大风、洪水、泥石流、山体滑坡、冻雨、危岩等自然灾害形成的重大危险源进行全面辨识,并登记建档,定期进行检查、预测,建档内容至少包括:名称、地点、性质和可能造成的风险及对应安全措施。

应建立包括技术措施和管理措施在内的重大危险源监控系统,对重大危险源实施日常监控。在重大风险(点)现场应设置明显的安全警示标志和警示牌。

5.5.3 隐患排查治理

5.5.3.1 隐患排查

依据索道行业特点,隐患是指索道运营的场所、环境、人员、设备设施和整个运营环节存在的不安全因素。企业应建立隐患排查治理制度,逐级建立和落实从主要负责人到每位从业人员的隐患排查和防

《客运索道运营安全生产标准化管理》团体标准应用指南

控责任制。应按照规定组织开展隐患排查治理工作,实行隐患闭环管理,及时发现并消除隐患。企业应根据有关法律法规、标准规范等,制定各部门、岗位、场所、设备设施的隐患排查治理细则或清单,明确隐患排查的范围、内容、频次和要求,并组织开展相应的培训。隐患排查的范围应包括索道运营企业和承包商、供应商等在索道运营现场的所有工作和服务场所。

企业应按照有关规定,结合安全生产需要,采用综合检查、专项检查、季节性检查、节假日检查、日常检查等方式进行隐患排查。对排查出的隐患,按照隐患等级建立隐患信息档案,并按照职责分工实施监控治理。必要时组织有关专业技术人员对可能存在的重大隐患做出认定,并按照规定进行管理。

企业应将相关方排查出的隐患统一纳入本企业隐患管理。

5.5.3.2 隐患治理

企业应根据隐患排查结果,制定治理方案,及时治理隐患。一般隐患应立即或限期组织治理,重大隐患应制定治理方案,治理方案应当包括目标和任务、方法和措施、经费和物资保障、机构和人员的确认、时限和要求、安全措施及应急预案等内容。企业在隐患治理过程中,应采取相应的监控防范措施,暂时停止运营或停用相关设备,应从危险区域内撤出非必要人员,设置警戒标志。

5.5.3.3 验收和评估

隐患治理完成后,企业应按照有关规定对治理情况进行评估、验收。重大隐患治理完成后,应组织安全管理人员和有关技术人员进行验收或按有关规定由国家专业检测机构进行检测认定。

5.5.3.4 信息记录和通报

企业应如实记录隐患排查治理情况,至少每月进行统计分析,及时将隐患排查治理情况向从业人员通报。企业应建立隐患自查、自改、自报信息系统,通过信息系统对隐患排查、报告、治理、销账等过程进行电子化管理和统计分析。

5.5.3.5 预测预警

企业应根据生产经营情况、安全风险管理及隐患排查治理、事故等情况,运用定量或定性的安全生产预测预警技术,建立反映企业安全生产状况及发展趋势的安全生产预测预警体系,及时发布安全预警信息,采取相应控制措施。

5.6 应急管理

5.6.1 应急准备

5.6.1.1 应急救援组织

企业应按照有关规定建立应急管理组织机构或指定专人负责应急管理工作。建立与本企业安全生产特点相适应的专(兼)职应急救援队伍。应当根据当地实际情况,与其他索道运营企业或消防、医疗等相关应急救援力量签订协议建立应急联动机制。定期和不定期组织应急救援队伍和人员进行培训。每3年应与签订协议的社会救援力量至少进行一次联合培训。

5.6.1.2 应急预案

企业应根据法律、法规、标准、规章,在开展安全风险评估和应急资源调查的基础上,建立生产安全事故应急预案体系,制定符合 GB/T 29639—2020 规定的生产安全事故应急预案,针对安全风险较大的重点场所(设施)制定现场处置方案,并编制重点岗位、人员应急处置卡。

企业应在预案公布后 20 个工作日内,按照分级属地原则,向县级以上人民政府应急管理部门和其他负有安全生产监督管理职责的部门备案,并通报社会应急救援队伍、周边索道运营企业等有关应急协作单位。

企业应定期评估应急预案,及时根据评估结果和实际情况的变化进行修订和完善,并按照规定将修订的应急预案及时向县级以上人民政府应急管理部门和其他负有安全生产监督管理职责的部门备案。

5.6.1.3 应急设施、装备、物资

企业应根据可能发生的事故种类特点,按照有关规定设置应急设施,配备应急装备,储备应急物资,建立管理台账,安排专人管理,并定期检查、维护、保养,确保其完好、可靠。

5.6.1.4 应急演练

企业应制定年度应急救援演练计划,编制演练方案。

应每半年组织开展一次生产安全事故应急演练,做到一线从业人员参与应急演练全覆盖;每3年与签订协议的社会力量至少进行1次联合实战演练。应急演练中的线路救援应选择救援难度最大的位置。

应对应急演练进行评估,做好文字、图片及视频记录。根据评估报告和演练发现的问题,修订、完善应急预案,改进应急准备工作,并将演练结果报送地(市)县级以上地方人民政府负有安全生产监督管理职责的部门。

5.6.1.5 应急救援信息系统建设

企业应根据自身实际情况,建立生产安全事故应急救援信息系统,并与县级以上人民政府应急管理部门和其他负有安全生产监督管理职责的部门备案互联互通。

5.6.2 应急处置

企业应根据预案要求,及时启动应急响应程序,并开展先期处置。

应在运载工具和索道票面公布应急电话,便于乘客应急使用;应急电话要有专人值守,遇有突发事件值守人员应及时向主要负责人汇报。

因突发事件停车时,应通过广播系统安抚滞留在线路上的乘客,索道发生故障超过15分钟无法排除,建议启动紧急驱动装置运送滞留线路上的乘客。

5.6.3 应急辨识、评估

企业应对应急准备、应急处置工作进行辨识、评估。企业应主动配合有关组织开展的应急处置评估。

5.7 事故管理

5.7.1 报告

企业应建立事故报告程序,明确事故内外部报告的责任人、时限、内容等,发生生产安全事故应按照有关规定程序报告。

5.7.2 调查和处理

企业应建立事故内部处置制度。索道企业发生事故后,企业应保护好事故现场和信息,配合主管部门对事故进行调查;企业应开展事故案例警示教育活动,认真吸取事故教训,落实防范和整改措施,防止类似事件再次发生。

5.7.3 管理

企业应建立事故档案和管理台账,将承包商、供应商等相关方在企业管理范围内发生的事故纳入本企业事故管理。

5.8 持续改进

5.8.1 绩效评定

企业每年至少应对安全生产标准化管理体系的运行情况进行一次自评,验证各项安全生产制度措施的适宜性、充分性和有效性,检查安全生产和职业卫生管理目标、指标的完成情况。

企业主要负责人应全面负责组织自评工作,并将自评结果向本企业所有部门、单位和从业人员通报。自评结果应形成正式文件,并作为年度安全绩效考评的重要依据。

企业发生生产安全责任死亡事故,应重新进行安全绩效评定,全面查找安全生产标准化管理体系中存在的缺陷。

5.8.2 持续改进

企业应根据安全生产标准化管理体系的自评结果和安全生产预测预警系统所反映的趋势,以及绩效评定情况,客观分析企业安全生产标准化管理体系的运行效果和质量,及时调整完善相关制度文件和过程控制,持续改进,不断提高安全生产管理水平。

5.9 服务质量

5.9.1 服务质量目标

应按照国家相关服务标准制定适合企业运营的服务质量目标。应将服务质量目标进行分解,并进行考核。

5.9.2 服务组织

根据运营服务特点和要求,建立完善的服务组织,设置合理的服务岗位并配置相适应的服务人员,明确服务岗位责任,制定并严格执行服务规范和守则等制度。

5.9.3 服务设施管理

应建立服务设施检查维修制度并保证服务设施的清洁和完好。在进行服务设施维修时,应设置维修警示标志并向乘客做好解释工作。

5.9.4 乘坐形式

应选取乘坐舒适度高、便于搭乘的运载工具。

5.9.5 索道运行速度和运量

为提高输送能力,减少乘客候车时间,应选取高速度、大运量的索道设备。为便于乘客上下车,提高服务舒适度和安全性,站内应选取采用较低速度运行。

5.9.6 环保责任

应履行索道经营辖区内环境保护责任,消除和减少索道建设和营运对环境的影响,为乘客营造生态、优美、舒适的服务环境。索道经营辖区建筑与环境自然和谐,符合环境规划要求。倡导生态文化建设,索道经营辖区应保持绿化高覆盖率,植物与景观配置得当。服务区内空气清新,无异味,服务区内环境噪声应满足景区的相关规定。污水、生活垃圾、厨余垃圾的处理应符合国家法规要求和地方环保相关规定。

5.9.7 公共卫生

制定并执行卫生保洁制度,保障辖区内环境和服务设施的清洁卫生。引导乘客在购票、候车和乘坐过程中,遵守公共道德,保持公共环境卫生。

公共服务设施应保持干净和整洁,并定期消毒杀菌。在流行性疾病多发季节,做好公共场所的疾病预防工作,防止交叉感染。遇突发公共卫生事件,按照国家和地方相关规定做好防控工作。候车区域内应设置相应数量与环境协调的垃圾桶(箱),垃圾应及时清理,保持桶(箱)体完好洁净。垃圾应分类处理,垃圾处理符合国家和地方环保相关规定。

公共卫生间建设与接待能力相适应,室内卫生设施设备齐全。应设有无障碍通道和残疾人专用卫生间。应及时清洁,做到墙壁、隔板、门窗清洁无刻画;地面无污物、污渍;便池无污垢;室内无异味、无蚊蝇。

5.9.8 服务信息指示

公共信息、安全标志图形符号按 GB 2894—2008、GB 13495.1—2015、GB/T 10001.2—2021 等相关标准设置并制定相应的管理制度。标志与标牌应完好,无破损、变形,内容准确,文字清晰规范。标志标牌应有中、外文对照,方便乘客阅读。

标志与标牌设置位置与要求如下:
(1) 售票处周边应设置索道线路和相关导游图牌。
(2) 服务设施应设置醒目的标志和引导标牌。
(3) 安全警示标志齐全,应设立在固定、醒目位置,不应设置在可移动物体上。
(4) "客运索道安全检验标志、安全检验合格"标识牌应固定张挂在客运索道的进站口、乘客易看到的明显位置。
(5) 线路支架应有醒目的支架编号和禁止攀爬等安全标志。支架应设爬梯,高度在 10 米以上的爬梯应设保护圈或防坠落装置;高度超过 25 米时,每隔 10 米应设带护栏的平台。
(6) 设立客运索道沿线道路交通标志、禁令标志、道路交通标线、航空障碍标志和客运索道安全服务的其他特殊提示。
(7) 站区主要道口、交叉路口应在适当的位置设立引导标牌。应有醒目的出、入口通行方向标志。
(8) 应设置引导乘客上、下车区域等标志。
(9) 需要乘客协助服务的地方应设明显清晰的提示标志。
(10) 站房内人流方向指示以及上车区、下车区、等待区、上下车线、禁止线应有显著的标记(中文);乘客进出站的通道不应互相干扰,通道的坡度不应超过10%,如果坡度超过10%应设置踏步;非公共通行区域应隔离,设置显著标志(非工作人员禁止入内)。

5.9.9 票务服务

售票:售票员应服务热情,做到票款两清。应采用多种宣传形式,让乘客能方便了解到《购票须知》的内容。企业应运用网络预订、移动支付、刷卡、现金等多种方式为游客提供更加方便快捷的购票服务。设立自助售票服务的,应有清晰明确的购票流程和要求,服务人员应协助乘客完成购票程序。

验票:验票员应用规范的服务语言,请乘客出示票据,检验票据和放行。采用电子验票系统服务时,服务人员应协助乘客完成验票程序。

退票:应制定退票制度并公示。非乘客原因退票时,服务人员应向乘客耐心解释退票的原因,并表示歉意。

停止售票:在营业时间内停止售票的,应向乘客公示原因。暂停运营时,应及时通知预定客户,服务人员应耐心解释停止运营服务的原因,协助乘客完成退票并表示歉意。

5.9.10 候车与乘坐服务

为解决乘客候车时间过长等问题,应采取网络平台预约预售、限时限量、分时乘坐、设立缓冲区等服务方式缩短乘客候车时间,并建立相应制度。站台服务人员应组织引导乘客上、下车和进、出站,维持站台候车秩序。应主动热情迎、送乘客,帮扶老、幼、病、残、孕者。对于单线循环固定抱索器式索道,站台服务人员应协助乘客上、下车,适时调整索道运行速度,帮助行动不便的乘客乘车。

利用广播或视频系统,播放景观介绍、音乐、娱乐节目等,使乘客候车、乘坐过程中的心情愉悦。根据索道实际情况为乘客提供如物品寄存、雨具、棉衣、氧气租借、电子产品充电、失物招领、免费咨询等衍生服务。候车区应根据特殊乘客(老、幼、病、残、孕)需求,提供相应的专用通道和候车区。购票和候车区应设置遮阳避雨设施。候车室内和封闭式交通工具的卫生环境、空气质量、噪声、湿度、照度等卫生标准应达到 GB 37487—2019、GB 37488—2019 相关规定要求。

5.9.11 服务人员基本要求

票务、站台服务人员、乘务人员和保安人员应培训合格后上岗,掌握索道安全服务相应的知识和技能,具有良好职业道德和综合素质,身体健康,严格遵守服务守则。

5.9.12 服务态度

着装整洁,规范统一,佩戴服务标牌。端庄大方,精神饱满,表情自然,姿态端正,举止文明,处事稳重,反应敏捷,动作规范。保持个人卫生,发型庄重,发色自然,女职工可淡妆修饰。上岗前禁止饮酒,不食带异味的食品。礼貌待客、微笑服务、亲切热情、真诚友好、耐心周到、服务主动。有问必答,迅速准确。对于乘客提出要求暂不能解决的,应耐心解释。使用文明礼貌用语、简明、通俗、清晰。应采用规范的服务用语。

5.9.13 职业道德

应爱岗敬业、诚实守信、忠于职守、维护乘客的合法权益。应尊重乘客的人格尊严、宗教信仰和风俗习惯,不损害民族尊严。

5.9.14 服务监督与纠纷处理

应按国家和地方相关法规,建立服务纠纷处理与投诉处理工作程序,应设立专人或部门接待投诉、处理服务纠纷及乘客的意见和建议。做到有投诉必处理。

建立服务监督机制,主动接受乘客监督,在乘客服务区域设意见本(卡、箱),建立网络投诉渠道,定期收集分析游客意见,进行相应服务改进。应按 GB/T 24728—2009 附录 A.2 客运索道安全服务质量要求,进行乘客满意度、乘客有效投诉率、投诉处理满意度的统计。

5.9.15 服务质量改进

每年应对本单位服务质量进行 1 次自主评定,验证各项制度措施的适宜性、充分性和有效性,检查服务质量目标的完成情况,提出改进意见,形成评价报告。

应根据服务质量评定结果,对服务质量目标、规章制度等进行修改完善,制定完善服务质量的工作计划和措施,实施 PDCA 循环,不断提高服务质量。

中国索道协会文件

中索协〔2022〕7 号

关于印发《客运索道运营企业安全生产标准化评定标准》的通知

各索道运营企业：

为全面加强客运索道运营企业安全运营管理，认真贯彻落实《中华人民共和国安全生产法》关于加强安全生产标准化建设的要求。依据中国索道协会发布实施的《客运索道运营安全生产标准化管理》团体标准制定了《客运索道运营企业安全生产标准化评定标准》并将与 2023 年 1 月 1 日起实施，请认真组织学习，遵照执行。

《关于印发〈客运索道企业安全生产标准化评定标准〉及做好创建评审工作的通知》（中索协〔2018〕17 号）同时废止。

附件：客运索道运营企业安全生产标准化评定标准

《客运索道运营安全生产标准化管理》团体标准应用指南

客运索道运营企业安全生产标准化评定标准

(依据客运索道运营安全生产标准化管理团体标准制定)

中国索道协会
二〇二三年一月一日实施

第 1 篇 客运索道运营安全生产标准化管理体系建设

前　　言

为全面加强客运索道企业安全运营管理,根据《中华人民共和国安全生产法》(主席令第 88 号),关于加强安全生产标准化建设,构建安全生产风险分级管控和隐患排查治理双重预防机制,提高安全生产管理水平,确保安全生产要求。为适应当前和今后客运索道安全运营管理发展的需要,进一步规范客运索道运营企业安全生产标准化管理体系建设,推动、指导、规范客运索道运营企业安全生产标准化工作的开展,中国索道协会组织编制本评定标准。

本评定标准依据《企业安全生产标准化基本规范》(GB/T 33000—2016)、《客运架空索道安全规范》(GB 12352—2018)、《客运索道安全服务质量》(GB/T 24728—2009)等国家有关安全生产法律法规标准,结合十五年来开展客运索道运营企业安全生产标准化和安全服务质量建设工作的基础上,根据客运索道企业业务实际和安全运营管理需要编制而成。

本评定标准由中国索道协会提出并归口。

本评定标准负责起草单位:中国索道协会;本评定标准参与起草单位:国家客运架空索道安全监督检验中心、丽江玉龙旅游股份有限公司、黄山旅游发展股份有限公司、陕西太华旅游索道公路有限公司、陕西骏景索道投资建设有限公司。

本评定标准主要起草人:李书清;本评定标准参与起草人:张强、和学乾、曹天才、任凯、周毅、李向成。

本评定标准由中国索道协会负责解释。

《客运索道运营安全生产标准化管理》团体标准应用指南

1 范围

本评定标准规定了客运索道企业安全生产标准化体系建立、保持与评定的管理要求,包括目标职责、制度化管理、教育培训、现场管理、安全风险管控及隐患排查治理、应急管理、事故管理、持续改进、服务质量共九个方面。

本评定标准适用于中华人民共和国境内客运架空索道和客运地面缆车的运营单位。

2 规范性引用文件

下列文件对于本评定标准的应用是必不可少的,凡是注明日期的引用文件,仅注日期的版本适用于本文件。凡是不注明日期的引用文件,其最新版本(包括所有的修改单)适用本文件。

GB 2894—2008 《安全标志及其使用导则》
GB 2893—2008 《安全色》
GB 3096—2008 《声环境质量标准》
GB 5768.2—2022 《道路交通标志和标线》
GB 8408—2018 《大型游乐设施安全规范》
GB 12352—2018 《客运架空索道安全规范》
GB 13495.1—2015 《消防安全标志 第一部分 标志》
GB 19402—2012 《客运地面缆车安全要求》
GB 37487—2019 《公共场所卫生管理规范》
GB 37488—2019 《公共场所卫生指标及限值要求》
GB 50127—2020 《架空索道工程技术标准》
GB 51309—2018 《消防应急照明和疏散指示系统技术标准》
GB 55012—2021 《生活垃圾处理处置工程项目规范》
GB/T 9075—2008 《索道用钢丝绳检验和报废规范》
GB/T 10001.2—2021 《标志用公共信息图形符 第2部分 旅游休闲》
GB/T 11651—2008 《个体防护装备选用规范》
GB/T 17145—1997 《废润滑油回收与再生利用技术导则》
GB/T 24728—2009 《客运索道安全服务质量》
GB/T 29639—2020 《生产经营单位生产安全事故应急预案编制导则》
GB/T 33000—2016 《企业安全生产标准化基本规范》
GB/T 34024—2017 《客运架空索道风险评价方法》
GB/T 34368—2017 《客运索道重大修理的技术要求》
GB/T 40248—2021 《人员密集场所消防安全管理》
GB/T 41094—2021 《客运索道使用管理》
GB/Z 158—2003 《工作场所职业病危害警示标识》
AQ/T 9007—2019 《生产安全事故应急演练基本规范》
TSG 08—2017 《特种设备使用管理规则》
TSG S7001—2013 《客运索道监督检验和定期检验规则》
TSG Z6001—2019 《特种设备作业人员考核规则》
主席令第4号 《中华人民共和国特种设备安全法》
主席令第16号 《中华人民共和国旅游法》

主席令第 22 号 《中华人民共和国环境保护法》
主席令第 24 号 《中华人民共和国职业病防治法》
主席令第 43 号 《中华人民共和国固体废物污染环境防治法》
主席令第 69 号 《中华人民共和国突发事件应对法》
主席令第 81 号 《中华人民共和国消防法》
主席令第 88 号 《中华人民共和国安全生产法》
应急管理部令第 2 号 《生产安全事故应急预案管理办法》
市监总局令第 31 号 《客运索道安全监督管理规定》
市监总局令第 57 号 《特种设备安全监督检查办法》
原国家质检总局 2015 年 5 号文 《特种设备现场安全监督检查规则》
原国家质检总局令 70 号 《特种设备作业人员监督管理办法》

3 术语与定义

下列术语和定义适用于本评定标准。

3.1 企业安全生产标准（Enterprise safety production standardization）

企业通过落实安全生产主体责任、全员全过程参与、建立并保持安全生产管理体系以及全面管控生产经营活动各环节的安全生产和职业卫生工作,实现安全健康管理系统化、岗位操作行为规范化、设备设施本质安全化以及作业环境器具定置化,并持续改进。

3.2 安全生产绩效（Safety production performance）

根据安全生产目标和职业卫生目标,在安全生产、职业卫生等工作方面取得的可考评结果。

3.3 企业主要负责人（Main person in charge of the enterprise）

有限责任公司、股份有限公司的董事长、总经理,其他生产经营单位的厂长、经理以及对生产经营活动有决策权的实际控制人。

3.4 相关方（Related parties）

工作场所内外与企业安全生产绩效有关或受其影响的非本企业个人或单位,如承包商、供应商等。

3.5 承包商（Contractor）

在企业的工作场所按照双方协定的要求向企业提供服务的个人或单位。

3.6 供应商（Supplier）

为企业提供材料、设备或设施及服务的外部个人或单位。

3.7 变更管理（Management of change）

对机构、人员、管理、工艺、技术、设备设施、作业环境等永久性或暂时性的变化进行有计划地控制,以避免或减轻对安全生产产生影响。

3.8 安全风险（Security risks）

发生危险事件或有害暴露的可能性,与随之引发的人身伤害、健康损害或财产损失的严重性的组合。

3.9 安全生产风险评估（Safety production risk assessment）

运用定性或定量的统计分析方法对安全风险进行分析、确定其严重程度，对现有控制措施的充分性、可靠性加以考虑，以及对其是否可接受予以确认的过程。

3.10 安全风险管理（Security risk management）

根据安全风险评估的结果，确定安全风险控制的优先顺序和安全风险控制措施，以达到改善安全生产条件、减少或避免产生安全事故的目的。

3.11 工作场所（Workplace）

从业人员进行职业活动，并由企业直接或间接控制的所有工作地点。

3.12 作业环境（Working environment）

从业人员进行生产经营活动的场所以及相关联的场所，对从业人员的安全、健康、工作效率以及对设备（设施）的安全运行产生影响的所有自然和人为因素。

3.13 持续改进（Continuous improvement）

为了实现对整体安全生产绩效的改进，根据企业的安全生产和职业卫生目标，不断地对安全生产和职业卫生工作进行完善的过程。

3.14 PDCA 管理（Management of PDCA）

由 Plan（策划）、Do（实施）、Check（检查）、Act（改进）组成的动态循环管理体系。

3.15 5S 管理（Management of 5S）

是指对整理、整顿、清扫、清洁、素养五个方面的管理。

4 一般要求

4.1 原则

客运索道运营企业开展安全生产标准化工作，应坚持中国共产党领导，坚持以人民为中心，坚持人民至上、生命至上，把保护人民生命安全放在首位，树立安全发展理念，应遵循"安全第一、预防为主、综合治理"的方针，落实企业主体责任；以安全风险管控、隐患排查治理、职业病危害防治为基础，以安全生产责任制为核心，建立安全生产标准化管理体系，实现全员参与，全面提升安全生产管理水平，持续改进安全生产工作，不断提升安全生产绩效，预防和减少事故的发生，保障人身安全健康，保证生产经营活动的有序进行。

4.2 建立和保持

客运索道运营企业应采用"策划、实施、检查、改进（PDCA）"动态循环管理模式，按照本评定标准的规定，结合企业自身特点，自主建立并保持安全生产标准化管理体系，并通过自我检查、自我纠正和自我完善，构建安全生产长效机制，持续提升安全生产绩效管理。

4.3 评定和监督

客运索道运营企业安全生产标准化工作实行企业自主评定和中国索道协会组织专家评审的方式,自主评定应每年至少进行1次,协会组织专家评审每3年进行1次;企业应根据本评定标准及相关安全生产标准化细则,对安全生产标准化工作进行自主评定,自主评定后申请中国索道协会组织专家评审定级;安全生产标准化评审定级分为一级、二级、三级。一级为最高等级,三级为最低等级;客运索道安全服务质量等级分为5S、4S、3S三个等级。5S为最高等级,3S为最低等级;企业在申请协会评审前必须通过法定的客运索道监督检验、定期检验并取得安全检验合格标志。

评审时,如发现索道运营单位出现重大隐患和风险,应中止评审,整改完成后重新申请评审。新建索道运行三年后方可申请评审。首次申请评审时,企业应在一年内没有发生生产安全责任的死亡事故、半年内没有发生高空滞留人员超过3.5小时以上的责任事故;已取得安全生产标准化等级的企业,如发生人员死亡或高空滞留人员超过3.5小时以上的责任事故,整改完善并进行自主评定合格后,重新申请评审。

安全生产标准化评审与客运索道安全服务质量评审采取"同时评审、分别发证"的方式,中国索道协会负责发证;安全生产标准化评审项目为本评定标准前八项(即5.1至5.8),共计1000分,各项目的分项最低分数为0分;安全生产标准化所评审的等级须同时满足评审得分和安全生产绩效要求,否则按二者低的等级来确定评定等级(见表1)。

表 1 安全生产标准化评定等级划分及标准

评定等级	评审得分	安全生产绩效
一级	≥900	申请评审之前两年内,企业无安全生产责任的死亡事故,且三年内未发生空中滞留人员超过3.5小时以上责任事故。
二级	≥750	申请评审之前一年内,企业无安全生产责任的死亡事故,且两年内未发生空中滞留人员超过3.5小时以上责任事故。
三级	≥600	申请评审之前,企业无安全生产责任的死亡事故,且一年内未发生空中滞留人员超过3.5小时以上责任事故。

客运索道安全服务质量评审项目为本评定标准第九项评分项目,第九项服务质量为400分。最低分数为0分;安全服务质量评审的等级须同时满足评审得分和基本要求,否则按二者低的等级来确定评定等级(见表2)。

表 2 客运索道安全服务质量评定等级划分及标准

安全服务质量等级	服务质量得分	基本要求
5S	≥368	1. 索道乘坐形式应为无障碍吊厢型式。 2. 索道运行速度应≥5米/秒。 3. 站内运行速度应<0.5米/秒。
4S	≥336	1. 索道乘坐形式应为吊厢式。 2. 索道运行速度应≥3米/秒。
3S	≥304	1. 现有设备设施运行正常。

《客运索道运营安全生产标准化管理》团体标准应用指南

5 评分项目内容细则（核心要求）

5.1 目标职责（100分）

序号	项目	内容	标准分	评分标准	实得分
5.1.1	目标	企业应根据自身安全生产实际，制定文件化的总体和年度安全生产目标与职业卫生目标，并纳入到企业总体生产经营目标。 企业要将年度工作目标分解落实到各个部门，逐级落实到班组和岗位。各级安全生产目标及职业卫生目标应经相应负责人审批，以文件形式下达。 部门或班组按照安全生产职责及职业卫生职责，明确目标的制定、分解、实施、检查、考核等环节，制定分级控制措施并落实。 制定安全生产目标与职业卫生目标的评估和考核办法，并对安全生产目标与职业卫生目标完成情况进行考核。	20	1. 未制定总体安全生产目标和职业卫生目标的，扣5分；总体安全目标和职业卫生目标未纳入企业总体生产经营目标的，扣5分。 2. 年度安全生产目标和职业卫生目标未逐级分解的，扣5分；未以文件形式下达的，扣5分。 3. 未制定控制措施的，扣3分，未按本单位控制措施落实的，扣2分。 4. 未制定安全生产目标与职业卫生目标评估和考核办法的，扣3分；未按办法对目标完成情况进行考核的，扣2分。	
5.1.2	机构和职责				
5.1.2.1	机构设置	企业应落实安全生产与职业卫生组织领导机构，成立以主要负责人和部门为领导的安全生产与职业卫生领导机构，明确安全生产与职业卫生领导机构的组成和职责。 企业应设置安全生产与职业卫生管理机构；应根据自身情况配备安全与职业卫生管理人员。 安全管理机构应每月组织召开安全会议，总结分析本单位的安全生产情况，部署安全生产工作，研究解决安全生产工作中的重大问题，决策企业安全生产的重大事项。	15	1. 未成立以主要负责人和部门为领导的安全生产与职业卫生领导机构的，扣5分。 2. 未设置安全生产与职业卫生管理机构的，扣5分；未配备专职或兼职安全与职业卫生管理人员的，扣5分。 3. 未按规定每月组织召开安全会议的，扣5分；会议记录不完整的，扣3分。	
5.1.2.2	主要负责人及管理层职责	企业主要负责人应全面负责安全生产和职业卫生工作，并履行相应责任和义务。 分管负责人应对各自范围内的安全生产和职业卫生工作负责。 各级管理人员应按照安全生产和职业卫生责任制相关要求，履行安全生产和职业卫生职责。	20	1. 主要负责人未履行安全生产管理责任和职业卫生管理责任的，不得分。 2. 分管负责人未按规定履行分管职责的，扣5分/项。 3. 各级管理人员未履行其安全生产和职业卫生职责的，扣5分/项。	
5.1.3	全员参与	企业应建立健全全员安全生产和职业卫生责任制，制定符合本单位的各级安全生产和职业卫生制度文件。 企业应对安全生产和职业卫生职责履行情况进行定期评估和监督考核。 企业应建立激励约束机制，鼓励员工积极建言献策，不断改进和提升安全生产和职业卫生管理水平。	15	1. 未以制度文件建立健全本单位和各部门安全生产和职业卫生工作责任制的，扣5分；未明确从业人员职责的，扣3分。 2. 未按照规定进行定期评估和监督考核的，扣5分。 3. 未建立安全生产与职业卫生责任追究制度的，扣5分；无奖惩记录的，扣2分。	

第1篇 客运索道运营安全生产标准化管理体系建设

（续）

序号	项目	内容	标准分	评分标准	实得分
5.1.4	安全生产投入	企业应制定满足安全生产需要的安全生产费用投入制度、计划，按规定提取、使用安全生产费用并落实到位，并建立安全生产费用使用台账。 安全生产费用主要用于以下方面： 1. 安全技术和劳动保护措施：安全标志、安全工器具、安全设备设施、安全防护装置、安全培训、职业病防护和劳动保护，以及重大安全生产课题研究和预防事故采取的安全技术措施工程建设等。 2. 事故预防措施：设备重大缺陷和隐患排查、治理、针对事故教训采取的防范措施、落实技术标准及规范进行的设备和系统改造、提高设备安全稳定运行的技术改造等。 3. 应急管理：预案编制、应急物资、应急演练、应急救援等。 4. 其他：安全检测、安全评价、重大危险源监控整改、安全保卫、安全法律法规收集管理、安全生产标准化建设实施、安全检查、安全技术技能竞赛、安全文化建设与维护等。 5. 安全科技创新：新技术、新材料、新工艺、新设备产品的研发与投入。 6. 企业应按照有关规定，为从业人员缴纳工伤、意外伤害保险费用，购买企业财产保险或投保客运索道安全生产责任险。	10	1. 未制定安全生产费用制度、计划的，扣5分；未建立安全生产费用使用台账的，扣3分。 2. 安全生产费用使用中存在应按计划投入而未投入的，扣5分。 3. 未给从业人员按规定缴纳工伤、意外伤害保险的，扣5分。	
5.1.5	安全文化建设	企业应开展安全文化建设，确立本企业的安全生产和职业病危害防治理念及行为准则，并教育、引导全体从业人员贯彻执行。 企业开展安全文化建设活动应包括但不限于以下活动：安全生产月、安全生产知识竞赛、安全生产教育培训、安全文化演出、职工安全文化活动等。	5	1. 安全生产文化建设活动未开展两项（含两项）以上的，扣3分。	
5.1.6	安全生产信息化建设	企业应根据自身实际情况，利用信息化手段加强智慧索道运营管理建设，建立索道设备、广播、票务、客流、索道运营数据监测监控系统，重大危险源监控、安全风险分级管控和隐患自查自报、预测预警及职业病危害防治等信息系统。	15	1. 企业未利用信息化手段加强安全运营管理工作的，扣5分。 2. 安全生产信息系统功能不完善的，如缺少索道设备、广播、票务、客流、索道运营数据监测监控系统的，扣10分/项。	

《客运索道运营安全生产标准化管理》团体标准应用指南

5.2 制度化管理（105分）

序号	项目	内容	标准分	评分标准	实得分
5.2.1	法规标准识别	企业应建立安全生产和职业卫生法律法规、标准规范的管理制度，及时识别和获取适用、有效的法律法规、标准规范，建立清单。 企业应将适用的安全生产和职业卫生法律法规、标准规范的相关要求及时转化为本单位的规章制度、操作规程，并及时传达给相关从业人员，确保落实到位。 开展安全生产法律法规、标准规范的搜集管理工作，并跟踪、掌握有关法律法规、标准规范的修订情况。客运索道运营单位适用的安全生产法律法规、标准规范至少包括： 1.《客运架空索道安全规范》 2.《客运地面缆车安全要求》 3.《架空索道工程技术标准》 4.《安全标志及其使用导则》 5.《消防安全标志 第一部分 标志》 6.《消防应急照明和疏散指示系统技术标准》 7.《消防给水及消火栓系统技术规范》 8.《建筑灭火器配置设计规范》 9.《建筑设计防火规范》 10.《火灾自动报警系统设计规范》 11.气体灭火系统设计规范》 12.《生活垃圾处理处置工程项目规范》 13.《大型游乐设施安全规范》 14.《安全色》 15.《声环境质量标准》 16.《公共场所卫生管理规范》 17.《公共场所卫生指标及限值要求》 18.《索道用钢丝绳》 19.《旅游景区质量等级的划分与评定》 20.《企业安全生产标准化基本规范》 21.《客运索道安全服务质量》 22.《客运索道固定抱索器通用技术条件》 23.《客运架空索道风险评价方法》 24.《生产经营单位生产安全事故应急预案编制导则》 25.《客运索道使用管理》 26.《客运索道重大修理的技术要求》 27.《索道术语》	20	1. 企业未建立安全生产和职业卫生法律法规、标准规范管理制度的，扣10分。 2. 企业未将适用的安全生产和职业卫生法律法规、标准规范的相关要求及时转化为本单位的规章制度、操作规程的，扣3分/项。 3. 未开展安全生产法律法规、标准规范的搜集管理工作的，扣5分；适用的安全生产法律法规、标准规范不完整的，扣3分/项。	

第1篇 客运索道运营安全生产标准化管理体系建设

（续）

序号	项目	内容	标准分	评分标准	实得分
5.2.1	法规标准识别	28.《个体防护装备选用规范》 29.《索道用钢丝绳检验和报废规范》 30.《客运索道用橡胶轮衬》 31.《公共信息图形符号 第1部分 通用符号》 32.《标志用公共信息图形符 第2部分 旅游休闲》 33.《废润滑油回收与再生利用技术导则》 34.《人员密集场所消防安全管理》 35.《工作场所职业病危害警示标识》 36.《工业企业设计卫生标准》 37.《特种设备作业人员考核规则》 38.《客运索道监督检验和定期检验规则》 39.《特种设备使用管理规则》 40.《特种设备事故报告和调查处理导则》 41.《特种设备焊接操作人员考核细则》 42.《生产安全事故应急演练基本规范》 43.《中华人民共和国安全生产法》 44.《中华人民共和国特种设备安全法》 45.《中华人民共和国旅游法》 46.《中华人民共和国突发事件应对法》 47.《中华人民共和国职业病防治法》 48.《中华人民共和国消防法》 49.《中华人民共和国环境保护法》 50.《中华人民共和国固体废物污染环境防治法》 51.《生产安全事故报告和调查处理条例》 52.《生产安全事故应急预案管理办法》 53.《安全生产事故隐患排查治理暂行规定》 54.《特种设备现场安全监督检查规则》 55.《客运索道安全监督管理规定》 56.《特种设备作业人员监督管理办法》 57.《特种设备事故报告和调查处理规定》 58.《特种设备安全监督检查办法》	20	1.企业未建立安全生产和职业卫生法律法规、标准规范管理制度的，扣10分。 2.企业未将适用的安全生产和职业卫生法律法规、标准规范的相关要求及时转化为本单位的规章制度、操作规程的，扣3分/项。 3.未开展安全生产法律法规、标准规范的搜集管理工作的，扣5分；适用的安全生产法律法规、标准规范不完整的，扣3分/项。	

《客运索道运营安全生产标准化管理》团体标准应用指南

(续)

序号	项目	内容	标准分	评分标准	实得分
5.2.2	规章制度	企业应建立健全安全生产和职业卫生规章制度,并征求工会及从业人员意见和建议,规范安全生产和职业卫生管理工作。 企业应确保从业人员及时获取制度文本。企业安全生产和职业卫生规章制度包括但不限于下列内容: 1. 目标管理 2. 安全生产和职业卫生责任制 3. 安全生产承诺书 4. 安全生产投入管理制度 5. 安全生产信息化管理制度 6. 技术档案管理制度 7. 日常安全检查制度 8. 维护保养制度 9. 定期报检制度 10. 安全风险管理、隐患排查治理 11. 教育培训管理制度 12. 特种作业及服务人员管理制度 13. 设备设施管理制度 14. 检维修安全管理制度 15. 危险作业安全管理制度 16. 安全警示标志管理制度 17. 作业和服务人员守则 18. 作业人员及相关服务人员安全培训考核制度 19. 意外事件和事故报告、分析和处置管理制度 20. 安全生产奖惩管理制度 21. 相关方安全管理制度 22. 变更管理制度 23. 安全防护用品管理制度 24. 应急管理制度 25. 安全生产报告 26. 绩效评定管理制度 27. 安全操作规程管理制度	30	1. 未建立安全生产和职业卫生规章制度的,扣10分;规章制度不健全或不符合相关规定的,扣2分/项。 2. 企业安全生产和职业卫生规章制度的建立或修订未征求工会或从业人员意见和建议的,扣5分。	
5.2.3	操作规程	企业应结合实际,编制齐全的、适用于岗位的安全生产和职业卫生操作规程,发放到相关岗位员工,并严格执行。 企业应定期及时组织修订完善相应的安全生产和职业卫生操作规程,确保其适宜性和有效性。	30	1. 未编制岗位安全生产和职业卫生操作规程的,扣10分。 2. 未将最新的规程下发到各部门、各岗位的,扣10分;操作规程不齐全的,扣5分/项。 3. 未定期更新相应的安全生产和职业卫生操作规程的,扣5分。	

第1篇 客运索道运营安全生产标准化管理体系建设

（续）

序号	项目	内容	标准分	评分标准	实得分
5.2.4	文档管理				
5.2.4.1	记录管理	企业应建立文件和记录管理制度，明确安全生产和职业卫生规章制度、操作规程的编制、评审、发布、使用、修订、作废以及文件和记录管理的职责、程序和要求。 客运索道应建立技术档案，至少包括： 1. 安装技术资料。 2. 监督检验报告。 3. 使用登记表。 4. 更新、维修技术文件。 5. 年度自行检验和定期检验的记录。 6. 应急救援演练记录。 7. 运行、维护保养、设备故障与事故处理记录。 8. 作业人员培训、考核和证书管理记录。 9. 安全记录。至少包括：巡线记录、不安全事件记录、安全活动记录、安全会议记录、日常检查记录、计量装置检验检测记录等。	15	1. 未建立文件和记录管理制度的，扣5分。 2. 技术档案项目不完整的，扣2分/项；安全记录内容不完整的，扣2分/项。	
5.2.4.2	评估	企业应每年至少评估一次安全生产和职业卫生法律法规、标准规范、规章制度、操作规程的适宜性、有效性和执行情况，并应有评估记录。	5	评估记录不完整的，扣3分。	
5.2.4.3	修订	企业应根据评估结果、安全检查情况、自评结果、评审情况、事故情况等，及时修订安全生产和职业卫生规章制度、操作规程。	5	未及时进行修订的，扣3分；修订记录不完整的，扣2分。	

5.3 教育培训（60分）

序号	项目	内容	标准分	评分标准	实得分
5.3.1	教育培训管理	企业应建立健全安全教育培训制度和安全教育培训计划，按照有关规定进行培训，培训大纲、内容、时间应满足有关标准的规定，企业安全教育培训应包括安全生产和职业卫生的内容。 应明确本单位安全教育培训主管部门或负责人，按规定及岗位需要，定期识别安全教育培训需求，制定、实施安全教育培训计划，提供相应的资源保证。 企业应如实记录全体从业人员的安全教育和培训情况，培训每年不少于24学时。 建立安全教育培训档案，实施分级管理，并对培训效果进行评估和改进。	20	1. 未建立健全安全教育培训制度和安全教育培训计划的，扣5分。 2. 无安全教育培训记录和档案的，扣5分；培训课时不足24学时/每年，扣3分。 3. 没有对培训效果进行评估的，扣2分。	

《客运索道运营安全生产标准化管理》团体标准应用指南

(续)

序号	项目	内容	标准分	评分标准	实得分
5.3.2	人员教育培训				
5.3.2.1	主要负责人和管理人员	企业的主要负责人和安全生产管理人员应当具备与本单位所从事的生产经营活动相适应的安全生产知识和职业卫生知识与能力。 企业应对各级管理人员进行教育培训,确保其具备正确履行岗位安全生产和职业卫生职责的知识与能力。 法律法规要求考核其安全生产和职业卫生知识与能力的人员,应按照有关规定经考核合格。	15	1. 企业的主要负责人和安全管理人员未取得客运索道安全管理人员资格证书的,不得分。 2. 客运索道安全管理人员资格证书过期的,扣5分/人。	
5.3.2.2	从业人员	企业应对从业人员进行安全生产和职业卫生教育培训,保证从业人员具备满足岗位要求的安全生产和职业卫生知识,熟悉有关的安全生产和职业卫生法律法规、规章制度、操作规程,掌握本岗位的安全操作技能和职业危害防护技能,安全风险辨识和管控方法,了解事故现场应急处置措施,并根据实际需要,定期进行复训考核。 在新技术、新设备设施投入使用前,应对有关从业人员进行安全教育和培训;未经安全教育培训合格人员,不应上岗作业。 新员工在上岗前必须进行安全教育培训,时间不少于24学时。 从业人员在企业内部调整工作岗位或离岗一年以上重新上岗时,应重新进行部门和班组级的安全教育培训。 从事特种作业、特种设备作业的人员应按照有关规定,经专门安全作业培训,考核合格,取得相应资格后,方可上岗作业,并定期接受复审。 企业专职应急救援人员应按照有关规定经专门应急救援培训和考核合格后方可上岗,并定期参加复训。 其他从业人员每年应接受再培训,再培训时间和内容应符合国家和地方政府有关规定。	20	1. 无从业人员安全教育培训记录和档案的,扣5分。 2. 新员工岗前未进行安全教育培训的,扣5分;新员工在上岗前安全教育培训课时未达到24学时的,扣3分。 3. 在新技术、新设备设施投入使用前,未对有关从业人员进行专门的安全教育和培训的,扣5分。 4. 特种设备作业岗位未配备相应持证作业人员的,不得分;资格证书过期的,扣3分/人。 5. 其他从业人员培训无记录的,扣1分/人。	

第1篇 客运索道运营安全生产标准化管理体系建设

（续）

序号	项目	内容	标准分	评分标准	实得分
5.3.2.3	外来人员	企业应对进入企业从事服务和作业活动的承包商、供应商的从业人员和接收的中等职业学校、高等学校实习生及外单位委托实习培训人员，进行安全教育培训，并保存记录。 外来人员进行作业现场前，应由作业现场所在单位对其进行安全教育培训，并保存记录。 应对相关方作业人员及外来参观、学习等人员进行有关安全教育告知记录，主要内容包括：安全规定、可能接触的危险有害因素、应急知识等。	5	未对外来人员进入现场前安全教育培训的，扣3分；无外来人员安全培训记录的，扣2分。	

5.4 现场管理（445分）

序号	项目	内容	标准分	评分标准	实得分
5.4.1	设备设施管理				
5.4.1.1	设备设施建设	客运索道建设应符合有关法律法规、安全技术规范和标准要求；客运索道验收应按照有关规定，严格履行安全设施和职业卫生要求的设计安装验收等管理程序。 应配备无线和有线两种专用通讯设施，应至少有一个站房或在站房附近装设能与外界保持有效联系的外线电话，应配备至少覆盖全线的无线对讲机，对讲机数量≥站房总数＋2，广播和专用电话均需配备无间断电源（UPS），保证断电情况下广播和对讲机仍然保持有效。控制室、机房、上（下）站房、支架等重点区域应设置视频监控设施，视频影像在控制室应可观，并运行正常。 售票窗口应设置安全隔离栏杆等设施，方便乘客购票，保障购票安全秩序。在售票处附近设置醒目的双语《乘坐索道安全须知》，应包括以下内容：身高低于1.25米的儿童应在大人陪护下乘坐索道；车上严禁吸烟、嬉闹和向外抛洒废弃物品；限制有危险倾向的乘客乘坐索道；提示身体状况不适应高空运行，有诱发疾病危险的乘客	25	1. 客运索道运营单位未办理注册使用登记的，不得分。 2. 现场建筑设计防火和建筑灭火器配置不符合规定要求的，扣5分。 3. 缺少通讯设施的或使用不正常的，扣5分/项。 4. 未设置视频监控装置的，扣10分。 5. 重点区域视频监控设施未完全覆盖的，扣3分/处。 6. 售票窗口未设置安全隔离栏杆或《乘坐索道安全须知》的，扣5分；《乘坐索道安全须知》其中一项不满足标准要求的，扣2分/项。 7. 候车区设施设备不满足需求的，扣5分。 8. 候车区未设置安全隔离栏杆和活动门栏的，扣5分。 9. 候车区未采用防滑措施的，扣5分。 10. 索道使用单位发生变更、客运索道报废的，未按照安全技术规范等规定要求办理使用登记变更、注销的，不得分；索道使用单位停用客运索道的，未按照安全技术规范等规定执行，未到登记部门办理相关停用手续的，不得分；设备变更未按管理制度规定履行的，扣10分；变更过程中未采取全过程隐患控制措施的，扣5分。	

《客运索道运营安全生产标准化管理》团体标准应用指南

（续）

序号	项目	内容	标准分	评分标准	实得分
5.4.1.1	设备设施建设	（有心脏病、高血压、精神障碍、恐高症、习惯性流产等病史，以及部分妊娠早、晚期孕妇和部分行动不便的高龄乘客），不宜乘坐吊椅式索道；应禁止携带易燃、易爆危险品或管制物品乘坐索道。 候车区除配备正常通风、采光设施外，还应配置应急疏散标志及足够数量的应急照明设施。候车区设置适应乘客不同流量的安全隔离栏杆。隔离栏杆设计与建设应符合相关标准要求。隔离栏杆应在适当位置设置活动门栏，方便乘客应急，满足快速疏散乘客的安全需要。道路、站台地面应采用防滑设计或采用防滑替代措施。 索道使用单位发生变更、客运索道报废的，应当按照安全技术规范等规定要求办理使用登记变更、注销；索道使用单位停用客运索道的，应当按照安全技术规范等规定执行，并到登记部门办理相关停用手续。索道设备变更应执行变更管理制度，履行变更程序，并对全过程进行隐患控制。	25	1. 客运索道运营单位未办理注册使用登记的，不得分。 2. 现场建筑设计防火和建筑灭火器配置不符合规定要求的，扣5分。 3. 缺少通讯设施的或使用不正常的，扣5分/项。 4. 未设置视频监控装置的，扣10分。 5. 重点区域视频监控设施未完全覆盖的，扣3分/处。 6. 售票窗口未设置安全隔离栏杆或《乘坐索道安全须知》的，扣5分；《乘坐索道安全须知》其中一项不满足标准要求的，扣2分/项。 7. 候车区设施设备不满足需求的，扣5分。 8. 候车区未设置安全隔离栏杆和活动门栏的，扣5分。 9. 候车区未采用防滑措施的，扣5分。 10. 索道使用单位发生变更、客运索道报废，未按照安全技术规范等规定要求办理使用登记变更、注销的，不得分；索道使用单位停用客运索道的，未按安全技术规范等规定执行，未到登记部门办理相关停用手续的，不得分；设备变更未按管理制度规定履行的，扣10分；变更过程中未采取全过程隐患控制措施的，扣5分。	
5.4.1.2	设备设施验收	客运索道企业应执行设备设施采购、到货验收制度，购置、使用设计符合要求、质量合格的设备设施。 设备设施安装后企业应进行验收，并对相关过程及结果进行记录。 应通过有相关资质特种设备检验机构的定期检验。	20	1. 未建立设备设施采购、到货验收制度的，扣5分。 2. 无采购、安装验收记录的，扣3分；记录不完整的，扣2分。 3. 依据最近一次客运索道检验报告，未达到客运索道安全检验单项要求的，扣2分/项。 4. 依据最近一次客运索道检验报告，经整改后达到客运索道安全检验单项要求的，扣1分/项。	

第1篇 客运索道运营安全生产标准化管理体系建设

（续）

序号	项目	内容	标准分	评分标准	实得分
5.4.1.3	设备设施运行	企业应建立索道运行管理制度，明确索道运行前、中、后的程序与要求，明确装载与异常情况处置的程序与要求，对设备设施进行规范化管理，健全设备设施管理制度及台账。 应有专人负责管理各种安全设施以及检测与监测设备，定期检查维护并做好记录。 作业人员应遵守运营工作程序和操作规程，做好运行、检查记录。 客运索道停运期间遇到恶劣天气（风暴、暴雨、冰雹）或故障停车，造成运行中断，应满足相关规定，方可重新运行。 安全防护设备设施不得随意拆除、挪用或弃置不用；确因维修拆除的应采取临时、有效的安全措施，维修完毕后立即复原。 安全保护装置应建立台账并定期检查记录。	50	1. 未建立设备设施管理制度的，扣10分；未建立设备设施台账的，扣5分。 2. 无定期检查维护记录的，扣3分，记录不完整的，扣2分。 3. 无运行记录或运行记录不完整的，扣10分。 4. 随意拆除、挪用或弃置不用安全防护设备设施且未采取临时、有效的安全措施或维修完毕后未立即复原的，扣10分/项。 5. 未建立安全保护装置台账的，扣5分。	
5.4.1.4	设备设施检维修	客运索道维修应符合以下要求： 1. 应保持维修工具、计量装置、照明装备完好，计量装置应根据相关规定进行检验检测。 2. 应提前对公众发布停运公告。 3. 更换的主要部件（电机、减速机、钢结构、轮组、钢丝绳、电控系统等）应执行内部验收和报废管理制度，进行记录。 4. 设备维修后，应及时清理维修现场。机架和支架上不应遗留有坠落危险的维修工具、零部件和杂物。 5. 应按维修作业指导书和设备维保手册要求，规范作业，控制维修质量。 6. 隐蔽性工程应及时验收，设备维修后应进行验收。 7. 维修过程应执行隐患控制措施并进行监督检查。	20	维修未符合所列要求的，扣3分/项。	
		客运索道的维护保养应当制定维护保养计划，并按照计划进行，同时做好记录。 客运索道维护保养应符合以下要求： 1. 应保持维护保养工具、计量装置、照明装备完好。	20	1. 未制定维护保养计划的，扣15分。 2. 未按计划进行维护保养的，扣10分。 3. 未做维护保养记录或记录不全的，扣5分。 4. 维护保养未符合所列要求的，扣3分/项。	

《客运索道运营安全生产标准化管理》团体标准应用指南

(续)

序号	项目	内容	标准分	评分标准	实得分
		2. 应提前对公众发布停运公告。 3. 设备润滑工作后,应采取措施保障润滑油(脂)不会污损乘客身体和衣物。 4. 更换的废弃油品应按规定应交由有资质单位回收。 5. 建立备品备件台账。	20	1. 未制定维护保养计划的,扣15分。 2. 未按计划进行维护保养的,扣10分。 3. 未做维护保养记录或记录不全的,扣5分。 4. 维护保养未符合所列要求的,扣3分/项。	
		应开展定期自检工作,自检工作至少包括日检、月检、年检。客运索道应制定定期自检计划,并按照计划进行,同时做好记录。	20	1. 未开展定期自检工作的,扣10分;定期自检中未包含安全保护装置内容检查的,扣5分。 2. 未做记录或记录不全的,扣10分。	
5.4.1.4	设备设施检维修	客运索道应建立设备设施检维修管理制度,制定综合检维修计划,加强日常检维修和定期检维修管理,落实"五定"原则,即定检维修方案、定检维修人员、定安全措施、定检维修质量、定检维修进度,并做好记录。 检维修方案应包含作业安全风险分析、控制措施、应急处置措施及安全验收标准。检维修过程中应执行安全控制措施,并进行监督检查,检维修后应进行安全确认。 检维修过程中涉及危险作业的,应按照5.4.2.1执行。 客运索道的重大维修应当按照安全技术规范、标准、使用维护说明书和维修方案要求进行,其中维修方案应包含作业行为分析和控制措施;索道重大维修和设备年度检维修应按照内控要求,规范执行;索道重大维修和设备年度检维修应按照内控要求,规范执行。 重大维修过程,必须经特种设备检验检测机构按照安全技术规范的要求进行监督检验;重大维修后,索道运营企业应将自检报告、监督检验报告和无损检测报告存档。	20	1. 未建立设备设施检维修管理制度的,扣5分。 2. 未制定综合检维修计划的,扣10分;未按计划进行检维修的,扣2分/项。 3. 未做检维修记录或记录不完整的,扣5分。 4. 重大维修前未到当地质检部门进行告知的,不得分;重大维修未经特种设备检验检测机构进行监督检验的,不得分。 5. 重大维修后,未将自检报告、监督检验报告和无损检测报告存档的,扣10分。	
5.4.1.5	检测检验	特种设备应按照有关规定,通过具有专业资质的检测、检验机构进行定期检测、检验,并取得安全合格使用证。	20	未通过具有专业资质的检测、检验机构进行定期检测、检验,并取得安全合格使用证的,不得分。	

第 1 篇 客运索道运营安全生产标准化管理体系建设

（续）

序号	项目	内容	标准分	评分标准	实得分
5.4.1.6	设备设施拆除、报废	企业应建立设备设施报废管理制度。设备设施的报废应办理审批手续，在报废设备设施拆除前应制定方案，涉及外请的单位应具备相应资质，并在现场设置明显的报废设备设施标志。报废、拆除涉及许可作业的，应按照5.4.2.1执行，并在作业前对相关作业人员进行培训和安全技术交底；报废、拆除应按方案和许可内容组织落实。	5	1. 未建立设备设施报废管理制度的，扣3分。 2. 设备设施报废审批手续不全的，扣2分；未做设备设施报废记录的，不得分；记录不完整的，扣2分。	
5.4.2	作业安全				
5.4.2.1	作业环境和作业条件	企业应事先分析、评估和控制设备设施、器材、通道、作业环境等存在的安全风险。 现场应实行定置管理，保持作业环境整洁。 索道现场配备相应的安全、职业病防护用品(具)及消防设施与器材，按照有关规定设置应急照明、安全通道。 企业应对临近高压输电线路作业、危险场所动火作业、有限空间作业、临时用电作业、高处作业等危险性较大的作业活动，实施作业许可管理，严格履行作业许可审批手续。 应对作业人员上岗资格条件等进行作业前安全检查，做到特种作业人员(高处作业、电工作业)持证上岗；并设专人进行现场安全管理，确保作业人员遵守岗位操作规程、落实安全及职业病危害防护措施。两个以上作业队伍在同一作业区域内进行作业活动时，不同作业队伍相互之间应签订管理协议，明确各自安全生产、职业卫生管理职责，并指定专人检查与协调。 作业环境应满足下列要求： 1. 站房主体建筑应结构完好，无异常变形、风化、下塌现象，门窗结构完整。 2. 转动设备或电气设备防护设施应齐全完整。 3. 变电站设备区应配置绝缘垫、防鼠板以及安全防护用品并与其他区域应隔离。 4. 应急照明、工作现场施工照明应保证作业安全需要。	45	1. 未建立作业安全管理制度的，扣10分。 2. 作业环境有不满足规定要求的，扣3分/项。 3. 无危险作业许可审批手续的，扣5分；作业许可审批手续不全的，扣2分。 4. 不同作业队伍相互之间未签订管理协议的，扣3分。	

《客运索道运营安全生产标准化管理》团体标准应用指南

(续)

序号	项目	内容	标准分	评分标准	实得分
5.4.2.1	作业环境和作业条件	5. 驱动机房或驱动小车等区域应设置检修开关。 6. 支架、驱动小车等空中作业区域应设置安全走台和安全护栏。 7. 站口离地高度超过1米,应设置安全防护网。防护网伸出长度不小于2米,并结实牢固。 8. 油库及危险品仓库应装防爆灯,设置消防设施并与站台、办公区、生活区等区域隔离。 9. 作业环境保持清洁、无积水、油污,门口、通道、楼梯、平台等处无杂物堵塞。 10. 应在制度中明确单个运载工具内不应客、货混装运输的要求。 11. 吊厢内应张贴乘客须知:应有安全说明(禁止将手臂伸出窗外,禁止自行打开车门,禁止吸烟)、定员和最大载荷的标志。	45	1. 未建立作业安全管理制度的,扣10分。 2. 作业环境有不满足规定要求的,扣3分/项。 3. 无危险作业许可审批手续的,扣5分;作业许可审批手续不全的,扣2分。 4. 不同作业队伍相互之间未签订管理协议的,扣3分。	
		遵守国家和地方公共场所治安管理相关规定,制定索道经营辖区治安管理制度,履行索道经营辖区内治安管理责任。重点区域设置视频监控设施,采集的视频图像信息保存期限不得少于30日,制止扰乱公共秩序、劝阻有害社会风气的行为。 运营单位应保证运营高峰期乘车安全秩序的需求,切实保障乘客人身安全和财产安全。 服务区域内严禁违章经营。 科学合理规划工作与服务区域,工作与生活区域应设置乘客禁行标志。	10	1. 未制定治安管理制度,扣5分。 2. 未建立高峰运营保障机制的,扣5分。 3. 无明确区域划分、未设置禁行标志的,扣5分。	
		制定交通安全管理制度,设置辖区交通安全设施。 应对车辆驾驶人员定期开展安全教育;定期对机动车辆检验,保证机动车辆车况良好。 配有通勤车的索道,应制订通勤车辆遇山区滑坡、泥石流、冰雪等特殊情况的应对措施。合理规划辖区车辆线路,疏导有序、车辆停靠整齐。	10	1. 未对本单位车辆制定管理制度的,扣3分。 2. 未对车辆驾驶人员定期开展安全教育的,扣5分;机动车辆未进行检验的,扣3分/辆。 3. 未对滑坡、泥石流、冰雪等特殊情况制订应对措施的,扣3分/项。	

第 1 篇　客运索道运营安全生产标准化管理体系建设

（续）

序号	项目	内容	标准分	评分标准	实得分
5.4.2.1	作业环境和作业条件	企业应通过消防部门的相关检查；履行索道经营辖区内的消防安全责任,消防工作应遵守国家和地方相关消防安全管理的规定。 索道经营辖区内的消防设施应保持完好状态,安全通道应保持畅通无阻。 应建立消防安全管理制度,有效控制经营辖区内和运营过程中可诱发火灾的危险源,治理火灾隐患,预防火灾发生。 索道工作人员应经过消防培训,正确使用消防器材,熟练掌握安全疏散与自救互救方法。	20	1. 未建立消防制度的,扣5分。 2. 消防设施不完好的,扣2分/项。 3. 安全通道不畅通的,扣5分。 4. 无控制可诱发火灾危险源的措施的,扣3分。 5. 未进行消防培训的,扣5分。	
5.4.2.2	作业行为	企业应加强对从业人员作业行为的安全管理,对设备设施、工艺技术以及从业人员作业行为等进行安全风险辨识,采取相应的措施,控制作业行为安全风险。 企业应监督、指导从业人员遵守安全生产和职业卫生规章制度、操作规程,杜绝违章指挥、违规作业和违反劳动纪律的"三违"行为。 企业应为从业人员配备与岗位安全风险相适应的个体防护装备与用品,并监督、指导从业人员按照有关规定正确佩戴、使用、维护、保养和检查个体防护装备用品。 现场作业行为应要求如下： 1. 现场作业负责人应根据作业人员情况明确工作任务与要求,监督安全防护措施落实,对作业过程与结果进行管控验收。 2. 现场作业人员应听从调度指挥。 3. 现场作业分工明确,人员精神状态良好且能承担一定劳动负荷。 4. 机电维修人员高空作业时应使用合格的安全带、安全帽、防滑鞋,立体交叉作业时要防止落物伤人。吊装作业时,应安排专人进行现场安全管理,确保安全规程遵守和安全措施落实。	45	1. 未对作业行为隐患、设备设施使用隐患等进行分析的,扣10分。 2. 未采取控制措施的,扣10分。 3. 未对立体交叉作业或吊装作业安全进行规定的,扣3分。 4. 未对带电作业进行规定的,扣3分。 5. 现场作业有不符合要求的,扣2分/项。 6. 未建立安全带、安全帽等劳动防护用品发放标准的,扣3分。 7. 劳动防护用品未及时发放到位的,扣2分。 8. 作业人员未按规定正确佩戴和使用劳动防护用品的,扣2分/人。	

《客运索道运营安全生产标准化管理》团体标准应用指南

（续）

序号	项目	内容	标准分	评分标准	实得分
5.4.2.2	作业行为	5. 客运索道电气维修人员作业时，严格遵守电工安全操作规程，应配备绝缘保护装备。 6. 客运索道日常检查人员巡线时，应穿戴安全防护装备，配备对讲机。 7. 不应带电作业。特殊情况下，不能停电作业时，应按有关带电作业的安全规定执行。	45	1. 未对作业行为隐患、设备设施使用隐患等进行分析的，扣10分。 2. 未采取控制措施的，扣10分。 3. 未对立体交叉作业或吊装作业安全进行规定的，扣3分。 4. 未对带电作业进行规定的，扣3分。 5. 现场作业有不符合要求的，扣2分/项。 6. 未建立安全带、安全帽等劳动防护用品发放标准的，扣3分。 7. 劳动防护用品未及时发放到位的，扣2分。 8. 作业人员未按规定正确佩戴和使用劳动防护用品的，扣2分/人。	
5.4.2.3	岗位达标	企业应建立班组安全活动管理制度，开展岗位达标活动，明确岗位达标的内容和要求。 从业人员应熟练掌握本岗位安全职责、安全生产和职业卫生操作规程、安全风险及管理措施、防护用品使用、自救互救及应急处置措施。 各班组应按照有关规定开展法律法规学习、安全生产和职业卫生教育培训、安全操作技能训练、岗位作业危险预知、作业现场隐患排查、事故分析等工作且做好记录。	25	1. 未建立班组安全活动管理制度的，扣5分。 2. 现场抽作业人员不了解自己岗位安全职责、规范、风险及安全防护用品等，扣3分/人。 3. 未进行安全教育或技能训练的，扣5分；记录不完整的，扣3分/项。	
5.4.2.4	相关方管理	企业应为乘客提供相对舒适和安全卫生的候车、乘车环境，有效地保障乘客候车、乘车的公共安全秩序。正确处理专用通道与普通通道之间、散客与团队乘客之间在候车与乘车过程中的矛盾与纠纷。 客运索道车厢配备的司乘人员在保证沿途行车安全的同时，还应维护好车厢内乘车秩序。	15	1. 未制定维持乘客候车乘车安全秩序规定的，扣5分；未按规定采取相应措施的，扣3分。 2. 车厢配备司乘人员时，未对其维护秩序行为做出规定的，扣5分。	
		企业应建立承包商、供应商等安全管理制度，将承包商、供应商等相关方的安全生产和职业卫生纳入企业内部管理，对承包商、供应商等相关方的资格预审、选择、作业人员培训、作业过程检查监督、提供的产品与服务、绩效评估、续用或退出等进行管理。	15	1. 未建立有关承包商、供应商等相关方的管理制度的，扣5分；未建立承包商和供应商名录和档案的，扣3分。 2. 未在承包合同、租赁合同中约定安全生产及职业病防护的责任和义务的，扣5分。 3. 未对相关方的安全管理行为进行监督检查的，扣5分。 4. 将经营项目、场所租赁给无相应资质的单位和个人的，扣5分。	

第1篇 客运索道运营安全生产标准化管理体系建设

（续）

序号	项目	内容	标准分	评分标准	实得分
5.4.2.4	相关方管理	企业应建立合格承包商、供应商等相关方的名录和档案，定期识别服务行为安全风险，并采取有效的控制措施。 企业不应将项目委托给不具备相应资质或安全生产、职业病防护条件的承包商、供应商等相关方。企业应与承包商、供应商等签订合作协议，明确规定双方的安全生产及职业病防护的责任和义务。 企业应通过供应链关系促进承包商、供应商等相关方达到安全生产标准化要求。	15	1. 未建立有关承包商、供应商等相关方的管理制度的，扣5分；未建立承包商和供应商名录和档案的，扣3分。 2. 未在承包合同、租赁合同中约定安全生产及职业病防护的责任和义务的，扣5分。 3. 未对相关方的安全管理行为进行监督检查的，扣5分。 4. 将经营项目、场所租赁给无相应资质的单位和个人的，扣5分。	
5.4.3	职业健康				
5.4.3.1	基本要求	企业应为从业人员提供符合职业卫生要求的工作环境，为接触职业病危害的从业人员提供个人使用的职业病防护用品，建立、健全职业卫生档案和健康监护档案；产生职业病危害的工作场所应设置相应的职业病防护设施，并符合相关规定。 存在高海拔（1 500米以上）、严寒（最冷月平均温度≤-10 ℃地区）、噪声（大于85分贝）等职业危害因素的场所和岗位应按规定进行专门管理和控制，配备必要的职业健康防护设施、器具。不得擅自拆除或者停止使用。 企业应组织从业人员进行上岗前、在岗期间、特殊情况应急后和离岗时的职业健康检查，将检查结果书面如实告知从业人员并存档。对检查结果异常的从业人员，应及时就医，并定期复查。企业不应该安排未经职业健康检查的从业人员从事接触职业病危害的作业；不应安排有职业禁忌的从业人员从事禁忌作业。从业人员的职业健康监护应符合相关规定。 各种防护用品、各种防护器具应定点存放在安全、便于取用的地方，建立台账，并有专人负责保管，定期校验、维护和更换。确保处于正常状态。	15	1. 未开展职业健康宣传教育的，扣5分；未定期进行体检的，扣5分。 2. 存在职业危害因素的场所和岗位未建立健康档案的，扣3分；有职业危害因素的场所和岗位未进行管理和控制的，扣5分。 3. 无职业健康防护设施、器具的，扣5分；无急救用品的，扣5分；防护器具未维护的，扣2分。 4. 站房噪音超过85分贝的，扣5分。	

《客运索道运营安全生产标准化管理》团体标准应用指南

（续）

序号	项目	内容	标准分	评分标准	实得分
5.4.3.2	职业病危害告知	企业与从业人员订立劳动合同时，应将工作过程中可能产生的职业病危害、后果和防护措施如实告知，并在合同中写明，不得隐瞒和欺骗。 企业应按照有关规定，在醒目位置公告栏，公布有关职业病防治的规章制度、操作规程、职业病危害事故应急救援措施和工作场所职业病危害因素检测结果。对存在或产生职业病危害的工作场所、作业岗位、设备、设施，应在醒目位置设置警示标识和中文警示说明。	5	1. 如有职业危害但劳动合同未声明职业危害及后果的，扣3分。 2. 如有职业危害但未对职业危害岗位设置警示标识和警示说明的，扣2分。	
5.4.3.3	职业病危害项目申报	企业应按照有关规定，对职业病危害项目及时更新信息。应当及时、如实向所在地卫生行政部门申报危害项目，接受监督。	5	如有职业危害但未及时更新信息的，扣3分。	
5.4.3.4	职业病危害检测与评价	企业应改善工作场所职业卫生条件，控制职业病危害因素。企业应对工作场所职业病危害因素进行日常监测和评价。	5	未建立工作场所职业卫生规定的，扣3分。	
5.4.4	警示标志	企业应按照有关规定和工作场所的安全风险特点，在有重大危险源、较大危险因素和严重职业病危害因素的工作场所，设置明显的、符合有关规定要求的安全警示标志和职业病危害警示标识。其中，警示标志的安全色和安全标志、道路交通标志和标线、工业管道安全标识、消防安全标志、工作场所职业病危害警示标识、航空障碍标志应符合国家相关法规和技术规范的要求。 企业应定期对警示标志进行检查维护，确保其完好有效。企业应在有较大危险因素的作业场所和设施设备上设置围栏和警示标志，进行危险提示、警示，告知危险的种类、后果及应急措施等。	30	1. 未按规定建立警示标志管理制度的，扣10分。 2. 在索道设施区域范围内，未设置明显安全警示标志的，扣5分/处。 3. 警示标志不符合规范要求的，扣3分/处。 4. 未定期对警示标志进行检查维护的，扣3分。	

5.5 安全风险管控及隐患排查治理（120分）

序号	项目	内容	标准分	评分标准	实得分
5.5.1	安全风险管理				
5.5.1.1	安全风险辨识	企业应建立安全风险辨识管理制度，组织全员对本单位安全风险进行全面、系统的辨识。 安全风险辨识范围应覆盖本单位的所有活动及区域，并考虑正常、异常和紧急三种状态及过去、现在和将来三种时态。安全风险辨识应采用适宜的方法和程序，且与现场实际相符。 企业应对安全风险辨识资料进行统计、分析、整理和归档。	10	1. 未建立安全风险辨识管理制度的，不扣5分。 2. 未进行安全风险辨识的，扣5分；安全风险辨识的方法和程序不符合规范的，扣2分/项；辨识后未及时归档记录的，扣3分。	
5.5.1.2	安全风险评估	企业应建立安全风险评估管理制度，明确安全风险评估的目的、范围、频次、准则和工作程序等。 企业应选择合适的安全风险评估方法，定期对所辨识出的存在安全风险的作业活动、设备设施、物料等进行评估。在进行安全风险评估时，至少应从影响人、财产和环境三个方面的可能性和严重程度进行分析。	10	未建立安全风险评估管理制度的，扣5分；未进行安全风险评估的，扣3分；未进行安全风险评估归档记录的，扣2分。	
5.5.1.3	安全风险控制	企业应选择工程技术措施、管理控制措施、个体防护措施等，对安全风险进行控制。 企业应根据安全风险评估结果及生产经营状况等，确定相应的安全风险等级，对其进行分级分类管理，实施安全风险差异化动态管理，制定并落实相应的安全风险控制措施。 企业应将安全风险评估结果及所采取的控制措施告知相关从业人员，使其熟悉工作岗位和作业环境中存在的安全风险，掌握、落实应采取的控制措施。	10	未建立安全风险控制管理制度的，扣5分；未采取相关安全控制措施的，扣3分；未将安全风险评估结果及所采取的控制措施告知相关从业人员的，扣3分。	
5.5.1.4	变更管理	企业应制定变更管理制度。企业应对机构、人员、技术、设备设施、作业过程和环境发生永久性或暂时性变化时，进行控制。 变更前应对变更过程及变更后可能产生的风险进行分析，制定控制措施，履行审批及验收程序，并告知和培训相关从业人员。	5	1. 未制定变更管理制度的，扣3分。 2. 变更后未及时告知和培训相关从业人员的，扣2分。	

《客运索道运营安全生产标准化管理》团体标准应用指南

（续）

序号	项目	内容	标准分	评分标准	实得分
5.5.2	重大危险源辨识与管理	依据索道行业特点，重大危险源是指雷电、大风、洪水、泥石流、山体滑坡、冻雨、危岩等自然灾害。 企业应建立重大危险源管理制度，全面辨识重大危险源，对确认的重大危险源制定安全管理技术措施和应急预案。 企业应对重大危险源进行登记建档，进行定期检查、检测；重大风险档案内容至少包括：名称、地点、性质和可能造成的危险及有关安全措施。 应采取相应措施对重大危险源实施监控，包括技术措施（可包括设计、建设、运行、维护、检查、检验等）和管理措施（职责明确、人员培训、防护器具设置、作业要求等）。 在重大危险（点）现场设置明显的安全警示标志和警示牌（内容包含名称、地点、责任人员、事故模式、控制措施等）。 企业应设置重大危险源监控系统，进行日常监控。	30	1. 未建立重大危险源管理制度的，扣10分；未制定安全管理措施和应急预案的，扣10分；未对重大危险源实施监控的，扣5分/处。 2. 未对重大危险源进行登记建档记录的，扣5分；未进行检查检测的，扣3分；重大危险（点）无安全警示标志的，扣3分/处；警示内容不全的，扣2分/处。 3. 未对重大危险源设置监控系统的，扣2分/处。	
5.5.3	隐患排查治理				
5.5.3.1	隐患排查	依据索道行业特点，隐患是指与生产经营相关的场所、环境、人员、设备设施和各个环节存在的不安全因素；企业应建立隐患排查治理制度，逐级建立并落实从主要负责人到每位从业人员的隐患排查治理和防控责任制。并按照有关规定组织开展隐患排查治理工作，及时发现并消除隐患，实行隐患闭环管理。 企业应根据有关法律法规、标准规范等，组织制定各部门、岗位、场所、设备设施的隐患排查治理标准或排查清单，明确隐患排查的范围、内容、频次和要求，并组织开展相应的培训。隐患排查的范围应包括所有与索道企业生产相关的场所、环境，包括承包商、供应商等相关服务范围。 企业应按照有关规定，结合安全生产需要，采用综合检查、专业检查、季节性检查、节假日前的检查、日常检查	20	1. 未建立隐患排查管理制度的，扣10分；未进行隐患排查的，扣10分；未明确主要负责人和从业人员隐患排查工作责任的，扣5分。 2. 未对隐患排查登记建档记录的，扣5分；检查未包含相关方内容的，扣3分。	

第1篇 客运索道运营安全生产标准化管理体系建设

（续）

序号	项目	内容	标准分	评分标准	实得分
5.5.3.1	隐患排查	等方式进行隐患排查。对排查出的隐患，按照隐患等级记录，建立隐患信息档案，并按照职责分工实施监控治理；组织有关专业技术人员对可能存在的重大隐患做出认定，并按照规定进行管理。 企业应将相关方排查出的隐患统一纳入本企业隐患管理。	20	1. 未建立隐患排查管理制度的，扣10分；未进行隐患排查的，扣10分；未明确主要负责人和从业人员隐患排查工作责任的，扣5分。 2. 未对隐患排查登记建档记录的，扣5分；检查未包含相关方内容的，扣3分。	
5.5.3.2	隐患治理	企业应根据隐患排查结果，制定治理方案，及时治理隐患。 企业应按照责任分工立即或限期组织整改一般隐患，制定并实施重大隐患治理方案。治理方案应包括目标和任务、方法和措施、经费和物资、机构和人员、时限和要求、应急预案。 企业在隐患治理过程中，应采取相应的监控防范措施。隐患排除前或排除过程中无法保证安全的，应从危险区域内撤出作业人员，疏散可能危及的人员，设置警戒标志，暂时停产停业或停止使用相关设备、设施。	15	1. 未建立隐患排查治理方案的，扣5分。 2. 未按隐患排查治理方案执行的，扣5分。 3. 对排查出的隐患未进行治理的，扣5分。	
5.5.3.3	验收和评估	隐患治理完成后，企业应按照有关规定对治理情况进行评估、验收。重大隐患治理完成后，企业应组织本企业的安全管理人员和有关技术人员进行验收或委托依法设立的为安全生产提供技术、管理服务的机构进行评估。	10	1. 未对隐患治理情况进行评估、验收的，扣5分。 2. 评估、验收人员不全或不能按照要求进行验收、评估的，扣5分。	
5.5.3.4	信息记录、通报和报送	企业应如实记录隐患排查治理情况，至少每月进行统计分析，及时将隐患排查治理情况向从业人员通报。 企业应运用隐患自查、自改、自报信息系统，通过信息系统对隐患排查、报告、治理、销账等过程进行电子化管理和统计分析。	5	1. 未如实记录隐患排查治理情况、统计分析、未及时通报从业人员的，扣3分。 2. 信息记录、通报和报送不全的，扣3分。	
5.5.3.5	预测预警	企业应根据生产经营情况、安全风险管理及隐患排查治理、事故等情况，运用定量或定性的安全生产预测预警技术，建立体现企业安全生产状况及发展趋势的安全生产预测预警体系。 风力检测装置信号应接入控制系统，达到限定风速时应报警提醒，并按规定控制索道速度。	5	1. 未建立将隐患排查预警系统的，扣3分。 2. 风力检测装置信号未接入控制系统，不得分；达到限定风速时应报警提醒，并按规定控制索道速度的不得分。	

《客运索道运营安全生产标准化管理》团体标准应用指南

5.6 应急管理（100分）

序号	项目	内容	标准分	评分标准	实得分
5.6.1	应急准备				
5.6.1.1	应急救援组织	企业应按照有关规定建立应急管理组织机构或指定专人负责应急管理工作。 建立与本企业安全生产特点相适应的专（兼）职应急救援队伍。按照有关规定可以不单独建立应急救援队伍的，应指定兼职救援人员，并与邻近专业应急救援队伍签订应急救援服务协议。 应当根据当地实际情况，与其他运营使用单位或消防、医疗等相关应急救援力量建立应急联动机制。 定期组织应急救援队伍和人员进行培训，每季度应保证不少于16学时，并记录。 每三年应与签订救援协议的社会救援力量至少进行一次联合培训。	30	1. 未建立客运索道应急救援管理机构的，扣10分；未建立本单位应急救援队伍或未明确兼职救援人员的，扣10分。 2. 未与邻近专业应急救援队伍签订救援协议的，扣5分；应急救援队伍未按照本标准进行培训的，扣10分；应急救援队伍每季度培训时间少于16学时的，扣5分。 3. 未与社会救援力量进行联合培训的，扣10分。	
5.6.1.2	应急预案	企业应根据法律、法规、规章、有关标准，在开展安全风险评估和应急资源调查的基础上，建立生产安全事故应急预案体系，制定符合国家相关规定的生产安全事故应急预案，针对安全风险较大的重点场所（设施）制定现场处置方案，并编制重点岗位、人员应急处置卡。 企业应在预案公布之日20个工作日内，按照分级属地原则，向县级以上人民政府应急管理部门和其他负有安全生产监督管理职责的部门备案，并通报应急救援队伍、周边企业等有关应急协作单位。 企业应定期评估应急预案，及时根据评估结果和实际情况的变化进行修订和完善，并按照有关规定将修订的应急预案及时向县级以上人民政府应急管理部门和其他负有安全生产监督管理职责的部门备案。	10	1. 未制定应急预案体系的，不得分。 2. 未按规定报当地应急管理部门和其他负有安全生产监督管理部门备案的，扣5分。 3. 未将预案通报应急协作单位的，扣2分。 4. 未及时对应急预案进行修订、完善和评估的，扣2分；未将预案修订和完善情况通报所有应急协作单位的，扣2分。	
5.6.1.3	应急设施、装备、物资	企业应根据可能发生的事故种类特点，按照有关规定设置应急设施，配备应急装备，储备应急物资，建立管理台账，安排专人管理，并定期检查、维护、保养，确保其完好、可靠。	10	1. 未建立应急设施、装备、物资（至少包括线路救援装备、急救药品）管理台账的，扣5分。 2. 未对应急设施、装备和物资进行定期检查、维护、保养，扣3分。 3. 未明确应急设备装备物资管理人员的，扣2分。	

第1篇 客运索道运营安全生产标准化管理体系建设

（续）

序号	项目	内容	标准分	评分标准	实得分
5.6.1.4	应急演练	企业应按至少每半年组织开展一次生产安全事故应急演练，做到一线从业人员参与应急演练全覆盖，并对演练进行总结和评估，根据评估结论和演练发现的问题，修订、完善应急预案，改善应急准备工作。并将演练结果报送地县级以上地方人民政府负有安全生产监督管理职责的部门。 每半年应组织开展应急演练，制定年度演练计划，编制演练方案，做好演练记录。 每三年与签订协议的社会力量至少进行1次联合实战演练，并对应急演练进行评估，做好文字、图片及视频记录。 应急演练中的线路救援应至少选择救援难度最大的位置。	25	1. 未按规定开展应急演练的，不得分。 2. 未进行联合实战演练的，扣15分。 3. 企业主要负责人未组织演练的，扣5分；未实现一线从业人员参与全覆盖的，扣5分。 4. 未制定演练计划的，扣5分；未进行总结和评估的，扣5分，未将演练结果及时报送安全监督管理部门的，扣5分。 5. 线路救援未包括救援难度最大的位置，扣5分。 6. 未根据评估结论和演练发现的问题，及时修订、完善应急预案，改善应急准备工作的，扣5分。	
5.6.1.5	应急救援信息系统建设	企业应根据自身实际情况，建立生产安全事故应急救援信息系统，并与县级以上人民政府应急管理部门和其他负有安全生产监督管理职责的部门备案互联互通。	10	1. 未建立安全生产事故应急救援信息系统的，扣5分。 2. 安全生产事故应急救援信息系统内容不全的，扣5分。	
5.6.2	应急处置	在乘载工具或索道票面公布应急电话，便于乘客应急使用；应急电话要有专人值守，遇有突发事件值守人员应及时向主要负责人汇报；停电或主机故障，索道线路正常，应在15分钟内启动辅助驱动装置或紧急驱动装置运送滞留线路上的乘客。 因突发事件停车时，应5分钟内通过广播系统安抚滞留在线路上的乘客，简要介绍救援方案，内容应准确、清晰。 救援人员在实施救援前应向乘客简要说明救援步骤和救援安全要领，抚慰乘客，防止救援过程中发生次生事故。 发生事故后，企业应根据预案要求，立即启动应急响应程序，按照有关规定报告事故情况，并开展先期处置。 发出警报，在不危及人身安全时，现场人员采取阻断或隔离事故源、危险源等措施；严重危及人身安全时，迅速停止现场作业，现场人员采取必要的或可能的应急措施后撤离危险区域，立即按照有关规定和程序报告本企业有关负责人。	10	1. 发生突发事件后，未立即启动相关应急预案的，不得分。（法律规定） 2. 未公布应急电话号码的，扣2分；应急电话无专人值守的，扣2分。 3. 未制定辅助或紧急驱动装置保障措施的，扣1分。 4. 未对及时广播进行明确规定的，扣1分。	

《客运索道运营安全生产标准化管理》团体标准应用指南

（续）

序号	项目	内容	标准分	评分标准	实得分
5.6.2	应急处置	研判事故危害及发展趋势,将可能危及周边生命、财产、环境安全的危险性和防护措施等告知相关单位与人员;遇有重大紧急情况时,应立即封闭事故现场,通知本单位从业人员和周边人员疏散,采取转移重要物资、避免或减轻环境危害等措施。请求周边应急救援队伍参加事故救援,维护事故现场秩序,保护事故现场证据。准备事故救援技术资料。	10	1. 发生突发事件后,未立即启动相关应急预案的,不得分。(法律规定) 2. 未公布应急电话号码的,扣2分;应急电话无专人值守的,扣2分。 3. 未制定辅助或紧急驱动装置保障措施的,扣1分。 4. 未对及时广播进行明确规定的,扣1分。	
5.6.3	应急辨识、评估	企业应对应急准备、应急处置工作进行辨识、评估。完成险情或事故应急处置后,企业应主动配合有关组织开展应急处置评估。	5	1. 未对应急准备、应急处置工作进行辨识、评估的,不得分;应急管理制度未体现应急处置和辨识、评估内容的,不得分。(法律规定) 2. 完成险情或事故应急处置后,未主动配合有关组织开展应急处置评估的,扣3分。	

5.7 事故管理（30分）

序号	项目	内容	标准分	评分标准	实得分
5.7.1	报告	企业应建立事故报告程序,明确事故内外部报告的责任人、时限、内容等,并教育、指导从业人员严格按照有关规定的程序报告发生的生产安全事故。企业应妥善保护事故现场以及相关证据。事故报告后出现新情况的,应当及时补报。	10	1. 未按规定建立事故报告程序的,未明确事故报告内外部责任人的,扣5分。 2. 报告程序内容不完整的,扣3分。 3. 未开展事故报告程序培训的,扣2分。	
5.7.2	调查和处理	企业应建立内部事故调查和处理制度,按照有关规定、行业标准和国际通行做法,将造成人员伤亡(轻伤、重伤、死亡等人身伤害和急性中毒)和财产损失的事故纳入事故调查和处理范畴。索道企业发生事故后,企业应保护好事故现场和信息,配合主管部门对事故进行调查;企业应开展事故案例警示教育活动,认真吸取事故教训,落实防范和整改措施,防止类似事件再次发生。	10	1. 未建立内部事故调查和处理制度的,扣5分。 2. 未开展事故案例警示教育活动的,扣5分。	

第1篇　客运索道运营安全生产标准化管理体系建设

（续）

序号	项目	内容	标准分	评分标准	实得分
5.7.3	管理	企业应建立事故档案和管理台账，将承包商、供应商等相关方在企业内部发生的事故纳入本企业事故管理。	10	1. 企业未建立事故档案和管理台账的，扣5分。 2. 事故档案和管理台账内容不全的，扣3分。	

5.8　持续改进（40分）

序号	项目	内容	标准分	评分标准	实得分
5.8.1	绩效评定	企业每年至少应对安全生产标准化管理体系的运行情况进行一次自评，验证各项安全生产制度措施的适宜性、充分性和有效性，检查安全生产和职业卫生管理目标、指标的完成情况。 企业主要负责人应全面负责组织自评工作，并将自评结果向本企业所有部门、单位和从业人员通报。自评结果应形成正式文件，并作为年度安全绩效考评的重要依据。 企业落实安全生产报告制度，定期向业绩考核等有关部门报告安全生产情况，并向社会公示。 企业发生生产安全责任死亡事故，应重新进行安全绩效评定，全面查找安全生产标准化管理体系中存在的缺陷。	20	1. 未制定绩效评定管理制度的，未按标准运行进行年度自评的，扣10分。 2. 企业主要负责人未组织自评工作的，扣10分。 3. 未将自评结果向本企业所有部门、单位和从业人员通报的，扣5分；未将评定结果作为年度考评的重要依据的，扣5分。	
5.8.2	持续改进	企业应根据安全生产标准化管理体系的自评结果和安全生产预测预警系统所反映的趋势，以及绩效评定情况，客观分析企业安全生产标准化管理体系的运行质量，及时调整完善相关制度文件和过程管控，持续改进，不断提高安全生产绩效。	20	1. 安全生产标准化实施与实际操作不符的，扣10分。 2. 未及时结合实际调整制度、文件的，扣10分。 3. 自评和外部评审存在问题未整改的，扣10分；未制定工作改进计划和措施的，扣5分。	

5.9 服务质量（400分）

序号	项目	内容	标准分	评分标准	实得分
5.9.1	服务质量目标	应按照国家和行业相关服务标准制定适合企业运营的服务质量目标。 应将服务质量目标进行分解，并进行考核。	10	1. 未制定服务质量目标的，扣5分。 2. 未将服务质量目标分解到相应部门和岗位的，扣5分。 3. 未对服务质量目标进行考核的，扣5分。	
5.9.2	服务组织	根据运营服务特点和要求，建立完善的服务组织，设置合理的服务岗位并配置相适应的服务人员，明确服务岗位责任，制定并严格执行服务规范和守则等制度。	15	1. 未建立服务岗位责任制的，扣10分。 2. 未制定服务规范和服务守则的，扣5分。	
5.9.3	服务设施管理	应建立服务设施检查维修制度并保证服务设施的清洁和完好。在进行服务设施维修时，应设置维修警示标志并向乘客做好解释工作。	5	1. 未制定服务设施维修制度的，扣5分。 2. 未按制度执行的，扣3分。 3. 设施不清洁或功能不完好的，扣2分。	
5.9.4	乘坐形式	应选取乘坐舒适度高、便于搭乘的运载工具。	30	1. 吊厢、车厢有障碍型，扣5分。 2. 吊厢、车厢无座椅，扣10分。 3. 吊篮，扣15分。 4. 吊椅有遮阳罩，扣20分。 5. 吊椅无遮阳罩，扣25分。	
5.9.5	索道运行速度和运量	为提高输送能力，减少乘客候车时间，应选取高速度、大运量的索道设备。 为便于乘客上下车，提高服务舒适度和安全性，站内应选取采用较低速度运行。	20	运行速度（单位：米/秒）： 1. 5.0（含）以上，不扣分。 2. 3.5~5.0（不含），扣5分。 3. 1.5~3.5（不含），扣10分。 4. 1.5（不含）以下，扣15分。 实际最大运量（单位：单向运送人数/小时）： 5. 1500以上（含1500），不扣分。 6. 1000（含）~1500（不含），扣5分。 7. 500（含）~1000（不含），扣10分。 8. 500（不含）以下，扣15分。 站内运行速度（单位：米/秒）： 9. 0.5（含0.5）以下，不扣分。 10. 0.5~1.0（不含），扣5分。 11. 1.0以上，扣10分。	
5.9.6	环保责任	应履行索道经营辖区内环境保护责任，消除和减少索道建设和营运对环境的影响，为乘客营造生态、优美、舒适的服务环境。 索道经营辖区建筑与环境自然和谐，符合环境规划要求。倡导生态文化建设。	25	1. 索道建设完成后，未及时恢复植被的，扣10分。 2. 未对本单位员工开展节能教育的，扣10分；未制定相关环保措施并执行的，扣5分。 3. 候车区内噪声超过70分贝的，扣5分。	

第1篇 客运索道运营安全生产标准化管理体系建设

（续）

序号	项目	内容	标准分	评分标准	实得分
5.9.6	环保责任	索道经营辖区应保持绿化高覆盖率。 植物与景观配置得当。 服务区内空气清新，无异味。 服务区内环境噪声应满足景区的相关规定。 污水、生活垃圾、厨余垃圾的处理应符合国家法规要求和地方环保相关规定。	25	1. 索道建设完成后，未及时恢复植被的，扣10分。 2. 未对本单位员工开展节能教育的，扣10分；未制定相关环保措施并执行的，扣5分。 3. 候车区内噪声超过70分贝的，扣5分。	
5.9.7	公共卫生	制定并执行卫生保洁制度，保障辖区内环境和服务设施的清洁卫生。引导乘客在购票、候车和乘坐过程中，遵守公共道德，保持公共环境卫生。 公共服务设施应保持干净和整洁，并定期消毒杀菌。在流行性疾病多发季节，做好公共场所的疾病预防工作，防止交叉感染。遇突发公共卫生事件，按照国家和地方相关规定做好防控工作。	10	1. 未制定卫生保洁制度的，扣5分。 2. 公共服务设施不干净整洁且未定期消毒杀菌的，扣5分。	
		候车区域内应设置相应数量与环境协调的垃圾桶（箱），垃圾应及时清理，保持桶（箱）体完好洁净。垃圾应分类处理，垃圾处理符合国家和地方环保相关规定。	10	1. 未按规定设置相应数量垃圾桶的，扣5分； 2. 未进行垃圾分类处理的，扣5分。	
		公共卫生间建设与接待能力相适应，室内卫生设施设备齐全。应设有无障碍通道和残疾人专用卫生间。应及时清洁，墙壁、隔板、门窗清洁无刻画；地面无污物、污渍；便池无污垢；室内无异味、无蚊蝇。	20	1. 无公共卫生间的，扣10分； 2. 未设置残疾人专用卫生间的，5分； 3. 卫生间未设置无障碍通道的，扣2分； 4. 公共卫生间未及时清理卫生的，扣2分； 5. 设施不完好的，扣1分/项。	
5.9.8	服务信息指示	公共信息、安全标志图形符号按相关标准设置并制定相应的管理制度。标志与标牌应完好，无破损、变形，内容准确，文字清晰规范。标志标牌应有中、外文对照，方便乘客阅读。 1. 售票处周边应设置索道线路和目的地简介和相关导游图牌。 2. 服务设施应设置醒目的标志和引导标牌。	35	1. 未制定相应的管理制度的，扣10分。 2. 其中一项不符合标准要求的，扣4分/项。	

《客运索道运营安全生产标准化管理》团体标准应用指南

(续)

序号	项目	内容	标准分	评分标准	实得分
5.9.8	服务信息指示	3. 安全警示标志齐全,应设立在固定、醒目位置,不应设置在可移动物体上。 4."客运索道安全检验标志、安全检验合格"标识牌应固定张挂在客运索道的进站口、乘客易看到的明显位置。 5. 线路支架应有醒目的支架编号和禁止攀爬等安全标志。支架应设爬梯,高度在10米以上的爬梯应设保护圈或防坠落装置(任何索道任选其一)。 6. 设立客运索道沿线道路交通标志、禁令标志、道路交通标线、航空障碍标志和客运索道安全服务的其他特殊提示。 7. 主要道口、交叉路口应在适当的位置设立引导标牌。应有醒目的出、入口通行方向标志。 8. 应设置引导乘客上、下车区域等标志。 9. 需要乘客协助服务的地方应设明显清晰的提示标志。 10. 站房内人流方向指示以及上车区、下车区、等待区、上下车线、禁止线应有显著的标记(中文);乘客进出站的通道不应互相干扰,通道的坡度不应超过10%,如果坡度超过10%应设置踏步;非公共同行区域应隔离,设置显著标志。	35	1. 未制定相应的管理制度的,扣10分。 2. 其中一项不符合标准要求的,扣4分/项。	
5.9.9	票务服务	售票:售票员应服务热情,唱收唱付,做到票款两清,提醒乘客保管好钱、票,请乘客到候车区候车。 应采用多种宣传形式,让乘客购票前能方便了解到《购票须知》的内容。《购票须知》应内容完整,文字规范,字迹清晰,符号准确。应采用中、外文对照的统一文字,满足国内、外乘客阅读需求。至少应包括:购票注意事项、运营时间、物价部门批准的成人与儿童往、返票价、单程票价、优惠票价等信息。公示救护与投诉(服务监督)电话以及有关保险的声明等。 企业应运用网络预定、移动支付、刷卡、现金等多种方式为游客提供更加方便快捷的购票服务。设立自助售票服务的,应有清晰明确的购票流程和要求,服务人员应协助乘客完成购票程序。	25	1. 未设置《购票须知》的,扣10分。 2.《购票须知》不符合本评定标准要求的,扣5分。 3. 未对售票做出规定的,扣5分/项。 4. 未采用电子购票系统服务的,扣5分。 5. 未提供多种方式及网络销售提供购票服务的,扣5分。	

第1篇　客运索道运营安全生产标准化管理体系建设

（续）

序号	项目	内容	标准分	评分标准	实得分
5.9.9	票务服务	验票：验票员应用规范的服务语言，请乘客出示票据，检验票据和放行。采用电子验票系统服务时，服务人员应协助乘客完成验票程序。	7	1. 未对验票做出规定的，扣5分/项。 2. 未采用电子验票系统服务的，扣2分。	
		退票：应制定退票制度并公示。非乘客原因退票时，服务人员应向乘客耐心解释退票的原因，协助乘客完成退票并表示歉意。	10	1. 未对退票做出规定的，扣5分/项。 2. 退票制度未公示的，扣5分。	
		停止售票：在营业时间内停止售票的，应向乘客公示原因。暂停运营时，应及时通知预定客户，服务人员应耐心解释停止运营服务的原因，并表示歉意。	8	1. 未对停止售票做出规定的，扣5分/项。 2. 未及时告知预定客户停止运营服务的，扣3分。	
5.9.10	候车与乘坐服务	为解决乘客候车时间过长等问题，应采取网上预约、分时段预售票、设立缓冲区等服务方式缩短乘客候车时间，并建立相应制度。 站台服务人员应组织引导乘客上、下车和进、出站，维持站台候车秩序。应主动热情迎、送乘客，搀扶老、幼、病、残、孕者。 对于单线循环固定抱索器式索道，站台服务人员应协助乘客上、下车，适时调整索道运行速度，帮助行动不便的乘客乘车。 在保证安全、乘坐秩序和乘客较少的前提下，应尽量满足乘客选择旅伴和承载吊具的需求。 利用广播或视频系统，播放景观介绍、音乐、娱乐节目等，使乘客候车、乘坐过程中的心情愉悦。 为乘客提供如物品寄存、雨具、棉衣、氧气租借、电子产品充电、失物招领、免费咨询等衍生服务。 候车区应根据特殊乘客（老、幼、病、残、孕等）和贵宾接待等需求，提供相应的专用通道和候车区。 购票和候车区应设置遮阳避雨设施。 候车室内和封闭式交通工具的卫生环境、空气质量、噪声、湿度、照度等卫生标准应达到相关规定要求。	30	1. 未针对乘客候车时间过长等问题制定相应制度的，扣5分。 2. 未明确站台服务人员维持候车秩序、照顾站台乘客职责的，扣5分。 3. 未利用广播或视频系统播放景观介绍、音乐、娱乐节目等的，扣5分。 4. 按本评定标准要求，提供的衍生服务不足3项的，扣5分。 5. 未设置特殊乘客（老、幼、病、残、孕等）专用通道的，扣5分。 6. 未设置专用候车区的，扣5分。 7. 未设置遮阳避雨设施的，扣5分。	

《客运索道运营安全生产标准化管理》团体标准应用指南

（续）

序号	项目	内容	标准分	评分标准	实得分
5.9.11	服务人员基本要求	票务、站台服务人员、乘务人员和保安人员应培训合格后上岗，掌握索道安全服务相应的知识和技能，具有良好职业道德和综合素质，遵守服务守则。 票务人员要求： ——年满18周岁，身体健康； ——了解和掌握鉴别钱、票真伪的能力； ——具备与岗位职责相应的处置问题的能力。 站台服务人员要求： ——年满18周岁，身体健康； ——具备与岗位职责相应的观察、处置问题的能力； ——能满足搀扶行动不便的乘客上、下车的需求； ——具备一定语言和文字表达能力； ——掌握索道应急救援技能，参与高空应急救援的站台服务人员无恐高症。 乘务人员要求： ——年满18周岁，身体健康； ——具备与岗位职责相应的观察、发现、处置问题能力； ——掌握索道应急救援技能，身体适应高空作业，无恐高症。 保安人员要求： ——年满18周岁，双眼裸视0.8以上，无色盲，身体健康，无残障缺陷，无文身； ——具备基本法律知识，熟悉保安的政策、规定； ——具备与岗位职责相应的观察、发现、处置问题能力； ——具备使用基本通讯器材、防范设施设备和相关防卫器械技能； ——掌握防卫和擒拿技能； ——掌握索道应急救援技能，身体适应高空救援作业，无恐高症。	25	1. 未按本评定标准制定票务、站台服务人员、乘务人员和保安人员的招聘条件的，扣5分/工种。 2. 未制定票务、站台服务人员、乘务人员和保安人员等岗位人员服务守则的，扣5分/工种。	
5.9.12	服务态度	着装整洁，规范统一；去除与服务工作无关的饰物和装饰，佩戴服务标牌。 端庄大方，精神饱满，表情自然，姿态端正，举止文明，处事稳重，反应敏捷，动作规范。	30	1. 未按本评定标准制定服务态度要求的，扣5分/项。 2. 违反服务态度要求的，扣5分/人。 3. 上岗前饮酒、吃带有异味食品的，不得分。（5A景区服务人员守则规定）	

第1篇 客运索道运营安全生产标准化管理体系建设

（续）

序号	项目	内容	标准分	评分标准	实得分
5.9.12	服务态度	保持个人卫生，上岗前应修饰整齐，发型庄重，发色自然；女职工可淡妆修饰。 上岗前不应饮酒，不食带异味的食品。 礼貌待客、微笑服务、亲切热情、真诚友好、耐心周到、服务主动。 有问必答，迅速准确。对于乘客提出要求暂不能解决的，应耐心解释。 使用文明礼貌用语、简明、通俗、清晰。 应采用规范的服务用语。	30	1. 未按本评定标准制定服务态度要求的，扣5分/项。 2. 违反服务态度要求的，扣5分/人。 3. 上岗前饮酒、吃带有异味食品的，不得分。（5A景区服务人员守则规定）	
5.9.13	职业道德	应爱岗敬业、诚实守信、忠于职守、维护乘客的合法权益。 应尊重乘客的人格尊严、宗教信仰和风俗习惯，不损害民族尊严。	20	1. 未按本评定标准制定职业道德要求的，扣5分/项。 2. 评审时，发现违反职业道德要求的，扣5分/人。	
5.9.14	服务监督与纠纷处理	应按国家和地方相关法规，建立服务纠纷处理与投诉处理工作程序。 应设立专人或部门接待投诉、处理服务纠纷及乘客的意见和建议。 做到有投诉必处理。 建立服务监督机制，主动接受乘客监督，在乘客服务区域设意见本（卡、箱），建立网络投诉渠道，定期收集分析游客意见，进行相应服务改进。 应按相关规定进行乘客满意度、乘客有效投诉率、投诉处理满意度的统计。	35	1. 未建立服务纠纷、投诉处理工作程序的，扣3分。 2. 未设立专人或部门接待投诉、处理服务纠纷及乘客的意见和建议的，扣3分。 3. 投诉未处理的，扣2分/人次。 4. 未建立服务监督机制的，未征集意见措施的，未定期收集分析游客意见的，扣5分/项。	
5.9.15	服务质量改进	每年应按对本单位服务质量进行1次自主评定，验证各项制度措施的适宜性、充分性和有效性，检查服务质量目标的完成情况，提出改进意见，形成评价报告。 应根据服务质量评定结果，对服务质量目标、规章制度等进行修改完善，制定完善服务质量的工作计划和措施，实施PDCA循环、不断提高服务质量。	30	1. 未按本评定标准按时进行评定的，扣10分。 2. 无评定报告的，扣5分。 3. 未按服务质量评定结果，提出纠正和预防措施的，扣3分。 4. 对上一年度发现问题未按计划和措施修订完善的，或修订完善结果仍不满足评定要求的，扣2分/项。 5. 现场评审时，乘客满意度未达到95%的，扣10分。	

《客运索道运营安全生产标准化管理》团体标准应用指南

全国客运索道运营企业十五年来安全生产标准化管理体系建设取得显著成效

自 2003 年 8 月中国索道协会成立以来,高度重视客运索道企业的安全运营管理,在原国家安全监管总局和国家质检总局的重视支持下,认真贯彻落实《中华人民共和国安全生产法》关于推进和加强安全生产标准化建设工作的要求,客运索道运营企业自 2008 年开始开展安全生产标准化建设。率先于 2008 年组织制定实施了国家标准《客运索道安全服务质量》,随后 2013 年根据原国家安监总局和国家质检总局《关于开展客运索道运营企业安全生产标准化建设的通知》(安监总管〔2013〕74 号)文件授权要求及两部审定的《客运索道企业安全生产标准化评定标准》,同时开展实施了客运索道安全服务质量和安全生产标准化同时创建评审。

2017 年,依据国标《企业安全生产标准化基本规范》,中国索道协会组织制定了行业标准《客运索道企业安全生产标准化基本规范》《客运索道企业安全生产标准化评定标准》。2022 年 10 月,根据新发布的《中华人民共和国安全生产法》关于加强安全生产标准化的要求,中国索道协会组织制定实施了《客运索道运营安全生产标准化管理》团体标准,并在全国团体标准信息平台发布,填补了国内客运索道团体标准的空白,依据该团体标准制定了《客运索道企业安全生产标准化评定标准》(以下简称《评定标准》),这标志着客运索道运营安全生产标准化工作进入了历史时期。在中国索道协会成立二十周年的今天,客运索道运营企业安全生产标准化已实施了十五年,全国客运索道运营企业安全标准化体系管理建设已在行业内全部覆盖,并形成常态化。

十五年来,在国家索检中心关心指导帮助下,客运索道企业普遍高度重视支持配合下,协会历届安全生产标准化评审专家的辛苦努力下,客运索道企业安全生产标准化管理体系已经建立,并已成为企业自觉的安全运营管理的重要抓手。客运索道运营企业安全生产标准化建设,是企业通过落实安全生产主体责任,全员全过程参与,建立并保持安全生产管理体系,全面管控生产经营活动各环节的安全生产工作,实现安全管理系统化、岗位操作行为规范化、设备设施本质安全化、作业环境器具定置化,并持续改进。客运索道企业安全生产标准化建设工作取得显著成效。

客运索道运营企业安全生产标准化建设工作发展历程,按照国家法律法规、规范标准和使用的国标、行业团体标准大体经历了四个阶段。

第一阶段:中国索道协会率先组织制定《客运索道安全服务质量》并上升为国家标准,开展了客运索道企业安全服务质量标准化评定工作(2007—2014 年)。

2004 年初认真贯彻落实国务院印发的《关于进一步加强安全生产工作的决定》(国发〔2004〕2 号),高度重视客运索道运营企业的安全管理,在原国家安全监管总局和国家质检总局的关心指导下,中国索道协会首届理事长闪淳昌同志站在为政府、为企业、为会员服务的高度,以前瞻性、开拓性的思维,引领索道行业学习借鉴国家旅游部门景区评 A 的标准和办法,在广泛征求全国客运索道运营企业意见和建议的基础上,把安全管理作为协会为索道企业服务工作发展的宗旨,组织制定实施了《客运索道安全服务质量评定》,得到了客运索道企业的积极配合和大力支持。2008 年,中国索道协会、国家索检中心组织制定的《客运索道安全服务质量评定》上升为国家标准。2009 年,原国家质检总局、国家标准化管理委员会发布《客运索道安全服务质量》(GB/T 24728—2009)标准,直到今天仍在应用,为客运索道运营企业安全生产标准化创建评审奠定了坚实的基础。

第二阶段:按照原国家安全监管总局和国家质检总局《关于开展客运索道运营企业安全生产标准化建设的通知》要求和两部审定的《客运索道企业安全生产标准化评定标准》,并组织实施了客运索道安全

第1篇 客运索道运营安全生产标准化管理体系建设

服务质量和安全生产标准化同时评审(2014—2017年)。

2013年,在客运索道运营企业安全服务质量标准创建达标运行多年的基础上,原国家安全监管总局、国家质检总局对中国索道协会开展的客运索道企业安全服务质量工作给了充分肯定,两局联合印发了《关于开展客运索道运营企业安全生产标准化建设的通知》(安监总管二〔2013〕74号),授权中国索道协会继续组织实施客运索道运营企业的服务质量和安全生产标准化创建达标评审工作。同时依据原国家安全监管总局印发的《企业安全生产标准化基本规范》(AQ/T 9006—2010)行业标准,中国索道协会、国家索检中心组织制定了《客运索道企业安全生产标准化评定标准》,对管理制度创建内容方法进行了规范,客运索道企业的安全服务质量和安全生产标准化创建达标可以同时申请、同时评审。2017年底行业标准不再使用,但《客运索道安全服务质量》(GB/T 24728—2009)继续使用。

第三阶段:根据《中华人民共和国安全生产法》标准委制定了《企业安全生产标准化基本规范》(GB/T 33000—2016),中国索道协会结合索道企业实际,组织制定了行业标准《客运索道企业安全生产标准化基本规范》《客运索道企业安全标准化评定标准》等一系列管理制度并组织实施(2017—2022年)。

2014年新修订的《中华人民共和国安全生产法》首次将推进企业安全生产标准化建设写入法律条文,成为企业的法定职责。原国家质检总局、国家标准委制定印发了新版《企业安全生产标准化基本规范》(GB/T 33000—2016),并于2017年4月1日起正式实施。中国索道协会依据《企业安全生产标准化基本规范》,在国家客运架空索道检测检验中心的大力支持下,在广泛征求客运索道运营企业意见和建议的基础上,在中国索道协会安全生产标准化评审专家的辛苦努力下,于2017年至2018年8月,投入一年多的时间,组织制定了《客运索道企业安全生产标准化基本规范》和《客运索道企业安全生产标准化评定标准》《客运索道企业安全生产标准化评审实施办法》等中国索道行业标准。为指导规范客运索道企业安全生产标准化创建,协会评审专家团队又组织编写了《客运索道企业安全标准化管理手册》(范本)。

第四阶段:按照国家标准委、民政部关于印发《团体标准管理规定》和协会工作安排,紧密结合索道运营企业业务实际,依据2021年9月1日颁布的《中华人民共和国安全生产法》关于加强安全生产标准化建设的要求,结合十五年来开展客运索道运营企业安全生产标准化和安全服务质量建设工作的基础上,制定发布实施了《客运索道运营安全生产标准化管理团体标准》及《客运索道运营企业安全生产标准化评定标准》并于2023年1月1日实施。填补了国内客运索道行业团体标准的空白,为全国客运索道运营企业安全生产标准化管理体系建设和发展奠定了坚实基础。

为了贯彻落实2021年9月1日新发布实施的《中华人民共和国安全生产法》关于加强安全生产标准化建设,构建安全生产风险分级管控和隐患排查治理双重预防机制,提高安全管理水平,确保安全生产的要求。依据《中华人民共和国安全生产法》《企业安全生产标准化基本规范》(GB/T 3300—2016)、《客运架空索道安全规范》(GB 12352—2018)、《客运索道安全服务质量》(GB/T 24728—2009)等国家有关安全生产的法律法规标准,中国索道协会按照党中央、国务院《深化标准化工作改革方案》的要求促进团体标准化工作有序发展,协会从2019年开始组织研究制定《客运索道运营企业安全生产标准化管理团体标准》。2021年6月中旬首次在黄山召开了部分协会评审专家研讨会,随后进行了研究起草,于2022年5月广泛征求了客运索道运营企业意见,7月底在召开理事长工作会议上进行了工作进展通报,8月18日中国索道协会在云南大理由协会秘书长黄鹏志主持召开了《客运索道运营企业安全生产标准化管理团体标准》评审会,20家单位领导和专家参加会议。

团体标准主要起草单位:中国索道协会;参与起草的单位有:国家客运架空索道安全监督检验中心、丽江玉龙旅游股份有限公司、黄山旅游发展股份有限公司、陕西太华旅游索道公路有限公司、陕西骏景索道投资建设有限公司以及中国索道协会部分评审专家。依据《客运索道运营安全生产标准化管理团体标准》协会组织制定了《客运索道运营企业安全生产标准化评定标准》。协会作为主要起草单位,秘书长黄鹏志亲历亲为积极推进完善团体标准工作,同时参与起草单位的领导及专家付出了艰辛的劳动,填补了国内客运索道行业团体标准的空白,将对国内客运索道运营企业安全运营管理起到积极推动作用,

《客运索道运营安全生产标准化管理》团体标准应用指南

奠定了客运索道运营企业安全生产标准化管理体系建设和发展的坚实基础,是中国索道协会持续做好为政府服务、为行业服务、为会员服务做出的贡献,是推进客运索道行业高质量安全发展的需要。

十五年来,全国客运索道企业普遍实施了安全服务质量和安全生产标准化管理体系,客运索道企业安全生产标准化管理体系已经形成。安全管理机制日趋完善。新建和运行中的客运索道企业都将安全生产标准化纳入客运索道企业安全管理体系,已形成常态化、规范化、科学化的长效管理机制,该体系已成为客运索道运营企业普遍使用的团体标准。

一、以开展实施《客运索道安全服务质量》《客运索道企业安全生产标准化评定标准》为抓手,制定了行业安全生产创建达标评审工作一系列管理制度

2007年,中国索道协会和国家架空索道检测检验中心,依据国家法律法规和技术标准,配合国家质检总局制定了国标《客运索道安全服务质量》(GB/T 24728—2009)和《客运索道安全服务质量评定》。2013年,依据国家安全监管总局、国家质检总局下发的《关于开展客运索道运营企业安全生产标准化的通知》(安监总管二〔2013〕74号)文件要求和授权,在开展安全服务质量示范创建达标评审基础上,积极组织实施开展了客运索道运营企业安全生产标准化创建同时评审工作;同年,依据原国家安监总局印发的《企业安全生产标准化基本规范》(AQ/T 9006—2010)制定了《客运索道企业安全生产标准化评定标准》(试行)和《客运索道企业安全生产标准化评审实施办法》(试行)等技术标准和规范性文件。为了规范指导推进企业安全标准化管理,组织编制了《客运索道公司安全生产标准化管理手册(范本)》和《客运索道公司安全生产标准化管理手册相关文件记录(范本)》,提供了为企业开展创建安全标准化管理和安全服务质量制度建设依据,为全面开展安全服务质量和安全生产标准化创建达标评审奠定了良好的工作基础。在这一时期,大规模地组织全行业索道运营企业领导干部、基层一线相关技术业务骨干、评审人员在杭州、昆明滇池、峨眉山、北京、深圳等地宣贯培训,为有效开展索道企业安全生产标准化和安全服务质量评定工作提供了组织制度保障。从2007年起安全服务质量开始评定,到2014年开始对安全生产标准化同时评定评审,8年间共有48个客运索道企业,75条索道通过了安全服务质量和安全标准化评审,其中22条索道企业获得一级5S等级。

二、认真贯彻落实《中华人民共和国安全生产法》,推进企业安全生产标准化建设要求,持续深入规范开展了客运索道企业安全服务质量和安全生产标准化创建达标评审工作

中国索道协会把积极推进安全生产标准化建设作为协会重要职责和重点工作来抓,秉承为政府、为企业、为会员服务的宗旨,积极组织指导、协调审核、服务管理,推动全国客运索道企业安全生产标准化和安全服务质量创建达标工作。按照国家规定指导印发了《关于开展客运索道企业安全生产标准化和安全服务质量三年期满复评工作的通知》,建立健全了复审工作程序,规范了协会和企业自主创建和复审模式、内容、依据标准、等级和评审形式,以及申报、审核、公告、证书和牌匾制作颁发工作流程,建立统一的《客运索道企业安全标准化评定标准》后,配套制定了《客运索道安全生产标准化评审实施办法》。建立完善了中国索道协会安全生产标准化信息管理系统,为安全生产标准化管理走向常态化、规范化、科学化打下坚实基础和有力工作支撑。同时协会每年对安全生产标准化工作进行布置安排,并跟踪落实。协会积极热心地为企业达标评审提供指导和服务。组织推动全国索道企业安全生产标准化建设工作,指导帮助企业自主创建,及时审核受理企业申报资料,详细制定对企业评审方案,积极协调被审企业和合理选择评审专家,指导服务现场评审。注重隐患和问题整改跟踪落实,推动企业岗位达标,会员全过程安全标准化管理落地生根,夯实企业安全运营基础。

三、客运索道企业安全生产标准化评审专家,充分发挥了对协会重点工作的支撑,推进了全国索道企业安全生产标准化管理体系建立和实施

为推进工作的持续规范开展,协会非常重视评审专家队伍建设和制度建设,着眼于服务索道企业,协会的核心工作是服务于会员企业,协会就是要规范引领重点工作的落实。十五年来协会在索道企业支持下,共聘任了业内92名(第四届50名)具有较丰富安全运营管理、安全服务质量岗位专业技术专家,积极参加协会组织的标准化评审工作。为此协会每年召开评审专家培训会,以利保证评审质量。

2019年实施的新《客运索道企业基本规范评定标准》就是依靠国家索检中心、部分企业和评审专家们共同完成的。2017年为了规范评审专家的履职行为,制定了《评审专家工作规则》,要求评审专家代表协会评审,一定要要严格依据《评定标准》进行现场评审,遵守职业道德规范,本着服务企业、公平自律、确保质量、力实效的原则开展评审工作,并对其结论负责。保证评审质量,促进企业提升管理水平,协会指导编写了《客运索道企业安全生产标准化评审指南》《现场评审手册》方便评审专家使用,规范评审专家行为,提高评审质量。

各会员单位和创建达标企业也给予了协会安全生产标准化工作高度重视和支持配合。评审专家作为协会重点工作的支撑,克服了在工作岗位责任繁忙期间,严格标准,恪尽职守,不辞辛苦地奔向评审现场,晚上还要加班加点审查研究,他们严格按照标准对企业指导服务,对查出的问题,耐心地沟通解决,帮助企业落实整改,评审专家敬业精神和工作态度,感动了达标评审企业,得到企业一致好评,塑造了协会服务企业的形象,支撑了协会做好重点工作。协会在安全生产标准化评审工作中,配合相关部门,重点对隐患排查、风险管控、应急救援管理、职业健康进行审查,在对企业评审工作中,累计共查出管理制度方面,现场设备环境管理,服务质量改进意见上万条,被审企业都能够及时积极按规定时限完成整改。

四、制定和实施了客运索道运营企业安全生产标准化创建达标评审工作一系列管理制度文件

按照国标委2017年4月1日制定发布的《企业安全生产标准化基本规范》(GB/T 3300—2016),中国索道协会通过年会、网站、微信平台和现场评审企业的机会,广泛深入向会员单位宣传贯彻新国标,依靠索检中心专家、黄山股份、华山西峰、骏景索道企业等,和评审专家队伍研究起草修订了一系列行业标准和文件。依据国标和《企业安全生产标准化基本规范》《客运索道安全服务质量》,组织制定了中国索道协会行业标准《客运索道企业安全生产标准化基本规范》《客运索道企业安全标准化评定标准》《客运索道安全标准化评审实施办法》等行业标准和规范性文件,为规范指导和推进企业安全标准化管理,组织编制了《客运索道企业安全生产标准化管理使用手册(范本)》《客运索道企业安全生产标准化管理所需的相关记录(范本)》,为企业开展创建安全生产标准化管理提供建设依据,同时也为全面开展安全服务质量和安全生产标准化创建达标评审奠定了良好的工作基础。制定出台的一系列配套制度办法,形成了以《客运索道企业安全生产标准化评定标准》为核心的规范的创建评审体系和服务企业安全管理体系,实现了客运索道企业五统一:统一创建模式、统一创建内容、统一评审标准依据、统一创建等级、统一评审方法。索道会员企业争相使用这些制度和管理手册,客运索道企业安全生产标准化管理体系已经建立,整个索道企业普遍使用这些制度和管理文件。安全生产标准化管理体系和机制日趋完善。

自2008年至2021年,在索道企业运营企业高度重视支持配合下,在协会安全生产标准化评审专家的辛苦努力下,已有186家企业进行了申报注册申请,已有142个企业、276条索道完成了初审和复审,其中,2015年至2022年,评审索道201条,94个企业,其中一级5S的索道25条。

五、十五年来客运索道运营企业安全生产标准化建设工作,强化了索道运营企业安全管理水平,全国索道运营企业已普遍实施安全生产标准化管理体系,提升了安全运营管理和服务保障能力

中国索道协会开展安全生产标准化创建评审工作,得到了国家索检中心、索道企业领导员工和评审专家高度重视支持和积极响应。索道企业安全理念大大增强,安全管理意识和企业主体责任得到落实。安全基础管理水平、设备质量安全水平大幅提高。企业防范风险隐患工作趋于预防为主,应急救援演练制度化,教育培训常态化,员工素质大大增强。索道安全运营管理和安全服务质量大幅提升。客运索道安全生产标准化管理实现了常态化、规范化、科学化。全行业已将安全标准化管理纳入企业安全管理体系,全行业实现了安全管理理念的创新、企业文化的升华和企业形象的提升,安全管理体系和管理机制有效形成,在全行业营造了安全生产标准化工作的良好氛围,不论是几十年的老索道企业,还是新建的索道企业,都在安全生产管理工作上依托客运索道企业安全生产标准化制度,提高企业安全运营管理。客运索道企业安全生产标准化管理体系运行十五年,取得显著成效,主要体现在以下几个方面:

(一)客运索道运营企业通过安全生产标准化建设评审,收获了"两个转变"和"两个提升"

一是两个转变。通过标准化创建达标评审,明确了企业安全工作领导责任和岗位负责人的工作职

《客运索道运营安全生产标准化管理》团体标准应用指南

责,有效扭转了一些领导和员工只注重业务工作,不注重安全工作的局面,实现了由少数人管理安全,向全员岗位管理安全,被动安全向主动安全的两个转变,形成了全员、全过程、全方位的管理机制,有效解决和消除了管理的漏洞、盲区、死角。二是两个提升。通过岗位达标,推进企业达标整改事故隐患,改善了现场作业环境,有效提升了各岗位员工自我风险防范意识、安全知识和操作技能,使各类隐患风险处于可控状态,使企业安全管理水平得到显著提升。提升了企业品牌形象和核心竞争力,一些客运索道企业深有体会,追求做好客运索道企业安全生产标准化管理是企业安全运营管理的最好出路。

(二)成为加强客运索道企业安全运营管理的有力载体

实践证明,安全生产的关键在于企业基础扎实、基层健全、基础过硬,强化企业安全生产基础建设的关键在于企业安全生产主体责任的落实,企业安全生产主体责任落实的关键,在于安全生产标准化建设工作的深入开展,是安全生产法规标准要求在企业落地执行的有效载体,是确保企业做到安全投入到位、安全培训到位、基础管理到位、隐患风险管控到位、应急救援到位的有效途径,是不断提升本质安全水平、促进安全绩效持续改进、建立安全生产发展管理长效机制的科学手段。

(三)成为客运索道企业建立健全隐患排查治理、风险分级管控和预警机制的有力推手

通过创建促进安全隐患排查治理,让一大批隐患在安全标准化管理工作中得以消除;以信息化促进标准化,全面开展企业隐患排查治理自查自报信息化管理系统建设,逐步形成隐患自查自报自改闭环管理,有力督促了企业全面排查隐患,防范风险及时整改消除隐患;运用新理念、新技术、新方法,建立完善安全生产动态监控及预警预报体系,通过索道安全监测预警,实现索道运行中关键主体设备及运行数据的实时监测预警,提高索道运行安全;通过索道运维管理系统,实现运行记录、巡检记录、维修记录的系统化管理,做到事前预防性维修。提前、有针对性地采取预防措施,企业安全生产工作重点从事后转变为事前,故障防范工作更加主动。

(四)安全生产标准化建设是改善设备设施状况,提高企业本质安全管理水平的有效途径

开展安全生产标准化建设,重在基础、重在基层、重在落实、重在治本,对现场设备设施提出了具体条件要求,促使企业淘汰落后的生产技术、设备,特别是对安全落后的技术装备,提高企业安全技术水平和生产力整体发展水平,提高本质安全水平和保障能力。

(五)安全生产标准化管理体系是建立约束机制,树立企业良好形象的重要措施

安全生产标准化强调过程控制和系统管理,将贯彻国家有关法律法规、标准规章的行为过程及结果定量化或定性化,使安全生产工作处于可控状态,企业管理上升到一个新的水平,客运索道运营企业对安全发展的共识和对安全生产标准化的建设纳入企业安全管理体系运行,树立了良好的社会形象,赢得政府和相关部门的赞誉、尊重和肯定。

根据2022年10月中国索道协会制定的《客运索道运营安全生产标准化团体标准》《客运索道运营企业安全生产标准化评定标准》于2023年1月1日实施,为了推进客运索道运营企业安全生产标准化管理团体标准和评定标准的实施,各客运索道运营企业要不忘初心继续前行,进一步加强宣贯培训,营造客运索道运营企业提高安全运营管理,构建安全生产风险分级管控和隐患排查治理双重预防机制,提高安全生产管理水平,确保安全生产要求,进一步推进加强客运索道运营企业安全生产标准化管理体系建设。

国家安监总局　国家质检总局关于开展客运索道运营企业安全生产标准化建设的通知

(安监总管二〔2013〕74 号)

各省、自治区、直辖市及新疆生产建设兵团安全生产监督管理局、质量技术监督局,各有关单位:

为贯彻落实《国务院关于进一步加强企业安全生产工作的通知》(国发〔2010〕23 号)、《国务院安委会关于深入开展企业安全生产标准化建设的指导意见》(安委〔2011〕4 号)精神,国家安全监管总局、国家质检总局决定在客运索道运营企业开展安全生产标准化建设。现将有关事项通知如下:

一、总体要求

以科学发展观为统领,坚持"安全第一、预防为主、综合治理"的方针,牢固树立以人为本、安全发展的理念,以落实客运索道运营企业安全生产主体责任为主线,建立健全索道运营企业安全生产标准化评定标准和考评体系,全面推进客运索道运营企业安全生产标准化建设,力争到 2015 年底实现所有客运索道运营企业标准化达标,进一步加强安全管理,夯实安全基础,提高防范和处置客运索道安全事故的能力,提升客运索道运营企业整体安全水平。

二、工作重点

(一)积极推进客运索道运营企业安全生产标准化建设。客运索道运营企业要按照《安全生产法》《特种设备安全监察条例》(国务院令第 549 号)等法律法规和《企业安全生产标准化基本规范》(AQ/T 9006—2010)等相关特种设备安全技术规范、国家标准及《客运索道企业安全生产标准化评定标准(试行)》(见附件)等相关评定标准的要求,结合本单位实际,完善安全管理制度,开展以安全生产目标、组织机构和职责、安全生产投入、法律法规和安全管理制度、教育培训、设备设施、作业安全、隐患排查和治理、重大风险监控、职业健康、应急救援、信息报送、事故调查处理、绩效评定和持续改进等为主要内容的安全生产标准化建设工作。

(二)认真开展客运索道运营企业安全生产标准化自查自评。客运索道运营企业要对照有关特种设备安全技术规范、国家标准和相关评定标准的规定,逐条开展客运索道安全生产标准化自查工作,按照边查边改的原则,整治自查发现的缺陷和隐患,并结合自查结果完成本单位的安全生产标准化自评。自评结果符合达标评级条件的,可以向中国索道协会提出安全生产标准化达标评级申请。

(三)切实做好客运索道运营企业安全生产标准化现场评审和审核颁证工作。国家安全监管总局、国家质检总局委托中国索道协会负责此项工作。中国索道协会要按照安全生产标准化达标评级管理办法和实施细则规定,建立评审工作组织体系,制定评审工作方案,完善评审工作机制,组织评审专家队伍,客观、公正、独立地开展现场评审工作。现场评审应认真查阅申请单位的安全生产文件和资料、运行记录和维护保养记录等,并经实地检查验证,确保现场评审工作质量。国家安全监管总局、国家质检总局对审核符合要求并经公示无异议的客运索道运营企业进行联合公告,中国索道协会颁发安全生产标准化创建等级证书;对不符合条件或申请单位在评审和审核中隐瞒事实、弄虚作假的,不予认定申请级别,并按规定通报企业所在地的安全监管部门和质监部门。

三、工作要求

(一)加强宣贯培训,发挥企业主体作用。中国索道协会要加强对索道运营企业安全生产标准化工作的宣传贯彻,对索道运营企业管理人员开展客运索道安全生产标准化规范及达标评级标准、达标评级管理规定等培训,积极帮助企业完善安全管理体系、开展达标创建工作。要培育典型,示范引导,提高客运索道运营企业的积极性、主动性和创造性,持续推进安全生产标准化工作。

(二)加强监督指导,保障工作质量。各级质监、安全监管部门要加强对客运索道运营企业安全生产标准化建设活动的监督指导,督促客运索道运营企业加强安全生产标准化建设,将达标评级与评优评先、事故处理等相结合,并将达标评级结果通报银行业、证券业、保险业、担保业等主管部门。中国索道协会要积极向安全监管、质监部门报送客运索道运营企业安全生产标准化开展情况,及时反映问题、提出建议。地方各级安全监管、质监部门要加强对中国索道协会评审等工作的监督指导,对中国索道协会反映的问题要及时协调解决,对发现违反规定的要予以制止并分别向国家安全监管总局、国家质检总局报告。

(三)强化日常监管,促进安全生产水平持续提高。各级安全监管部门和质监部门要把客运索道运营企业安全生产标准化达标创建活动与日常安全监管工作相结合,根据企业达标水平实施分类监管。对于达不到最低评级要求的企业,要将其作为重点监管单位,强化监督检查;对于被评为三级标准化的,要督促其重点抓改进;对于被评为二级标准化的,要督促其重点抓提升;对于被评为一级标准化的,要督促其重点抓巩固,不断提升客运索道安全生产标准化达标水平。

附件:客运索道企业安全生产标准化评定标准(试行)

国家安全监管总局

国家质检总局
2013年6月19日

附件

客运索道企业安全生产标准化评定标准

（试 行）

二〇一三年六月

《客运索道运营安全生产标准化管理》团体标准应用指南

前　　言

为加强客运索道运营单位的安全管理,落实《国务院关于进一步加强企业安全生产工作的通知》(国发〔2010〕23号)、《国务院关于坚持科学发展安全发展促进安全生产形势持续稳定好转的意见》(国发〔2011〕40号)、《国务院安委会关于深入开展企业安全生产标准化建设的指导意见》(安委〔2011〕4号)、《国家安全监管总局等部门关于全面推进全国工贸行业企业安全生产标准化建设的意见》(安监总管四〔2013〕8号)等文件精神,规范运营单位的安全生产标准化工作,中国索道协会组织编制本标准。

本标准依据《企业安全生产标准化基本规范》(AQ/T 9006—2010)和国家有关安全生产法律法规标准,在贯彻落实《客运索道安全服务质量》(GB/T 24728)标准,开展客运索道安全服务质量评定工作的基础上,结合客运索道行业特点编制而成。安全生产标准化评定工作是对客运索道安全服务质量评定工作的继续和深化。

本标准规定了客运索道运营单位安全生产目标、组织机构和职责、安全生产投入、法律法规与安全管理制度、教育培训、设施设备管理、作业安全、隐患排查和治理、重大风险监控、职业健康、事故报告调查和处理、绩效评定和持续改进、服务质量等十四个方面的内容和要求,以适应当前客运索道行业发展的客观需要。

本标准由国家安全生产监督管理总局、国家质量监督检验检疫总局提出。

本标准由中国索道协会归口并负责解释。

本标准主要起草单位:中国索道协会、国家客运架空索道安全监督检验中心。

第1篇　客运索道运营安全生产标准化管理体系建设

1　范围

本标准适用于中华人民共和国境内客运架空索道和客运地面缆车的运营单位。

2　规范性引用文件

下列文件对于本标准的应用是必不可少的。凡是注日期的引用文件,其随后所有的修改单(不包括勘误的内容)或修订版均不适用于本标准。凡是不注日期的引用文件,其最新版本适用于本标准。

中华人民共和国主席令第70号　中华人民共和国安全生产法
中华人民共和国主席令第69号　中华人民共和国突发事件应对法
中华人民共和国主席令第6号　中华人民共和国消防法
中华人民共和国国务院令第493号　生产安全事故报告和调查处理条例
中华人民共和国国务院令第549号　特种设备安全监察条例
国家安全生产监督管理总局令第1号　劳动保护用品监督管理规定
国家安全生产监督管理总局令第16号　安全生产事故隐患排查治理暂行规定
国家安全生产监督管理总局令第23号　作业场所职业健康监督管理暂行规定
国家质量技术监督局令第13号　特种设备质量监督与安全监察规定
国家质量监督检验检疫总局令第140号　特种设备作业人员监督管理办法
《国务院关于进一步加强企业安全生产工作的通知》(国发〔2010〕23号)
《国务院安委会关于深入开展企业安全生产标准化建设的指导意见》(安委〔2011〕4号)
《国家安全监管总局等部门关于全面推进全国工贸行业企业安全生产标准化建设的意见》(安监总管四〔2013〕8号)
《关于公布〈特种设备作业人员作业种类与项目〉目录的公告》(2011年第95号)
《客运架空索道监督检验规程(试行)》(国质检锅〔2002〕326号)
《关于进一步加强客运索道安全监察工作的通知》(国质检特〔2004〕495号)
TSG S7002—2005　客运缆车安装监督检验与定期检验规则
TSG Z6001—2005　特种设备作业人员考核规则
TSG Z6001—2008　客运索道安全管理人员和作业人员考核大纲
AQ/T 9006—2010　企业安全生产标准化基本规范
GB/T 24728—2009　客运索道安全服务质量
GB 12352—2007　客运架空索道安全规范
GB/T 19402　客运地面缆车技术规范
GB/T 12738　索道　术语
GB/T 9075　索道用钢丝绳检验和报废规范
GB/T 24729　客运索道固定抱索器通用技术条件
GB/T 24730　客运索道脱挂抱索器通用技术条件
GB/T 24731　客运索道驱动装置通用技术条件
GB/T 24732　客运索道托(压)索轮通用技术条件
GB 2894　安全标志及其使用导则
GB 13495　消防安全标志
GB/T 10001.1　标志用公共信息图形符号　第1部分
GB/T 10001.2　标志用公共信息图形符号　第2部分

《客运索道运营安全生产标准化管理》团体标准应用指南

3 术语与定义

下列术语和定义适用于本标准。

3.1 安全生产标准化

通过建立安全生产责任制,制定安全管理制度和操作规程,排查治理隐患和监控重大危险源,建立风险分析和预控机制,规范生产行为,使各生产环节符合有关安全生产法律法规和标准规范要求,人、设备、环境、管理处于良好状态,并持续改进,不断加强企业安全生产规范化建设。

3.2 安全绩效

根据安全生产目标,在安全生产工作方面取得的可测量结果。

3.3 资源

实施安全生产标准化所需的人员、资金、设施、材料、技术和方法等。

3.4 相关方

与企业的安全绩效相关联或受其影响的团体或个人。

3.5 隐患

违反安全生产法律、法规、规章、标准、规程和安全生产管理制度,或者因其他因素在生产经营活动中存在可能导致事故发生的物的危险状态、人的不安全行为和管理上的缺陷。

3.6 客运索道

客运索道是指由动力驱动,利用柔性绳索牵引运载工具运送人员的运输系统,包括客运架空索道、地面缆车和拖牵索道等。

3.7 客运架空索道

以架空的柔性绳索承载,用来输送人员的索道。

3.8 地面缆车

运载工具沿地面轨道或由固定结构支承的轨道运行的索道。

3.9 站房

线路起止站和分段相衔接的设施。

3.10 运载工具

在架空索道或缆车上用于承载人员的部件。

4 一般要求

4.1 原则

客运索道运营单位开展安全生产标准化工作,遵循"安全第一、预防为主、综合治理"的方针,以隐患排查治理为基础,提高安全生产水平,减少事故发生,保障人身安全健康,保证生产经营活动的顺利进行。

4.2 建立和保持

客运索道运营单位安全生产标准化工作采用"策划、实施、检查、改进"动态循环的模式,依据本标准的要求,结合索道行业特点,建立并保持安全生产标准化系统;通过自我检查、自我纠正和自我完善,建立安全绩效持续改进的安全生产长效机制。

4.3 评定和监督

客运索道运营单位安全生产标准化工作实行自主评定和外部评审的方式,自主评定应每年至少进行1次,外部评审每3年进行1次。运营单位应当根据本标准,对安全生产标准化工作进行自主评定,自主评定后申请外部评审定级。

安全生产标准化外部评审分为一级、二级、三级,一级为最高等级,三级为符合客运索道基本运营要求的最低等级。

运营单位在申请外部评审前必须通过法定的客运索道安全监督检验。外部评审时,如运营单位存在违法违规行为,应中止评审,并将发现的问题上报当地监督管理主管部门,经主管部门确认整改完成后重新申请评审。首次申请外部评审时,运营单位应在一年内没有发生生产安全责任的死亡事故、半年内没有发生高空滞留人员3.5小时以上的责任事故。已取得安全生产标准化等级的运营单位,如发生人员死亡或高空滞留人员3.5小时以上的责任事故,应根据有关部门出具的事故调查报告,整改完善并进行自主评定后,重新申请外部评审。

安全生产标准化评审与客运索道安全服务质量评审采取"同时评审、分别授牌"的方式。中国索道协会负责授牌,并按规定向国家安全监管总局和国家质检总局报备。

安全生产标准化评审项目为本标准前十三项(即5.1至5.13)的评审项目,共计1 000分,各项目的分项最低得分为0分。

安全生产标准化评定所对应的等级须同时满足评审得分和安全绩效等要求,取最低的等级来确定标准化等级(表1)。

表 1

评定等级	评审得分	安全绩效
一级	≥900	申请评审之日前一年内,企业无生产安全责任的死亡事故,且未发生高空滞留人员3.5小时以上责任事故。
二级	≥750	申请评审之日前一年内,企业生产安全责任事故的死亡人员未超过1人。
三级	≥600	申请评审之日前一年内,企业生产安全责任事故累计死亡人员未超过2人。

客运索道安全服务质量评审项目为安全生产标准化评审项目加上本标准第十四项评审项目,其中第十四项服务质量评审项目满分为400分,共计1 400分。

客运索道安全服务质量各等级需达到以下如下分值(表2)。

表 2

客运索道安全服务质量等级	评审得分
5S	≥1 288
4S	≥1 176
3S	≥1 064
2S	≥952
1S	≥840

《客运索道运营安全生产标准化管理》团体标准应用指南

5 核心要求（评分项目）

5.1 目标（20分）

序号	项目	内容	标准分	评分标准	实得分
5.1.1	目标的制定	运营单位应制定年度安全生产目标。安全生产目标应明确人员、设备、管理等方面的内容。 运营单位要将年度工作目标分解落实到各个部门，逐级落实到班组和岗位。各级安全生产目标应经相应负责人审批，以文件形式下达。	10	1. 未制定年度安全生产目标的，5.1项不得分。 2. 未逐级分解的，扣5分。 3. 未以文件形式下达的，扣5分。 4. 未经单位主要负责人审批的，扣5分。	
5.1.2	目标的控制与落实	部门或班组按照安全生产职责，制定相应的分级控制措施并落实。	5	1. 未制定控制措施的，扣2分。 2. 未按本单位控制措施落实的，扣3分。	
5.1.3	目标的考核	制定安全生产目标考核办法，并对安全生产目标完成情况进行考核。	5	1. 未制定安全生产目标考核办法的，不得分。 2. 未按办法对目标完成情况进行考核的，扣3分。 3. 未按规定每月召开会议的，扣5分。	

5.2 组织机构和职责（30分）

序号	项目	内容	标准分	评分标准	实得分
5.2.1	组织机构	运营单位应成立以主要负责人为领导的安全管理机构，明确机构的组成和职责。 运营单位应根据自身情况配备安全管理人员。 安全管理机构应每月组织召开安全会议，总结分析本单位的安全生产情况，部署安全生产工作，研究解决安全生产工作中的重大问题，决策安全生产的重大事项。	15	1. 未成立安全管理机构的，不得分。 2. 未配备专职安全管理人员的，扣5分；未配备安全管理人员的，不得分。 3. 未按规定每月召开会议的，扣5分。 4. 会议记录不完整的，扣5分。	

第1篇 客运索道运营安全生产标准化管理体系建设

（续）

序号	项目	内容	标准分	评分标准	实得分
5.2.2	安全生产责任制	制定符合本单位的安全生产责任制，明确各部门、班组、人员的安全生产责任。 主要负责人应按照安全生产法律法规赋予的职责，全面负责安全生产工作，并履行下列主要职责： 1. 建立、健全安全生产责任制； 2. 组织制定安全生产规章制度和操作规程； 3. 保证安全生产投入的有效实施； 4. 督促、检查安全生产工作，及时消除生产安全事故隐患； 5. 组织制定并实施生产安全事故应急救援预案； 6. 及时、如实报告生产安全事故。 各岗位人员要履行岗位安全生产职责，落实安全生产规章制度。 运营单位应对安全生产职责履行情况进行检查、考核。	15	1. 未建立安全生产责任制的，不得分。 2. 主要负责人未履行职责的，扣2分/项。 3. 未按照本单位组织机构设定进行安全生产责任分解并制定相关制度的，扣5分。 4. 未制定责任追究制度和考核制度，无安全生产奖惩记录的，扣2分。	

5.3 安全生产投入（40分）

序号	项目	内容	标准分	评分标准	实得分
5.3.1	管理和使用	制定满足安全生产需要的安全生产费用计划，按规定提取安全生产费用并落实到位，并建立安全生产费用台账。 安全生产费用主要用于以下方面： 1. 安全技术和劳动保护措施：安全标志、安全工器具、安全设备设施、安全防护装置、安全培训、职业病防护和劳动保护，以及重大安全生产课题研究和预防事故采取的安全技术措施工程建设等； 2. 事故预防措施：设备重大缺陷和隐患治理、针对事故教训采取的防范措施、落实技术标准及规范进行的设备和系统改造、提高设备安全稳定运行的技术改造等； 3. 应急管理：预案编制、应急物资、应急演练、应急救援等； 4. 其他：安全检测、安全评价、重大危险源监控整改、安全保卫、安全法律法规收集管理、安全生产标准化建设实施、安全检查、安全技术技能竞赛、安全文化建设与维护等。	20	1. 未制定安全生产费用计划的，不得分。 2. 未建立安全生产费用台账的，扣5分。 3. 安全生产费用使用中存在应按计划投入而未投入的，扣3分/项。	

《客运索道运营安全生产标准化管理》团体标准应用指南

(续)

序号	项目	内容	标准分	评分标准	实得分
5.3.2	相关保险	应投保客运索道安全生产责任险或客运索道统保项目等安全生产责任保险。	20	1. 未投保安全责任保险或安全责任保险不在有效期内的,扣20分。	

5.4 法律法规与安全管理制度(60分)

序号	项目	内容	标准分	评分标准	实得分
5.4.1	法律法规与标准规范	开展安全生产法律法规、标准规范的搜集管理工作,并跟踪、掌握有关法律法规、标准规范的修订情况。运营单位适用的安全生产法律法规、标准规范至少包括: 1.《中华人民共和国安全生产法》 2.《中华人民共和国突发事件应对法》 3.《中华人民共和国消防法》 4.《特种设备安全监察条例》 5.《生产安全事故报告和调查处理条例》 6.《劳动保护用品监督管理规定》 7.《安全生产事故隐患排查治理暂行规定》 8.《作业场所职业健康监督管理暂行规定》 9.《特种设备质量监督与安全监察规定》 10.《特种设备作业人员监督管理办法》 11.《特种设备作业人员考核规则》 12.《客运索道安全管理人员和作业人员考核大纲》 13.《客运架空索道监督检验规程(试行)》 14.《客运缆车安装监督检验与定期检验规则》 15.《企业安全生产标准化基本规范》 16.《客运索道安全服务质量》 17.《客运架空索道安全规范》 18.《客运地面缆车技术规范》 运营单位应将适用的安全生产法律法规、标准规范及其他要求及时传达给从业人员,使作业人员在工作环境中可及时获取有效版本。	10	1. 未开展安全生产法律法规、标准规范的搜集管理工作的,不得分。 2. 适用的安全生产法律法规、标准规范不完整的,扣1分/项。 3. 作业人员未及时获取与自身工作相适应安全生产法律法规、标准规范情况的,扣5分。	

第1篇 客运索道运营安全生产标准化管理体系建设

（续）

序号	项目	内容	标准分	评分标准	实得分
5.4.2	安全管理制度	建立、健全符合国家法律法规、国家及行业标准要求的安全管理制度，并发放到相关工作岗位，规范从业人员的生产作业行为。安全管理制度至少包括： 1. 技术档案管理制度 2. 操作规程 3. 日常安全检查制度 4. 维护保养制度 5. 定期报检制度 6. 作业和服务人员守则 7. 作业人员及相关服务人员安全培训考核制度 8. 应急救援演练制度 9. 意外事件和事故报告、分析和处理制度 10. 隐患排查治理制度。	20	1. 未建立安全管理制度的，不得分。 2. 安全管理制度不全的，扣5分/项。	
5.4.3	操作规程	单位应编制相关设备操作规程、检修规程、服务规程等有关规程。 运营单位应将有关安全生产规程发放到相关岗位。	10	1. 未编制有关安全生产规程的，不得分。 2. 未将最新规程下发到部门、班组、岗位的，扣5分。	
5.4.4	评估和修订	本单位每年对执行的安全生产法律法规、标准规范、规章制度、操作规程的执行情况至少进行一次检查、评估，形成记录，整改发现的问题，及时修订并发布。	5	1. 未每年进行检查、评估的，不得分。 2. 检查、评估后，未整改的，扣3分。 3. 未修订、发布的，扣2分。	
5.4.5	文件和档案管理	建立并严格执行文件和档案管理制度，明确职责、流程、形式、权限、各类安全生产档案及保存要求等。	5	1. 未建立文件和档案管理制度的，不得分。 2. 未以文件发布的，不得分。 3. 未明确职责、流程、形式、权限、各类安全生产档案及保存要求的，扣1分/项。	
5.4.6	客运索道档案	客运索道应建立技术档案，至少包括： 1. 安装技术资料 2. 监督检验报告 3. 使用登记表 4. 更新、维修技术文件（存在时） 5. 年度自行检验的记录 6. 定期检验报告 7. 应急救援演练记录 8. 运行、维护保养、设备故障与事故处理记录 9. 作业人员培训、考核和证书管理记录 10. 安全记录。安全记录至少包括：巡线记录、不安全事件记录、安全活动记录、安全会议记录、日常检查记录等。	10	1. 技术档案项目不完整的，扣2分/项。 2. 安全记录内容不完整的，扣1分/项。	

《客运索道运营安全生产标准化管理》团体标准应用指南

5.5 教育培训（50分）

序号	项目	内容	标准分	评分标准	实得分
5.5.1	教育培训管理	明确本单位安全教育培训主管部门或负责人，按规定及岗位需要，定期识别安全教育培训需求，制定、实施安全教育培训计划，提供相应的资源保证。做好安全教育培训记录，建立安全教育培训档案，实施分级管理，并对培训效果进行评估和改进。	15	1. 安全教育培训主管部门或负责人不明确的，扣5分。 2. 没有教育培训计划的，扣3分。 3. 无安全教育培训记录和档案的，扣5分。 4. 没有进行培训效果评估的，扣2分。	
5.5.2	安全管理人员教育培训	安全管理人员应当接受经特种设备安全监察部门认定的培训机构的培训，具备与本单位所从事的生产经营活动相适应的安全生产知识和管理能力，并取得客运索道安全管理人员资格证书。	15	1. 安全管理人员未取得客运索道安全管理人员资格证书或证书过期的，不得分。	
5.5.3	岗位人员教育培训	新员工在上岗前必须进安全教育培训，岗前培训时间不得少于24学时。维修（机械、电气）、司机岗位作业人员应取得与其从事设备类型相匹配的资格证书。从事特种作业人员应取得特种作业人员资格证书。应对站台、票务、乘务、保安等服务人员进行与其岗位相适应的安全教育培训，并进行记录。	10	1. 新员工岗前安全教育培训无记录的，扣1分/人。 2. 有特种设备作业岗位，但未配备相应持证作业人员的，扣2分/人。 3. 有特种作业岗位，但未配备相应持证作业人员的，扣2分/人。 4. 服务人员培训无记录的，扣1分/人。	
5.5.4	其他人员教育培训	应引导游客或乘客认真阅读《乘坐索道安全须知》和警示标志。应对相关方作业人员及外来参观、学习等人员进行有关安全规定、安全教育或告知。	5	1. 未指导游客或乘客阅读《乘坐索道安全须知》和警示标志的，扣2分。 2. 未采用多种形式对游客或乘客宣传《乘坐索道安全须知》和警示标志的，扣2分。 3. 未采取多种方式对相关方作业人员及外来参观、学习等人员进行安全教育或告知的，扣2分。	
5.5.5	安全文化建设	运营单位应采取多种形式的安全文化活动，引导从业人员安全态度和安全行为，形成全体员工所认同、共同遵守、带有本单位特点的安全价值观，实现法律和政府监管要求之上的安全自我约束，保障安全生产水平持续提高。	5	1. 未开展安全文化活动的，不得分。	

5.6 设备设施(300分)

序号	项目	内容	标准分	评分标准	实得分
5.6.1	设备建设	客运索道建设应符合有关法律法规、安全技术规范和标准要求。 索道设备更新应执行更新管理制度,履行更新程序,并对全过程进行隐患控制。	35	1. 未通过客运索道安装监督检验的,不得分。 2. 未办理注册使用登记,不得分。 3. 设备更新未按管理制度规定的,扣10分/次。	
5.6.2	设备本质安全控制	客运索道线路及总体工艺应满足国家标准和安全技术规范要求。 架空索道包含以下项目: 1. (循环式)钢丝绳最大倾角 2. 线路的立交和避让 3. 横向摆动通过性 4. 纵向摆动通过性 5. 离地最小距离 6. 吊具间隔时间 7. 夜间运行和支架电力线 8. 支索器 9. 运行速度 10. 检修速度 客运缆车包含以下项目: 1. 线路的平行与交叉 2. 线路坡度 3. 通过性 4. 检修速度	5	1. 依据最近一次客运索道安全检验意见书,未达到客运索道安全检验要求的,扣2分。 2. 依据最近一次客运索道安全检验报告,经整改后达到客运索道安全检验要求的,扣1分/项。	
		架空索道救护装备应满足国家标准和安全技术规范要求,包括以下项目: 1. 垂直救护设备 2. 水平救护设备 3. 水平救护索 4. 救援通道	3	1. 依据最近一次客运索道安全检验意见书,未达到客运索道安全检验要求的,扣2分。 2. 依据最近一次客运索道安全检验报告,经整改后达到客运索道安全检验要求的,扣1分/项。	
		客运索道承载索、运载索、牵引索、平衡索应满足国家标准和安全技术规范要求,包括以下项目: 1. 钢丝绳状态 2. 承载索串位 3. 承载索与锚固筒缠绕 4. 承载索余绳放置 5. 钢丝绳接头数量和间距 6. 钢丝绳编接 7. 钢丝绳接头状态和直径增大量	3	1. 依据最近一次客运索道安全检验意见书,未达到客运索道安全检验要求的,扣2分。 2. 依据最近一次客运索道安全检验报告,经整改后达到客运索道安全检验要求的,扣1分/项。	

《客运索道运营安全生产标准化管理》团体标准应用指南

(续)

序号	项目	内容	标准分	评分标准	实得分
5.6.2	设备本质安全控制	客运索道线路设施应满足国家标准和安全技术规范要求。 架空索道包含以下项目： 1. 支架装备、防腐、连接及防护 2. 鞍座衬垫、端部 3. 客车通过性 4. 基础和地脚螺栓 5. 托压索轮结构 6. 自动复位装置 7. 脱索保护开关 8. 索距 客运缆车包含以下项目： 1. 钢轨和轨距 2. 基础和地脚螺栓 3. 线路托索轮、捕捉器、转向轮、检修通道	3	1. 依据最近一次客运索道安全检验意见书，未达到客运索道安全检验要求的，扣2分。 2. 依据最近一次客运索道安全检验报告，经整改后达到客运索道安全检验要求的，扣1分/项。	
		客运索道站房和驱动迂回设备应满足国家标准和安全技术规范要求，包含以下项目： 1. 站内设施安全性 2. 司机室 3. 电源及备用动力 4. 站台长度、净空、高度 5. 缓冲器 6. 驱动迂回轮 7. 缆车驱动卷筒 8. 双牵引驱动机 9. 驱动轮防滑 10. 电机 11. 制动器 12. 防倒转装置 13. 制动液压站 14. 减速机 脱挂索道加减速器与推车机应满足国家标准和安全技术规范要求，包含以下项目： 1. 轮胎 2. 传动皮带 3. 取速轮 4. 电磁离合器 5. 吊具进出站状态	3	1. 依据最近一次客运索道安全检验意见书，未达到客运索道安全检验要求的，扣2分。 2. 依据最近一次客运索道安全检验报告，经整改后达到客运索道安全检验要求的，扣1分/项。	

第1篇 客运索道运营安全生产标准化管理体系建设

（续）

序号	项目	内容	标准分	评分标准	实得分
5.6.2	设备本质安全控制	客运索道车库和备用轨道及道岔，应满足国家标准和安全技术规范要求，包含以下项目： 1. 车库（架空索道） 2. 站内备用轨道（架空索道） 3. 道岔（客运缆车）	2	1. 依据最近一次客运索道安全检验意见书，未达到客运索道安全检验要求的，扣2分。 2. 依据最近一次客运索道安全检验报告，经整改后达到客运索道安全检验要求的，扣1分/项。	
		客运索道重锤张紧系统应满足国家标准和安全技术规范要求，包含以下项目： 1. 张紧索状态 2. 张紧索末端固定 3. 二次保护装置 4. 重锤重量 5. 重锤运动和重锤井 6. 阻车器 7. 张紧小车倾角 8. 行程标尺和限位开关 9. 绞车 10. 滚子链 11. 承载索与重锤筒缠绕 12. 阻尼缓冲装置	3	1. 依据最近一次客运索道安全检验意见书，未达到客运索道安全检验要求的，扣2分。 2. 依据最近一次客运索道安全检验报告，经整改后达到客运索道安全检验要求的，扣1分/项。	
		液压张紧系统应满足国家标准和安全技术规范要求，包含以下项目： 1. 张紧油压 2. 油缸 3. 张紧液压站 4. 行程标尺和限位开关 5. 张紧力控制	3	1. 依据最近一次客运索道安全检验意见书，未达到客运索道安全检验要求的，扣2分。 2. 依据最近一次客运索道安全检验报告，经整改后达到客运索道安全检验要求的，扣1分/项。	
		承载索双端锚固应满足国家标准和安全技术规范要求，包含以下项目： 1. 可测可调装置 2. 夹块式双重锚固装置 3. 液压调整装置	3	1. 依据最近一次客运索道安全检验意见书，未达到客运索道安全检验要求的，扣2分。 2. 依据最近一次客运索道安全检验报告，经整改后达到客运索道安全检验要求的，扣1分/项。	
		架空索道抱索器和吊具应满足国家标准和安全技术规范要求，包含以下项目： 1. 抱索器及夹索器的结构、防滑力、移位 2. 夹索器固定 3. 吊椅、吊篮、吊厢、吊架	3	1. 依据最近一次客运索道安全检验意见书，未达到客运索道安全检验要求的，扣2分。 2. 依据最近一次客运索道安全检验报告，经整改后达到客运索道安全检验要求的，扣1分/项。	

《客运索道运营安全生产标准化管理》团体标准应用指南

(续)

序号	项目	内容	标准分	评分标准	实得分
5.6.2	设备本质安全控制	架空索道(双线往复式)、客运缆车的客车应满足国家标准和安全技术规范要求,包含以下项目: 1. 车厢门 2. 自动门 3. 车窗 4. 客车内部设置 5. 客车结构 6. 救护设置 7. 吊架和减摆器 8. 客车制动器的功能 9. 运行小车 10. 牵引索平衡索与客车的连接	3	1. 依据最近一次客运索道安全检验意见书,未达到客运索道安全检验要求的,扣2分。 2. 依据最近一次客运索道安全检验报告,经整改后达到客运索道安全检验要求的,扣1分/项。	
		架空索道(脱挂抱索器)和客运缆车站内监控与状态检测应满足国家标准和安全技术规范要求,包含以下项目: 1. 自动调车装置 2. 速度对比 3. 挂结前、后状态及脱开前、后状态 4. 钢丝绳位置 5. 抱索器弹簧力 6. 道岔位置 7. 防撞系统及区间保护	3	1. 依据最近一次客运索道安全检验意见书,未达到客运索道安全检验要求的,扣2分。 2. 依据最近一次客运索道安全检验报告,经整改后达到客运索道安全检验要求的,扣1分/项。	
		客运索道安全保护装置和信号系统应满足国家标准和安全技术规范要求,包含以下项目: 1. 故障记忆 2. 速度控制 3. 风速仪 4. 紧急事故开关 5. 脱索保护 6. 防断轴保护 7. 超速保护 8. 张紧行程保护 9. 接地棒 10. 维修闭锁开关 11. 客车制动器 12. 开车信号 13. 停车和越位开关 14. 进站减速信号 15. 进站速度监测 16. 断索保护	5	1. 依据最近一次客运索道安全检验意见书,未达到客运索道安全检验要求的,扣2分。 2. 依据最近一次客运索道安全检验报告,经整改后达到客运索道安全检验要求的,扣1分/项。	

（续）

序号	项目	内容	标准分	评分标准	实得分
5.6.3	设备运行管理	应通过有相关资格特种设备检验机构的定期检验。作业人员应遵守运营工作程序和操作规程，做好运行记录。 安全设备设施不得随意拆除、挪用或弃置不用；确因维修拆除的应采取临时安全措施，维修完毕后立即复原。 安全保护装置应建立台账。	40	1. 安全监督审查有不合格项的，扣2分/项。 2. 未遵守运营工作程序和操作规程作业的，扣10分。 3. 无运行记录或运行记录不完整的，扣10分。 4. 随意拆除、挪用或弃置不用安全设备设施，且未采取临时安全措施或维修完毕后未立即复原的，扣10分/项。 5. 未建立安全保护装置台账的，扣10分。	
5.6.4	设备维修管理	客运索道的重大维修、维修应当按照安全技术规范、标准、使用维护说明书和维修方案要求进行，其中维修方案应包含作业行为分析和控制措施。 重大维修过程，必须经特种设备检验检测机构按照安全技术规范的要求进行监督检验；重大维修后，运营单位应将自检报告、监督监督报告和无损检测报告存档。	20	1. 重大维修、维修前未到当地质检部门进行告知的，不得分。 2. 重大维修未经特种设备检验检测机构进行监督检验的，不得分。 3. 重大维修后，未将自检报告、监督监督报告和无损检测报告存档的，扣10分。	
		客运索道维修应符合以下要求： 1. 应保持维修工具、计量装置、照明装备完好。 2. 应提前对公众发布停运公告。 3. 更换的主要部件（电机、减速机、钢结构、轮组、钢丝绳、电控系统等）应执行内部验收和报废管理制度，进行记录。 4. 设备维修后，应及时清理维修现场。机架和支架上不应遗留有坠落危险的维修工具、零部件和杂物。 5. 应按维修作业指导书要求，规范作业，控制维修质量。 6. 设备维修后应进行全面自检。 7. 维修过程应执行隐患控制措施并进行监督检查。	10	1. 维修未符合所列要求的，扣2分/项。	

《客运索道运营安全生产标准化管理》团体标准应用指南

(续)

序号	项目	内容	标准分	评分标准	实得分
5.6.5	设备维护保养管理	客运索道的维护保养应当制定维护保养计划,并按照计划进行,同时做好记录。 客运索道维护保养应符合以下要求: 1.应保持维护保养工具、计量装置、照明装备完好。 2.应提前对公众发布停运公告。 3.设备润滑工作后,应采取措施保障润滑油(脂)不会污损乘客身体和衣物。 4.更换的废弃油品应按规定由相关单位回收。 5.建立备品备件台账	55	1.未制定维护保养计划的,扣15分。 2.未按计划进行维护保养的,扣10分。 3.未做维护保养记录或记录不全的,扣5分。 4.维护保养不符合所列要求的,扣3分/项。	
5.6.6	设备定期自检管理	应开展定期自检工作,自检工作至少包括日检、月检、年检。客运索道应制定定期自检计划,并按照计划进行,同时做好记录。	40	1.未开展定期自检工作的,不得分。 2.未制定定期自检计划的,扣20分。 3.未做记录或记录不全的,扣10分。 4.定期自检中未包含安全保护装置内容检查的,扣20分。	
5.6.7	监控与通讯	应配备无线和有线两种专用通讯系统,并保证通讯畅通。控制室、机房、上下站房等重点区域应设置视频监控设施,并运行正常。	20	1.缺少通讯设施的,扣5分/种。 2.未设置视频监控设施的,扣5分。 3.重点区域视频监控设施未完全覆盖的,扣5分/处。 4.通讯与监控设施运行不正常的,扣5分/项。	
5.6.8	其他设施	售票窗口前应设置安全隔离栏杆等设施,方便乘客购票,保障购票安全秩序。在售票处周边设置醒目的《乘坐索道安全须知》,方便乘客购票前了解相关内容。	10	1.售票窗口未设置安全隔离栏杆等设施的,扣5分。 2.未设置《乘坐索道安全须知》的,扣5分。	
		《乘坐索道安全须知》应包括以下基本内容:乘车简要程序;乘坐索道应注意事项;劝阻无行为能力的乘客单独乘坐索道;限制有危险倾向的乘客乘坐索道;提示身体状况不适应高空运行,有诱发疾病危险的乘客(有心脏病、高血压、精神障碍、恐高症、习惯性流产等病史,以及部分妊娠早、晚期孕妇和部分行动不便的高龄乘客),不宜乘坐索道;应禁止携带危险品或管制物品乘坐索道;其他特殊的安全要求与注意事项。	5	1.《乘坐索道安全须知》不满足标准要求的,扣2分/项。	

第1篇 客运索道运营安全生产标准化管理体系建设

（续）

序号	项目	内容	标准分	评分标准	实得分
5.6.8	其他设施	候车区除配备正常通风、采光设施外，还应配置足够数量的应急照明设施。 候车区设置适应不同乘客流量的安全隔离栏杆。隔离栏杆设计与建设应符合 GB 8408、GB 12352 相关标准要求。隔离栏杆应在适当位置设置活动门栏，方便乘客应急，满足快速疏散乘客的安全需要。道路、站台地面应采用防滑设计或采用防滑替代设施，防止乘客在候车和乘车过程中滑倒受伤。	15	1. 候车区设施设备不能满足需求的，扣5分。 2. 候车区未设置隔离栏和活动门栏的，扣5分。 3. 候车区未采用防滑措施的，扣5分。	
		单位内部相关特种设备（电梯、起重机械、旅游观光车）的管理应符合有关规定。	5	1. 单位未建立内部相关特种设备的管理制度的，扣5分。	

5.7 作业安全（220分）

序号	项目	内容	标准分	评分标准	实得分
5.7.1	现场管理	应加强工作现场安全管理和作业过程的控制。对动火作业、临时用电作业、高处作业、其他危险作业等危险性较高的作业活动建立作业安全管理制度，并在作业前严格履行审批手续。针对相关作业应开展危害因素分析、制定安全措施等。 进行危险性较高的作业时，应当安排专人进行现场安全管理，确保安全规程的遵守和安全措施的落实。	20	1. 实施危险性作业未建立相关制度的，不得分。 2. 危险性作业未履行相关手续的，扣5分/次。 3. 进行危险性较高的作业时，未安排专人进行现场安全管理，扣3分/次。	
		作业环境应满足下列要求： 1. 站房主体建筑应结构完好，无异常变形、风化、下榻现象，门窗结构完整。 2. 转动设备防护罩或电气设备防护栅栏应齐全完整。 3. 变电站设备区与其他区域应隔离。 4. 应急照明、工作现场施工照明应保证作业安全需要。 5. 驱动机房或驱动小车等区域应设置检修开关。 6. 对于支架、驱动小车等空中作业区域应设置安全走台及安全护栏。 7. 站口离地高度超过1米，应设置安全防护网。 8. 油库应与站台、办公区、生活区等区域隔离。	25	1. 站房主体结构不满足要求的，扣1分/项。 2. 转动设备防护罩或电气设备防护栅栏不齐全完整的，扣1分/处。 3. 变电站设备区与其他区域未隔离的，扣3分。 4. 无应急照明的，扣3分；应急照明不能正常使用的，扣2分；工作现场无施工照明的，扣2分。 5. 驱动机房或驱动小车等区域未设置检修开关的，扣3分。 6. 空中作业区域未设置安全走台及安全护栏的，扣2分/处。 7. 应设置而未设置安全防护网的，扣3分。	

《客运索道运营安全生产标准化管理》团体标准应用指南

(续)

序号	项目	内容	标准分	评分标准	实得分
5.7.1	现场管理	9. 作业环境保持清洁,无积水、油污,门口、通道、楼梯、平台等处无杂物堵塞。 10. 单个运载工具内不应客、货混装运输。(乘客随身行李除外)。	25	8. 油库与站台、办公区、生活区等区域未隔离的,扣3分/项。 9. 作业环境不满足要求的,扣1分/项。 10. 未对客、货混装运输制定相关规定的,扣2分。	
5.7.2	作业行为管理	应加强生产作业行为的安全管理。对作业行为隐患、设备设施使用隐患等进行分析,采取控制措施。	20	1. 未对作业行为隐患、设备设施使用隐患等进行分析的,扣5分。 2. 未采取控制措施的,扣10分。 3. 作业人员不清楚本岗位隐患及控制措施的,扣3分/人。	
		现场作业行为应符合以下要求: 1. 客运索道司机、站台服务人员应听从调度指挥。 2. 现场作业应分工明确,作业人员应精神状态良好,能承担相应的劳动负荷。 3. 客运索道机械维修人员高空作业时应使用合格的安全带、安全帽,立体交叉作业时要防止落物伤人。吊装作业时,应安排专人进行现场安全管理,确保安全规程遵守和安全措施落实。 4. 客运索道电气维修人员作业时,应配备绝缘保护装备。 5. 客运索道日常检查人员巡线时,应穿戴安全防护装备,配备对讲机。 6. 不应带电作业。特殊情况下,不能停电作业时,应按有关带电作业的安全规定执行。	20	1. 未建立安全带、安全帽等劳动防护用品发放标准的,扣3分;未及时发放到位的,扣2分;购买、使用不合格劳动防护用品的,扣3分。员工未正确佩戴和使用的,扣2分/人。 2. 未对立体交叉作业或吊装作业安全进行规定的,扣3分。 3. 未规定巡线作业配备安全防护装备和对讲机的,扣3分。 4. 未对带电作业进行规定的,扣3分。	
5.7.3	警示标志	应根据作业场所的实际情况,按照《安全标志》(GB 2894)及内部规定,在有较大危险因素的作业场所和设施设备上,设置明显的安全标志,进行危险提示、警示,告知危险的种类、后果及应急措施等。	20	1. 警示标志使用无相关规定的,扣10分。 2. 作业现场无警示标志的,扣5分/处。	
5.7.4	相关方管理	应为乘客提供相对舒适和安全卫生的候车、乘车环境,有效地保障乘客候车、乘车的公共安全秩序。正确处理专用通道与普通通道之间、散客与团队乘客之间在候车与乘车过程中的矛盾与纠纷。 客运索道车厢配备的司乘人员在保证沿途行车安全的同时,还应维护好车厢内乘车秩序。	15	1. 未制定维持乘客候车乘车安全秩序规定的,扣10分。 2. 未按规定采取相应措施的,扣5分。 3. 车厢配备司乘人员时,未对其维护秩序行为做出规定的,扣5分。	

第1篇 客运索道运营安全生产标准化管理体系建设

（续）

序号	项目	内容	标准分	评分标准	实得分
5.7.4	相关方管理	建立有关承包商、供应商、签约旅行社等相关方的管理制度，建立相关方的名录和档案。 应将经营项目、场所租赁给具有相应资质的单位和个人。 经营项目、场所有多个承包单位、承租单位的，应当与承包单位、承租单位签定专门的安全管理协议，或者在承包合同、租赁合同中约定各自的安全管理职责，对承包单位、承租单位的安全工作统一协调管理。	25	1. 未建立有关承包商、供应商、签约旅行社等相关方的管理制度的，扣5分。 2. 未建立承包商和供应商名录和档案的，扣5分。 3. 将经营项目、场所租赁给无相应资质的单位和个人的，扣5分。 4. 未在承包合同、租赁合同中约定安全管理职责的，扣5分。 5. 未对相关方的安全管理行为进行监督检查的，扣5分。	
5.7.5	治安秩序	遵守国家和地方公共场所治安管理相关规定，履行索道经营辖区内治安管理责任。制止扰乱公共秩序，劝阻有害社会风气的行为。 运营单位应保证运营高峰期乘车安全秩序的需求，切实保障乘客人身安全和财产安全。 不应在服务区域内违章经营。 科学合理规划工作与服务区域，工作与生活区域应设置乘客禁行标志。	20	1. 未制定治安管理责任制的，扣5分。 2. 未建立高峰运营保障机制的，扣5分。 3. 未按本标准要求违章经营的，扣5分。 4. 无明确区域划分、未设置禁行标志的，扣5分。	
5.7.6	车辆管理	制定交通安全管理制度，设置辖区交通安全设施。应对车辆驾驶人员定期开展安全教育。 定期对机动车辆检验，保证机动车辆车况良好。 制订通勤车辆遇山区滑坡、泥石流、冰雪等特殊情况的应对措施。 合理规划辖区车辆线路，疏导有序、车辆停靠整齐。	20	1. 未对本单位车辆制定管理制度的，不得分。 2. 未对车辆驾驶人员定期开展安全教育的，扣5分。 3. 机动车辆未进行检验的，扣2分/辆。 4. 未对滑坡、泥石流、冰雪等特殊情况制订措施的，扣5分/项。	
5.7.7	消防安全	应通过消防部门的相关检查。 履行索道经营辖区内的消防安全责任，消防工作应遵守国家和地方相关消防安全管理的规定。 索道经营辖区内的消防设施应保持完好状态，安全通道应保持畅通无阻。 应建立消防安全管理制度，有效控制经营辖区内和运营过程中可诱发火灾的危险源，治理火灾隐患，预防火灾发生。 索道工作人员应经过消防培训，正确使用消防器材。 熟练掌握安全疏散与自救互救方法。	20	1. 未建立消防制度的，扣5分。 2. 消防设施不完好的，扣2分/项。 3. 安全通道不畅通的，扣5分。 4. 无控制可诱发火灾危险源的措施的，扣3分。 5. 未进行消防培训的，扣5分。	

《客运索道运营安全生产标准化管理》团体标准应用指南

(续)

序号	项目	内容	标准分	评分标准	实得分
5.7.8	变更管理	运营单位应对机构、人员、技术、设备设施、作业过程和环境发生永久性或暂时性变化时进行控制。 对变更的设施进行审批和验收管理,并对变更过程及变更后所产生的隐患进行排查、评估和控制。	15	1. 未建立变更管理制度的,扣10分。 2. 未对永久性或暂时性变更进行有效控制的,扣5分。 3. 未对变更以及执行变更过程中可能产生的隐患进行分析和控制的,扣5分。	

5.8 隐患排查和治理(60分)

序号	项目	内容	标准分	评分标准	实得分
5.8.1	隐患排查	应制定隐患排查工作方案,工作方案要明确排查的目的、范围和排查方法,落实责任人,要做到全员、全过程、全方位,涵盖与生产经营相关的场所、环境、人员、设备设施和各个环节。 隐患排查要结合安全检查工作,同时对排查出的隐患确定等级(一般隐患、重大隐患)并登记建档。 生产经营单位应当建立事故隐患报告和举报奖励制度,对发现、排除和举报事故隐患的人员,应当给予表彰和奖励。	30	1. 未开展隐患排查工作的,不得分。 2. 未制定隐患排查工作方案的,扣10分。 3. 隐患排查方案不完善的,扣5分。 4. 对隐患未确定等级的,扣2分。 5. 对隐患未登记建档的,扣3分。 6. 未建立事故隐患报告和举报奖励制度的,扣5分。	
5.8.2	隐患治理	排查出的隐患要及时进行治理。短时间内无法消除的隐患要制定整改措施、确定责任人、落实资金、明确时限和编制预案,做到安全措施到位、安全保障到位、强制执行到位、责任落实到位。 加强重大隐患监控,在治理前要采取有效控制措施,制定相应方案,并按有关规定及时上报监管部门。	20	1. 未对排查出的隐患进行整改的,不得分。 2. 未制定整改措施的,扣10分。 3. 责任人不明确的,扣5分。 4. 重大隐患未及时上报的,扣5分。 5. 对隐患整改不彻底、不到位的,扣3分。	
5.8.3	治理效果评估	重大隐患排查治理后要对治理效果进行验证和评估。	10	1. 未对重大隐患治理效果进行验证和评估,扣2分/每处。	

5.9 重大风险监控(40分)

序号	项目	内容	标准分	评分标准	实得分
5.9.1	辨识与评估	应对雷电、大风、洪水、泥石流、山体滑坡、冻雨、危岩等重大风险进行全面辨识,并进行评估。	15	1. 未对重大风险进行辨识的,不得分。 2. 未对重大风险进行评估的,扣10分。	

第1篇 客运索道运营安全生产标准化管理体系建设

（续）

序号	项目	内容	标准分	评分标准	实得分
5.9.2	登记建档	应当对重大风险登记建档，进行定期检查、检测。 重大风险档案内容至少包括：名称、地点、性质和可能造成的危害及有关安全措施等。	10	1. 未对重大风险登记建档的，不得分。 2. 未对重大风险定期检查检测的，扣5分。 3. 重大风险档案内容不全的，扣5分。	
5.9.3	监控与管理	应采取相应措施对重大风险实施监控，包括技术措施（可包括设计、建设、运行、维护、检查、检验等）和管理措施（职责明确、人员培训、防护器具配置、作业要求等）。 在重大风险（点）现场设置明显的安全警示标志和警示牌（内容包含名称、地点、责任人员、事故模式、控制措施等）。	15	1. 未实施监控的，不得分。 2. 无安全警示标志的，扣5分/处。 3. 警示内容不全的，扣5分/处。	

5.10 职业健康（40分）

序号	项目	内容	标准分	评分标准	实得分
5.10.1	职业健康管理	应组织开展职业健康宣传教育，安排岗位作业人员定期进行职业健康体检，并建立、健全健康档案。 存在高海拔（海拔1 500米以上）、严寒（最冷月平均温度≤－10 ℃）、噪声（每个工作日内平均大于85分贝）等职业危害因素的场所和岗位应按规定进行专门管理和控制，配备必要的职业健康防护设施、器具。 各种防护器具应定点存放在安全、便于取用的地方，并有专人负责保管，定期校验和维护。 应对现场急救用品、设施和防护用品进行经常性的检测维修，定期检测其性能，确保处于正常状态。	30	1. 未开展职业健康宣传教育的，扣5分。 2. 未定期进行体检的，扣5分。 3. 存在职业危害因素的场所和岗位未建立健康档案的，扣3分。 4. 有职业危害因素的场所和岗位未进行管理和控制的，扣5分。 5. 无职业健康防护设施、器具的，扣5分。 6. 无急救用品的，扣5分。 7. 防护器具未维护的，扣2分。	
5.10.2	职业危害告知和警示	运营单位与作业人员订立劳动合同时，应将工作过程中可能产生的职业危害及其后果和防护措施如实告知作业人员，并在劳动合同中写明。 对存在严重职业危害的作业岗位，应按照标准的相关要求设置警示标识和警示说明。	5	1. 劳动合同未声明职业危害及后果的，扣3分。 2. 未对职业危害岗位设置警示标识和警示说明的，扣2分。	
5.10.3	职业危害申报	运营单位应按规定向当地主管部门申报职业危害因素。	5	1. 未按规定申报的，不得分。	

《客运索道运营安全生产标准化管理》团体标准应用指南

5.11 应急救援（100分）

序号	项目	内容	标准分	评分标准	实得分
5.11.1	应急机构和队伍	建立由主要负责人担任领导的客运索道应急管理机构。 建立与客运索道特点相适应的应急救援队伍。 应当根据当地实际情况，与其他运营使用单位或消防、医疗等相关应急救援力量建立应急联动机制。 定期组织应急救援队伍和人员进行培训，每季度应保证不少于16小时，并记录。 每三年应与签订救援协议的社会救援力量至少进行一次联合培训。	40	1. 未建立客运索道应急救援管理机构的，不得分。 2. 未建立本单位应急救援队伍的，不得分。 3. 未与社会救援力量签订救援协议的，不得分。 4. 主要负责人未担任领导的，扣10分。 5. 应急救援队伍未按照本标准进行培训的，扣10分。 6. 应急救援队伍每季度培训时间少于16小时的，扣5分。 7. 未与社会救援力量进行联合培训的，扣15分。	
5.11.2	应急预案	结合自身运营和应急管理工作实际情况，按照《客运架空索道应急预案范本》要求，制定适应本单位实际情况的应急预案，针对自然灾害、设备故障、操作管理失误等不同情况制定应急处置方案或措施。 根据有关规定将应急预案报当地主管部门备案，并通报应急协作单位。 应对应急预案进行评审并及时修订和完善，每3年至少修订一次，预案修订情况应有记录并归档，通报应急协作单位。	10	1. 未制定应急预案的，不得分。 2. 应急预案未明确事前、事发、事后"谁来做、怎么做、用什么资源做"的，扣1分/项。 3. 未制定应急处置方案或措施的，扣2分。 4. 未按规定进行应急预案备案的，扣2分。 5. 未将预案通报所有应急协作单位的，扣2分。 6. 未对应急预案进行评审的，扣2分。 7. 未按时对应急预案进行修订和完善的，扣2分。 8. 未将预案修订和完善情况通报所有应急协作单位的，扣2分。	
5.11.3	应急设施、装备、物资	应建立应急设施，配备应急装备，储备应急物资，并建立台账。 对应急设施、装备和物资进行经常性的检查、维护、保养，确保其完好，做好记录。	10	1. 未建立应急设施、装备、物资（至少包括线路救援装备、急救药品）台账的，不得分。 2. 未对应急设施、装备和物资进行经常性的检查、维护、保养的，扣5分。	
5.11.4	应急演练	每年应组织开展应急演练，制定年度演练计划，编制演练方案，做好演练记录。 每三年与签订协议的社会力量至少进行1次联合实战演练，并对应急演练进行评估，做好文字及视频记录。应急演练中的线路救援应至少选择救援难度最大的位置。	30	1. 未开展应急演练的，不得分。 2. 未进行联合实战演练的，不得分。 3. 未制定年度演练计划的，扣5分。 4. 未编制演练方案的，扣5分。 5. 未对演练进行评估的，扣10分。 6. 线路救援未包括救援难度最大的位置的，扣10分。	

第1篇　客运索道运营安全生产标准化管理体系建设

（续）

序号	项目	内容	标准分	评分标准	实得分
5.11.5	救援与处置	发生突发事件后，应立即启动相关应急预案，积极开展救援。 在乘载工具或索道票面上公布应急电话号码，方便乘客应急时使用。 应急电话要有专人值守，遇有突发事件值守人员应及时向主要负责人汇报。 停电或主机故障，索道线路正常，应在15分钟内启动辅助驱动装置或紧急驱动装置运送滞留线路上的乘客。因突发事件停车时，应5分钟内通过广播系统安抚滞留在线路上的乘客，简要介绍救援方案，内容应准确、清晰。 救援人员在实施救援前应向乘客简要说明救援步骤和救援安全要领，抚慰乘客，防止救援过程中发生次生事故。	10	1. 发生突发事件后，未立即启动相关应急预案的，不得分。 2. 未公布应急电话号码的，扣2分。 3. 应急电话无专人值守的，扣2分。 4. 未制定辅助或紧急驱动装置保障措施的，扣2分。 5. 未对及时广播进行明确规定的，扣2分。 6. 未对救援前的抚慰、说明进行明确规定的，扣2分。	

5.12　事故报告和调查处理（20分）

序号	项目	内容	标准分	评分标准	实得分
5.12.1	事故报告	发生事故后，按规定及时、如实向上级单位和有关政府部门报告，并保护事故现场及有关证据。	10	1. 未按规定及时、如实向上级单位和有关政府部门报告，并保护事故现场及有关证据的，不得分。 2. 首次评审前一年内未发生事故的不扣分。	
5.12.2	事故调查处理	发生事故后，应按规定成立事故调查组，明确其职责与权限，进行事故调查或配合有关部门进行事故调查。运营单位进行的事故调查应查明事故发生的时间、经过、原因、人员伤亡情况及直接经济损失等；事故调查组应根据有关证据、资料分析事故原因和责任，提出整改措施和处理建议，编制事故调查报告。 应按照事故调查报告意见，认真落实整改措施，严肃处理相关责任人。	10	1. 发生事故后未成立事故调查组的，不得分。 2. 未配合有关部门进行事故调查的，不得分。 3. 无事故调查报告的，扣5分。 4. 事故调查报告内容不全面的，扣2分/项。 5. 未按照事故调查报告意见，认真落实整改措施，严肃处理相关责任人的，扣3分。	

《客运索道运营安全生产标准化管理》团体标准应用指南

5.13 绩效评定和持续改进（20分）

序号	项目	内容	标准分	评分标准	实得分
5.13.1	绩效评定	每年应按本标准对本单位安全生产标准化的实施情况至少进行1次自主评定，验证各项制度措施的适宜性、充分性和有效性，检查安全生产目标的完成情况，提出改进意见，形成评价报告。主要负责人应对绩效评定工作全面负责。评定报告应形成正式文件，并将结果向所有部门、班组和作业人员通报，作为年度考评的重要依据。发生死亡或高空滞留人员3.5小时以上的责任事故后应重新进行评定。	10	1. 未按本标准按时进行评定的，不得分。 2. 无评定报告的，扣3分。 3. 评定报告未形成正式文件的，扣2分。 4. 未将评定结果向所有部门、班组和作业人员通报的，扣5分。 5. 未将评定结果作为年度考评的重要依据的，扣5分。 6. 发生死亡或高空滞留人员3.5小时以上的责任事故后未重新进行评定的，不得分。	
5.13.2	持续改进	应根据安全生产标准化评定结果，对安全生产目标、规章制度等进行修改完善，制定完善安全生产标准化的工作计划和措施，实施PDCA循环、不断提高安全绩效。	10	1. 未按安全生产标准化评定结果，提出纠正和预防措施的，扣5分。 2. 对上一年度发现问题未按计划和措施修订完善的，或修订完善结果仍不满足评定要求的，扣2分/项。	

5.14 服务质量（400分）

序号	项目	内容	标准分	评分标准	实得分
5.14.1	服务质量目标	应按照国家和行业相关服务标准制定适合本单位的服务质量目标。应将服务质量目标进行分解，并进行考核。	10	1. 未制定服务质量目标的，不得分。 2. 未将服务质量目标分解到相应部门和岗位的，扣5分。 3. 未对服务质量目标进行考核的，扣5分。	
5.14.2	服务组织	根据运营服务特点和要求，建立完善的服务组织，设置合理的服务岗位并配置相适应的服务人员，明确服务岗位责任，制定并严格执行服务规范和守则等制度。	15	1. 未建立服务岗位责任制的，扣10分。 2. 未制定服务规范和服务守则的，扣5分。	
5.14.3	服务设施管理	应建立服务设施维修制度并保证服务设施的清洁和完好。在进行服务设施维修时，应向乘客做好解释工作。	5	1. 未制定服务设施维修制度的，扣5分。 2. 未按制度执行的，扣3分。 3. 设施不清洁或功能不完好的，扣2分。	

第1篇　客运索道运营安全生产标准化管理体系建设

（续）

序号	项目	内容	标准分	评分标准	实得分
5.14.4	乘坐形式	应选取乘坐舒适度高、便于搭乘的运载工具。	45	1. 吊厢、车厢有障碍型的，扣10分。 2. 吊厢、车厢无座椅的，扣20分。 3. 吊篮，扣25分。 4. 吊椅有遮阳罩的，扣30分。 5. 吊椅无遮阳罩的，扣40分。	
5.14.5	索道运行速度和运量	为提高输送能力，减少乘客候车时间，应选取高速度、大运量的索道设备。 为便于乘客上下车，提高舒适度和安全性，站内应选取较低速度运行。	40	运行速度（单位：米/秒）： 1. 5.0（含）以上的，不扣分。 2. 3.5～5.0（不含）的，扣5分。 3. 1.5～3.5（不含）的，扣10分。 4. 1.5（不含）以下的，扣15分。 实际最大运量（单位：单向运送人数/小时）： 5. 1 500以上（含1 500）的，不扣分。 6. 1 000（含）～1 500（不含）的，扣5分。 7. 500（含）～1 000（不含）的，扣10分。站内运行速度（单位：米/秒）： 8. 0.5（含0.5）以下的，不扣分。 9. 0.5～1（不含1）的，扣5分。 10. 1以上的，扣10分。	
5.14.6	环保责任	应履行索道经营辖区内环境保护责任，消除和减少索道建设和营运对环境的影响，为乘客营造生态、优美、舒适的服务环境。 索道经营辖区建筑与环境自然和谐，符合环境规划要求。倡导生态文化建设。 服务区内环境噪声应满足景区的GB 3096相关规定。	25	1. 索道建设完成后，未及时恢复植被的，扣10分。 2. 未对本单位员工开展节能教育的，扣10分。 3. 未制定相关环保措施并执行的，扣5分。 4. 候车区内噪声超过70分贝的，扣5分。	
5.14.7	公共卫生	制定并执行卫生保洁制度，保障辖区内环境和服务设施的清洁卫生。引导乘客在购票、候车和乘坐过程中，遵守公共道德，保持公共环境卫生。 公共服务设施应保持干净和整洁，并定期消毒杀菌。 在流行性疾病多发季节，做好公共场所的疾病预防工作，防止交叉感染。	10	1. 未制定卫生保洁制度的，扣5分。 2. 公共服务设施不干净整洁且未定期消毒杀菌的，扣5分。	

《客运索道运营安全生产标准化管理》团体标准应用指南

（续）

序号	项目	内容	标准分	评分标准	实得分
5.14.7	公共卫生	候车区域内应设置相应数量与环境协调的垃圾桶（箱），垃圾应及时清理，保持桶（箱）体完好洁净。垃圾应分类处理，垃圾处理符合国家和地方环保相关规定。如设置吸烟区，应有通风、防火、卫生等服务保障设施。	10	1. 无垃圾桶的，扣5分；垃圾未及时清理的，扣2分；未进行垃圾分类处理的，扣2分。 2. 未设吸烟室（区）的，扣5分；未设置通风、防火、卫生等服务保障设施的，扣2分。	
		公共卫生间建设与接待能力相适应，室内卫生设施设备齐全。应采用生态环保设计。应设有无障碍通道和残疾人专用卫生间。应及时清洁，墙壁、隔板、门窗清洁无刻画；地面无污物、污渍；便池无污垢；室内无异味、无蚊蝇。	20	1. 无公共卫生间的，不得分；未设置残疾人专用卫生间的，扣5分；卫生间未设置无障碍通道的，扣2分；公共卫生间未使用生态环保设计的，扣2分；公共卫生间未及时清理卫生的，扣2分；设施不完好的，扣1分/项。	
5.14.8	服务信息指示	公共信息、安全标志图形符号按GB 2894、GB 13495、GB/T 10001.1和GB/T 10001.2等相关标准设置并制定相应的管理制度。标志与标牌应完好，无破损、变形，内容准确、文字规范。标志标牌应有中、外文对照，方便乘客阅读。 1. 售票处周边应设置索道线路和目的地简介，及相关导游图牌。 2. 服务设施应设置醒目的标志和引导标牌。 3. 安全警示标志齐全，应设立在固定、醒目位置，不应设置在可移动物体上。 4. 客运索道的《安全检验合格》标志牌应固定张挂在客运索道的进站口、乘客易看到的明显位置。《客运索道安全检验合格证》应张挂在客运索道营业室或控制室内。 5. 线路支架应有醒目的支架编号和禁止攀爬等安全标志。 6. 设立客运索道沿线道路交通标志、禁令标志、道路交通标线、航空障碍标志和客运索道安全服务的其他特殊提示。 7. 主要道口、交叉路口应在适当的位置设立引导标牌。应有醒目的出、入口通行方向标志。 8. 应设置上、下车区域等标志。 9. 需要乘客协助服务的地方应设明显清晰的提示标志。	35	1. 未制定相应的管理制度的，扣10分。 2. 其中一项不符合标准要求的，扣4分/项。	

第1篇　客运索道运营安全生产标准化管理体系建设

（续）

序号	项目	内容	标准分	评分标准	实得分
5.14.9	票务服务	售票：售票员应服务热情，唱收唱付，做到票款两清，提醒乘客保管好钱、票，请乘客到候车区候车。 应采用多种宣传形式，让乘客购票前能方便了解到《购票须知》的内容。 《购票须知》应内容完整，文字规范，字迹清晰，符号准确。应采用中、外文对照的统一文字，满足国内、外乘客阅读需求。至少应包括：购票注意事项、运营时间、物价部门批准的成人与儿童往返票价、单程票价、优惠票价等信息。公示救护与投诉（服务监督）电话以及有关保险的声明等。	15	1. 未设置《购票须知》的，扣10分。 2.《购票须知》不符合本标准要求的，扣5分。 3. 未对售票做出规定的，扣5分/项。	
		验票：验票员应用规范的服务语言，请乘客出示票据，检验票据和放行。采用电子验票系统服务时，服务人员应帮助与指导乘客完成验票程序。	7	1. 未对验票做出规定的，扣5分/项。 2. 未采用电子验票系统服务的，扣2分。	
		退票：应制定退票制度并公示。非乘客原因退票时，服务人员应向乘客耐心解释退票的原因，并表示歉意。	10	1. 未对退票做出规定的，扣5分/项。 2. 退票制度未公示的，扣5分。	
		停止售票：在营业时间内停止售票的，应向乘客公示原因。暂停运营时，应及时通知预定客户，服务人员应耐心解释停止运营服务的原因，并表示歉意。	8	1. 未对停止售票做出规定的，扣5分/项。 2. 未及时告知预定客户停止运营服务，扣3分。	
5.14.10	候车与乘坐服务	为解决乘客候车时间过长等问题，应采取分时段预售票等服务方式，并建立相应制度。 站台服务人员应组织引导乘客上、下车和进、出站，维持站台候车秩序。应主动热情迎、送乘客，搀扶老、幼、病、残、孕者。 对于单线循环固定抱索器式索道，站台服务人员应协助乘客上、下车，适时调整索道运行速度，帮助行动不便的乘客乘车。 在保证乘车秩序与乘车安全的前提下，应满足乘客选择旅伴和运载工具的需求。	30	1. 未针对乘客候车时间过长等问题制定相应制度的，扣5分。 2. 未明确站台服务人员维持候车秩序、照顾站台乘客职责的，扣5分。 3. 未利用广播或视频系统播放景观介绍、音乐、娱乐节目等的，扣5分。 4. 按本标准要求，提供的衍生服务不足3项的，扣5分。 5. 未设置专用通道的，扣5分。 6. 未设置专用候车区的，扣5分。 7. 未设置遮阳避雨设施的，扣5分。	

《客运索道运营安全生产标准化管理》团体标准应用指南

（续）

序号	项目	内容	标准分	评分标准	实得分
5.14.10	候车与乘坐服务	利用广播或视频系统，播放景观介绍、音乐、娱乐节目等，使乘客候车、乘坐过程中的心情愉悦。 为乘客提供如物品寄存、雨具、棉衣、氧气租借、电子产品充电、失物招领、免费咨询等衍生服务。 候车区应根据特殊乘客（老、幼、病、残、孕等）和贵宾接待等需求，提供相应的专用通道和候车区。购票和候车区应设置遮阳避雨设施。 候车室内和封闭式交通工具的卫生环境、空气质量、噪声、湿度、照度等卫生标准应达到 GB 9672、GB 9673 相关规定要求。	30	1. 未针对乘客候车时间过长等问题制定相应制度的，扣5分。 2. 未明确站台服务人员维持候车秩序、照顾站台乘客职责的，扣5分。 3. 未利用广播或视频系统播放景观介绍、音乐、娱乐节目等的，扣5分。 4. 按本标准要求，提供的衍生服务不足3项的，扣5分。 5. 未设置专用通道的，扣5分。 6. 未设置专用候车区的，扣5分。 7. 未设置遮阳避雨设施的，扣5分。	
5.14.11	服务人员基本要求	票务、站台服务人员、乘务人员和保安人员应培训合格后上岗，掌握索道安全服务相应的知识和技能，具有良好职业道德和综合素质，遵守服务守则。 票务人员要求： ——年满18周岁，身体健康； ——了解和掌握鉴别钱、票真伪的能力； ——具备与岗位职责相应的处置问题的能力。站台服务人员要求： ——年满18周岁，身体健康； ——具备与岗位职责相应的观察、处置问题的能力； ——能满足搀扶行动不便的乘客上、下车的需求； ——具备一定语言和文字表达能力； ——掌握索道应急救援技能，参与高空应急救援的站台服务人员无恐高症。 乘务人员要求： ——年满18周岁，身体健康； ——具备与岗位职责相应的观察、发现、处置问题能力； ——掌握索道应急救援技能，身体适应高空作业，无恐高症。	15	1. 未按本标准制定票务、站台服务人员、乘务人员和保安人员的招聘条件的，扣2分/工种。 2. 未制定票务、站台服务人员、乘务人员和保安人员等岗位人员服务守则的，扣2分/工种。	

第1篇 客运索道运营安全生产标准化管理体系建设

（续）

序号	项目	内容	标准分	评分标准	实得分
5.14.11	服务人员基本要求	保安人员要求： ——年满18周岁，双眼裸视0.8以上，无色盲，身体健康，无残障缺陷，无文身； ——具备基本法律知识，熟悉保安的政策、规定； ——具备与岗位职责相应的观察、发现、处置问题能力； ——具备使用基本通讯器材、防范设施设备和相关防卫器械技能； ——掌握防卫和擒拿技能； ——掌握索道应急救援技能，身体适应高空救援作业，无恐高症。	15	1. 未按本标准制定票务、站台服务人员、乘务人员和保安人员的招聘条件的，扣2分/工种。 2. 未制定票务、站台服务人员、乘务人员和保安人员等岗位人员服务守则的，扣2分/工种。	
5.14.12	服务态度	着装整洁，规范统一；去除与服务工作无关的饰物和装饰，佩带服务标牌。 　端庄大方，精神饱满，表情自然，姿态端正，举止文明，处事稳重，反应敏捷，动作规范。 　保持个人卫生，上岗前应修饰整齐，发型庄重，发色自然；女职工可淡妆修饰。 　上岗前不应饮酒，不食带异味的食品。 　礼貌待客、微笑服务、亲切热情、真诚友好、耐心周到、服务主动。 　有问必答，迅速准确。对于乘客提出要求暂不能解决的，应耐心解释。 　使用文明礼貌用语、简明、通俗、清晰。 　应采用规范的索道服务用语，对国内乘客用普通话服务。应掌握简单的外语，满足外宾的基本服务需求，或选择能与乘客有效沟通的语言。	25	1. 未按本标准制定服务态度要求的，扣2分/项。 2. 违反服务态度要求的，扣2分/人。	
5.14.13	职业道德	应爱岗敬业、诚实守信、忠于职守、维护乘客的合法权益。 　应尊重乘客的宗教信仰和风俗习惯，不损害民族尊严。	10	1. 未按本标准制定职业道德要求的，扣2分/项。 2. 评审时，发现违反职业道德要求的，扣2分/人。	

《客运索道运营安全生产标准化管理》团体标准应用指南

（续）

序号	项目	内容	标准分	评分标准	实得分
5.14.14	服务监督与纠纷处理	应按国家和地方相关法规，建立服务纠纷处理与投诉处理工作程序。 应设立专人或部门接待投诉、处理服务纠纷及乘客的意见和建议。 做到有投诉必处理。 建立服务监督机制，主动接受乘客监督，在乘客服务区域设意见本（卡、箱），定期收集分析游客意见，进行相应服务改进。 应按 GB/T 24728 附录 A.2 进行乘客满意度、乘客有效投诉率、投诉处理满意度的统计。	35	1. 未建立服务纠纷、投诉处理工作程序的，扣 3 分。 2. 未设立专人或部门接待投诉、处理服务纠纷及乘客的意见和建议的，扣 3 分。 3. 投诉未处理的，扣 2 分/人次。 4. 未建立服务监督机制的，扣 5 分。 5. 无征集意见措施的，扣 5 分。 6. 未定期收集分析游客意见的，扣 5 分。 7. 未进行乘客满意度、乘客有效投诉率、投诉处理满意度统计的，扣 3 分/项。	
5.14.15	服务质量改进	每年应对本单位服务质量进行 1 次自主评定，验证各项制度措施的适宜性、充分性和有效性，检查服务质量目标的完成情况，提出改进意见，形成评价报告。应根据服务质量评定结果，对服务质量目标、规章制度等进行修改完善，制定完善服务质量的工作计划和措施，实施 PDCA 循环、不断提高服务质量。	30	1. 未按本标准按时进行评定的，不得分。 2. 无评定报告的，扣 5 分。 3. 未按服务质量评定结果，提出纠正和预防措施的，扣 3 分。 4. 对上一年度发现问题未按计划和措施修订完善的，或修订完善结果仍不满足评定要求的，扣 2 分/项。 5. 现场评审时，乘客满意度未达到 95% 的，扣 10 分。	

国家安监总局关于印发企业安全生产标准化评审工作管理办法(试行)的通知

(安监总办〔2014〕49号)

各省、自治区、直辖市及新疆生产建设兵团安全生产监督管理局,各中央企业:

《企业安全生产标准化评审工作管理办法(试行)》已经国家安全监管总局2014年第4次局长办公会议审定通过。现印发给你们,请结合实际情况,认真抓好落实。

国家安全监管总局
2014年6月3日

企业安全生产标准化评审工作管理办法

(试 行)

一、总则

(一)根据《安全生产法》、《国务院关于进一步加强企业安全生产工作的通知》(国发〔2010〕23号),为有效实施《企业安全生产标准化基本规范》(AQ/T 9006—2010),规范和加强企业安全生产标准化评审工作,推动和指导企业落实安全生产主体责任,制定本办法。

(二)企业应通过安全生产标准化建设,建立以安全生产标准化为基础的企业安全生产管理体系,保持有效运行,及时发现和解决安全生产问题,持续改进,不断提高安全生产水平。

(三)本办法适用于非煤矿山、危险化学品、化工、医药、烟花爆竹、冶金、有色、建材、机械、轻工、纺织、烟草、商贸企业(以下统称企业)安全生产标准化评审管理工作。

(四)企业安全生产标准化评定标准由国家安全监管总局按照行业制定,企业依照相关行业评定标准进行创建。

(五)企业安全生产标准化达标等级分为一级企业、二级企业、三级企业,其中一级为最高。

达标等级具体要求由国家安全监管总局按照行业分别确定。

(六)安全生产标准化一级企业由国家安全监管总局公告,证书、牌匾由其确定的评审组织单位发放;二级企业的公告和证书、牌匾的发放,由省级安全监管部门确定;三级企业由地市级安全监管部门确定,经省级安全监管部门同意,也可以授权县级安全监管部门确定。

海洋石油天然气安全生产标准化达标企业由国家安全监管总局公告,证书、牌匾由其确定的评审组织单位发放。

《客运索道运营安全生产标准化管理》团体标准应用指南

（七）工贸行业小微企业可按照《冶金等工贸行业小微企业安全生产标准化评定标准》（安监总管四〔2014〕17号）开展创建，其公告和证书、牌匾的发放（证书样式见附件5，牌匾式样见附件6），也可由省级安全监管部门制定办法，开展创建。鼓励地方根据实际，制定小微企业创建的相关标准。

（八）企业安全生产标准化建设以企业自主创建为主，程序包括自评、申请、评审、公告、颁发证书和牌匾。企业在完成自评后，实行自愿申请评审。

（九）企业应通过国家安全监管总局企业安全生产标准化信息管理系统（http://aqbzh.chinasafety.gov.cn）完成网上注册、提交自评报告（样式见附件1）等工作。

二、企业自评

（一）企业应自主开展安全生产标准化建设工作，成立由其主要负责人任组长的自评工作组，对照相应评定标准开展自评，形成自评报告并网上提交。

（二）企业应每年进行1次自评，形成自评报告并网上提交。

（三）每年自评报告应在企业内部进行公示。

三、评审程序

（一）申请。

1. 企业自愿申请的原则。申请取得安全生产标准化等级证书的企业，在上报自评报告的同时，提出评审申请。

2. 申请安全生产标准化评审的企业应具备以下条件：

(1)设立有安全生产行政许可的，已依法取得国家规定的相应安全生产行政许可。

(2)申请评审之日的前1年内，无生产安全死亡事故。

行业评定标准要求高于本条款的，按照行业评定标准执行；低于本条款要求的，按照本条款执行。

3. 申请安全生产标准化一级企业还应符合以下条件：

(1)在本行业内处于领先位置，原则上控制在本行业企业总数的1%以内；

(2)建立并有效运行安全生产隐患排查治理体系，实施自查自改自报，达到一类水平；

(3)建立并有效运行安全生产预测预控体系；

(4)建立并有效运行国际通行的生产安全事故和职业健康事故调查统计分析方法；

(5)相关行业规定的其他要求；

(6)省级安全监管部门推荐意见。

（二）评审。

1. 评审组织单位收到企业评审申请后，应在10个工作日内完成申请材料审查工作。经审查符合条件的，通知相应的评审单位进行评审；不符合申请要求的，书面通知申请企业，并说明理由。

2. 评审单位收到评审通知后，应按照有关评定标准的要求进行评审。评审完成后，将符合要求的评审报告（样式见附件2），报评审组织单位审核。

3. 评审结果未达到企业申请等级的，申请企业可在进一步整改完善后重新申请评审，或根据评审实际达到的等级重新提出申请。

4. 评审工作应在收到评审通知之日起3个月内完成（不含企业整改时间）。

（三）公告。

1. 评审组织单位接到评审单位提交的评审报告后应当及时进行审查，并形成书面报告，报相应的安全监管部门；不符合要求的评审报告，评审组织单位应退回评审单位并说明理由。

2. 相应安全监管部门同意后，对符合要求的企业予以公告，同时抄送同级工业和信息化主管部门、人力资源社会保障部门、国资委、工商行政管理部门、质量技术监督部门、银监局；不符合要求的企业，书面通知评审组织单位，并说明理由。

（四）证书和牌匾。

1. 经公告的企业，由相应的评审组织单位颁发相应等级的安全生产标准化证书和牌匾，有效期为

3年。

2. 证书和牌匾由国家安全监管总局统一监制,统一编号(证书样式见附件3,牌匾式样见附件4)。

(五)撤销。

1. 取得安全生产标准化证书的企业,在证书有效期内发生下列行为之一的,由原公告单位公告撤销其安全生产标准化企业等级:

(1)在评审过程中弄虚作假、申请材料不真实的;

(2)迟报、漏报、谎报、瞒报生产安全事故的;

(3)企业发生生产安全死亡事故的。

2. 被撤销安全生产标准化等级的企业,自撤销之日起满1年后,方可重新申请评审。

3. 被撤销安全生产标准化等级的企业,应向原发证单位交回证书、牌匾。

(六)期满复评。

1. 取得安全生产标准化证书的企业,3年有效期届满后,可自愿申请复评,换发证书、牌匾。

2. 满足以下条件,期满后可直接换发安全生产标准化证书、牌匾:

(1)按照规定每年提交自评报告并在企业内部公示;

(2)建立并运行安全生产隐患排查治理体系。一级企业应达到一类水平,二级企业应达到二类及以上水平,三级企业应达到三类及以上水平,实施自查自改自报;

(3)未发生生产安全死亡事故;

(4)安全监管部门在周期性安全生产标准化检查工作中,未发现企业安全管理存在突出问题或者重大隐患;

(5)未改建、扩建或者迁移生产经营、储存场所,未扩大生产经营许可范围。

3. 一、二级企业申请期满复评时,如果安全生产标准化评定标准已经修订,应重新申请评审。

4. 安全生产标准化达标企业提升达到高等级标准化企业要求的,可以自愿向相应等级评审组织单位提出申请评审。

四、监督管理

(一)评审机构和人员。

1. 安全生产标准化工作机构一般应包括评审组织单位和评审单位,由一定数量的评审人员参与日常工作。

2. 评审组织单位应具有固定工作场所和办公设施,设有专职工作人员。负责对评审单位的日常管理工作和对评审单位的现场评审工作进行抽查;承担评审人员培训、考核与管理等工作。应定期开展对评审人员的继续教育培训,不断提高评审能力和水平。

评审组织单位不得向企业收取任何费用;应参照当地物价部门制定的类似业务收费标准规范评审单位评审收费。

3. 评审单位是指由安全监管部门考核确定、具体承担企业安全生产标准化评审工作的第三方机构。应配备满足各评定标准评审工作需要的评审人员,保证评审结果的科学性、先进性和准确性。

4. 评审人员包括评审单位的评审员和聘请的评审专家,按评定标准参加相关专业领域的评审工作,对其作出的文件审查和现场评审结论负责。

5. 评审组织单位、评审单位、评审人员要按照"服务企业、公正自律、确保质量、力求实效"的原则开展工作。

6. 一级企业的评审组织单位、评审单位和评审人员基本条件由国家安全监管总局按照行业分别确定;二级企业的评审组织单位、评审单位和评审人员基本条件由省级安全监管部门负责确定;三级企业的评审组织单位、评审单位和评审人员基本条件由市级安全监管部门负责确定。

海洋石油天然气企业安全生产标准化的评审组织单位、评审单位和评审人员基本条件由国家安全监管总局确定。

(二)监督管理部门。

1. 各级安全监管部门要指导监督企业将着力点放在建立企业安全生产管理体系,运用安全生产标准化规范企业安全管理和提高安全管理能力上,注重实效,严防走过场、走形式。

2. 各级安全监管部门要将企业安全生产标准化建设和隐患排查治理体系建设的效果,作为实施分级分类监管的重要依据,实施差异化的管理,将未达到安全生产标准化等级要求的企业作为安全监管重点,加大执法检查力度,督促企业提高安全管理水平。

3. 各级安全监管部门在企业安全生产标准化建设工作中不得收取任何费用。

4. 各级安全监管部门要规范对评审组织单位、评审单位的管理,强化监督检查,督促其做好安全生产标准化评审相关工作;对于在评审工作中弄虚作假、牟取不正当利益等行为的评审单位,一律取消评审单位资格;对于出现违法违规行为的评审单位法人和评审人员,依法依规严肃查处,并追究责任。

五、附则

本办法自印发之日起施行。国家安全监管总局印发的《非煤矿山安全生产标准化评审工作管理办法》(安监总管一〔2011〕190号)、《危险化学品从业单位安全生产标准化评审工作管理办法》(安监总管三〔2011〕145号)、《国家安全监管总局关于全面开展烟花爆竹企业安全生产标准化工作的通知》(安监总管三〔2011〕151号)和《全国冶金等工贸企业安全生产标准化考评办法》(安监总管四〔2011〕84号)同时废止。

附件:1. 企业安全生产标准化自评报告
  2. 企业安全生产标准化评审报告
  3. 企业安全生产标准化证书样式
  4. 企业安全生产标准化牌匾式样
  5. 小微企业安全生产标准化证书样式
  6. 小微企业安全生产标准化牌匾式样

附件1

企业安全生产标准化
自 评 报 告

企业名称：_____

所属行业：_____ 专业：_____

自评得分：_____ 自评等级：_____

自评日期：_____年 月 日_____

是否在企业内部公示：□是　　□否

是否申请评审：　　□是　　□否

国家安全生产监督管理总局制

《客运索道运营安全生产标准化管理》团体标准应用指南

一、基本情况表

企业名称						
地　　址						
企业性质	□国有　□集体　□民营　□私营　□合资　□独资　□其他					
安全管理机构						
员工总数	人	专职安全管理人员	人	特种作业人员		人
固定资产	万元		主营业务收入			万元
倒班情况	□有　□没有		倒班人数及方式			
法定代表人		电话		传真		
联系人		电话		传真		
		手机		电子信箱		
自评等级	□一级　□二级　□三级　□小微企业					
本次自评前本专业曾经取得的标准化级别：□一级□二级□三级□小微企业□无						
如果企业是某企业集团的成员单位,请注明企业集团名称：						
如果已取得职业健康安全管理体系认证证书,请注明证书名称和发证机构：						

		姓名	所在部门职务/职称	电话	备注
本企业安全生产标准化自评小组主要成员	组长				
	成员				

二、企业自评总结

1. 企业概况。
2. 近三年企业安全生产事故和职业病的发生情况。
3. 企业安全生产标准化创建过程及取得成效。

三、评审申请表

1. 企业是否同意遵守评审要求，并能提供评审所必需的真实信息？ □是　□否	
2. 企业在提交申请书时，应附以下文件资料： ◇安全生产许可证复印件（未实施安全生产行政许可的行业不需提供） ◇自评扣分项目汇总表	
3. 企业自评得分：	
4. 企业自评结论： 法定代表人（签名）：	（申请企业盖章） 　年　月　日
5. 上级主管单位意见： 负责人（签名）：	（主管单位盖章） 　年　月　日
6. 安全生产监督管理部门意见： 负责人（签名）：	（安监部门盖章） 　年　月　日

自评报告填报说明

1．"企业名称"填写企业名称并加盖申请企业章。

2．"所属行业"主要类别有非煤矿山、危险化学品、化工、医药、烟花爆竹、冶金、有色、建材、机械、轻工、纺织、烟草、商贸等行业。"专业"按行业所属专业填写，有专业安全生产标准化标准的，按标准确定的专业填写，如"非煤矿山"行业中的"地下矿山"、"露天矿山"、"小型露天采石场"、"尾矿库"、"石油天然气企业"、"选矿厂"、"采掘施工单位"、"地质勘查单位"专业，"冶金"行业中的"炼钢"、"轧钢"专业，"建材"行业中的"水泥"专业，"有色"行业中的"电解铝"、"氧化铝"专业等。

3．"本次自评的专业外，已经取得的企业安全生产标准化专业级别和时间"按"专业"、"级别"和证书颁发时间填写已经取得的所有专业的最高级别，如"冶金，一级，2010年3月5日"。

4．"企业概况"包括主营业务所属行业，经营范围，企业规模（包括职工人数、年产值、伤亡人数等），发展过程，组织机构，主营业务产业概况、本企业规模（产量和业务收入），在行业中所处地位，安全生产工作特点等。

5. "重大危险源资料"附经过备案的重大危险源登记表复印件。

6. 自评总结企业应对照评定标准归纳出存在的主要问题,对发现隐患的制定整改方案,提出企业安全生产管理持续改进的措施;自评扣分项目汇总表一并提交。

7. 企业自愿申请评审时,应填写"评审申请表",表格中"上级主管单位意见"栏内,如无上级主管单位,应填写"无"。

8. "评审申请表"中"安全生产监督管理部门意见",主要是安全监管部门对申请企业的生产安全事故情况进行核实。申请一级企业的应由省级安全监管部门出具意见;申请二、三级企业的按照省级安全监管部门要求由相应的安全监管部门出具意见。

申请海洋石油天然气安全生产标准化企业的应由相应的海洋石油作业安全办公室分部出具意见。

附件 2

企业安全生产标准化
评 审 报 告

申请企业：_____

评审单位：_____

评审行业：_____ 专业：_____

评审性质：_____ 级别：_____

评审日期：_____年 月 日至 _____年 月 日

国家安全生产监督管理总局制

《客运索道运营安全生产标准化管理》团体标准应用指南

评 审 报 告 表

评审单位情况				
评审单位				
单位地址				
主要负责人		电话	手机	
联系人		电话	传真	
		手机	电子信箱	
评审小组成员		姓名	单位/职务/职称	电话	备注（证书编号）
	组长				
	成员				
申请企业情况				
申请企业				
法定代表人		电话	手机	
联系人		电话	传真	
		手机	电子信箱	
评审结果				
评审等级：□一级 □二级 □三级 □小微企业			评审得分：	
评审组长签字：				
评审单位负责人签字：			（评审单位盖章） 年　月　日	
评审组织单位意见： （评审组织单位盖章） 年　月　日				

第1篇 客运索道运营安全生产标准化管理体系建设

（续）

制度文件评审综述：
现场评审综述：
评审扣分项及整改要求（另附表提供）：
建议：
评审组长：　　　　　　　　　　　　　　　　　　　　审批人/日期： 　　年　　月　　日　　　　　　　　　　　　　　　　评审单位盖章

评审报告首页评审单位填写名称并盖章。

附件 3

企业安全生产标准化证书样式

证书编号规则为:地区简称+字母"AQB"+行业代号+级别+发证年度+顺序号。一级企业及海洋石油天然气二级、三级企业无地区简称,二、三级企业的地区简称为省、自治区、直辖市简称;级别代号一、二、三级分别为罗马字"Ⅰ"、"Ⅱ"、"Ⅲ";顺序号为5位数字,从00001开始顺序编号;行业代号如下表:

序号	行业	代号
1	金属非金属矿山	KS
2	石油天然气	SY
3	选矿厂	XK
4	采掘施工单位	CJ
5	地质勘查单位	DZ
6	危险化学品	WH
7	化工	HG
8	医药	YY
9	烟花爆竹	YH
10	冶金	YJ
11	有色	YS
12	建材	JC
13	机械	JX
14	轻工	QG
15	纺织	FZ
16	烟草	YC
17	商贸	SM

例:1. 2014年机械制造安全生产标准化一级企业:AQBJXⅠ 201400001

2. 2014年北京市机械制造安全生产标准化二级企业:京AQBJXⅡ 201400001

3. 2014年北京市机械制造安全生产标准化三级企业:京AQBJXⅢ 201400001

证书印制编号为9位数字编号和1位数字检验码。

《客运索道运营安全生产标准化管理》团体标准应用指南

附件 4

企业安全生产标准化牌匾式样

安全生产标准化

×级企业（　）

编号：

发证单位名称

年　月（有效期三年）

国家安全生产监督管理总局监制

（×为级别，大写数字"一"、"二"、"三"；括号中为行业。）

附件 5

小微企业安全生产标准化证书样式

证书编号规则为：地区简称＋字母"AQB"＋"XW"＋发证年度＋顺序号。顺序号为 6 位数字，从 000001 开始顺序编号。

例：2014 年的北京市小微企业安全生产标准化达标企业：京 AQB XW 2014000001。

《客运索道运营安全生产标准化管理》团体标准应用指南

附件 6

小微企业安全生产标准化牌匾式样

安全生产标准化
小微企业

编号：

发证单位名称

年　月（有效期三年）

国家安全生产监督管理总局监制

关于开展客运索道企业安全生产标准化和安全服务质量三年期满复评工作的通知

(中索协〔2017〕12号)

各有关单位：

为深入推进客运索道企业安全生产标准化和安全服务质量复评工作，现对客运索道企业安全生产标准化和安全服务质量三年期满复评工作通知如下：

一、申请复评范围和原则

按照《国家安全生产监督管理总局关于印发企业安全生产标准化评审工作管理办法(试行)的通知》(安监总办〔2014〕49号)文件要求，三级以上安全生产标准化和安全服务质量达标证书三年期满的客运索道企业，可自愿申请复评。

二、复评依据和标准

(一)客运索道企业申请安全生产标准化自评和复评均按照《国家安监总局、国家质检总局关于开展客运索道运营企业安全生产标准化建设的通知》(安监总管二〔2013〕74号)文件规定要求和客运索道企业安全生产标准化评定标准进行复评。

(二)按照安监总办〔2014〕49号文件要求，满足以下条件，期满后可直接换发安全生产标准化证书、牌匾：

1．按照规定每年提交自评报告并在企业内部公示；

2．建立并运行安全生产隐患排查治理体系，一级企业应达到一类水平，二级企业应达到二类以上水平，三级企业应达到三类以上水平，实施自查、自政、自报；

3．未发生安全生产死亡事故；

4．安监部门在周期性安全生产标准化检查工作中，未发现企业安全管理存在突出问题或者重大隐患；

5．未改建、扩建或者迁移生产经营、储存场所，未扩大生产经营许可范围。

(三)申请免予复评符合换证条件的企业，按安监总局评审工作要求，均按正常工作流程程序申请复评。

(四)客运索道企业安全服务质量申请复审依据。按《客运索道企业安全生产标准化评定标准》5.14项(服务质量)标准复评。

三、复评的工作程序

基本流程：三年期满到期申请复评的企业按初次申请的程序进行重新复审。企业自评，企业申请复评，评审组织单位审核，评审单位评审，评审组织单位复审，公告及颁发证书。

安全生产标准化达标企业提升达到高等级标准化企业要求的，可以自愿向评审组织单位提出申请复评。

申请评审企业登录中国索道协会网站上的"客运索道企业安全生产标准化信息管理系统"进行网上申报。

四、工作要求

中国索道协会作为组织单位，积极负责地做好为企业服务的工作。各申请复评单位要严格按照国家有关法律法规规定执行，依法依规依标做好复审准备工作，评审单位、评审人员都要严格按照"服务企业、公正自律、确保质量、力求实效"的宗旨，做好客运索道企业安全生产标准化和安全服务质量各项复

《客运索道运营安全生产标准化管理》团体标准应用指南

审工作。

联 系 人：李书清

电话及传真：010-64464283

手 机 号：15201213279

关于印发《客运索道企业安全生产标准化评审实施办法（试行）》的通知

（中索协〔2018〕18号）

各索道运营企业：

为贯彻落实《安全生产法》关于"企业必须推进安全生产标准化建设"的规定精神，规范客运索道运营企业安全生产标准化创建达标评审工作，根据中国索道协会组织制定的行业标准《客运索道企业安全生产标准化基本规范》《客运索道企业安全生产标准化评定标准》，现将《客运索道企业安全生产标准化评审实施办法（试行）》印发给你们，请认真遵照执行。

中国索道协会

2018年9月5日

《客运索道运营安全生产标准化管理》团体标准应用指南

客运索道企业安全生产标准化评审实施办法(试行)

第一条 根据《中华人民共和国安全生产法》关于"推进企业安全生产标准化建设"规定要求,为有效实施国家标准委《企业安全生产标准化基本规范》(GB/T 33000—2016),制定《客运索道企业安全生产标准化基本规范》《客运索道企业安全生产标准化评定标准》(2019年新版),规范和加强客运索道企业安全生产标准化创建达标评审工作,指导和推动企业落实安全生产主体责任,特制定本办法。

第二条 本办法适用于中华人民共和国境内客运架空索道和客运地面缆车的运营单位。客运索道运营范围包括:索道设备主体、配套服务、附属经营和出租经营等与索道运营相关设施及服务。

第三条 客运索道运营企业通过落实安全生产主体责任,全员、全过程参与,建立并保持安全生产管理体系,全面管控生产经营活动各环节的安全生产和职业健康工作,实现安全健康管理标准化系统化、岗位操作行为规范化、设备设施本质安全化、作业环境器具定置化,并持续改进。

第四条 中国索道协会负责组织、指导、审核、协调、服务、管理、推动全国客运索道企业安全生产标准化建设和客运索道安全服务质量达标评审等级的评定工作,实施组织委派协会安全生产标准化评审专家到现场评审,以及由协会向会员企业公示、公布,并负责制作颁发证书牌匾等工作。

第五条 客运索道安全生产标准化评审工作坚持客观、公平、公正原则,严格按照《客运索道企业安全生产标准化基本规范》《客运索道企业安全生产标准化评定标准》组织评审专家到现场进行评审、服务企业、公正自律、确保质量、力求实效、求真务实地开展标准化工作。

评审专家按照《客运索道企业安全生产标准化评定标准》进行企业现场评审工作,并对其现场评审和文件审查结论负责。

第六条 客运索道企业安全生产标准化达标等级按照评审得分和安全绩效等要求,分为一级、二级、三级。

评审工作内容包括:

(一)安全生产标准化评审包括《客运索道企业安全生产标准化评定标准(试行)》中的前八项:目标职责、制度化管理、教育培训、现场管理、安全风险管控及隐患排查治理、应急管理、事故管理、持续改进项目,共计1 000分。一级达标企业评审分数不低于900分;二级达标企业不得低于750分;三级达标企业的评审分数不低于600分。

(二)客运索道企业安全服务质量评审包括《客运索道企业安全生产标准化评定标准》中的全部九项评审项目,共1 400分。其中服务质量评审满分为400分,服务质量等级分为5S、4S、3S三个等级。其中5S为最高级,总评审得分不低于1 288分,4S得分不低于1 176分,3S得分不低于1 064分。其中5S为最高等级,3S为符合客运索道安全服务质量要求的最低等级。客运索道企业安全生产标准化达标评审和安全服务质量等级评定可"同时评审、分别授牌"。

第七条 安全生产标准化建设,主要是以企业自主创建为主,程序包括:自评、申请、评审、公告、颁发证书和牌匾。企业在完成自评后,实行自愿申请提交评审。

(一)企业自评:企业应自主开展安全生产标准化创建工作,成立由主要负责人任组长的自评工作组;对照相应评定标准开展自评,形成自评报告并网上注册提交,企业自评可自行打分,不提出相应等级;

(二)申请评审:索道运营企业根据自评结果,登录中国索道协会网站上的"客运索道企业安全生产标准化信息管理系统"(www.chinaropeway.cn)进行网上申报。初审和复审应具备以下条件:

1. 申请评审前必须通过法定的客运索道年度安全监督检验,同时要提供法人营业执照、企业安全

生产标准化创建情况、自评报告;

2. 申请评审前一年以上未发生企业负有安全生产责任的死亡事故,半年内未发生企业负有安全生产责任的高空滞留人员超过3.5小时以上的责任事故,未发生重大服务质量投诉。

3. 复评企业应建立有效运行企业风险管控和隐患排查治理体系。实行自查、自改、自报,达到相应等级水平。

(三)申请受理:中国索道协会收到企业评审申请所附材料后,应在10个工作日内完成申请材料审查工作,经审查符合条件的,通知企业准备接受评审;不符合申请要求的,通知退回企业并说明理由,指导企业按要求重新提交申请材料。

(四)评审:对符合申请条件的企业,协会通知企业和协调指派评审专家对企业安全生产标准化达标工作进行现场评审。

1. 评审工作将依据《客运索道企业安全生产标准化评定标准》对索道辖区内的相关安全生产管理工作,采用现场检查验证、对相关业务人员询问交谈、查看文件和记录,以及对乘客问卷调查等形式检查。

2. 在评审过程中发现有重大隐患和发现单位隐瞒事实、弄虚作假时,评审专家组有权终止评审。

3. 经评审发现存在制度文件、现场、设备设施和服务质量问题的,要限期整改。并将整改结果一个月内报协会审核确认。

(五)公示:对通过等级评审的企业,协会将在每年年会前一个月将获得企业名称和等级予以公示。

(六)期满复评:申请复评企业应是安全生产标准化创建等级、安全服务质量等级证书和牌匾有效期为三年,三年有效期满后,可自愿申请复评、换发证书牌匾。可重新申请等级评定。满足以下条件的,期满三年后可直接换发证书牌匾:

1. 按照规定每年提交自评报告并在本企业内部公示;建立并运行安全风险管控和隐患排查治理体系达到相应等级的;

2. 实施自查、自报、自改、未发生死亡事故和投诉的;

3. 未改、扩建索道主体设备、运营作业场所的;

4. 企业提升到高等级安全标准化管理水平的,可自愿向协会提出申请重新评审。

(七)颁发证书和牌匾:经公示的客运索道运营企业,由协会负责颁发安全生产标准化等级、安全服务质量等级证书和牌匾。

第八条 中国索道协会客运索道运营企业安全生产标准化创建和评审工作,要主动接受主管业务部门指导监督。

第九条 客运索道安全生产标准化评审工作协会不收取评审管理费用。

第十条 本办法自印发之日起施行。原办法(中索协〔2013〕3号)文件废止。

附件:客运索道企业安全生产标准化评审申请

客运索道企业安全生产标准化证书样式

客运索道企业安全生产标准化牌匾式样

《客运索道运营安全生产标准化管理》团体标准应用指南

客运索道企业安全生产标准化
评 审 申 请

申请企业：_____

申请日期：_____

申请材料填报说明

1."申请企业"填写申请企业名称并加盖申请企业章。
2."申请性质"为"初次评审"或"复审"。
3."企业性质"按照营业执照登记的内容填写。
4."企业概况"包括经营范围、企业规模(包括职工人数、年产值、伤亡人数等)、发展过程、组织机构、安全生产工作特点等。
5.没有上级主管单位的,"上级主管单位意见"不填。

一、基本情况表

申请企业					
地　　址					
企业性质					
工商注册号					
员工总数		专职安全管理人员		特种作业人员	
固定资产			主营业务收入		
法定代表人		电话		传真	
联系人		电话		传真	
		手机		电子信箱	
本次申请	□初次评审　□复审				
所处地域	在下列所属的位置划(√):(可多选项) 风景区(　)　旅游度假区(　)　森林公园(　)主题公园(　)　游乐园(　) 自然保护区(　)　地质地园(　)　动植物园(　)　其他:				
客运索道类型	□连续循环　□脱挂抱索器　□脉动循环　□往复式　□客运地面缆车				
景区评定等级	□AAAAA　□AAAA　□AAA　□AA　□A				
做过何种认证	□ISO 9000　□ISO 14000　□OHSAS 18000　□其他				

本企业安全生产标准化自评小组主要成员		姓名	所在部门职务/职称	电话	备注
	组长				
	成员				

《客运索道运营安全生产标准化管理》团体标准应用指南

二、企业重要信息表

1. 企业概况：
2. 近三年本企业重伤、死亡或其他重大生产安全事故和职业病的发生情况：
3. 安全管理状况（主要管理措施及主要绩效）：
4. 有无特殊危险区域或限制的情况：

三、其他事项表

1. 企业是否同意遵守评审要求，并能提供评审所必需的真实信息？ □是　□否
2. 企业在提交申请书时，应附以下文件资料： ◇客运索道监督检验意见书复印件 ◇工商营业执照复印件 ◇已取得有关认证证书复印件

（续）

3. 企业自评评分：	
4. 企业自评结论： 法定代表人（签名）：	（申请企业盖章） 年　月　日
5. 上级主管单位意见： 负责人（签名）：	（主管单位盖章） 年　月　日

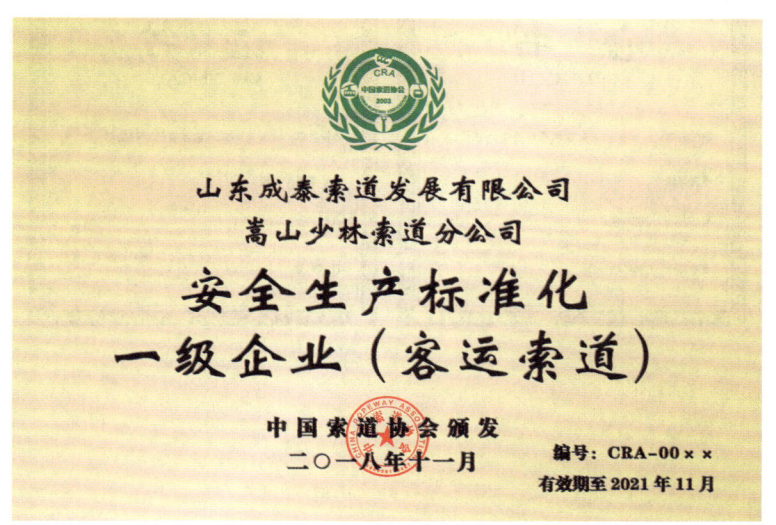

《客运索道运营安全生产标准化管理》团体标准应用指南

财政部、国家税务总局对客运索道运营企业营改增行业划分和税收税率政策的落实

2016年，财政部、国家税务总局《关于全面推开营业税改征增值税试点的通知》（财税〔2016〕36号）决定，从2016年5月1日起在全国全面开始推开实施。

针对客运索道运营企业有两条表述：

1. 第（一）条第1款第2点：其他陆运运输服务业是指铁路运输以外的路陆运输业务活动。包括公路运输、缆车运输、索道运输、地铁运输、城市轻轨运输等，适应税率11%。

2. 第（七）条第3款第1点：旅游服务，是指根据旅游者的要求，组织安排交通、游览、住宿、餐饮、购物、文娱、商务等服务的业务活动，适用税率6%。

如果按照财税〔2016〕36号营改增文件规定：索道运输缆车运输要执行的是交通运输业税率为11%，造成纳税翻倍。而客运索道前期建设投入较大，运营主要体现为人工成本、资金成本，极少能用于进项税额抵扣。这样"营改增"后，客运索道运营企业不但难以享受到营改增带来的红利，反而大幅增加了税额。

我国索道几乎全部为旅游景区观光索道，旅客可自由选择性乘坐，且由于季节变化、下雪封山、大风等原因经常停运。而并非像飞机、火车、汽车等必须乘坐的交通工具。因此，客运索道行业2003年以来也一直按旅游服务业纳税。调整至非交通运输业归属范围不符合国情实际。"营改增"试点的税率不降反增，且大幅增加，不利于客运索道行业持续发展，给索道运营企业带来巨大负担和困难。四川省特种设备管理协会会长张利民同志率先代表四川省所有客运索道企业反映了大家的意见。张家界天门山旅游股份有限公司董事长张同生、黄石寨索道张嘉元总经理和江西三清山索道有限公司舒建董事长及其他许多省市索道业同仁纷纷提出意见和建议。

协会是为企业为会员为政府提供服务的协会。在广泛听取客运索道企业意见和反映后，六月初协会积极及时反复多次的向财政部税政司反映，得到了财政部、税务总局的高度关注和支持。年底2016年12月21日政策得到明确落实，财政部、税务总局以财税〔2016〕140号文件第11条"纳税人在游览场所经营索道、摆渡车、电瓶车、游船等取得的收入，按照'文化体育服务'缴纳增值税"。至此客运索道运营企业、索道运输、缆车运输营改增行业划分和税收税率得到明确调整，从纳入非交通运输业营改增税率11%，调整为文化体育服务业6%。

2018年，财政部、税务总局以财税〔2018〕33号明确了统一增值税小规模纳税人标准。增值税小规模纳税人标准为年应征增值税销售额500万以下规模纳税人，从2018年5月1日起的中小索道500万收入以下企业按3%缴纳增值税。这一政策的争取，对索道企业安全运营发展建设做出了历史性贡献。

附相关政策文件备查：

1. 财政部．国家税务总局《关于明确金融、房地产开发、教育辅助服务等增值税政策的通知》财税〔2016〕140号
2. 财政部．税务总局《关于统一增值税小规模纳税人标准的通知》财税〔2018〕33号

附1

财政部 国家税务总局关于明确金融 房地产开发 教育辅助服务等增值税政策的通知

财税〔2016〕140号

各省、自治区、直辖市、计划单列市财政厅(局)、国家税务局,地方税务局,新疆生产建设兵团财务局:

现将营改增试点期间有关金融、房地产开发、教育辅助服务等政策补充通知如下:

一、《销售服务、无形资产、不动产注释》(财税〔2016〕36号)第一条第(五)项第1点所称"保本收益、报酬、资金占用费、补偿金",是指合同中明确承诺到期本金可全部收回的投资收益。金融商品持有期间(含到期)取得的非保本的上述收益,不属于利息或利息性质的收入,不征收增值税。

二、纳税人购入基金、信托、理财产品等各类资产管理产品持有至到期,不属于《销售服务、无形资产、不动产注释》(财税〔2016〕36号)第一条第(五)项第4点所称的金融商品转让。

三、证券公司、保险公司、金融租赁公司、证券基金管理公司、证券投资基金以及其他经人民银行、银监会、证监会、保监会批准成立且经营金融保险业务的机构发放贷款后,自结息日起90天内发生的应收未收利息按现行规定缴纳增值税,自结息日起90天后发生的应收未收利息暂不缴纳增值税,待实际收到利息时按规定缴纳增值税。

四、资管产品运营过程中发生的增值税应税行为,以资管产品管理人为增值税纳税人。

五、纳税人2016年1—4月份转让金融商品出现的负差,可结转下一纳税期,与2016年5—12月份转让金融商品销售额相抵。

六、《财政部 国家税务总局关于全面推开营业税改征增值税试点的通知》(财税〔2016〕36号)所称"人民银行、银监会或者商务部批准"、"商务部授权的省级商务主管部门和国家经济技术开发区批准"从事融资租赁业务(含融资性售后回租业务)的试点纳税人(含试点纳税人中的一般纳税人),包括经上述部门备案从事融资租赁业务的试点纳税人。

七、《营业税改征增值税试点有关事项的规定》(财税〔2016〕36号)第一条第(三)项第10点中"向政府部门支付的土地价款",包括土地受让人向政府部门支付的征地和拆迁补偿费用、土地前期开发费用和土地出让收益等。

房地产开发企业中的一般纳税人销售其开发的房地产项目(选择简易计税方法的房地产老项目除外),在取得土地时向其他单位或个人支付的拆迁补偿费用也允许在计算销售额时扣除。纳税人按上述规定扣除拆迁补偿费用时,应提供拆迁协议、拆迁双方支付和取得拆迁补偿费用凭证等能够证明拆迁补偿费用真实性的材料。

八、房地产开发企业(包括多个房地产开发企业组成的联合体)受让土地向政府部门支付土地价款后,设立项目公司对该受让土地进行开发,同时符合下列条件的,可由项目公司按规定扣除房地产开发企业向政府部门支付的土地价款。

(一)房地产开发企业、项目公司、政府部门三方签订变更协议或补充合同,将土地受让人变更为项目公司;

(二)政府部门出让土地的用途、规划等条件不变的情况下,签署变更协议或补充合同时,土地价款总额不变;

(三)项目公司的全部股权由受让土地的房地产开发企业持有。

九、提供餐饮服务的纳税人销售的外卖食品,按照"餐饮服务"缴纳增值税。

十、宾馆、旅馆、旅社、度假村和其他经营性住宿场所提供会议场地及配套服务的活动,按照"会议展览服务"缴纳增值税。

十一、纳税人在游览场所经营索道、摆渡车、电瓶车、游船等取得的收入,按照"文化体育服务"缴纳增值税。

十二、非企业性单位中的一般纳税人提供的研发和技术服务、信息技术服务、鉴证咨询服务,以及销售技术、著作权等无形资产,可以选择简易计税方法按照3%征收率计算缴纳增值税。

非企业性单位中的一般纳税人提供《营业税改征增值税试点过渡政策的规定》(财税〔2016〕36号)第一条第(二十六)项中的"技术转让、技术开发和与之相关的技术咨询、技术服务",可以参照上述规定,选择简易计税方法按照3%征收率计算缴纳增值税。

十三、一般纳税人提供教育辅助服务,可以选择简易计税方法按照3%征收率计算缴纳增值税。

十四、纳税人提供武装守护押运服务,按照"安全保护服务"缴纳增值税。

十五、物业服务企业为业主提供的装修服务,按照"建筑服务"缴纳增值税。

十六、纳税人将建筑施工设备出租给他人使用并配备操作人员的,按照"建筑服务"缴纳增值税。

十七、自2017年1月1日起,生产企业销售自产的海洋工程结构物,或者融资租赁企业及其设立的项目子公司、金融租赁公司及其设立的项目子公司购买并以融资租赁方式出租的国内生产企业生产的海洋工程结构物,应按规定缴纳增值税,不再适用《财政部国家税务总局关于出口货物劳务增值税和消费税政策的通知》(财税〔2012〕39号)或者《财政部国家税务总局关于在全国开展融资租赁货物出口退税政策试点的通知》(财税〔2014〕62号)规定的增值税出口退税政策,但购买方或者承租方为按实物征收增值税的中外合作油(气)田开采企业的除外。

2017年1月1日前签订的海洋工程结构物销售合同或者融资租赁合同,在合同到期前,可继续按现行相关出口退税政策执行。

十八、本通知除第十七条规定的政策外,其他均自2016年5月1日起执行。此前已征的应予免征或不征的增值税,可抵减纳税人以后月份应缴纳的增值税。

财　政　部
国家税务总局
2016年12月21日

附 2

财政部 税务总局关于统一增值税小规模纳税人标准的通知

财税〔2018〕33 号

各省、自治区、直辖市、计划单列市财政厅(局)、国家税务局、地方税务局,新疆生产建设兵团财政局:

为完善增值税制度,进一步支持中小微企业发展,现将统一增值税小规模纳税人标准有关事项通知如下:

一、增值税小规模纳税人标准为年应征增值税销售额500万元及以下。

二、按照《中华人民共和国增值税暂行条例实施细则》第二十八条规定已登记为增值税一般纳税人的单位和个人,在2018年12月31日前,可转登记为小规模纳税人,其未抵扣的进项税额作转出处理。

三、本通知自2018年5月1日起执行。

财 政 部
国家税务总局
2018 年 4 月 4 日

第 2 篇

客运索道运营安全风险管控及隐患排查治理双重预防机制应用指南

客运索道运营企业安全生产标准化管理体系建设中安全风险分级管控及隐患排查治理管理范本

2022年9月新颁布《中华人民共和国安全生产法》其中第四条不仅要求"加强安全生产标准化建设,还要求构建安全风险分级管控和隐患排查治理双重预防机制,健全风险防范化解机制,提高安全生产水平,确保安全生产。"

第二十一条要求:"生产经营单位的主要负责人对本单位安全生产工作负有下列职责,(五)组织建立并落实安全风险分级管控和隐患排查治理双重预防工作机制,督促检查本单位的安全生产工作,及时消除安全生产事故隐患。"

第四十一条要求:"生产经营单位应当建立安全风险分级管控制度,按照安全风险分级争取相应的管理措施,建立健全并落实生产安全事故隐患排查治理制度,及时发现并消除事故隐患。"

这就要求客运索道企业在实施安全生产标准化管理体系中,做好风险分级管控与隐患排查治理双重预防机制建设,这是企业管控风险,消除隐患,保证安全生产的重要手段。

双重预防机制与安全生产标准化的关系:

《企业安全生产标准化基本规范》(GB/T 33000—2016)和《客运索道企业安全生产标准化评定标准》中的第5个标准体系核心要求"5.5 安全风险管控及隐患排查治理",恰恰是双重预防机制的内容。也就是说:双重预防机制是安全生产标准化的重要核心要素。双重预防机制是安全生产标准化管理体系的重要组成部分,安全生产标准化管理体系包含双重预防机制,更不可能替代安全生产标准化,二者本来就是一个管理体系。我们要按国家法律法规标准构建好企业安全风险管控和隐患排查预防机制建设,但不需要抛开安全生产标准化再重新单独开展双重预防机制建设。而是要把客运索道企业运行实施十多年的安全生产标准化管理体系中的风险管控和隐患排查治理工作,按照国家规定要求进一步细化规范管理双重预防机制安全风险分级管控和隐患排查治理工作。

中国索道协会认真贯彻落实《安全生产法》和《企业安全生产标准化基本规范》,为引导客运索道运营企业强化双重预防管理,认真做好安全风险管控和隐患排查治理机制实施管理,更好为企业服务,中国索道协会同索检中心根据法律法规、国家标准规定,结合客运索道运营企业业务实际,借鉴了部分企业好的做法和经验,总结了《客运索道运营企业安全生产标准化管理团体标准》《客运索道运营企业安全生产标准化评定标准》中"5.5 安全风险管控及隐患排查治理"的应用模板,提供给企业学习、完善、借鉴和分享。

5.5 安全风险管控及隐患排查治理应用模板

5.5.1 安全风险管理

5.5.1.1 安全风险辨识

1. 客运索道运营企业应建立安全风险辨识管理制度,组织全员对本单位安全风险进行全面、系统的辨识。

【条款释义】1

安全风险辨识管理制度,既包括符合 GB 18218 标准的重大危险源辨识管理制度,还应该包括企业内部所确定的风险辨识管理制度。在管理制度中,对于风险辨识与评估的职责、方法、范围、记录予以明确的规定;为保证各部门能按企业安全生产标准化管理的整体安排开展这项工作。必须在管理制度中明确切合本企业生产经营实际情况的统一的辨识与评估流程,并对辨识结果进行界定,作为安全管理的

《客运索道运营安全生产标准化管理》团体标准应用指南

主要管理对象进行控制策划,提出基本的控制原则。风险辨识是动态的过程,企业应规定更新的基本要求。

开展较大危险因素辨识工作,建立较大危险因素辨识管控机制,对较大危险因素辨识,登记建档,实施有效防范措施,定期进行检查排查,加强日常管控,将辨识出的较大危险因素及其防范措施、应急处置方法纳入岗位操作规程,并培训员工熟练掌握。

【主要要求】1

客运索道运营企业风险辨识管理制度中应注意以下问题:

(1)辨识的范围应覆盖索道企业的所有方面,包括所有生产场所、所有设备、索道企业场所所有人(包括相关方管理)等。

(2)风险辨识应从人的不安全行为、物的不安全状态、环境不良、管理缺陷四个方面着手。

(3)管理缺陷是许多企业在危险源辨识时未予以重点关注的,而管理缺陷又恰恰是企业多年来一直未能清晰对待的影响企业安全管理水平提升的重要因素,在危险源管理制度中应加以强调。

(4)风险辨识应以岗位为主要对象,不宜由索道安全管理部门包揽一切。

(5)许多企业依据 GB 6441 作为开展风险辨识的参考依据,该标准列出的是伤亡分类,是后果概念,但许多企业却把标准中所列的 20 类后果直接当成了风险,这是需要国内企业进行反思的。比如,直接把"高处坠落"当成了风险,而风险辨识恰恰需要辨识出造成"高处坠落"的原因、源头,包括人、物、环境、管理四个方面。

第2篇 客运索道运营安全风险管控及隐患排查治理双重预防机制应用指南

【范例】

索道设备部早晚检风险分级管控措施清单、责任清单

序号	风险点名称	作业活动/设备设施	危害因素	事故后果	技术措施	管理措施	教育措施	个体防护措施	应急措施	L值	S值	R值	风险等级	管控层级	责任单位	责任人	责任岗位
1	索道设备	传感器、开关	损坏	索道停运	按照维护手册	每天1次	现场培训	安全帽、安全带、安全会	紧急维修	1	1	1	4	部门级	索道设备部	××	××
2	索道设备	接地棒	损坏	索道停运	按照维护手册	每天1次	现场培训	安全帽、安全带、安全会	紧急维修	1	1	1	4	部门级	索道设备部	××	××
3	索道设备	控制箱、走台开关位置	损坏	索道停运	按照维护手册	每天1次	现场培训	安全帽、安全带、安全会	紧急维修	1	1	1	4	部门级	索道设备部	××	××
4	索道设备	张紧液压系统	损坏	索道停运	按照维护手册	每天1次	现场培训	安全帽、安全带、安全会	紧急维修	3	5	15	2	部门级	索道设备部	××	××
5	索道设备	传输轮胎、皮带	损坏	索道停运	按照维护手册	每天1次	现场培训	安全帽、安全带、安全会	紧急维修	1	1	1	4	部门级	索道设备部	××	××
6	索道设备	取力皮带及取力轮	损坏	索道停运	按照维护手册	每天1次	现场培训	安全帽、安全带、安全会	紧急维修	1	1	1	4	部门级	索道设备部	××	××
7	索道设备	轮胎梁	损坏	索道停运	按照维护手册	每天1次	现场培训	安全帽、安全带、安全会	紧急维修	2	5	10	3	部门级	索道设备部	××	××
8	索道设备	道岔	损坏	索道停运	按照维护手册	每天1次	现场培训	安全帽、安全带、安全会	紧急维修	3	4	12	3	部门级	索道设备部	××	××
9	索道设备	行走轨	损坏	索道停运	按照维护手册	每天1次	现场培训	安全帽、安全带、安全会	紧急维修	2	2	4	4	部门级	索道设备部	××	××
10	索道设备	驱动轮、迂回轮	损坏	索道停运	按照维护手册	每天1次	现场培训	安全帽、安全带、安全会	紧急维修	3	5	15	2	部门级	索道设备部	××	××

《客运索道运营安全生产标准化管理》团体标准应用指南

（续）

序号	风险点名称	作业活动/设备设施	危害因素	事故后果	技术措施	管理措施	教育措施	个体防护措施	应急措施	L值	S值	R值	风险等级	管控层级	责任单位	责任人	责任岗位
11	索道设备	制动闸系统	损坏	索道停运	按照维护手册	每天1次	现场培训	安全带、安全帽、安全鞋	紧急维修	3	3	9	3	部门级	索道设备部	××	××
12	索道设备	紧急驱动	损坏	索道停运	按照维护手册	每天1次	现场培训	安全带、安全帽、安全鞋	紧急维修	2	2	4	4	部门级	索道设备部	××	××
13	索道设备	机房	高温、潮湿、建筑体损坏	索道停运	按照维护手册	每天1次	现场培训	安全带、安全帽、安全鞋	紧急维修	3	5	15	2	部门级	索道设备部	××	××
14	索道设备	发车系统	损坏	索道停运	按照维护手册	每天1次	现场培训	安全带、安全帽、安全鞋	紧急维修	2	2	4	4	部门级	索道设备部	××	××
15	索道设备	主驱动变速箱	损坏	索道停运	按照维护手册	每天1次	现场培训	安全带、安全帽、安全鞋	紧急维修	3	4	12	3	部门级	索道设备部	××	××
16	索道设备	主电机	损坏	索道停运	按照维护手册	每天1次	现场培训	安全带、安全帽、安全鞋	紧急维修	3	4	12	3	部门级	索道设备部	××	××
17	索道设备	辅助电机	损坏	索道停运	按照维护手册	每天1次	现场培训	安全带、安全帽、安全鞋	紧急维修	3	3	9	3	部门级	索道设备部	××	××
18	索道设备	风机	损坏	索道停运	按照维护手册	每天1次	现场培训	安全带、安全帽、安全鞋	紧急维修	2	2	4	4	部门级	索道设备部	××	××
19	索道设备	控制柜开关位置	损坏	索道停运	按照维护手册	每天1次	现场培训	安全带、安全帽、安全鞋	紧急维修	2	2	4	4	部门级	索道设备部	××	××

第2篇　客运索道运营安全风险管控及隐患排查治理双重预防机制应用指南

（续）

序号	风险点名称	作业活动/设备设施	危害因素	事故后果	技术措施	管理措施	教育措施	个体防护措施	应急措施	L值	S值	R值	风险等级	管控层级	责任单位	责任人	责任岗位
20	索道设备	触摸屏	损坏	索道停运	按照维护手册	每天1次	现场培训	安全带、安全帽、安全会	紧急维修	2	5	10	3	部门级	索道设备部	××	××
21	索道设备	通信	损坏	索道停运	按照维护手册	每天1次	现场培训	安全带、安全帽、安全会	紧急维修	2	2	4	4	部门级	索道设备部	××	××
22	索道设备	支架U型针	损坏	索道停运	按照维护手册	每天1次	现场培训	安全带、安全帽、安全会	紧急维修	2	5	10	3	部门级	索道设备部	××	××
23	索道设备	安全线	损坏	索道停运	按照维护手册	每天1次	现场培训	安全带、安全帽、安全会	紧急维修	2	5	10	3	部门级	索道设备部	××	××
24	索道设备	24V电源	损坏	索道停运	按照维护手册	每天1次	现场培训	安全带、安全帽、安全会	紧急维修	2	2	4	4	部门级	索道设备部	××	××
25	索道设备	传输皮带、传输轮胎	损坏	索道停运	按照维护手册	每天1次	现场培训	安全带、安全帽、安全会	紧急维修	2	2	4	4	部门级	索道设备部	××	××
26	索道设备	取力皮带、取力轮	损坏	索道停运	按照维护手册	每天1次	现场培训	安全带、安全帽、安全会	紧急维修	2	2	4	4	部门级	索道设备部	××	××
27	索道设备	张紧压力	损坏	索道停运	按照维护手册	每天1次	现场培训	安全带、安全帽、安全会	紧急维修	2	5	10	3	部门级	索道设备部	××	××
28	索道设备	小车位置	损坏	索道停运	按照维护手册	每天1次	现场培训	安全带、安全帽、安全会	紧急维修	2	5	10	3	部门级	索道设备部	××	××

《客运索道运营安全生产标准化管理》团体标准应用指南

索道设备部点检风险分级管控措施清单、责任清单

序号	风险点名称	作业活动/设备设施	危害因素	事故后果	技术措施	管理措施	教育措施	个体防护措施	应急措施	L值	S值	R值	风险等级	管控层级	责任单位	责任人	责任岗位
1	索道设备	运行速度 M/S	大风天气	索道停运	按照维护手册	运营期间2小时1次	现场培训	安全带、安全帽、安全会	联系气象部门并密切监测线路情况	2	5	10	3	部门级	索道设备部	××	××
2	索道设备	电源V	损坏	索道停运	按照维护手册	运营期间2小时1次	现场培训	安全带、安全帽、安全会	启动应急预案同时开始抢修	2	5	10	3	部门级	索道设备部	××	××
3	索道设备	脱索显示	损坏	索道停运	按照维护手册	运营期间2小时1次	现场培训	安全带、安全帽、安全会	切换安全线,运后检查维修	3	5	15	2	部门级	索道设备部	××	××
4	索道设备	电枢电流A	损坏	索道停运	按照维护手册	运营期间2小时1次	现场培训	安全带、安全帽、安全会	启动应急预案同时开始抢修	3	5	15	2	部门级	索道设备部	××	××
5	索道设备	电枢电压V	损坏	索道停运	按照维护手册	运营期间2小时1次	现场培训	安全带、安全帽、安全会	启动应急预案同时开始抢修	3	5	15	2	部门级	索道设备部	××	××
6	索道设备	励磁电流A	损坏	索道停运	按照维护手册	运营期间2小时1次	现场培训	安全带、安全帽、安全会	启动应急预案同时开始抢修	3	5	15	2	部门级	索道设备部	××	××
7	索道设备	电网电压V	损坏	索道停运	按照维护手册	运营期间2小时1次	现场培训	安全带、安全帽、安全会	启动应急预案同时开始抢修	3	5	15	2	部门级	索道设备部	××	××
8	索道设备	输出力矩	损坏	索道停运	按照维护手册	运营期间2小时1次	现场培训	安全带、安全帽、安全会	启动应急预案同时开始抢修	3	5	15	2	部门级	索道设备部	××	××
9	索道设备	制动压力 1 bar	损坏	索道停运	按照维护手册	运营期间2小时1次	现场培训	安全带、安全帽、安全会	紧急维修	3	3	9	3	部门级	索道设备部	××	××

第 2 篇　客运索道运营安全风险管控及隐患排查治理双重预防机制应用指南

（续）

序号	风险点名称	作业活动/设备设施	危害因素	事故后果	技术措施	管理措施	教育措施	个体防护措施	应急措施	L值	S值	R值	风险等级	管控层级	责任单位	责任人	责任岗位
10	索道设备	制动压力 2 bar	损坏	索道停运	按照维护手册	运营期间2小时1次	现场培训	安全带、安全帽、安全鞋	紧急维修	3	3	9	3	部门级	索道设备部	××	××
11	索道设备	张紧力 Kg	损坏	索道停运	按照维护手册	运营期间2小时1次	现场培训	安全带、安全帽、安全鞋	启动应急预案同时开始抢修	3	4	12	3	部门级	索道设备部	××	××
12	索道设备	张紧液压压力 bar	损坏	索道停运	按照维护手册	运营期间2小时1次	现场培训	安全带、安全帽、安全鞋	启动应急预案同时开始抢修	3	4	12	3	部门级	索道设备部	××	××
13	索道设备	张紧小车行程 cm	损坏	索道停运	按照维护手册	运营期间2小时1次	现场培训	安全带、安全帽、安全鞋	启动应急预案同时开始抢修	3	4	12	3	部门级	索道设备部	××	××
14	索道设备	张紧液压油温	损坏	索道停运	按照维护手册	运营期间2小时1次	现场培训	安全带、安全帽、安全鞋	启动应急预案同时开始抢修	2	3	6	4	部门级	索道设备部	××	××
15	索道设备	驱动与迂回轮	损坏	索道停运	按照维护手册	运营期间2小时1次	现场培训	安全带、安全帽、安全鞋	启动应急预案同时开始抢修	3	5	15	2	部门级	索道设备部	××	××
16	索道设备	站内索轮工况	损坏	索道停运	按照维护手册	运营期间2小时1次	现场培训	安全带、安全帽、安全鞋	启动应急预案同时开始抢修	3	4	12	3	部门级	索道设备部	××	××
17	索道设备	吊厢在站内运行情况	损坏	索道停运	按照维护手册	运营期间2小时1次	现场培训	安全带、安全帽、安全鞋	收车或更换吊厢	3	3	9	3	部门级	索道设备部	××	××
18	索道设备	站内传输系统工况	损坏	索道停运	按照维护手册	运营期间2小时1次	现场培训	安全带、安全帽、安全鞋	启动应急预案同时开始抢修	3	4	12	3	部门级	索道设备部	××	××
19	索道设备	进出站工况	损坏	索道停运	按照维护手册	运营期间2小时1次	现场培训	安全带、安全帽、安全鞋	启动应急预案同时开始抢修	3	4	12	3	部门级	索道设备部	××	××

《客运索道运营安全生产标准化管理》团体标准应用指南

索道设备部线路巡检风险分级管控措施清单、责任清单

序号	风险点名称	作业活动/设备设施	危害因素	事故后果	技术措施	管理措施	教育措施	个体防护措施	应急措施	L值	S值	R值	风险等级	管控层级	责任单位	责任人	责任岗位
1	索道设备	钢丝绳是否在索轮中心	损坏	索道停运	按照维护手册	运营期间2小时期1次	现场培训	安全带、安全帽	启动应急预案同时开始抢修	3	5	15	2	部门级	索道设备部	××	××
2	索道设备	索轮组索轮是否异响	损坏	索道停运	按照维护手册	运营期间2小时期1次	现场培训	安全带、安全帽	启动应急预案同时开始抢修	2	5	10	3	部门级	索道设备部	××	××
3	索道设备	抱索器在索轮组上通过是否正常	损坏	索道停运	按照维护手册	运营期间2小时期1次	现场培训	安全带、安全帽	启动应急预案同时开始抢修	2	5	10	3	部门级	索道设备部	××	××
4	索道设备	支架有无异响	部件损坏	索道停运	按照维护手册	运营期间2小时期1次	现场培训	安全带、安全帽	启动应急预案同时开始抢修	3	5	15	2	部门级	索道设备部	××	××
5	索道设备	支架通信电缆是否正常	老化	索道停运	按照维护手册	运营期间2小时期1次	现场培训	安全带、安全帽	启动应急预案同时开始抢修	3	5	15	2	部门级	索道设备部	××	××
6	索道设备	空吊厢摆动角度是否正常	遇大风	监测运行	按照维护手册	运营期间2小时期1次	现场培训	安全带、安全帽	启动应急预案同时开始抢修	3	5	15	2	部门级	索道设备部	××	××
7	索道设备	支架风速风向仪是否正常	损坏	现场制止	按照维护手册	运营期间2小时期1次	现场培训	安全带、安全帽	停运后维修更换	2	2	4	4	部门级	索道设备部	××	××
8	索道设备	走台上有无异物或有无人攀爬支架	破坏	现场制止	按照维护手册	运营期间2小时期1次	现场培训	安全带、安全帽	报主管领导并立即制止	1	2	4	4	部门级	索道设备部	××	××
9	索道设备	支架基础周边有无滑坡等危害	损坏	索道停运	按照维护手册	运营期间2小时期1次	现场培训	安全带、安全帽	启动应急预案同时开始抢修	3	5	15	2	部门级	索道设备部	××	××

第2篇 客运索道运营安全风险管控及隐患排查治理双重预防机制应用指南

（续）

序号	风险点名称	作业活动/设备设施	危害因素	事故后果	技术措施	管理措施	教育措施	个体防护措施	应急措施	L值	S值	R值	风险等级	管控层级	责任单位	责任人	责任岗位
10	索道设备	吊厢通过路径有无障碍物	损坏	索道停运	按照维护手册	运营期间2小时1次	现场培训	安全带、安全帽、安全衣	启动应急预案同时开始抢修	2	5	10	3	部门级	索道设备部	××	××
11	索道设备	线路周边有无火情	损坏	索道停运	按照维护手册	运营期间2小时1次	现场培训	安全带、安全帽、安全衣	启动应急预案	2	5	10	3	部门级	索道设备部	××	××
12	索道设备	主电机温度（℃）	高温	保护停机	按照维护手册	运营期间2小时1次	现场培训	安全带、安全帽、安全衣	报主管领导并对主电机降温	2	3	6	4	部门级	索道设备部	××	××
13	索道设备	主电机碳刷火花	损坏	索道停运	按照维护手册	运营期间2小时1次	现场培训	安全带、安全帽、安全衣	启动应急预案同时开始抢修	2	4	8	4	部门级	索道设备部	××	××
14	索道设备	主电机轴承声音	损坏	索道停运	按照维护手册	运营期间2小时1次	现场培训	安全带、安全帽、安全衣	启动应急预案同时开始抢修	2	5	10	3	部门级	索道设备部	××	××
15	索道设备	主电机有无异常震动	损坏	索道停运	按照维护手册	运营期间2小时1次	现场培训	安全带、安全帽、安全衣	启动应急预案同时开始抢修	2	5	10	3	部门级	索道设备部	××	××
16	索道设备	主电机风机电机温度（℃）	高温	保护停机	按照维护手册	运营期间2小时1次	现场培训	安全带、安全帽、安全衣	报主管领导并对风机降温	2	2	4	4	部门级	索道设备部	××	××
17	索道设备	主电机风机轴承声音	损坏	索道停运	按照维护手册	运营期间2小时1次	现场培训	安全带、安全帽、安全衣	启动应急预案同时开始抢修	2	2	4	4	部门级	索道设备部	××	××
18	索道设备	主电机风机有无异常震动	损坏	索道停运	按照维护手册	运营期间2小时1次	现场培训	安全带、安全帽、安全衣	启动应急预案同时开始抢修	2	2	4	4	部门级	索道设备部	××	××

《客运索道运营安全生产标准化管理》团体标准应用指南

（续）

序号	风险点名称	作业活动/设备设施	危害因素	事故后果	技术措施	管理措施	教育措施	个体防护措施	应急措施	L值	S值	R值	风险等级	管控层级	责任单位	责任人	责任岗位
19	索道设备	万向轴有无异常振动	损坏	索道停运	按照维护手册	运营期间2小时1次	现场培训	安全带、安全帽、安全鞋	启动应急预案同时开始抢修	3	5	15	2	部门级	索道设备部	××	××
20	索道设备	万向轴有无异常声音	损坏	索道停运	按照维护手册	运营期间2小时1次	现场培训	安全带、安全帽、安全鞋	启动应急预案同时开始抢修	3	5	15	2	部门级	索道设备部	××	××
21	索道设备	减速机机体温度（℃）	高温	保护停机	按照维护手册	运营期间2小时1次	现场培训	安全带、安全帽、安全鞋	报主管领导并对风机降温	2	4	8	4	部门级	索道设备部	××	××
22	索道设备	减速机有无异常振动	损坏	索道停运	按照维护手册	运营期间2小时1次	现场培训	安全带、安全帽、安全鞋	启动应急预案同时开始抢修	3	5	15	2	部门级	索道设备部	××	××
23	索道设备	减速机管路是否渗漏	渗漏	低速运行	按照维护手册	运营期间2小时1次	现场培训	安全带、安全帽、安全鞋	启动应急预案同时开始抢修	2	2	4	4	部门级	索道设备部	××	××
24	索道设备	减速机冷却器风扇工况	高温	保护停机	按照维护手册	运营期间2小时1次	现场培训	安全带、安全帽、安全鞋	报主管领导并降温	2	2	4	4	部门级	索道设备部	××	××
25	索道设备	减速机润滑泵工况	损坏	索道停运	按照维护手册	运营期间2小时1次	现场培训	安全带、安全帽、安全鞋	启动应急预案同时开始抢修	3	4	12	3	部门级	索道设备部	××	××
26	索道设备	减速机润滑油温度（℃）	高温	保护停机	按照维护手册	运营期间2小时1次	现场培训	安全带、安全帽、安全鞋	报主管领导并降温	2	2	4	4	部门级	索道设备部	××	××
27	索道设备	空调、排风扇	高温	监护运行	按照维护手册	运营期间2小时1次	现场培训	安全带、安全帽、安全鞋	启动应急预案同时开始抢修	2	2	4	4	部门级	索道设备部	××	××

第2篇 客运索道运营安全风险管控及隐患排查治理双重预防机制应用指南

（续）

序号	风险点名称	作业活动/设备设施	危害因素	事故后果	技术措施	管理措施	教育措施	个体防护措施	应急措施	L值	S值	R值	风险等级	管控层级	责任单位	责任人	责任岗位
28	索道设备	高压柜出线柜是否正常	损坏	索道停运	按照维护手册	运营期间2小时1次	现场培训	安全带、安全帽、安全会	启动应急预案同时开始抢修	2	5	10	3	部门级	索道设备部	××	××
29	索道设备	变压器温度℃	损坏	索道停运	按照维护手册	运营期间2小时1次	现场培训	安全带、安全帽、安全会	启动应急预案同时开始抢修	2	5	10	3	部门级	索道设备部	××	××
30	索道设备	变压器无异响及异味	损坏	索道停运	按照维护手册	运营期间2小时1次	现场培训	安全带、安全帽、安全会	启动应急预案同时开始抢修	2	5	10	3	部门级	索道设备部	××	××
31	索道设备	变压器散热风机工况	损坏	索道停运	按照维护手册	运营期间2小时1次	现场培训	安全带、安全帽、安全会	启动应急预案同时开始抢修	2	5	10	3	部门级	索道设备部	××	××
32	索道设备	电力配电柜三项电流A	损坏	索道停运	按照维护手册	运营期间2小时1次	现场培训	安全带、安全帽、安全会	启动应急预案同时开始抢修	2	5	10	3	部门级	索道设备部	××	××
33	索道设备	电力配电柜三项电压V	损坏	索道停运	按照维护手册	运营期间2小时1次	现场培训	安全带、安全帽、安全会	启动应急预案同时开始抢修	2	5	10	3	部门级	索道设备部	××	××
34	索道设备	无功补偿装置功率因数	损坏	索道停运	按照维护手册	运营期间2小时1次	现场培训	安全带、安全帽、安全会	启动应急预案同时开始抢修	2	5	10	3	部门级	索道设备部	××	××
35	索道设备	整流室整流柜温度	损坏	索道停运	按照维护手册	运营期间2小时1次	现场培训	安全带、安全帽、安全会	启动应急预案同时开始抢修	2	5	10	3	部门级	索道设备部	××	××
36	索道设备	整流室整流柜电压V	损坏	索道停运	按照维护手册	运营期间2小时1次	现场培训	安全带、安全帽、安全会	启动应急预案同时开始抢修	2	5	10	3	部门级	索道设备部	××	××
37	索道设备	整流室整流柜电流A	损坏	索道停运	按照维护手册	运营期间2小时1次	现场培训	安全带、安全帽、安全会	启动应急预案同时开始抢修	2	5	10	3	部门级	索道设备部	××	××

《客运索道运营安全生产标准化管理》团体标准应用指南

索道设备部周检风险分级管控措施清单、责任清单

序号	风险点名称	作业活动/设备设施	危害因素	事故后果	技术措施	管理措施	教育措施	个体防护措施	应急措施	L值	S值	R值	风险等级	管控层级	责任单位	责任人	责任岗位
1	索道设备	驱动轮轮衬磨损、螺栓	损坏	索道停运	按照维护手册	每周1次	现场培训	安全带、安全帽、安全会	紧急维修	4	5	20	2	部门级	索道设备部	××	××
2	索道设备	迂回轮连接面、焊口	损坏	索道停运	按照维护手册	每周1次	现场培训	安全带、安全帽、安全会	紧急维修	4	5	20	2	部门级	索道设备部	××	××
3	索道设备	进站导向螺栓紧固、弹性连接	损坏	索道停运	按照维护手册	每周1次	现场培训	安全带、安全帽、安全会	紧急维修	2	3	6	4	部门级	索道设备部	××	××
4	索道设备	站内传输张力、磨损	损坏	索道停运	按照维护手册	每周1次	现场培训	安全带、安全帽、安全会	紧急维修	2	2	4	4	部门级	索道设备部	××	××
5	索道设备	高速液压站油管老化、油路渗漏	损坏	索道停运	按照维护手册	每周1次	现场培训	安全带、安全帽、安全会	紧急维修	2	2	4	4	部门级	索道设备部	××	××
6	索道设备	低速液压站油管老化、油路渗漏	损坏	索道停运	按照维护手册	每周1次	现场培训	安全带、安全帽、安全会	紧急维修	2	2	4	4	部门级	索道设备部	××	××
7	索道设备	紧急驱动系统	损坏	无法启动	按照维护手册	每周1次	现场培训	安全带、安全帽、安全会	紧急维修	2	2	4	4	部门级	索道设备部	××	××
8	索道设备	发电机组油位、冷却液位	损坏	无法启动	按照维护手册	每周1次	现场培训	安全带、安全帽、安全会	紧急维修	2	2	4	4	部门级	索道设备部	××	××
9	索道设备	发电机组皮带、油位	损坏	无法启动	按照维护手册	每周1次	现场培训	安全带、安全帽、安全会	紧急维修	2	2	4	4	部门级	索道设备部	××	××
10	索道设备	发电机组空滤指示、柴滤	损坏	无法启动	按照维护手册	每周1次	现场培训	安全带、安全帽、安全会	紧急维修	2	2	4	4	部门级	索道设备部	××	××

第2篇 客运索道运营安全风险管控及隐患排查治理双重预防机制应用指南

索道设备部月检风险分级管控措施清单、责任清单

序号	风险点名称	作业活动/设备设施	危害因素	事故后果	技术措施	管理措施	教育措施	个体防护措施	应急措施	L值	S值	R值	风险等级	管控层级	责任单位	责任人	责任岗位
1	索道设备	清洁轨道	滑车	索道暂停	按照维护手册	每月1次	现场培训	安全带、安全帽、安全会	紧急维修	2	3	6	4	部门级	索道设备部	××	××
2	索道设备	进出站导向;是否灵活无卡阻	损坏	低速运行	按照维护手册	每月1次	现场培训	安全带、安全帽、安全会	紧急维修	2	3	6	4	部门级	索道设备部	××	××
3	索道设备	传动皮带轮胎;磨损、张力、气压是否正常	损坏	索道停运	按照维护手册	每月1次	现场培训	安全带、安全帽、安全会	紧急维修	3	4	12	3	部门级	索道设备部	××	××
4	索道设备	道岔系统是否润滑、动作是否灵活	损坏	索道停运	按照维护手册	每月1次	现场培训	安全带、安全帽、安全会	紧急维修	2	3	6	4	部门级	索道设备部	××	××
5	索道设备	迂回轮;外观是否无裂纹变形	损坏	索道停运	按照维护手册	每月1次	现场培训	安全带、安全帽、安全会	紧急维修	4	5	20	2	部门级	索道设备部	××	××
6	索道设备	迂回轮;轮衬磨损深度(槽)	损坏	索道停运	按照维护手册	每月1次	现场培训	安全带、安全帽、安全会	紧急维修	3	4	12	3	部门级	索道设备部	××	××
7	索道设备	迂回轮;润滑油油位是否正常	损坏	索道停运	按照维护手册	每月1次	现场培训	安全带、安全帽、安全会	紧急维修	4	5	20	2	部门级	索道设备部	××	××
8	索道设备	迂回轮;限位工作是否正常	损坏	索道停运	按照维护手册	每月1次	现场培训	安全带、安全帽、安全会	紧急维修	3	3	9	3	部门级	索道设备部	××	××
9	索道设备	驱动轮;外观是否无裂纹变形	损坏	索道停运	按照维护手册	每月1次	现场培训	安全带、安全帽、安全会	紧急维修	4	5	20	2	部门级	索道设备部	××	××
10	索道设备	驱动轮;轮衬磨损是否正常	损坏	索道停运	按照维护手册	每月1次	现场培训	安全带、安全帽、安全会	紧急维修	3	3	9	3	部门级	索道设备部	××	××
11	索道设备	驱动轮;润滑油油位是否正常	损坏	索道停运	按照维护手册	每月1次	现场培训	安全带、安全帽、安全会	紧急维修	4	5	20	2	部门级	索道设备部	××	××

《客运索道运营安全生产标准化管理》团体标准应用指南

（续）

序号	风险点名称	作业活动/设备设施	危害因素	事故后果	技术措施	管理措施	教育措施	个体防护措施	应急措施	L值	S值	R值	风险等级	管控层级	责任单位	责任人	责任岗位
12	索道设备	驱动轮；限位工作是否正常	损坏	索道停运	按照维护手册	每月1次	现场培训	安全带、安全帽	紧急维修	3	3	9	3	部门级	索道设备部	××	××
13	索道设备	高速液压站；油位、油质	损坏	索道暂停	按照维护手册	每月1次	现场培训	安全带、安全帽	紧急维修	3	3	9	3	部门级	索道设备部	××	××
14	索道设备	高速液压站；系统无渗漏、工作正常	损坏	索道暂停	按照维护手册	每月1次	现场培训	安全带、安全帽	紧急维修	3	3	9	3	部门级	索道设备部	××	××
15	索道设备	高速液压站；闸片厚度	损坏	索道暂停	按照维护手册	每月1次	现场培训	安全带、安全帽	紧急维修	3	3	9	3	部门级	索道设备部	××	××
16	索道设备	高速液压站；闸片间隙	损坏	索道暂停	按照维护手册	每月1次	现场培训	安全带、安全帽	紧急维修	3	3	9	3	部门级	索道设备部	××	××
17	索道设备	高速液压站；限位无移位、工作是否正常	损坏	索道暂停	按照维护手册	每月1次	现场培训	安全带、安全帽	紧急维修	3	3	9	3	部门级	索道设备部	××	××
18	索道设备	低速液压站；油位油质	损坏	索道暂停	按照维护手册	每月1次	现场培训	安全带、安全帽	紧急维修	3	3	9	3	部门级	索道设备部	××	××
19	索道设备	低速液压站；系统无渗漏、工作正常	损坏	索道暂停	按照维护手册	每月1次	现场培训	安全带、安全帽	紧急维修	3	3	9	3	部门级	索道设备部	××	××
20	索道设备	低速液压站；闸片厚度	损坏	索道暂停	按照维护手册	每月1次	现场培训	安全带、安全帽	紧急维修	3	3	9	3	部门级	索道设备部	××	××
21	索道设备	低速液压站；闸片间隙	损坏	索道暂停	按照维护手册	每月1次	现场培训	安全带、安全帽	紧急维修	3	3	9	3	部门级	索道设备部	××	××

第2篇　客运索道运营安全风险管控及隐患排查治理双重预防机制应用指南

（续）

序号	风险点名称	作业活动/设备设施	危害因素	事故后果	技术措施	管理措施	教育措施	个体防护措施	应急措施	L值	S值	R值	风险等级	管控层级	责任单位	责任人	责任岗位
22	索道设备	低速液压站；限位是否无移位、工作是否正常	损坏	索道暂停	按照维护手册	每月1次	现场培训	安全带、安全帽、安全鞋	紧急维修	3	3	9	3	部门级	索道设备部	××	××
23	索道设备	液压张紧站；油质	损坏	索道暂停	按照维护手册	每月1次	现场培训	安全带、安全帽、安全鞋	紧急维修	3	3	9	3	部门级	索道设备部	××	××
24	索道设备	液压张紧站；系统无渗漏	损坏	索道暂停	按照维护手册	每月1次	现场培训	安全带、安全帽、安全鞋	紧急维修	3	3	9	3	部门级	索道设备部	××	××
25	索道设备	液压张紧站；限位无移位工作正常	损坏	索道暂停	按照维护手册	每月1次	现场培训	安全带、安全帽、安全鞋	紧急维修	3	3	9	3	部门级	索道设备部	××	××
26	索道设备	传输区域传感器；无移位；距离是否正常	损坏	索道暂停	按照维护手册	每月1次	现场培训	安全带、安全帽、安全鞋	紧急维修	3	3	9	3	部门级	索道设备部	××	××
27	索道设备	传输区域传感器；无移位、磨损，捅头牢靠紧固	损坏	索道暂停	按照维护手册	每月1次	现场培训	安全带、安全帽、安全鞋	紧急维修	3	3	9	3	部门级	索道设备部	××	××
28	索道设备	收发车系统；是否无磨损、润滑、灵活	损坏	无法启动	按照维护手册	每月1次	现场培训	安全带、安全帽、安全鞋	紧急维修	2	2	4	4	部门级	索道设备部	××	××
29	索道设备	收发车系统；清洁轨道	损坏	卡车	按照维护手册	每月1次	现场培训	安全带、安全帽、安全鞋	紧急维修	2	2	4	4	部门级	索道设备部	××	××
30	索道设备	收发车系统；检查各轴轴销无磨损、脱落	损坏	无法启动	按照维护手册	每月1次	现场培训	安全带、安全帽、安全鞋	紧急维修	2	2	4	4	部门级	索道设备部	××	××
31	索道设备	导向轮装置；是否磨损	磨损过度	低速运行	按照维护手册	每月1次	现场培训	安全带、安全帽、安全鞋	紧急维修	2	3	6	4	部门级	索道设备部	××	××

《客运索道运营安全生产标准化管理》团体标准应用指南

（续）

序号	风险点名称	作业活动/设备设施	危害因素	事故后果	技术措施	管理措施	教育措施	个体防护措施	应急措施	L值	S值	R值	风险等级	管控层级	责任单位	责任人	责任岗位
32	索道设备	导向轮装置；是否异响	损坏	低速运行	按照维护手册	每月1次	现场培训	安全带、安全帽	紧急维修	2	3	6	4	部门级	索道设备部	××	××
33	索道设备	主电机；碳刷磨损剩余长度	损坏	索道暂停	按照维护手册	每月1次	现场培训	安全带、安全帽	紧急维修	2	3	6	4	部门级	索道设备部	××	××
34	索道设备	主电机；碳刷是否活动自由	损坏	索道暂停	按照维护手册	每月1次	现场培训	安全带、安全帽	紧急维修	2	3	6	4	部门级	索道设备部	××	××
35	索道设备	主电机；检查螺栓是否紧固	损坏	低速运行	按照维护手册	每月1次	现场培训	安全帽、安全带	紧急维修	2	4	8	4	部门级	索道设备部	××	××
36	索道设备	主电机；是否清洁	损坏	低速运行	按照维护手册	每月1次	现场培训	安全带	紧急维修	2	4	8	4	部门级	索道设备部	××	××
37	索道设备	主电机风机；防尘罩、清洁	污垢	频繁停车	按照维护手册	每月1次	现场培训	安全带	紧急维修	2	3	6	4	部门级	索道设备部	××	××
38	索道设备	电池组电压测试电压V	损坏	无法启动	按照维护手册	每月1次	现场培训	安全带	紧急维修	2	2	4	4	部门级	索道设备部	××	××
39	索道设备	柴油油位检查燃油是否充足	可燃物	火灾、爆炸	按照维护手册	每月1次	现场培训	安全带	紧急维修	2	2	4	4	部门级	索道设备部	××	××
40	索道设备	冷却水检查是否充足	高温	保护停机	按照维护手册	每月1次	现场培训	安全带	紧急维修	2	2	4	4	部门级	索道设备部	××	××
41	索道设备	机油油位检查是否在标定范围	缺机油	易损坏发动机	按照维护手册	每月1次	现场培训	安全带	紧急维修	2	2	4	4	部门级	索道设备部	××	××

第2篇 客运索道运营安全风险管控及隐患排查治理双重预防机制应用指南

（续）

序号	风险点名称	作业活动/设备设施	危害因素	事故后果	技术措施	管理措施	教育措施	个体防护措施	应急措施	L值	S值	R值	风险等级	管控层级	责任单位	责任人	责任岗位
42	索道设备	开关位置是否在正常位置	损坏	无法启动	按照维护手册	每月1次	现场培训	安全会	紧急维修	2	2	4	4	部门级	索道设备部	××	××
43	索道设备	启动柴油机是否正常	缺机油	易损坏发动机	按照维护手册	每月1次	现场培训	安全会	紧急维修	2	2	4	4	部门级	索道设备部	××	××
44	索道设备	开启柴油机输出电压V	损坏	无法启动	按照维护手册	每月1次	现场培训	安全会	紧急维修	2	2	4	4	部门级	索道设备部	××	××
45	索道设备	启动柴油机运行是否正常	损坏	无法启动	按照维护手册	每月1次	现场培训	安全会	紧急维修	2	2	4	4	部门级	索道设备部	××	××
46	索道设备	加载运行索道30分钟；输出电压V	电压不正常	易烧坏部件	按照维护手册	每月1次	现场培训	安全会	紧急维修	2	2	4	4	部门级	索道设备部	××	××
47	索道设备	加载运行索道30分钟；输出电流A	电流不正常	易烧坏部件	按照维护手册	每月1次	现场培训	安全会	紧急维修	2	2	4	4	部门级	索道设备部	××	××
48	索道设备	加载运行索道30分钟；柴油机温度℃	高温	保护停机	按照维护手册	每月1次	现场培训	安全会	紧急维修	2	2	4	4	部门级	索道设备部	××	××
49	索道设备	加载运行索道30分钟；柴油机走音异响	损坏	无法启动	按照维护手册	每月1次	现场培训	安全会	紧急维修	2	2	4	4	部门级	索道设备部	××	××
50	索道设备	索道运行：运行电压V	电压不正常	易烧坏部件	按照维护手册	每月1次	现场培训	安全会	紧急维修	2	2	4	4	部门级	索道设备部	××	××

(续)

序号	风险点名称	作业活动/设备设施	危害因素	事故后果	技术措施	管理措施	教育措施	个体防护措施	应急措施	L值	S值	R值	风险等级	管控层级	责任单位	责任人	责任岗位
51	索道设备	索道运行;运行电流A	电流不正常	易烧坏部件	按照维护手册	每月1次	现场培训	安全帽	紧急维修	2	2	4	4	部门级	索道设备部	××	××
52	索道设备	索道运行;运行是否正常	损坏	停止运行	按照维护手册	每月1次	现场培训	安全帽	紧急维修	2	2	4	4	部门级	索道设备部	××	××
53	索道设备	营救器材;器材数量、质量合格	损坏	救援困难	按照维护手册	每月1次	现场培训	安全带、安全帽	紧急维修	2	2	4	4	部门级	索道设备部	××	××
54	索道设备	操作控制功能	损坏	救援困难	按照维护手册	每月1次	现场培训	安全带、安全帽	紧急维修	2	2	4	4	部门级	运营服务部	周毅	设备副总
55	索道设备	钢丝绳;无锈蚀、断丝变形	损坏	无法救援	按照维护手册	每月1次	现场培训	安全带、安全帽	紧急维修	2	2	4	4	部门级	索道设备部	××	××
56	索道设备	传动系统;润滑,无异响	损坏	无法救援	按照维护手册	每月1次	现场培训	安全带、安全帽	紧急维修	2	2	4	4	部门级	索道设备部	××	××
57	索道设备	燃油油位;满足使用	可燃物	火灾、爆炸	按照维护手册	每月1次	现场培训	安全带、安全帽	紧急维修	2	2	4	4	部门级	索道设备部	××	××
58	索道设备	润滑机油;满足使用	缺机油	易损坏发动机	按照维护手册	每月1次	现场培训	安全带、安全帽	紧急维修	2	2	4	4	部门级	索道设备部	××	××
59	索道设备	油管、油路;无老化,破损无渗漏	老化	火灾、无法启动	按照维护手册	每月1次	现场培训	安全带、安全帽	紧急维修	2	2	4	4	部门级	索道设备部	××	××

第2篇 客运索道运营安全风险管控及隐患排查治理双重预防机制应用指南

索道设备部作业风险分级管控措施清单、责任清单

序号	风险点名称	作业活动/设备设施	危害因素	事故后果	技术措施	管理措施	教育措施	个体防护措施	应急措施	L值	S值	R值	风险等级	管控层级	责任单位	责任人	责任岗位
1	索道设备	登高作业	坠落	高处坠落	运营服务部安全监督	现场监督	安全会	安全带、安全帽	—	4	5	20	2	部门级	索道设备部	××	××
2	索道设备	机械作业	机械伤害	机械伤害	运营服务部安全监督	现场监督	安全会	安全带、安全帽	—	4	5	20	2	部门级	索道设备部	××	××
3	索道设备	电气作业	触电	电气伤害	运营服务部安全监督	现场监督	安全会	绝缘手套、鞋	—	4	5	20	2	部门级	索道设备部	××	××

《客运索道运营安全生产标准化管理》团体标准应用指南

索道设备部（设备设施）风险分析分级管控措施清单

序号	风险点名称	作业活动/设备设施	标准要求	危害因素及事故后果	现有控制措施					个体防护	L	S	R	风险等级	备注
					工程技术措施	管理措施	培训措施	应急措施							
1		支架索轮组	按照维护手册	索道卡死无法正常运行，吊厢脱落	按照北起维护手册	每月检查一次	外派学习、定期培训	支架配备应急工具	安全带、安全帽、安全衣	2	5	10	3	
2		塔身	按照维护手册	塔架倾斜、脱索	按照北起维护手册	一季度检查一次	现场培训	启动应急抢修预案	安全带、安全帽、安全衣	2	5	10	3	
3		塔头	按照维护手册	共振异响	按照北起维护手册	每月检查一次	现场培训	支架配备应急工具	安全带、安全帽、安全衣	1	1	1	4	
4	线路支架	检修平台	按照维护手册	螺栓断裂、平台脱落	按照北起维护手册	每月检查一次	现场培训	支架配备应急工具	安全带、安全帽、安全衣	2	5	10	3	
5		爬梯及护笼	按照维护手册	体型支架断裂	按照北起维护手册	每半年检查一次	现场培训	配备备件	安全带、安全帽、安全衣	1	1	1	4	
6		基础、地脚螺栓	按照维护手册	支架移位脱索、螺栓倾斜	按照北起维护手册	每月检查一次	现场培训	启动应急抢修预案	安全带、安全帽、安全衣	2	5	10	3	
7		托索报警装置	按照维护手册	钢丝绳脱索	按照北起维护手册	每月检查一次	现场培训	启动应急抢修预案	安全带、安全帽、安全衣	2	5	10	3	
8		防雷避雷设施	按照维护手册	雷电击坏索轮轴承、钢丝绳、控制系统	按照北起维护手册	每年检测一次	第三方培训	配备备件	绝缘护具	3	5	15	2	
9		索道通信系统	按照维护手册	通信电缆断裂、承载索断裂	按照北起维护手册	每月检查一次	北起专家培导、现场培训	配备备件	安全带、安全帽、安全衣	4	5	20	2	
10		连接螺栓	按照维护手册	螺栓断裂	按照北起维护手册	每月检查一次	现场培训	配备备件	安全带、安全帽、安全衣	1	1	1	4	

第 2 篇 客运索道运营安全风险管控及隐患排查治理双重预防机制应用指南

（续）

序号	风险点名称	作业活动/设备设施		标准要求	危害因素及事故后果	现有控制措施					L	S	R	风险等级	备注
						工程技术措施	管理措施	培训措施	应急措施	个体防护					
11	运载索道	运载索编结接头		按照维护手册	接头脱开	按照北起维护手册	每月检查一次	现场培训	启动应急抢修预案	安全带、安全帽	4	5	20	1	
12			主电机	按照维护手册	设备损坏,无法启动	按照北起维护手册	运行期间每两小时检查一次	理论、实操培训	启动辅助应急预案	安全帽	2	5	10	3	
13			减速机	按照维护手册	设备损坏	按照北起维护手册	运行期间每两小时检查一次	理论、实操培训	启动大轮应急驱动	安全帽	2	5	10	3	
14		主驱动	驱动轴	按照维护手册	设备损坏	按照北起维护手册	每月检查一次	理论、实操培训	启动大轮应急驱动	安全帽	2	5	10	3	
15	站内驱动装置		驱动轮及支撑	按照维护手册	大轮倾斜,设备损坏	按照北起维护手册	每月检查一次	理论、实操培训	启动应急救援预案	安全带、安全帽	4	5	20	1	
16			监测装置	按照维护手册	检测装置损坏,无法检测设备运行状态,导致索道停车	按照北起维护手册	每月检查一次	理论、实操培训	配备备件	安全帽	2	5	10	3	
17			辅机电机	按照维护手册	设备损坏,无法启动辅机系统	按照北起维护手册	每月检查一次	理论、实操培训	紧急维修	安全帽	1	1	1	4	
18		辅机驱动	辅机减速箱	按照维护手册	设备损坏,无法启动辅机系统	按照北起维护手册	每月检查一次	理论、实操培训	紧急维修	安全帽	1	1	1	4	
19			联轴器	按照维护手册	设备损坏,无法启动辅机系统	按照北起维护手册	每月检查一次	理论、实操培训	紧急维修	安全帽	1	1	1	4	

《客运索道运营安全生产标准化管理》团体标准应用指南

(续)

序号	风险点名称	作业活动/设备设施		标准要求	危害因素及事故后果	现有控制措施					L	S	R	风险等级	备注
						工程技术措施	管理措施	培训措施	应急措施	个体防护					
20	站内驱动装置	辅机驱动	备用发电机	按照发电机维护手册	设备损坏,无法启动辅助系统	按照发电机维护手册	每周检查一次	理论、实操培训	紧急维修	安全会	1	1	1	4	
21			驱动齿轮	按照维护手册	设备损坏,无法启动应急系统	按照北起维护手册	每月检查一次	理论、实操培训	紧急维修	安全会	1	1	1	4	
22			齿圈	按照维护手册	设备损坏,无法启动应急系统	按照北起维护手册	每月检查一次	理论、实操培训	紧急维修	安全会	1	1	1	4	
23	安全装置	工作制动器	制动闸	按照维护手册	紧急停车或飞车	按照北起维护手册	每月检查一次	理论、实操培训	紧急维修	安全会	3	5	15	2	
24			液压站	按照维护手册	无法开启制动闸,索道无法启动	按照北起维护手册	每月检查一次	理论、实操培训	紧急维修	安全会	1	1	1	4	
25		紧急制动器	制动闸	按照维护手册	紧急停车或飞车	按照北起维护手册	每月检查一次	理论、实操培训	紧急维修	安全会	3	5	15	2	
26			液压站	按照维护手册	无法开启制动闸,索道无法启动	按照北起维护手册	每月检查一次	理论、实操培训	紧急维修	安全会	1	1	1	4	
27			监测装置	按照维护手册	检测装置损坏,检测设备运行状态,导致索道停车	按照北起维护手册	每月检查一次	理论、实操培训	配备备件	安全会	1	1	1	4	
28	迂回及张紧装置	迂回轮	支撑装置	按照维护手册	大轮倾斜,设备损坏,设备无法运转	按照北起维护手册	每月检查一次	理论、实操培训	启动应急抢修预案	安全会	3	5	15	2	
29		张紧装置	张紧油缸	按照维护手册	设备损坏,设备无法运转	按照北起维护手册	每天检查一次	理论、实操培训	启动应急抢修预案	安全会	3	5	15	2	

第2篇 客运索道运营安全风险管控及隐患排查治理双重预防机制应用指南

（续）

序号	风险点名称	作业活动/设备设施		标准要求	危害因素及事故后果	现有控制措施					L	S	R	风险等级	备注
						工程技术措施	管理措施	培训措施	应急措施	个体防护					
30	迂回段张紧装置	张紧装置	张紧液压站	按照维护手册	设备损坏，设备无法运转	按照北起维护手册	每天检查一次	理论、实操培训	配备备件	安全帽	2	5	10	3	
31			张紧小车	按照维护手册	设备损坏，设备无法运转	按照北起维护手册	每月检查一次	理论、实操培训	启动应急抢修预案	安全帽	3	5	15	2	
32			张紧力测量	按照维护手册	检测装置损坏，无法检测设备运行状态，导致索道停车	按照北起维护手册	每月检查一次	理论、实操培训	启动应急抢修预案	安全帽	3	5	15	2	
33			张紧位置监测	按照维护手册	检测装置损坏，无法检测设备运行状态，导致索道停车	按照北起维护手册	每月检查一次	理论、实操培训	配备备件	安全帽	1	1	1	4	
34	吊厢	抱索器		按照维护手册	停车、吊厢坠落	按照北起维护手册	每月检查一次	理论、实操培训	配备备件	安全帽	3	5	15	2	
35		吊臂		按照维护手册	吊厢坠落	按照北起维护手册	每月检查一次	理论、实操培训	配备备件	安全帽	3	5	15	2	
36		吊厢		按照维护手册	停车、吊厢坠落	按照北起维护手册	每月检查一次	理论、实操培训	配备备件	安全帽	3	5	15	2	
37	站内搭架设备	抱索器脱挂装置		按照维护手册	抱索器无法开合，索道无法启动	按照北起维护手册	每月检查一次	理论、实操培训	紧急维修	安全帽	2	5	10	3	
38		垂直水平向导装置		按照维护手册	承载索移位、触碰检测装置	按照北起维护手册	每月检查一次	理论、实操培训	配备备件	安全帽	2	5	10	3	
39		行走轨		按照维护手册	抱索器移位，索道无法启动	按照北起维护手册	每月检查一次	理论、实操培训	配备备件	安全帽	2	5	10	3	

《客运索道运营安全生产标准化管理》团体标准应用指南

(续)

序号	风险点名称	作业活动/设备设施	标准要求	危害因素及事故后果	工程技术措施	管理措施	培训措施	应急措施	个体防护	L	S	R	风险等级	备注
40	站内搭架设备	道岔装置	按照维护手册	触发检测装置停车，无法收发车	按照北起维护手册	每月检查一次	理论、实操培训	配备备件	安全帽	2	5	10	3	
41		进出站导向装置	按照维护手册	吊厢进站摆动大，触发检测装置停车	按照北起维护手册	每月检查一次	理论、实操培训	配备备件	安全帽	2	5	10	3	
42		开关门装置	按照维护手册	吊厢门无法开关，触发检测装置停车	按照北起维护手册	每月检查一次	理论、实操培训	配备备件	安全帽	1	1	1	4	
43		传输取力装置	按照维护手册	吊厢在站内停止运动，触发检测装置停车	按照北起维护手册	每月检查一次	理论、实操培训	配备备件	安全帽	1	1	1	4	
44		传输装置	按照维护手册	挤车，索道停车	按照北起维护手册	每月检查一次	理论、实操培训	配备备件	安全帽	1	1	1	4	
45		吊厢间距调节装置	按照维护手册	吊厢间距错乱，索道无法运行	按照北起维护手册	每月检查一次	理论、实操培训	启动应急抢修预案	安全帽	2	5	10	3	
46		P0传输系统	按照维护手册	挤车，索道停车	按照北起维护手册	每月检查一次	理论、实操培训	配备备件	安全帽	1	1	1	4	
47		停车轨道	按照维护手册	吊厢无法存放	按照北起维护手册	每月检查一次	理论、实操培训	紧急维修	安全帽	1	1	1	4	
48	库	道岔	按照维护手册	吊厢掉落和无法收发车	按照北起维护手册	每月检查一次	理论、实操培训	配备备件	安全帽	1	1	1	4	
49		检修平台	按照维护手册	无法检修抱索器，人员安全，设备安全	按照北起维护手册	每月检查一次	理论、实操培训	紧急维修	安全帽	2	5	10	3	
50		走台	按照维护手册	无法检查抱索器，人员安全，设备安全	按照北起维护手册	每月检查一次	理论、实操培训	紧急维修	安全帽	2	5	10	3	

第2篇 客运索道运营安全风险管控及隐患排查治理双重预防机制应用指南

（续）

序号	风险点名称	作业活动/设备设施	标准要求	危害因素及事故后果	现有控制措施					L	S	R	风险等级	备注
					工程技术措施	管理措施	培训措施	应急措施	个体防护					
51	控制系统	驱动站动力柜	按照维护手册	索道失去动力无法运行	按照北起维护手册	日常定时检查	理论、实操培训	紧急维修	绝缘护具	3	4	12	3	
52		控制柜	按照维护手册	索道没安全防护无法运行	按照北起维护手册	日常定时检查	理论、实操培训	配备备件	绝缘护具	3	4	12	3	
53		车库控制柜	按照维护手册	索道无法进行收发车工作	按照北起维护手册	日常定时检查	理论、实操培训	配备备件	绝缘护具	3	4	12	3	
54	变配电系统	10 kV（下站）	供电合格	索道断电、漏电会导致无法运行	隔离、自动保护	按照电气规程严格执行	理论、实操培训，持证上岗	启动大柴油发电机	检查、维修需佩戴绝缘护具	2	3	6	4	
55		400 V系统（下站）	供电合格	索道断电、漏电会导致无法运行	隔离、自动保护	按照电气规程严格执行	理论、实操培训，持证上岗	启动应急救援	检查、维修需佩戴绝缘护具	2	5	10	3	
56	备用发电机	发电机组（900 kW）	启动正常、无毒害	不能正常启动、有毒害	维护规范、保持通风	监督维护	理论、实操培训	电源互备	绝缘护具、防噪耳机	1	5	5	4	
57		1 000 L油箱（下站）	供油正常、放防火器材	无法正常供油、无防火	室内保温、监控检查	定期巡检	理论、实操培训	配备水基灭火器	防火器材	1	5	5	4	
58		发电机组（120 kW）	启动正常、无毒害	不能正常供油、无防火	维护规范、保持通风	监督维护	理论、实操培训	电源互备	绝缘护具、防噪耳机	1	5	5	4	
59		200 L油箱	供油正常、放防火器材	无法正常供油、无防火	室内保温、监控检查	定期巡检	理论、实操培训	配备水基灭火器	防火器材	1	5	5	4	
60		发电机组（50 kW）	启动正常、无毒害	不能正常启动、有毒害	维护规范、保持通风	监督维护	理论、实操培训	电源互备	绝缘护具、防噪耳机	1	5	5	4	

《客运索道运营安全生产标准化管理》团体标准应用指南

（续）

序号	风险点名称	作业活动/设备设施	标准要求	危害因素及事故后果	现有控制措施					L	S	R	风险等级	备注
					工程技术措施	管理措施	培训措施	应急措施	个体防护					
61		25 L油箱	供油正常,放防火器材	无法正常供油,无防火	室内保温,监控检查	定期巡检	理论、实操培训	配备水基灭火器	防火器材	1	5	5	4	
62		50 kW发电机	按照发电机维护手册	发电机损坏,不能长时间连续运转	按照北起维护手册	定期巡检,监督维护	理论、实操培训	抢修	安全帽	1	4	4	4	
63	水平救援系统	T7、T4、T3支架水平救援装置 控制柜	按照卷扬机维护手册	设备损坏,造成救援车损坏,救援失效	按照北起维护手册	定期巡检,监督维护	理论、实操培训	抢修	安全帽	1	5	5	4	
64		T7、T4、T3支架水平救援装置 卷扬机	按照卷扬机维护手册	设备损坏,无法启动	按照北起维护手册	定期巡检,监督维护	理论、实操培训	配备备件,抢修	安全帽	1	5	5	4	
65		T8、T2支架水平救援装置 控制柜	按照卷扬机维护手册	锚固头断开,无法使用	按照北起维护手册	定期巡检,监督维护	理论、实操培训	更换钢丝绳	安全帽	2	5	10	3	
66		T8、T2支架水平救援装置 卷扬机	按照卷扬机维护手册	设备损坏,无法启动	按照北起维护手册	定期巡检,监督维护	理论、实操培训	配备备件,抢修	安全帽	1	5	5	4	
67				设备损坏,无法使用,救援失效	按照北起维护手册	定期巡检,监督维护	理论、实操培训	更换钢丝绳	安全带,安全帽	2	5	10	3	

第2篇 客运索道运营安全风险管控及隐患排查治理双重预防机制应用指南

索道设备部办公室风险分级管控措施清单、责任清单

序号	风险点名称	作业活动/设备设施	危害因素	事故后果	技术措施	管理措施	教育措施	个体防护措施	应急措施	L值	S值	R值	风险等级	管控层级	责任单位	责任人	责任岗位
1	办公区域	使用打印机	线路老化	触电、火灾	—	定期检查电源、线路	—	—	现场配备灭火器、消防栓	2	1	2		部门级	索道设备部		
2	办公区域	使用电脑	线路老化	触电、火灾	—	定期检查电源、线路	—	—	现场配备灭火器、消防栓	2	1	2		部门级	索道设备部		
3	办公区域	使用空调	线路漏电	触电、火灾	—	定期检查电源、线路	—	—	现场配备灭火器、消防栓	2	1	2		部门级	索道设备部		
4	办公区域	使用电灯	灯管接触不良	断电	—	定期检查电源、线路	—	—	现场配备灭火器、消防栓	2	1	2		部门级	索道设备部		
5	办公区域	使用饮水器	线路老化 热水溢出	触电、火灾 灼烫	—	定期检查	—	—	现场配备灭火器、消防栓	2	1	2		部门级	索道设备部		
6	办公区域	使用插板；开关	线路老化	触电、火灾	—	定期检查电源、线路	—	—	现场配备灭火器、消防栓	2	1	2		部门级	索道设备部		
7	办公区域	使用办公桌椅	桌椅零部件松动	其他伤害	—	定期检查	—	—	现场配备灭火器、消防栓	2	1	2		部门级	索道设备部		
8	办公区域	使用资料柜	玻璃破碎	其他伤害	—	定期检查膨胀螺栓及吊挂钩	—	—	现场配备灭火器、消防栓	2	1	2		部门级	索道设备部		
9	办公区域	上墙标识标牌	跌落	其他伤害	—	定期检查	—	—	现场配备灭火器、消防栓	2	1	2		部门级	索道设备部		
10	办公区域	文件档案管理	门窗、柜锁损坏	防盗、丢失、损坏	—	定期检查门窗、柜锁	—	—	发现门窗、柜锁损坏，及时更换	1	1	1		部门级	索道设备部		
11	办公区域	地暖	线路老化、漏电	断电	—	定期检查电源、线路	—	—	现场配备灭火器、消防栓	2	1	2		部门级	索道设备部		

《客运索道运营安全生产标准化管理》团体标准应用指南

索道安全风险汇总表（日常类）

部门：各部门办公区域

序号	作业场所	作业活动（危险源）	潜在危险状况概述（辨识）	潜在事故及后果（评价）	潜在事故类别	危险等级	辨识人的意见（控制措施）	措施完成人/部门及完成日期	措施的验证	职能部门审核评价意见	评估依据
1	办公室	使用电开关	电开关漏电	导致操作人员触电	触电、火灾	稍有危险	每季对电源线路进行一次检查发现问题及时进行维护更换	办公室后勤管理员（完成）	措施已落实到部门人员	按控制措施有效，危险源得到控制	《危险源辨识和风险评估及风险控制程序》及实际情况
2	办公室	使用电脑	长期使用，电脑的产生辐射导致眼疾	引发眼疾或职业病	其他伤害	一般危险	1.装上电脑防护屏以降低电脑辐射 2.提醒电脑操作人员合理安排使用时间，连续操作两小时电脑时的应适度活动	系统维护员（完成）	措施已落实到部门人员	按控制措施有效，危险源得到控制	《危险源辨识和风险评估及风险控制程序》及实际情况
3	办公室	使用电脑	未关闭电源，对电脑进行清洁、维护或搬动，造成漏电	导致人员触电及引发火灾	触电、火灾	一般危险	进行电脑清洗、维护或搬动前检查电源，按照《计算机安全操作规程》《维护制度》进行维护	系统维护员（完成）	措施已落实到部门人员	按控制措施有效，危险源得到控制	《危险源辨识和风险评估及风险控制程序》及实际情况
4	办公室	使用电脑	在电脑旁边堆放杂物	引发火灾	触电、火灾、高处坠落	一般危险	每日使用电脑前进行清理，确保使用安全	系统维护员（完成）	措施已落实到部门人员	按控制措施有效，危险源得到控制	《危险源辨识和风险评估及风险控制程序》及实际情况
5	办公室	使用电热水器	长期使用后松动、不牢固脱落	导致人员砸伤	物理伤害	一般危险	每月检查一次，使用前也要注意检查进行检查，确保牢固	办公室后勤管理员（完成）	措施已落实到部门人员	按控制措施有效，危险源得到控制	《危险源辨识和风险评估及风险控制程序》及实际情况
6	办公室	使用电热水器	线路破损造成漏电，导致使用人员触电	导致人员触电	触电	一般危险	每月特别是天气潮湿时对电热水器进行检查维护，使用时注意安全	办公室后勤管理员（完成）	措施已落实到部门人员	按控制措施有效，危险源得到控制	《危险源辨识和风险评估及风险控制程序》及实际情况

第2篇 客运索道运营安全风险管控及隐患排查治理双重预防机制应用指南

(续)

序号	作业场所	作业活动（危险源）	潜在危险状况概述（辨识）	潜在事故及后果（评价）	潜在事故类别	危险等级	辨识人的意见（控制措施）	措施完成人/部门及完成日期	措施的验证	职能部门审核评价意见	评估依据
7	办公室	使用电热水器	干烧导致失火	导致火灾	火灾	一般危险	1. 每次开机与使用前先检查热水器水位高低；2. 晚上值班人员锁门前关闭热水器电源	办公室后勤管理员（完成）	措施已落实到部门人员	按控制措施有效,危险源得到控制	《危险源辨识和风险评估及风险控制程序》及实际情况
8	办公室	使用电热水器	打（接）开水造成烫伤	导致人员烫伤	灼烫	稍有危险	打（接）开水时注意安全,小心烫伤	办公室后勤管理员（完成）	措施已落实到部门人员	按控制措施有效,危险源得到控制	《危险源辨识和风险评估及风险控制程序》及实际情况
9	办公室	使用座椅	长期使用后松动、不牢固,造成人员受伤	导致人员受伤	物理伤害	稍有危险	1. 每次开机与使用前先检查热水器水位高低；2. 晚上值班人员锁门前关闭热水器电源	办公室后勤管理员（完成）	措施已落实到部门人员	按控制措施有效,危险源得到控制	《危险源辨识和风险评估及风险控制程序》及实际情况
10	办公室	使用桌子	桌子不牢固、松动	导致人员受伤	物理伤害	稍有危险	使用时注意进行检查,确保牢固后才使用	办公室后勤管理员（完成）	措施已落实到部门人员	按控制措施有效,危险源得到控制	《危险源辨识和风险评估及风险控制程序》及实际情况
11	办公室	使用桌子抽屉	开关时不小心造成人员夹伤	导致人员夹伤	物理伤害	稍有危险	开关抽屉时注意安全	办公室后勤管理员（完成）	措施已落实到部门人员	按控制措施有效,危险源得到控制	《危险源辨识和风险评估及风险控制程序》及实际情况
12	办公室	玻璃	玻璃破裂,造成人员受伤	导致人员受伤	物理伤害	稍有危险	使用桌子时注意检查,发现破裂时及时处理	办公室后勤管理员（完成）	措施已落实到部门人员	按控制措施有效,危险源得到控制	《危险源辨识和风险评估及风险控制程序》及实际情况

《客运索道运营安全生产标准化管理》团体标准应用指南

（续）

序号	作业场所	作业活动（危险源）	潜在危险状况概述（辨识）	潜在事故及后果（评价）	潜在事故类别	危险等级	辨识人的意见（控制措施）	措施完成人/部门及完成日期	措施的验证	职能部门审核评价意见	评估依据
13	办公室	柜子	柜子摆放不规范，柜子松动	导致人员砸伤	物理伤害	稍有危险	注意检查摆放柜子的情况，发现松动及时处理	办公室后勤管理员（完成）	措施已落实到部门人员	按控制措施，危险源有效，得到控制	《危险源辨识和风险评估及风险控制程序》及实际情况
14	办公室	墙上的镜子	镜框安装不稳脱落	导致人员砸伤	物理伤害	稍有危险	每年进行一次牢固情况检查维护，使用前注意是否稳固，发现隐患及时排除	办公室后勤管理员（完成）	措施已落实到部门人员	按控制措施，危险源有效，得到控制	《危险源辨识和风险评估及风险控制程序》及实际情况
15	办公室	地板	地板积水、湿滑造成人员跌倒摔伤	导致人员受伤	物理伤害	稍有危险	洗地板时或地板湿时拖干，并对进出场所人员进行提醒	办公室后勤管理员（完成）	措施已落实到部门人员	按控制措施，危险源有效，得到控制	《危险源辨识和风险评估及风险控制程序》及实际情况
16	办公室	使用空调	氟利昂泄漏使人中毒	导致人员中毒	中毒	稍有危险	每年对空调密封性进行一次检查发现问题及时进行维修	办公室后勤管理员（完成）	措施已落实到部门人员	按控制措施，危险源有效，得到控制	《危险源辨识和风险评估及风险控制程序》及实际情况
17	办公室	使用空调	漏电使人员触电	导致人员触电	触电	一般危险	每年对空调电线路进行一次检查发现问题及时进行维修	办公室后勤管理员（完成）	措施已落实到部门人员	按控制措施，危险源有效，得到控制	《危险源辨识和风险评估及风险控制程序》及实际情况
18	办公室	使用空调	空调主机脱落造成人员受伤	导致人员受伤	物理伤害	一般危险	每年进行一至两次牢固情况检查，确保稳固	办公室后勤管理员（完成）	措施已落实到部门人员	按控制措施，危险源有效，得到控制	《危险源辨识和风险评估及风险控制程序》及实际情况

第2篇 客运索道运营安全风险管控及隐患排查治理双重预防机制应用指南

(续)

序号	作业场所	作业活动(危险源)	潜在危险状况概述(辨识)	潜在事故及后果(评价)	潜在事故类别	危险等级	辨识人的意见(控制措施)	措施完成人/部门及完成日期	措施的验证	职能部门审核评价意见	评估依据
19	办公室	使用空调	长期使用,送气管及管口未进行清洁,细菌繁衍导致人员生病	细菌感染导致人员生病	其他伤害	稍有危险	每年进行一次清洗,每天工作时注意开窗换气	办公室后勤管理员(完成)	措施已落实到部门人员	按控制措施有效,危险源得到控制	《危险源辨识和风险评估及风险控制程序》及实际情况
20	办公室	灯管	灯管脱落,造成人员砸伤	导致人员受伤	物理伤害	稍有危险	1.每年对所有电灯进行一次检查、维护;2.每天工作前观察一遍灯管的安全状况,发现问题及时排除	办公室后勤管理员(完成)	措施已落实到部门人员	按控制措施有效,危险源得到控制	《危险源辨识和风险评估及风险控制程序》及实际情况
21	办公室	灯管	灯管爆裂,导致人员受伤或引发火灾	导致人员被砸伤及引发火灾	物理伤害、火灾	稍有危险	1.每年对所有电灯进行一次检查、维护;2.每天工作前观察一遍灯管的安全状况,发现问题及时排除	办公室后勤管理员(完成)	措施已落实到部门人员	按控制措施有效,危险源得到控制	《危险源辨识和风险评估及风险控制程序》及实际情况
22	办公室	玻璃门	关门时不注意观察,造成人员碰伤或夹伤	导致人员受伤	物理伤害	稍有危险	1.开关门时注意周围是否有人、小心操作;2.做好标识	办公室后勤管理员(完成)	措施已落实到部门人员	按控制措施有效,危险源得到控制	《危险源辨识和风险评估及风险控制程序》及实际情况
23	办公室	电源	电源线路老化漏电导致触电	导致人员触电	触电	一般危险	每月对电源进行一次检查、维护,使用时注意安全	办公室后勤管理员(完成)	措施已落实到部门人员	按控制措施有效,危险源得到控制	《危险源辨识和风险评估及风险控制程序》及实际情况

《客运索道运营安全生产标准化管理》团体标准应用指南

（续）

序号	作业场所	作业活动（危险源）	潜在危险状况概述（辨识）	潜在事故及后果（评价）	潜在事故类别	危险等级	辨识人的意见（控制措施）	措施完成人/部门及完成日期	措施的验证	职能部门审核评价意见	评估依据
24	办公室	电源	电源插座漏电导致人员触电	导致人员触电	触电	一般危险	每月对电源进行一次检查维护、使用时注意安全、下班时注意关闭电源开关	办公室后勤管理员（完成）	措施已落实到部门人员	按控制措施有效，危险源得到控制	《危险源辨识和风险评估及风险控制程序》及实际情况
25	办公室	天花板	天花板脱盖落导致人员受伤	导致人员砸伤	物理伤害	稍有危险	每年对天花板进行一次检查、维护	办公室后勤管理员（完成）	措施已落实到部门人员	按控制措施有效，危险源得到控制	《危险源辨识和风险评估及风险控制程序》及实际情况
26	办公室	玻璃窗	玻璃窗玻璃松动，在风雨天或特殊条件下脱落导致人员受伤	导致人员砸伤	物理伤害	稍有危险	1.每天上班时检查玻璃牢固否；2.在刮风下雨天气或特殊条件下注意关闭窗户	办公室后勤管理员（完成）	措施已落实到部门人员	按控制措施有效，危险源得到控制	《危险源辨识和风险评估及风险控制程序》及实际情况
27	办公室	玻璃窗	清洗玻璃窗，作业思想不集中，摔到	导致人员砸伤	物理伤害	一般危险	每月检查一次玻璃牢固情况，每次打开时注意安全	办公室后勤管理员（完成）	措施已落实到部门人员	按控制措施有效，危险源得到控制	《危险源辨识和风险评估及风险控制程序》及实际情况
28	办公室	玻璃门	玻璃墙透明度过高，进出办公室时撞玻璃门	导致人员撞伤	物理伤害	稍有危险	做好玻璃墙的标识	办公室后勤管理员（完成）	措施已落实到部门人员	按控制措施有效，危险源得到控制	《危险源辨识和风险评估及风险控制程序》及实际情况
29	办公室	使用复印机	溢出碳粉等粉尘	导致人员身体不适	其他伤害	较大危险	保持室内通风	办公室后勤管理员（完成）	措施已落实到部门人员	按控制措施有效，危险源得到控制	《危险源辨识和风险评估及风险控制程序》及实际情况

第2篇　客运索道运营安全风险管控及隐患排查治理双重预防机制应用指南

（续）

序号	作业场所	作业活动（危险源）	潜在危险状况概述（辨识）	潜在事故及后果（评价）	潜在事故类别	危险等级	辨识人的意见（控制措施）	措施完成人/部门及完成日期	措施的验证	职能部门审核评价意见	评估依据
30	办公室	使用激光打印机	漏电，操作不当	导致人员触电	触电	稍有危险	1. 每年对电源插座进行一次检查 2. 使用时注意安全操作	办公室后勤管理员（完成）	措施已落实到部门人员	按控制措施有效，危险源得到控制	《危险源辨识和风险评估及风险控制程序》及实际情况
31	办公室	使用激光打印机	溢出碳粉等粉尘	导致人员身体不适	其他伤害	稍有危险	保持室内通风	办公室后勤管理员（完成）	措施已落实到部门人员	按控制措施有效，危险源得到控制	《危险源辨识和风险评估及风险控制程序》及实际情况
32	办公室	电脑维护	带电清洗、未按维护规定进行，导致漏电触电事故	带电维护，造成人员触电	触电	一般危险源	按照《计算机维护制度》和《计算机安全操作规程》进行维护	办公室后勤管理员（完成）	措施已落实到部门人员	按控制措施有效，危险源得到控制	《危险源辨识和风险评估及风险控制程序》及实际情况
33	办公楼	楼梯	楼梯湿滑，上下楼梯时不小心摔伤	导致人员摔伤	物理伤害	稍有危险	楼梯湿滑时及时处理，并对进出场所人员进行提醒	办公室后勤管理员（完成）	措施已落实到部门人员	按控制措施有效，危险源得到控制	《危险源辨识和风险评估及风险控制程序》及实际情况
34	办公楼	楼梯	照明设施失效，夜间或特殊情况下导致人员摔倒受伤	导致人员摔伤	物理伤害	稍有危险	1. 注意避免紧急疏散情况发生 2. 如需紧急疏散，注意做好组织引导，避免混乱	办公室后勤管理员（完成）	措施已落实到部门人员	按控制措施有效，危险源得到控制	《危险源辨识和风险评估及风险控制程序》及实际情况

说明：1. 事故类型按 GB 6441—86《企业职工伤亡事故分类》中规定的 16 类进行分类：（1）物体打击；（2）车辆伤害；（3）机械伤害；（4）起重伤害；（5）触电；（6）淹溺；（7）灼烫；（8）火灾；（9）高处坠落；（10）坍塌；（11）爆炸；（12）火药爆炸；（13）化学性爆炸；（14）物理性爆炸；（15）中毒和窒息；（16）其他伤害。
　　2. 危险等级分类：（1）重大危险源；（2）较大危险源；（3）一般危险源；（4）稍有危险源；（5）基本无危险。

编制/分析人：　　　　　　　　　　　　　　　批准人：　　　　　　　　　　　　　　　日期：

《客运索道运营安全生产标准化管理》团体标准应用指南

风险的存在可能会导致作业人员在作业过程中受到伤害或罹患职业病以及财产损失。开展风险辨识就是识别人的作业过程中存在哪些危险,从而对存在危险的程度进行评价并加以控制,其最终目的是为了确保人在作业过程中的安全,而具体辨识过程和风险控制工作更需要所有从业人员的参与。因此,制定风险辨识管理制度应当明确全员参与本单位风险辨识工作的责任,通过领导重视,全员参与,不断调整辨识方法和提高工作效果,才能持续改进。

【主要要求】2

搞好风险辨识工作,首先要落实全员参与的具体职责,分工落实:

(1)主要负责人要负责企业风险辨识的组织领导工作。负责组建风险辨识小组。辨识小组可由安全管理部门牵头组成,其他部门管理人员都应参与。

(2)各级管理者要负责危险源辨识的组织、实施管理工作,确定重大危险源,列出清单,建立相应的管理方案并组织和监督实施。

(3)办公室、运营部等部门要配合安全管理部门负责职业病和劳动保护方面风险辨识,并制定控制措施。

(4)风险辨识小组成员中,应包括索道企业安全、消防、电气、机械设备等专业人员,全面识别客运索道企业运营中存在的风险。

(5)从班组到部门都要落实人员责任,保证工作开展的连续性和记录的完整性。

2. 安全风险辨识范围应覆盖本单位的所有活动及区域,并考虑正常、异常和紧急三种状态及过去、现在和将来三种时态。安全风险辨识应采用适宜的方法和程序,且与现场实际相符。

客运索道运营企业应对安全风险辨识资料进行统计、分析、整理和归档。

【条款释义】1

危险源的辨识范围必须覆盖企业所有生产、服务活动的全过程以及可施加影响的活动。危险源辨识包括三种时态:过去时态(评价对残余风险的可承受度)、现在时态(评价现有控制措施下的风险)和将来时态(组织活动中或计划中可能带来的危险因素),还包括三种状态:正常状态(指索道正常运营状况)、异常状态(指索道发生故障或者停车)和紧急状态(指不可预见何时发生,可能带来重大危险的状况。如:地震、火灾、爆炸等)。

【主要要求】1

危险源的辨识是一个动态的过程,当发生下述情况时,要及时开展危险源辨识:

(1)新的法律、法规颁布。

(2)企业自身业务发展、索道改建、设备重大维修、拆除、报废等。

(3)承包商、供应商及相关人员发生变更。

(4)外部评审、内部评审中发现未被识别的危险源。

(5)发生伤害事故、事件。

【主要要求】2

(1)选择适宜的危险源辨识方法。

(2)形成危险源辨识登记表。

5.5.1.2 安全风险评估

1. 客运索道运营企业应建立安全风险评估管理制度,明确安全风险评估的目的、范围、频次、准则和工作程序等。

【条款释义】1

实施风险管理的目的在于控制各类风险,减少事故发生,改善客运索道运营企业的安全生产条件。因此,全面识别危险、有害因素,准确评价风险、控制重大风险,是安全标准化建立和保持的基础,对重大风险的控制与管理是标准化运行的关键。而风险评估就是要通过事先分析、评价,制定风险控制措施,

第2篇　客运索道运营安全风险管控及隐患排查治理双重预防机制应用指南

实现风险控制管理、提早预防,及时整改达到消减危害、控制风险的目的。

客运索道运营企业应建立风险评估管理制度,确定评价组织、负责人、目的、范围、准则方法、时机和频次,明确各部门及有关人员在开展风险评估过程中的职责、任务和工作程序,适时进行风险评估,控制风险,预防事故或事件的发生(见附件二)。

【范例】

安全风险辨识、评估和控制措施管理制度

1. 目的

为准确辨识安全风险,评价其危险程度,进行分级,实施有效控制,特制定本办法。

2. 范围

本办法适用于本公司范围内风险的辨识、评估和控制。

3. 职责

公司负责人负责风险辨识、评估和控制措施的组织领导工作。办公室负责组织风险辨识、评估和控制策划指导工作。

保安部具体负责风险辨识、评估和控制措施的实施和监督。

各部门负责实施本部门风险辨识、评价和措施控制工作,报保安部审核后,由公司负责人审批,并将其结果上报办公室备案。

4. 要求

(1)程序描述。要控制风险,首先要辨识风险,评价其带来危害的严重程度和可能性,判定其风险级别。

(2)风险的辨识。考虑风险控制的措施及降低安全风险的优先顺序。这是一个不断发展和更新的过程。

① 由主要负责人组织各部门负责人制定计划,成立初始评审组(由各部门的人员参加)。

② 风险辨识应从以下类型的危险因素进行考虑:

(a)物理性危害危险因素:如设备设施缺陷、防护缺陷、电危害等。

(b)化学性危害危险因素:如易燃易爆物质、有毒物质等。

(c)生物性危害危险因素:如致病微生物、传染病媒介物等。

(d)生理及心理性危害危险因素:如健康状况异常、从事禁忌活动等。

(e)行为性危害危险因素:如指挥失误、操作失误等。

(f)其他危害危险因素:如管理缺陷、制度不健全等。

③ 在辨识隐患时可以按以下单元或业务活动,辨识隐患:

(a)公司房内(外)的地理位置。

(b)生产过程或所提供服务的阶段。

(c)计划的和被动性的工作。

(d)确定的任务。

(e)不经常发生的任务。

④ 安全风险辨识方法可采用询问与交流、现场观察、查阅有关记录、获取外部信息、工作任务分析、安全检查表、作业条件的危险性评价、事件树、故障树等方法。

(3)风险评估。

① 风险评估的方法。风险评估在风险辨识的基础上按定性评价的方式进行,定性评估采用直接判断法。直接判断法的依据主要包括:法律法规的符合性、相关方的合理要求、类似事故的经验教训、直接察觉到的危险等。

《客运索道运营安全生产标准化管理》团体标准应用指南

② 级别的确定。根据公司实际情况把风险规定为一般安全风险、显著安全风险和重大安全风险(本文件所指的重大风险均系公司级重大危险源)。同时,凡符合以下条件之一的危险因素也均应判定为重大安全风险:

(a)不符合法律、法规和其他要求的。
(b)曾经发生过事故,且未采取有效控制措施的。
(c)直接观察到可能导致危险且无适当控制措施的。

重大安全风险是公司制定安全生产目标、指标和管理方案的重要参考依据。

风险级别	措　　施
重大安全风险	只有当风险等级已降低时,才能开始或者继续工作。如果无限的资源投入也不能降低风险时,就必须禁止工作。(停止工作)
显著安全风险	应立即采取有效措施降低风险,并应考虑应急措施。(立即整改)
一般安全风险	应努力降低风险,但应仔细测定并限定预防成本,并应在规定时间期限内实施降低风险措施。(限期整改)

(4)评估步骤。

① 初始风险评估:根据风险评估方法确定初始风险等级。

② 确定风险控制措施:根据初始风险等级的大小建立相应的控制措施或者保持已有的控制措施,进一步降低风险等级。

③ 剩余风险评估。根据风险控制措施的确定和建立,再次评价通过控制措施后的风险等级。初始风险评估和剩余风险评估的方法是一样的。

(5)评估结果。各部门分别就本部门的评估结果,编制《客运索道企业安全风险辨识、分析、评估汇总表》,保存评估记录。各部门的《安全风险评估总表》由保安部审核,管理者代表批准,并将《客运索道企业安全风险辨识、分析、评估汇总表》分别留办公室备案和本部门保存。对存在风险的岗位、区域应设置《安全风险公告栏》和《岗位安全风险告知卡》。

(6)安全风险的更新。当发生下列情况时,各部门应组织有关人员重新进行风险辨识与评价:

① 相关法律、法规和其他要求发生变化。
② 公司的安全生产方针和安全生产目标发生重大变化。
③ 公司的产品、活动和服务发生较大变化。
④ 相关方有合理抱怨和要求。

【主要要求】1

(1)客运索道运营企业应制定风险评估管理制度,明确风险评估的目的、范围和准则,在设计、施工、安装、运行、检修、拆除、报废等过程都要进行风险控制管理和风险评估,使企业始终处于风险程度可控制、可接受的范围内。

(2)根据风险评估的范围,风险评估组织应覆盖所有的相关职能部门。评价组织应由企业安全管理机构牵头、相关部门负责人、专业技术人员、安全管理人员、从业人员代表等参加组成。

(3)客运索道运营企业各级管理人员应负责组织、参与风险评估工作,鼓励从业人员积极参与风险评估和风险控制活动。

(4)客运索道运营企业主管安全生产的负责人应直接负责风险评估工作,组织制定风险评估管理制度和企业风险评估计划并承担审核批准的责任。

第2篇　客运索道运营安全风险管控及隐患排查治理双重预防机制应用指南

（5）风险评估组织成员要接受风险评估培训。

【范例】

评估分级的LS方法

事故发生的可能性L

等级	标　准
5	在现场没有采取防范、监测、保护、控制措施，或危害的发生不能被发现（没有监测系统），或在正常情况下经常发生此类事故或事件
4	危害的发生不容易被发现，现场没有检测系统，也未发生过任何监测，或在现场有控制措施，但未有效执行或控制措施不当，或危害发生或预期情况下发生
3	没有保护措施（如没有保护装置、没有个人防护用品等），或未严格按操作程序执行，或危害的发生容易被发现（现场有监测系统），或曾经做过监测，或过去曾经发生类似事故或事件
2	危害一旦发生能及时发现，并定期进行监测，或现场有防范控制措施，并能有效执行，或过去偶尔发生事故或事件
1	有充分、有效地防范、控制、监测、保护措施，或员工安全卫生意识相当高，严格执行操作规程。极不可能发生事故或事件

事件后果严重性S

等级	法律、法规及其他要求	人　员	财产损失/万元	停　工	企业形象
5	违反法律、法规和标准	死亡	>50	部分装置（>2套）或设备停工	重大国际影响
4	潜在违反法规和标准	丧失劳动能力	>25	2套装置停工或设备停工	行业内、省内影响
3	不符合上级公司或行业的安全方针、制度、规定等	截肢、骨折、听力丧失、慢性病	>10	1套装置停工或设备停工	地区影响
2	不符合企业的安全操作程序、规定	轻微受伤、间歇不舒服	<10	受影响不大，几乎不停工	公司及周边范围
1	完全符合	无伤亡	无损失	没有停工	形象没有受损

《客运索道运营安全生产标准化管理》团体标准应用指南

安全风险等级判定准则及控制措施 R

风险度	等级		应采取的行动/控制措施	实施期限
20～25	1级	重大	在采取措施降低危害前,不能继续作业,对改进措施进行评估	立刻
15～16	2级	较大	采取紧急措施降低风险,建立运行控制程序,定期检查、测量及评估	立即或近期整改
9～12	3级	一般	可考虑建立目标、建立操作规程,加强培训及沟通	2年内治理
<8	4级	低	可考虑建立操作规程、作业指导书但需定期检查或无须采用控制措施	有条件、有经费时治理

风险矩阵表

风险等级						
	5	低风险	一般风险	较大风险	重大风险	重大风险
	4	低风险	低风险	一般风险	较大风险	重大风险
	3	低风险	低风险	一般风险	一般风险	较大风险
	2	低风险	低风险	低风险	低风险	一般风险
	1	低风险	低风险	低风险	低风险	低风险
		1	2	3	4	5

【主要要求】2

客运索道运营企业风险评估的范围应包括:

(1)规划、设计、建设、运行等阶段。客运索道新建、改造要按照"三同时"的要求。项目规划、设计、建设、运行等阶段,都要进行风险评估,并编制安全条件论证报告。如环境影响性评价;设备、设施安全评价;现场安全管理评价等。

(2)常规和非常规活动。常规活动是指企业正常的生产经营活动,它具有连续性、固定性、周期长等特点。非常规活动是指除企业常规活动以外的生产经营活动,与常规生产启动的最大不同之处,就是生产活动的不确定、不连续、突发性和临时性。如设备检(维)修就是典型而又常见的非常规活动,同时异常停车也是非常规活动。

(3)潜在的事故及紧急情况。客运索道运营企业应对潜在的事故及紧急情况进行风险评估,对事故状态进行分级,并启动相应的应急预案。对于潜在紧急情况(如突然间地停电、遭受雷击等)进行风险分析,采取有效对策措施,防止潜在事故及紧急情况发生时给企业造成重大损失。

(4)所有进入作业场所人员的活动。企业应对所有进入作业场所人员的活动进行风险因素辨识,分析作业人员实施作业活动过程中的危险、有害因素,制定有效的防范措施,消除隐患。

第2篇 客运索道运营安全风险管控及隐患排查治理双重预防机制应用指南

（5）索道运营现场的设施、设备、车辆、安全防护用品。客运索道运营企业应对作业场所的设施、设备、车辆、安全防护用品进行风险评估，对于设施、设备、车辆的安全状况进行分析，并定期进行巡查、检修、维护或更新，使其处于良好的运行状态，防止带病运行。对于安全防护用品进行定期检查，使之处于良好的可使用状态。

（6）气候、地震及其他自然灾害。客运索道运营企业应了解当地气候、地震、水文及其他可能导致自然灾害情况，并分析对企业生产经营活动可能造成的影响，采取有效的防范控制措施，降低自然灾害发生时给企业带来的损失，防止次生事故的发生。

【主要要求】3

风险评估的频次方面，客运索道运营企业应根据国家法律法规、标准规范的更新，本单位的调整变更，组织相关人员适时地进行风险评估，分析辨识其危险、有害因素。企业应在下列情形发生时及时进行风险评估：

（1）有新的或变更的法律法规或标准规范发布；
（2）索道操作流程改变；
（3）索道设备改造项目；
（4）有对事件、事故或其他信息的新认识；
（5）组织机构发生大的调整。

【主要要求】4

风险评估准则制定方面，客运索道运营企业制定的评价准则包括事件发生的可能性和后果的严重性及风险度。评价准则即评价标准，对同一企业而言他是唯一的。但它又是动态的，随着时间和企业的发展而变化。在制定评价准则时，应依据：

（1）有关安全生产时法律法规。
（2）索道设计规范、技术标准。
（3）客运索道运营企业安全管理标准。
（4）客运索道运营企业安全生产方针和目标等。

客运索道运营企业要根据自己的实际特点，比如生产规模、危险程度等，制定适合本单位的评价准则，以便于准确地进行风险评估。评价准则应符合有关法律法规、标准规范规定。评价准则应包括事件发生可能性与严重性的取值标准以及风险等级的评定标准。

【主要要求】5

风险评估的工作程序，以采用风险矩阵法（该方法从事故的可能性和后果两种角度进行评价）进行风险评估为例，其工作程序可以归纳为：

（1）由有丰富经验、技术和熟悉索道运营、维修技术、安全管理的人员组成评价小组。
（2）确定评价单元。
（3）收集有关信息资料，加以归纳总结。
（4）进行评价，确定事故风险的可能性和后果，得出风险因子。
（5）提出改进措施及建议。

2．客运索道运营企业应选择合适的安全风险评估方法，定期对所辨识出的存在安全风险的作业活动、设备设施等进行评估。在进行安全风险评估时，至少应从影响人、财产和环境三个方面的可能性和严重程度进行分析。

【条款释义】1

客运索道运营企业应依据已经确定风险评估准则，选用合适的评价方法，适时组织风险评估工作，识别与生产经营活动有关的危险、有害因素。风险评估要尽量覆盖索道的全部范围和全部作业活动。为了有序、方便地进行分析，防止遗漏，宜按现场设施、索道设备、作业环境、安全管理等几个方面，分别分析其存在的危险、有害因素，列表登记，综合归纳。

《客运索道运营安全生产标准化管理》团体标准应用指南

【条款释义】2

安全风险是指发生危险事件或有害暴露的可能性,与随之引发的人身伤害、健康损害或财产损失的严重性的组合。导致事件发生的危险、有害因素有很多,可能性应该是所有可导致事件发生的危险、有害因素的可能性之和。

应当清楚,可能性是危险事件发生的可能性。我们可以根据风险评估事件的选择概念,将一项作业,一个装置中可能导致同一危险事件发生的危险,有害因素找出来,评估此事件发生的可能性和此事件一旦发生,其后果的严重性。分析事件时应尽可能找到源头,这样制定的措施才更有效。

【主要要求】1

客运索道运营企业在进行风险评估时,应从影响人、财产和环境三个方面的可能性和严重性进行分析,重点考虑以下因素:

(1)火灾和爆炸。
(2)设备缺陷。
(3)消防安全。
(4)用电安全。
(5)自然灾害。
(6)人为因素。
(7)环境因素等。

【主要要求】2

(1)需要由有资质的安全技术服务机构对客运索道运营企业的安全生产状况进行评估并作出安全评估报告。

5.5.1.3 安全风险控制

1. 客运索道运营企业应选择工程技术措施、管理控制措施、个体防护措施等,对安全风险进行控制。

客运索道运营企业应根据安全风险评估结果及生产经营状况等,确定相应的安全风险等级,对其进行分级分类管理,实施安全风险差异化动态管理,制定并落实相应的安全风险控制措施。

【条款释义】

客运索道运营企业应根据风险评估的结果、自身经营情况、财务状况等因素,确定优先顺序,制定措施消减风险,将风险控制在可以接受的程度,防止事故的发生。

【主要要求】1

(1)企业在选择风险控制措施时应考虑的因素包括:
① 控制措施的可行性和可靠性。
② 控制措施的先进性和安全性。
③ 控制措施的合理性及企业的运营情况。
④ 可靠的技术保证和服务。

(2)企业在选择风险控制措施时应包括:
① 技术措施,实现本质安全。
② 管理措施,规范安全管理。
③ 教育措施,提高从业人员的操作技能和安全意识。
④ 个体防护措施,减少职业伤害。

【主要要求】2

客运索道运营企业应定期评审或检查风险评估结果和风险控制效果。

(1)客运索道运营企业应定期对风险评估结果进行评审或检查,并形成评审或检查报告。

第2篇　客运索道运营安全风险管控及隐患排查治理双重预防机制应用指南

【范例】

风险公告栏

索道设备部风险公告栏			
区域		风险等级	低风险
主要安全风险			事故后果
危石清理存在缺陷			坠落砸伤
连续雨天出现泥石流			山体滑落
管控措施			
1. 常态化与气象部门联系，对天气情况密切关注 2. 定期检查危险源 3. 山体做防护钢网，防止危石蹦落伤人			
警示标志			
当心坠落 Watch Out For Falling			
应急措施			
1. 山体发生落石，及时拉起警示线，并与落石区域保持安全距离 2. 发生人员被落石砸伤或心跳停止，应立即将伤员移至空旷地带，进行心肺复苏，同时拨打急救电话：120			
报告方式			
公司应急电话：×××	火警：119		急救：120
责任部门：索道设备部	责任人：××		联系电话：×××

（2）客运索道运营企业应定期对风险控制效果进行评审或检查，检查其是否全面、有效，并形成评审记录。

2. 客运索道运营企业应将安全风险评估结果及所采取的控制措施告知相关从业人员，使其熟悉工作岗位和作业环境中存在的安全风险，掌握、落实应采取的控制措施。

【条款释义】

客运索道运营企业应制定培训计划，将风险评估的结果、制定的控制措施，包括修订和新制定的安全生产规章制度、操作规程，组织从业人员进行教育培训，使从业人员熟悉其岗位和工作环境中的风险，应该采取的控制措施，从而保护从业人员的生命安全，保证安全生产。

《客运索道运营安全生产标准化管理》团体标准应用指南

【范例】

岗位安全风险告知卡

风险名称	油库	级别	
警示标志	当心爆炸	可能导致的事故	其他爆炸
责任部门		责任人	
应急联系方式		应急措施	发生紧急情况立即启动爆炸事故现场处置方案
主要危害因素	除尘系统内因金属、砂石摩擦、碰撞火花和静电火花等因素,容易引起粉尘爆炸;除尘系统各吸风口相互连通,存在伤亡扩大的危险		
管控措施	1. 火花探测器与消防系统联动 2. 加强日常检查,发现问题及时整改 3. 明确设备管理要求、标准,对作业人员进行培训 4. 现场人员配备防护口罩 5. 制定现场处置方案,必要时及时启动应急预案		

岗位安全风险告知卡

风险名称	高处坠落	级别	
警示标志	当心坠落 WARNING DROP DOWN	可能导致的事故	人员高空坠落
责任部门		责任人	
应急联系方式		应急措施	若伤员发生高处坠落伤害后心跳停止,应及时进行心肺复苏;发生外伤时,及时对伤口进行简单包扎处理,视伤情拨打120
主要危害因素	检维修高空作业中未挂好安全带、未抓稳、站稳等违规操作造成高处坠落		
管控措施	高空作业前:召开安全会,配备安全带、安全帽,安全技术部专人现场监督管理		

第 2 篇　客运索道运营安全风险管控及隐患排查治理双重预防机制应用指南

【主要要求】
(1)客运索道运营企业应制定详细的风险管理教育培训计划。
(2)按培训计划对从业人员进行培训,使之熟悉本岗位的风险因素,掌握本岗位的操作规程及对风险因素的控制措施。

5.5.1.4　变更管理

客运索道运营企业应制定变更管理制度。变更前应对变更过程及变更后可能产生的安全风险进行分析,制定控制措施,履行审批及验收程序,并告知和培训相关从业人员。

【条款释义】1

变更是指人员、机构、设施、作业过程及环境等永久性或暂时性的变化。变更后会使原有的工作内容、方式、方法等发生改变,导致产生新的风险或对原有风险的控制能力被削弱,如不及时执行有效的变更管理,容易使风险失控,导致事故发生。该制度可以在单独的有关人员、机构、设施、作业过程及环境的管理制度中有涉及安全的变更内容,也可以统一建立有关人员、机构、设施、作业过程及环境变更的管理制度。制度内容应完整,有管理职责分工,管理流程,管理要求,特别是安全要求,变更后的危险分析和风险控制措施等。

【主要要求】1

变更管理是指对人员、机构、设施、作业过程及环境等永久性或临时性的变化进行有计划地控制管理,以避免对安全生产带来影响。变更管理的失控,往往会引发事故。客运索道运营企业应制定变更管理制度并依照变更管理制度,对变更实施规范管理。

变更管理制度中应包括以下内容:
(1)变更管理要求
① 明确变更内容。
② 规定实施变更的程序。
③ 对由于变更可能导致的风险进行评价。
④ 根据评价结果,制定控制措施。
⑤ 将变更的内容,及时传达给相关人员,并对操作人员进行培训。
(2)变更类型:主要包括索道设备设施变更和管理变更。
① 索道设备设施变更。主要包括索道设备设施的更新改造、布局改变,备件、辅助材料的改变,监控、测量仪表的变更,控制系统等软件的变更,电气设备的变更,增加临时的电器设备等。
② 管理变更。主要包括人员、供应商和承包商、管理机构、管理职责、管理制度和标准发生变化等。
(3)变更程序:主要包括变更申请、变更审批、变更实施、变更验收。

【范例】

变更管理制度

1. 目的

为了规范客运索道运营企业内人员、管理、设备、设施等变化的控制管理,消除或减少由于变更而引起的潜在事故隐患,加强对变更过程有计划的控制,避免或减轻对客运索道运营企业安全生产的影响,结合公司生产实际,特制定本制度。

2. 适用范围

本制度适用于客运索道运营企业所属各部门的变更管理。

3. 引用标准及相关文件

《安全生产法》。

《客运索道运营安全生产标准化管理》团体标准应用指南

4. 定义

变更管理是指对人员、管理、设备、设施等永久性或暂时性的变化进行有计划的控制,以避免减轻对安全生产的影响。

5. 变更内容

(1)公司内有关人员变更:包括公司领导调整、干部任免、管理人员调整、岗位操作工调整以及新进入公司人员分配等。

(2)管理变更:主要包括法律法规和标准的变更、管理机构变化、管理职责的变更、安全标准化管理的变更等。

(3)设备技术变更:新建、改建设备的重大变更、设备操作流程的重大变更等。

(4)设施变更:主要包括设施的更新、安全设施的变更、更换与材料变更、临时的电气设备设施的变更等。

6. 变更类型

(1)设备设施的变更:主要包括设备设施的更新改造、安全设施的变更、更换与原设备不同的设备或配件、设备材料代用变更、临时的电气设备设施等。

(2)管理变更:主要包括法律法规或标准的变更、人员的变更、管理机构的变更、管理职责的变更、安全标准化管理的变更等。

7. 职责

(1)变更管理由各职能部门负责,并建立变更管理档案。

(2)公司各职能部门按照公司《安全生产责任制》的职责分工,在各自的职责范围内确定本部门管理的变更管理细则或具体实施办法,具体落实实施。

8. 变更管理的要求

(1)明确变更的内容。

(2)对于变更可能导致的风险进行评价。

(3)根据评价结果,制定控制措施。

9. 变更程序

(1)变更申请。

① 在生产经营活动中,需要对设备(设施)、管理方式(制度)、人员调配等进行修改,应由职能部门提出变更申请。

② 办理变更申请时,应认真填写《变更申请表》,待批准后方可实施。应急特殊事项的变更,可以先请示主管领导同意后,实施变更,应急结束后应补办变更手续。

(2)变更审批。根据变更项目的重要程度、影响范围、投资情况等,结合公司生产经营情况实行分级管理。

一般变更:变更影响只局限于单个部门的变更,由变更主管部门对变更内容进行必要性、可行性及风险进行分析和评估,报分管领导审批后实施。

重大变更:变更影响多个部门的变更,由安全管理部门组织有关职能部门共同进行可靠性研究,报公司总经理批准后实施;不论变更申请是否批准,变更主管部门都应将审批结果及时反馈给责任部门,经批准实施的变更应通知相关部门,并做好相关记录。

(3)变更实施。变更批准后,由各相关职责的主管部门负责实施。任何临时性的变更,未经审查和批准,不得超过原批准的范围和期限。

(4)变更验收。变更实施结束后,由安全管理部门组织相关部门对变更的实施情况进行验收,验收的主要内容应包括项目的完整性、适用性、有效性、安全可靠性及对环境的影响,并填写《变更验收表》。

【条款释义】2

客运索道运营企业按照变更管理制度的要求,执行变更管理。主要的环节有变更前的审批,过程中的风险(隐患)进行辨识评估和控制,变更后的验收。其主要技术内容还是对变更进行风险管理,即对变更可能产生的风险进行辨识、评估和控制,确保风险清楚、受控。

【主要要求】2

客运索道运营企业应严格执行变更管理制度,履行下列变更程序:

(1)变更申请:客运索道运营企业应制定统一的《变更申请表》,在实施变更时,变更申请人应填写《变更申请表》,并由专人负责管理。

【范例】

变更申请表

部门		日期	
设备名称		设备型号	
更新原因			
更新要求			
部门意见			
财务部意见			
分管副总意见			
总经理意见			

(2)变更审批:《变更申请表》填好后,应逐级上报主管部门和主管领导审批。主管部门组织有关人员按变更原因和实际生产的需要确定是否进行变更。

(3)变更实施:变更批准后,由各相关职责的主管部门负责实施。对变更可能产生的风险进行辨识、评估,制定针对性的控制措施,保证风险受控。超过原审批范围和期限的任何临时性变更,都必须重新进行审查和批准。

(4)变更验收:变更实施结束后,变更主管部门应对变更情况进行验收,确保变更达到计划要求。变更主管部门应及时将变更结果通知相关部门和人员。

【范例】

设备更新验收表

组织部门		日期	
设备名称		设备型号	
情况说明			
验收意见			
验收人员			
总经理意见			

5.5.2 重大危险源辨识与管理

1. 客运索道运营企业应建立重大危险源管理制度,全面辨识重大危险源,对确认的重大危险源制定安全管理技术措施和应急预案。

【条款释义】

《客运索道运营安全生产标准化管理》团体标准应用指南

客运索道运营企业应建立健全重大危险源安全管理制度,通过技术措施(前期设计、建设、运营、维护及定期检查等)和组织措施(人员的培训教育、职责明确、防护器具配置、作业要求等),对危险源、重大危险源严格管理,防止生产安全事故的发生,并制定应急预案,向从业人员告知(见附件九)。

【范例】

重大危险源管理制度

1. 目的

为进一步加强重大危险源管理,有效预防重大危险的发生,保障公司财产、职工和乘客安全,特制定本制度。

2. 范围

本制度适用于公司经营范围内存在的重大危险源的辨识、评估、登记、监控和管理工作。

3. 职责

安全生产与职业卫生领导小组负责重大危险源的归口管理工作。

4. 要求

(1)设备部对公司经营范围内存在的大风、雷电、冻雨等重大危险源进行辨识、上报工作。

(2)保安部对公司经营范围内存在山体滑坡、泥石流、洪水、危岩等重大危险源进行辨识、上报工作。

(3)其他部门对本部门区域范围内存在的重大风险进行辨识、上报工作。

(4)辨识与评估。安全生产与职业卫生领导小组对各部门上报的重大危险源进行汇总登记,并组织相关专业人员进行评估,做好评估记录。

(a)监控措施包括技术措施(可包括设计、建设、运行、维护、检查、检验等)和管理措施(职责明确、人员培训、防护器具配置、作业要求等)。

(b)设备部对公司经营范围内存在的大风、雷电、冻雨等重大危险源实施监控,制定相应的控制措施。

(c)保安部对公司经营范围内存在山体滑坡、泥石流、洪水、危岩等重大危险源实施监控,制定相应的控制措施。

(d)其他部门对评估确定的其他重大危险源实施监控,制定相应的控制措施。

(e)重大危险源所在的部门应在重大危险源现场设置明显的安全警示标志和警示牌(内容包括名称、地点、责任人员、事故模式、控制措施)。

(5)跟踪与检查。安全生产与职业卫生领导小组定期对重大危险源进行专项监督检查,发现重大危险源存在事故隐患责令所在部门立即整改;对不能立即整改的,限期完整整改,并采取切实有效的监控措施。

(6)重大危险源安全管理和监控所需要的资金费用纳入公司安全生产费用计划。

【主要要求】

重大危险源安全管理措施的主要要求:

(1)客运索道运营企业应制定和完善重大危险源安全管理制度,落实重大危险源管理和监控职责,确保重大危险源的科学、规范管理。

(2)客运索道运营企业要保证重大危险源安全管理与监控所需要的资金投入,在重大危险源安全设施的各环节加强安全投入。其所需资金在安全投入专项资金中单列。

(3)客运索道运营企业要对索道运营人员进行安全教育培训,使其掌握本岗位的安全操作技能和在紧急情况下应当采取的应急措施。

(4)客运索道运营企业要在重大危险源现场设置明显的安全警示标志,并加强重大危险源的监控管理。

(5)客运索道运营企业要对重大危险源进行定期的检测,并保留记录。

(6)客运索道运营企业要对重大危险源安全状况进行定期评估,并建立重大危险源安全档案。

(7)客运索道运营企业根据重大危险源的实际情况,建立健全相应的安全监控系统或安全监控设施,保证安全监控系统或监控设施有效运行,并落实监控责任。

(8)客运索道运营企业要对重大危险源进行认真整改,不能立即整改的,必须采取切实可行的安全措施,防止事故发生。

(9)客运索道运营企业要制定和完善重大危险源事故应急预案,配备必要的防护、救援物资和装备,保障其完好,并定期进行应急演练。

(10)客运索道运营企业要贯彻执行国家、行业的技术标准,不断改进监控管理手段和预测预警技术,提高重大危险源监控管理和技术水平,提高重大危险源的安全稳定性。

(11)客运索道运营企业应将重大危险源可导致发生事故的后果及应急措施等信息告知可能受影响的单位和人。

【范例】

重大风险辨识登记表

名称	地点	性质	可能造成的危害
雷电			
大风			
洪水			
泥石流			
山体滑坡			
冻雨			

重大风险评估表

风险名称		责任人	
所处位置		评估日期	
可能造成的危害:			
评估意见和建议:			
评估人员签字			年　月　日

说明:1. 支撑文件:《重大风险管理制度》;

2. 适用范围:重大风险的安全管理;

3. 要求:安全生产领导小组负责组织对重大风险进行安全检查,根据具体检查情况填写此表;

4. 保存三年。

《客运索道运营安全生产标准化管理》团体标准应用指南

重大风险安全检查记录表

风险名称		检查人员	
所处位置		检查日期	
经检查存在如下安全隐患			
安全控制措施			
复查情况	复查人员:		年 月 日

说明:1. 支撑文件:《重大风险管理制度》;
  2. 适用范围:重大风险的安全管理;
  3. 要求:安全生产领导小组负责组织对重大风险进行安全检查,根据具体检查情况填写此表;
  4. 保存三年。

重大风险安全控制措施

名称	地点	可能造成的危害	安全控制措施
雷电		1. 损坏索道设备。安全设施 2. 停机 3. 乘客滞留 4. 造成人员伤亡 5. 其他危害	1. 提前获取雷电信息 2. 运用索道雷电预警分析仪、气象雷达等仪器装备 3. 定期对索道站房、支架和公共建筑物进行防雷接地检测,确保要求 4. 向公众发布停运信息 5. 停机、减速慢行 6. 组织相关人员培训、学习 7. 配备索道相适应的防雷设施、器具 8. 规范作业要求 9. 设备部负责雷电重大风险的管理控制 10. 其他安全控制措施
大风		1. 导致钢丝绳偏绳、脱索、停机 2. 乘客滞留 3. 人员伤亡 4. 其他危害	1. 提前获取大风的气象信息 2. 索道司机对大风风速实时监控 3. 定期检测风速仪等装置 4. 向公众发布停运信息 5. 停机、减速慢行 6. 组织相关人员培训、学习 7. 规范作业要求 8. 设备部负责大风重大风险的管理控制 9. 其他安全控制措施

第2篇　客运索道运营安全风险管控及隐患排查治理双重预防机制应用指南

（续）

名称	地点	可能造成的危害	安全控制措施
洪水		1. 站房、支架倒塌 2. 停机 3. 乘客滞留 4. 人员伤亡 5. 其他危害	1. 提前获取暴雨气象信息 2. 向公众发布停运信息 3. 停机、关机 4. 若危及索道站房、支架造成重大危险时,组织相关人员及乘客迅速撤离 5. 及时、如实上报相关部门,请求支援 6. 组织相关人员培训、学习 7. 设置明显安全警示标志及警示牌 8. 保安部负责洪水重大风险的管理控制 9. 其他安全控制措施
泥石流		1. 站房、支架倒塌 2. 设备损坏 3. 乘客滞留 4. 人员伤亡 5. 其他危害	1. 提前获取暴雨气象信息 2. 向公众发布停运信息 3. 停机、关机 4. 若危及索道站房、支架造成重大危险时,组织相关人员及乘客迅速撤离 5. 及时、如实上报相关部门,请求支援 6. 设置明显安全警示标志及警示牌 7. 组织相关人员培训、学习 8. 保安部负责泥石流重大风险的管理控制 9. 其他安全控制措施
山体滑坡		1. 站房、支架倒塌 2. 设备损坏 3. 乘客滞留 4. 人员伤亡 5. 其他危害	1. 提前获取暴雨气象信息 2. 向公众发布停运信息 3. 停机、关机 4. 若危及索道站房、支架造成重大危险时,组织相关人员及乘客迅速撤离 5. 及时、如实上报相关部门,请求支援 6. 设置明显安全警示标志及警示牌 7. 组织相关人员培训、学习 8. 定期进行检查 9. 保安部负责山体滑坡重大风险的管理控制 10. 其他安全控制措施
冰雨		1. 钢绳结冰致使抱索器抱索力下降,吊具滑移致使停机 2. 液压系统、安全设施性能下降致使停机 3. 供电、通讯线路中断 4. 其他危害	1. 提前获取降雨气象信息 2. 向公众发布停运信息 3. 停机处理 4. 除冰、加热处理 5. 组织相关人员培训、学习 6. 设置明显安全警示标志及警示牌 7. 设备部负责冰雨重大风险的管理控制 8. 其他安全控制措施

《客运索道运营安全生产标准化管理》团体标准应用指南

(续)

名称	地点	可能造成的危害	安全控制措施
危岩		1. 支架损坏 2. 设备损坏 3. 乘客滞留 4. 人员伤亡 5. 其他危害	1. 向公众发布停运信息 2. 若危及索道站房、支架造成重大危险时,组织相关人员及乘客迅速撤离 3. 组织相关人员培训、学习 4. 及时、如实上报相关部门,请求支援 5. 设置明显安全警示标志及警示牌 6. 定期进行检查 7. 保安部负责危岩重大风险的管理控制 8. 其他安全控制措施

5.5.3 隐患排查治理

5.5.3.1 隐患排查

1. 客运索道运营企业应建立隐患排查治理制度,逐级建立并落实从主要负责人到每位从业人员的隐患排查治理和防控责任制。并按照有关规定组织开展隐患排查治理工作,及时发现并消除隐患,实行隐患闭环管理。

【条款释义】

安全生产事故隐患是指生产经营单位违反安全生产法律法规、标准规范和安全生产管理制度的活动,或者因其他因素在生产经营活动中存在可能导致事故发生的物的危险状态、人的不安全行为和管理上的缺陷。

为确保隐患排查工作得到有效落实,企业应根据法律法规、方针政策、季节变化、生产实际情况等有关内容要求,制定隐患排查工作方案,确定排查目的、排查的区域或作业范围、排查方法和组织方式、排查的时间、资源配置以及排查过程中的具体要等,进行全面或专项的隐患排查工作。

按照隐患排查工作方案,组织人员,采取预定的方式、方法,对确定的排查范围,实施现场排查,找出隐患,并按照隐患等级开展治理,根据治理情况进行验收和效果评估,同时做好监控、报告、销账等闭环管理工作。

【主要要求】

(1)客运索道运营企业应根据自身实际情况,建立隐患排查治理的管理制度,并按照本单位制度管理程序进行审批,以正式文件发布实施。

【范例】

隐患排查治理管理制度

1. 目的

为了建立企业事故隐患排查治理的长效机制,彻底消除或控制事故隐患,有效防止和减少各类事故的发生,根据相关法律法规,制定本制度。

2. 范围

本制度规定了隐患识别、申报、治理、效果验证等管理内容和要求,适用于公司经营范围。

3. 职责

安全生产与职业卫生领导小组是隐患管理部门,负责组织对各类隐患的排查、评价、整改措施制定,负责隐患项目治理计划的制定、上报、实施过程监督及验收。

第2篇　客运索道运营安全风险管控及隐患排查治理双重预防机制应用指南

办公室负责隐患治理项目所需物资的采购。

财务部负责各类隐患治理和控制的资金保证。

各部门负责其职责范围内各类隐患的排查识别、评价、初步治理方案提出、控制和应急措施在现场的具体实施。

4．要求

(1)隐患管理的原则。

① 隐患整改实行公司负责制，公司是识别、评估和整改事故隐患的责任主体，对发现的各类事故隐患都必须组织整改。

② 事故隐患整改应遵循"谁管理，谁负责；谁设计，谁负责；谁施工，谁负责；谁验收，谁负责"的原则。

(2)隐患的分级管理。

① 定义：隐患是指生产区域、工作场所中存在可能导致人身伤亡、财产损失或造成重大社会影响的设备、装置、设施、生产系统等方面的缺陷和问题。生产经营单位违反安全生产法律、法规、规章、标准、规程和安全生产管理制度的规定，或者因其他因素在生产经营活动中存在可能导致事故发生的物的危险状态、人的不安全行为和管理上的缺陷。

② 分级：公司对于隐患实施分级管理。事故隐患分为重大事故隐患、一般事故隐患。

③ 管理：重大事故隐患由安全生产领导与职业卫生小组管理，一般事故隐患由各部门管理。

(3)隐患的排查。

① 各部门结合自身实际，组织技术人员和现场人员，采用定期和不定期两种方式排查和识别现场各类隐患。综合检查、专业检查、季节性检查、节假日检查、日常检查。

② 不定期方式：在日常巡检、安全检查和现场操作以及生产管理过程中，对各类隐患要随时查找，随时整改。

③ 定期方式：公司或部门内部定期(每季度)开展隐患排查，对隐患进行调查和识别。

④ 对于排查和治理的各类隐患必须及时录入隐患台账备案，实行动态管理。

(4)隐患评估。

① 对需要立项投资整改的事故隐患由安全生产与职业卫生领导小组组织评估，并形成评估报告。评估报告应包括以下主要内容：事故隐患类别、事故隐患等级、影响范围及严重程度、隐患整改的目标及效果要求、事故隐患整改建议、整改资金估算。

② 安全生产与职业卫生领导小组依据事故隐患评估结果召集相关单位人员研究制定整改投资方案。

(5)隐患报告。

① 隐患实行逐级上报制度，上报隐患应说明以下内容：隐患存在的具体部位、隐患的具体内容、初步评价结果、隐患治理的初步整改方案、隐患治理所需的投资额等内容。

② 各部门不能整改的，将评价结果和隐患内容向公司安全生产领导小组申报，同时在公司安全生产领导小组备案。

③ 公司不能整改的，将评价结果和隐患内容向上级部门申报并备案。

(6)隐患的治理与整改。

① 隐患的治理整改坚持"能立即整改的必须立即整改，不能立即整改的必须采取有效控制措施，限期治理"的原则。

② 隐患整改，由各级管理部门组织实施，安全生产与职业卫生领导小组监督检查。

③ 对于需要进行投资治理的隐患，由安全生产与职业卫生办公室提出立项申请，经公司领导批准后进行立项，确定隐患治理的具体方案，然后组织实施。

(7)隐患治理整改的验收和效果验证。

《客运索道运营安全生产标准化管理》团体标准应用指南

①隐患治理完成后,必须进行验收。对涉及工程施工的验收,执行工程施工的验收程序;对涉及设备购置的验收,执行设备购置的验收程序;对涉及技术改造及技术攻关项目的验收,执行技术改造及技术攻关的验收程序。

②验收由安全生产与职业卫生领导小组组织相关的工艺、设备、安全、仪表电气等专业人员进行,并留下验收记录。

③隐患治理整改项目完成后三个月至半年之内,由安全生产领导小组对其效果进行验证,并留下相应的验证结果。隐患项目验收和效果验证记录按管理级别备案。

(8)隐患的控制和应急。

①安全生产与职业卫生领导小组应建立《生产安全事故隐患登记台账》,对事故隐患实行立项、消项整改制度,对排查处的各类隐患实行分级动态管理。

②隐患在没有完成治理整改之前,为防止隐患失控导致事故的发生,所在部门必须制定实施切实可行的控制措施和应急措施,把各项措施落实到具体人员,并有相关人员认定的明确记录。同时,隐患所在单位要把隐患的应急措施作为应急计划的重要补充内容进行管理,演练到位,以防不测。

(2)客运索道运营企业在隐患排查治理管理制度中,应明确责任部门、各级人员的责任、排查方法、范围、记录、监控、治理、报告、销账等内容,实现隐患排查、登记、整改、评价、销账、报告的闭环管理。

(3)客运索道运营企业应当建立对承包商隐患排查治理的管理制度,明确各方对事故隐患排查、治理和防控的管理职责。

(4)客运索道运营企业在组织隐患排查前需要进行认真策划,由组织隐患排查的部门、人员来确定具体排查工作方案。

(5)特定的一次隐患排查,要有具体的要求和目的,如:贯彻落实上级有关工作要求、定期的排查、专业管理需要查清现场实际情况等。

(6)每一次隐患排查,应根据隐患排查的目的,限定具体的排查范围。

(7)排查方法的选择和确定需要充分考虑索道运营客观实际及相关要求,保证排查方法可行并满足要求。

2. 客运索道运营企业应根据有关法律法规、标准规范等,组织制定各部门、岗位、场所、设备设施的隐患排查治理标准或排查清单,明确隐患排查的时限、范围、内容、频次和要求,并组织开展相应的培训。隐患排查的范围应包括所有与生产经营相关的场所、人员、设备设施和活动,包括承包商、供应商等相关方服务范围。

【范例】

×××索道公司安全隐患汇总表

序号	作业活动区域	危险因素 类别	危险因素 具体描述	可能导致的事故	涉及人员	初始隐患登记	控制措施及对策	隐患等级
1	停车场	车辆伤害	指挥游客疏导交通	人员撞伤	所有人员	一般隐患	规范指挥,定点乘车下车	一般隐患
2	延线支架	高空坠落	支架检修	人员伤亡	设备人员	一般隐患	规范作业,佩戴保护措施	一般隐患
3	站房周边	高空坠落	擦玻璃	人员伤亡	工作人员	一般隐患	现场监督,佩戴安保措施	一般隐患
4	站房外围	高空坠落	捡垃圾	人员伤亡	工作人员	一般隐患	现场监督,佩戴安保措施	一般隐患

第 2 篇 客运索道运营安全风险管控及隐患排查治理双重预防机制应用指南

（续）

序号	作业活动区域	危险因素 类别	危险因素 具体描述	可能导致的事故	涉及人员	初始隐患登记	控制措施及对策	隐患等级
5	房顶	高空坠落	房顶除雪	人员伤亡	工作人员	一般隐患	现场监督，佩戴安保措施	一般隐患
6	房顶	高空坠落	清洁房顶枯叶	人员伤亡	工作人员	一般隐患	现场监督，佩戴安保措施	一般隐患
7	下站桥面	高空坠落	桥面	人员伤亡	所有人员	一般隐患	安保疏导，竖立明显警示牌	一般隐患
8	游步道边缘	高空坠落	挡墙	人员伤亡	所有人员	一般隐患	安保疏导，竖立明显警示牌	一般隐患
9	站台	物体打击	清扫站台行车区卫生	人员撞伤	工作人员	一般隐患	现场监督，化明显警戒线	一般隐患
10	站台	物体打击	检修巡查通过行车区	人员撞伤	工作人员	一般隐患	现场监督，化明显警戒线	一般隐患
11	设备活动部位	机械伤害	未停机进行检修	人员伤亡	工作人员	一般隐患	加强学习，停机后再操作	一般隐患
12	维修操作台	机械伤害	电动工具操作不当	人员受伤	工作人员	一般隐患	规范操作规程，加强监督管理	一般隐患
13	检修平台	机械伤害	安装检修操作不协调	人员受伤	工作人员	一般隐患	规范操作规程，加强监督管理	一般隐患
14	站房内设备	机械伤害	吊装,安装指挥不当	人员伤亡	工作人员	一般隐患	做预案，主管现场指挥	一般隐患
15	站台	机械伤害	指挥不当引起人员卡门	人员受伤停机	所有人员	一般隐患	规范操作，加强监督管理	无隐患
16	站台升降平台	机械伤害	升降平台时夹脚或跌落	人员受伤	工作人员	一般隐患	升降时做好指示现场统一管理	无隐患
17	设备房	触电伤害	检修电器设备违章操作	人员受伤次生火灾	工作人员	一般隐患	定期检查，制定有效消防预案	一般隐患
18	生活区域	触电伤害	宿舍内私拉乱接电线	人员伤亡次生火灾	工作人员	一般隐患	定期检查，有证电工双人接线	无隐患
19	票务处	触电伤害	漏雨水引起的漏电	人员伤亡	工作人员	一般隐患	定期检查堵漏，做好排水	无隐患
20	泵房	触电事故	水泵使用前的触电事故	人员伤亡	工作人员	一般隐患	使用前检查，做好接地	一般隐患

《客运索道运营安全生产标准化管理》团体标准应用指南

（续）

序号	作业活动区域	危险因素 类别	危险因素 具体描述	可能导致的事故	涉及人员	初始隐患登记	控制措施及对策	隐患等级
21	所有用电线路	触电事故	漏电保护器失灵	人员伤亡	所有人员	一般隐患	定期检查，并按动测试开关	一般隐患
22	所有导电体	触电事故	雷电伤害	人员伤亡 电气损害	所有人员	重大隐患	做好接地工作，加强雷电监测	重大隐患
23	焊接体	触电事故	漏电引起的触电	人员伤亡	工作人员	一般隐患	做好接地工作，严禁雨天焊接	无隐患
24	上站户外	自然灼伤	高海拔紫外线灼伤	皮肤灼伤	所有人员	一般隐患	做好自我防护	一般隐患
25	焊接地点	电焊灼伤	电焊焊接时保护不当	皮肤灼伤	工作人员	一般隐患	加强学习，做好电焊防护	无隐患
26	厨房	火灾事故	电磁炉引起的局部过热	人员伤亡	工作人员	一般隐患	现场督导，操作期间不远离	无隐患
27	租衣房	火灾事故	电暖线引起的过热	人员伤亡	工作人员	一般隐患	统一管理，人走断电	无隐患
28	车库	火灾事故	充电短路引起的火灾	人员伤亡	工作人员	一般隐患	加强巡逻，常检查供电系统	一般隐患
29	宿舍	火灾事故	取暖设施使用不当	人员伤亡	工作人员	一般隐患	统一管理，人走断电	无隐患
30	焊接地点	火灾事故	电焊局部过热引起的	次生火灾	所有人员	一般隐患	加强实践学习，做好电焊防护	无隐患
31	油库	火灾事故	明火介入	人员伤亡 设备损坏	所有人员	显著隐患	规范管理分区储油加强通风	一般隐患
32	户外用火	火灾事故	游客取暖工队生活	人员伤亡 森林毁坏	所有人员	显著隐患	加强监督，拒绝明火	无隐患
33	厨房	爆炸事故	压力锅使用不当	人员受伤	工作人员	一般隐患	加强压力容器的常识学习并实践	无隐患
34	办公室票房	辐射危害	电脑、打印机	电磁辐射	工作人员	一般隐患	加强自我防护，职工体检	一般隐患
35	站房外通道	其他伤害	冰雪路滑引起的摔倒	人员受伤	所有人员	一般隐患	及时排险，树立警示标志	无隐患
36	房檐下	其他伤害	掉落的冰锥	人员受伤	所有人员	一般隐患	及时排险，树立警示标志	无隐患

第 2 篇　客运索道运营安全风险管控及隐患排查治理双重预防机制应用指南

（续）

序号	作业活动区域	危险因素 类别	危险因素 具体描述	可能导致的事故	涉及人员	初始隐患登记	控制措施及对策	隐患等级
37	厨房	其他伤害	卫生脏乱差	食物中毒	所有人员	一般隐患	加强监督管理	无隐患
38	设备动力房	噪音危害	设备运行的噪音	耳鸣影响信息传达	工作人员	一般隐患	职工体检，加强自我防护	一般隐患
39	索道运行	设备损坏	大风引起的钢丝绳脱索	停运设备损坏	所有人员	显著隐患	严格按照临时停机措施执行	一般隐患
40	上站	其他伤害	低温下的冻伤	冻伤	工作人员	一般隐患	加强保暖防护措施，轮流值班	
41	上站出站操作箱	其他伤害	下车时撞伤	人员撞伤	所有人员	一般隐患	现场监督，划明显警戒线	一般隐患
42	地质灾害	其他伤害	滑坡落石引起的灾害	设备损伤人员伤亡	所有人员	显著隐患	加强巡逻观察，做好人员财产避险	一般隐患
43	站房进水	其他伤害	下雨天站房进水	人员摔伤此生触电	所有人员	一般隐患	树立明显标志，疏通排水系统	无隐患
44	压力管道	物体打击	消防管道设备液压管	人员伤亡	所有人员	一般隐患	加强学习，泄压后再操作	无隐患
45	变频室	触电事故	停电后电容放电	人员伤亡电气损害	工作人员	一般隐患	加强学习，按章操作	无隐患
46	施工地点	其他伤害	残渣引起的扎伤	人员受伤	工作人员	一般隐患	及时清理残渣	无隐患

编制\分析人：　　　　　　　　　批准：　　　　　　　　　日期：

【条款释义】1

客运索道运营企业应明确隐患排查治理工作责任部门、主要负责人、部门负责人到从业人员的责任、排查方法、范围、记录、监控、治理、报告、销账等内容，组织制定出各部门、岗位、场所、设备设施的隐患排查治理标准，并组织企业领导层、管理层和所有从业人员开展相应培训，鼓励所有从业人员参与企业隐患排查治理工作当中。

【主要要求】1

客运索道运营企业要实现隐患排查、登记、整改、评价、销账、报告的闭环管理，优先是制定企业具体部门、场所、岗位的隐患排查治理标准，明确排查的范围和要求，使所有从业人员熟悉和了解相应内容。具体分为初步培训和全员培训。

（1）初步培训。通过对有关人员初步培训，使其掌握"谁来干，如何干，工作质量的具体要求"等内容。初步培训对象包括两种，一是对领导层（高层与中层）人员进行背景培训，二是对承担推进工作的骨干人员进行全面培训。

对领导（高层与中层）进行背景培训，通过培训，使相关领导充分认识到企业实施隐患排查治理体系的重要意义、作用，让他们了解整个实施过程，知道自己在整个过程中的工作职责，以及应该给予隐患排查治理工作的支持和保障。

对承担推进工作的骨干人员进行全面培训，主要内容包括：背景（可与领导层培训合并进行）、相关

《客运索道运营安全生产标准化管理》团体标准应用指南

政策法规、隐患排查标准内容详解、制度编写、隐患排查治理过程等方面。隐患排查的主体是企业的所有人员,包括从领导到一线员工直到在企业工作范围内的外部人员,以保证排查的全面性和有效性。

（2）全员培训。组织全体员工,按照不同层次、不同岗位的要求,学习相应的隐患排查治理制度文件内容。所有人员能不能或者会不会隐患排查是关键,必须对其进行有针对性和有效果的教育培训,注重培训效果,以保证全体员工有意识、有能力的开展隐患排查。

【条款释义】2

企业组织隐患排查的范围必须包括生产经营活动相关的所有场所、环境、人员、设备设施和所有作业及管理活动等,不能存在盲区和死角。

隐患在企业中可能存在和涉及的范围大,所以要保证隐患排查的范围足以覆盖其可能藏身的所有地点和过程,隐患排查要做到"全员、全过程、全方位"。

【主要要求】2

（1）隐患排查要包括所有人员（包括外部人员）、所有活动（常规和非常规的）、所有场所（客运索道运营企业内部场所以及外部承包商场所等）、所有设施（建筑物、设备、设施及工器具等）,同时还要考虑三种时态（过去、现在和将来）和三种状态（正常、异常和紧急）。

（2）专项或专业检查可以针对特定的对象,但要对特定对象界定范围所涉及的所有场所、环境、人员、设备设施和所有作业及管理活动等全面排查。

（3）在一特定时间段内,企业组织的各种检查必须要覆盖所有场所、环境、人员、设备设施和所有作业及管理活动等。

3. 客运索道运营企业应按照有关规定,结合安全生产的需要和特点,采用综合检查、专业检查、季节性检查、节假日检查、日常检查等不同方式进行隐患排查。对排查出的隐患,按照隐患的等级进行记录,建立隐患信息档案,并按照职责分工实施监控治理。组织有关专业技术人员对本企业可能存在的重大隐患作出认定,并按照有关规定进行管理。

客运索道运营企业应将相关方排查出的隐患统一纳入本企业隐患管理。

【范例】

生产安全事故隐患综合检查表

检查日期：

目的	对生产过程及安全管理中可能存在的隐患、有害危险因素、缺陷等进行查证,查找不安全因素和不安全行为,以确保隐患或有害、危险因素或缺陷存在状态,以及它们转化为事故的条件,以制定整改措施,消除或控制隐患和有害与危险因素,确保生产安全,使企业符合《企业安全生产标准化基本规范》的要求			
要求	按照《企业安全生产标准化基本规范》的要求认真检查,查出不符合格项。对查出问题及时整改处理,暂时无法处理的应采取有效的预防措施,并立即向公司领导和市监管局领导汇报			
内容	见检查项目			
计划	每月不少于一次检查			
序号	检查项目	检查标准	检查方式（或依据）	检查情况
				符合 / 不符合
1	安全生产目标	各部门、班组安全生产目标落实情况		
2	安全生产职责	检查本公司各部门、安全生产管理人员、作业人员及治安、服务人员等安全生产责任制的完成情况	依据公司安全生产责任制检查。	

第2篇 客运索道运营安全风险管控及隐患排查治理双重预防机制应用指南

（续）

序号	检查项目	检查标准	检查方式（或依据）	检查情况 符合	检查情况 不符合
3	安全生产管理	1. 安全生产管理制度的落实情况 2. 作业人员是否按照相关规程进行作业 3. 检查"三违"现象的发生 4. 安全生产教育培训情况	《安全生产管理制度》《操作规程》		
4	设备管理	1. 认真执行设备维修保养管理制度，按《设备维护保养计划》进行设备维修、保养等工作，并落实到位 2. 备用柴油发电机状况良好，定期检查维护，达到随时启用 3. 控制室、平台、库房、柴油机房、机修间等场所卫生状况良好 4. 备品备件、工具、器具、量具等完好 5. 监控装置、播音系统、客厢收音机是否完好	查现场及记录		
5	治安、消防管理	1. 治安、秩序维持情况 2. 消防泵、消防枪、消防水带、灭火器等消防设施完好 3. 消防水管管径及消防栓的配备数量和地点应符合国家标准 4. 消防通道畅通无阻，消防水管保温良好。	查现场及记录		
6	现场管理	1. 检查工作现场是否清洁、有序 2. 员工劳动防护用品穿戴是否符合要求 3. 各种通道是否畅通无阻，应急灯具是否齐全可靠，各种安全设施是否处于正常状态 4. 确保作业场所与生活区分开，作业场所不得住人 5. 可能发生急性职业损伤的有毒有害作业场所按规定设置警示标志	查现场及记录		
7	安全设施	1. 避雷设施完好，接地电阻阻值符合要求 2. 安全防护栏、防护网、防护罩完好，符合标准	查现场及记录		
8	环境及条件	1. 各建筑物、站房、支架有无倾斜、裂纹，基础有无塌陷，防火间距符合国家有关标准，采取防范措施 2. 防雷设施完好，防腐处理完好，通风、防汛设施完好 3. 隔离栏、地沟及地沟盖完好无损	查现场及记录		
检查意见及建议					
检查人员（签名）					

《客运索道运营安全生产标准化管理》团体标准应用指南

【条款释义】1

隐患排查的组织方式主要有综合检查、专业检查、季节性检查、节假日检查、日常检查等。

综合检查是以落实岗位安全责任制为重点,各专业共同参与的全面检查。专业检查主要是对设备、设施、安全防护用品、危险品、车辆、仪器仪表、自动控制设施等分别进行的专业检查,及在索道开、停机前、新索道竣工及试运行等时期进行的专项安全检查。季节性检查是根据各季节特点开展的专项检查。节假日检查主要是节前对安全、保卫、消防、备品备件、应急预案等进行检查,特别对节日各级管理人员、检修人员的值班安排和安全措施、备品备件、应急预案的落实情况等进行重点检查。日常检查包括班组、岗位员工的交接班检查和班中巡回检查,以及基层单位领导和设备、电气、安全管理等专业技术人员的经常性检查。

【主要要求】1

(1)客运索道运营企业应当在充分了解和掌握其特性的基础上,根据自身实际,合理选择使用、有效的方式开展隐患排查工作。

(2)客运索道运营企业应根据季节性特征及本单位的生产实际,每季度开展一次有针对性的季节性隐患排查;重大活动及节假日前必须进行一次隐患排查。

(3)客运索道运营企业至少每季度组织一次综合性隐患排查和专业隐患排查,两者可结合进行。

(4)春秋季安全检查要重点关注防风、防静电;夏季安全检查要重点关注防雷、防暑降温、防食物中毒、防台风和防洪防汛;冬季安全检查要重点关注防火、防爆、防滑、防冻等。

(5)各岗位应严格履行日常检查制度,特别应对索道关键装置的危险点、源进行重点检查和巡查。

【条款释义】2

客运索道运营企业应对排查出的事故隐患进行分析评估,确定等级。按照事故隐患的等级进行登记,建立事故隐患信息档案,对隐患排查治理情况进行详细记录,并按照职责分工实施监控治理。

【范例】

生产安全事故隐患登记台账

隐患概况	类别	级别	位置	整改情况	整改负责人	验收情况	验收日期	备注

注:本台账由公司各部门于每月30日前汇总后上报安全生产办公室。隐患类别:索道伤害、物体打击、车辆伤害、机械伤害、触电、火灾、爆炸、坍塌、中毒、其他。隐患级别:一般隐患、重大隐患。

按照隐患的危害程度和整改难度,事故隐患可以分为一般事故隐患和重大事故隐患。一般事故隐患,是指危害和整改难度较小,发现后能够立即整改排除的隐患。重大事故隐患,是指危害和整改难度较大,应当全部或者局部停产停业,并经过一定时间整改治理方能排除的隐患,或者因外部因素影响致使客运索道运营企业自身难以排除的隐患。

【主要要求】2

(1)客运索道运营企业根据隐患的危害程度,采取有定性或定量的分析评估方法,确定事故隐患等级。

(2)客运索道运营企业必须建立隐患排查治理登记台账,台账包括隐患发现的时间、内容、存在的部位、等级、整改时限、责任人等相关内容。

(3)对于能够立即整改的一般事故隐患,由责任部门负责人或者有关人员根据职责分工立即整改。

(4)对于难以做到立即整改的同样按照相关部门及人员职责分工,要求限期整改,并做好隐患治理方案。限期整改需要全过程监督,除对整改结果进行"闭环"确认外,也要在整改工作实施期间进行监督,以发现和解决可能临时出现的问题。

(5)事故隐患排查治理信息档案应当包括以下内容:

① 事故隐患排查时间。

② 事故隐患排查的具体部位。

③ 发现事故隐患的数量、级别和具体情况。

④ 参加隐患排查的人员及其签字。

⑤ 事故隐患治理情况、复查情况、复查时间、复查人员及其签字。

(6)将相关方排查出的隐患统一纳入本企业隐患管理。

5.5.3.2 隐患治理

客运索道运营企业应根据隐患排查的结果,制定隐患治理方案,对隐患及时进行治理。

客运索道运营企业应按照责任分工立即或限期组织整改一般隐患。主要负责人应组织制定并实施重大隐患治理方案。治理方案应包括目标和任务、方法和措施、经费和物资、机构和人员、时限和要求、应急预案。

客运索道运营企业在隐患治理过程中,应采取相应的监控防范措施。隐患排除前或排除过程中无法保证安全的,应从危险区域内撤出作业人员,疏散可能危及的人员,设置警戒标志,暂时停运或停止使用相关设备、设施。

【条款释义】

隐患治理及其方案的核心都是通过具体的治理措施来实现的,这些措施大体上分为技术措施、管理措施、教育培训措施(简称3E措施)和对重大事故隐患需要采取的临时性防护措施和应急措施等。技术措施,消除和减少危害,实现本质安全;管理措施,消除管理中的缺陷,提高管理水平;教育培训措施,规范作业行为,杜绝人的违章行为;个体防护措施,切实保护人员安全;应急预案,最大限度地降低事故中的损失。

【主要要求】

(1)对于能够立即整改的一般事故隐患,由责任部门负责人或者有关人员立即整改,可以不需要制定隐患治理方案。

(2)有些隐患难以做到立即整改的,但也属于一般隐患,则应采取下达书面整改指令或问题整改通知单的形式限期整改。书面整改指令或问题整改通知单中需要明确列出隐患情况的排查发现时间和地点、隐患情况的详细描述、隐患发生原因的分析、隐患整改责任的认定、隐患整改负责人、隐患整改的方法和要求、隐患整改完毕的时间要求等。限期整改需要全过程监督管理,除对整改结果进行"闭环"确认外,也要在整改工作实施期间进行监督,以发现和解决可能临时出现的问题。

《客运索道运营安全生产标准化管理》团体标准应用指南

【范例】

隐患整改通知书

_____部：

　　你部_____处存在的_____隐患,请于_____年____月____日前整改完毕。并于_____年____月____日接受公司安全生产领导小组检查验收,望你部认真督促落实。

　　特此通知。

××××××公司
_____年____月____日

存根：

隐患整改通知书

_____部：

　　你部_____处存在的_____隐患,请于_____年____月____日前整改完毕。并于_____年____月____日接受公司安全生产领导小组检查验收,望你部认真督促落实。

　　特此通知。

××××××公司
_____年____月____日

（3）重大事故隐患,需要由企业主要负责人组织制定并实施事故隐患治理方案。重大事故隐患治理方案应当包括以下内容:治理的目标、采取的方法和措施、经费和物资的落实、负责治理的机构和人员、治理的时限和要求、安全措施和应急预案。

（4）在事故隐患治理过程中,应当采取相应的安全防范措施,防止事故发生。事故隐患排除前或者排除过程中无法保证安全的,应当从危险区域内撤出作业人员,并疏散可能危及的其他人员,设置警戒标志,暂时停运或者停止使用。对暂时难以停止使用的相关生设施、设备,应当加强运行管理,防止事故发生。

（5）治理措施的基本要求:能消除和减弱生产过程中产生的危险、有害因素;处置危险和有害物,并降低到国家规定的限值;预防索道关键部位失灵和操作失误产生的危险、有害因素;能有效地预防重大事故和职业危害的发生;发生意外事故时,能为遇险人员提供自救和互救条件。

5.5.3.3　验收与评估

　　隐患治理完成后,客运索道运营企业应按照有关规定对治理情况进行评估、验收。重大隐患治理完成后,客运索道运营企业应组织本企业的安全管理人员和有关技术人员进行验收或委托依法设立的为安全生产提供技术、管理服务的机构进行评估。

【条款释义】

　　验收就是核实是否按照方案和计划的要求逐项落实了。效果评估是检查完成的措施是否起到了隐患治理和整改的作用,是否彻底解决了问题,是否真正满足了"预防为主"的要求。销账就是核销原有隐患台账记录,更新安全隐患台账。

第 2 篇　客运索道运营安全风险管控及隐患排查治理双重预防机制应用指南

【主要要求】

（1）客运索道运营企业可以组织相关专业技术人员对隐患整改情况进行验收和效果评估。

（2）对隐患整改情况进行验收时要注意隐患治理过程中是否产生新的隐患。

（3）地方人民政府或者安全监管监察部门及有关部门挂牌督办并责令全部或者局部停产停业治理的重大事故隐患，治理工作结束后，有条件的生产经营单位应当组织本单位的技术人员和专家对重大事故隐患的治理情况进行评估；其他生产经营单位应当委托具备相应资质的安全评价机构对重大事故隐患的治理情况进行评估。

（4）隐患评估结果表明，原有隐患已经消除且未产生新的安全隐患，达到整改合格时，应对原有隐患记录进行核销。

5.5.3.4　信息记录、通报和报送

客运索道运营企业应如实记录隐患排查治理情况，至少每月进行统计分析，及时将隐患排查治理情况向从业人员通报。

客运索道运营企业应运用隐患自查、自改、自报信息系统，通过信息系统对隐患排查、报告、治理、销账等过程进行电子化管理和统计分析，并按照当地安全监管部门和有关部门的要求，定期或实时报送隐患排查治理情况。

【条款释义】

《安全生产事故隐患排查治理暂行规定》第十四条规定：生产经营单位应当每季、每年对本单位事故隐患排查治理情况进行统计分析。统计分析表应当由生产经营单位主要负责人签字。新《中华人民共和国安全生产法》第三十八条规定：生产经营单位应当建立生产安全事故隐患排查治理制度，采取技术、管理措施，及时发现并消除事故隐患。事故隐患排查治理情况应当如实记录，并向从业人员通报。

为了使安全监管部门和其他主管部门掌握隐患排查治理情况，企业应定期对隐患排查和治理情况进行统计分析，分类汇总，并书面上报统计分析表。

【主要要求】

（1）客运索道运营企业应当定期（每季度、每年）对本企业事故隐患排查治理情况进行统计分析，并将统计分析结果向从业人员进行通报。

（2）统计分析表应当由公司主要负责人签字。

（3）季度统计分析表内容应当包括：事故隐患排查开展情况、发现的事故隐患数量、一般事故隐患和较大事故隐患的排除情况、重大事故隐患治理情况、现存重大隐患情况、其他需要说明的问题。

（4）年度事故隐患排查治理汇总内容应当包括：事故隐患排查治理制度建立和责任制落实情况、本年度开展事故隐患排查总体情况（包括开展次数、参加人员等）、年度累计排查事故隐患数量、排除治理情况及整改资金投入情况、尚未治理完毕的重大事故隐患情况、未治理完毕的原因、存在的问题及改进措施、其他需要说明的问题。

（5）对于重大事故隐患，客运索道运营企业除依照前款规定报送书面统计分析表外，还应当及时向安全监管监察部门和有关部门报告。重大事故隐患报告内容应当包括：隐患的现状及其产生原因、隐患的危害程度和整改难易程度分析、隐患的治理方案。

（6）客运索道安全隐患管理要向数字化、网络化、智能化发展。

5.5.4　预测预警

客运索道运营企业应根据自身经营情况、安全风险管理情况及隐患排查治理、事故等情况，运用定量或定性的安全生产预测预警技术，建立体现企业安全生产状况及发展趋势的安全生产预测预警体系。

【条款释义】

传统的安全管理实质是被动的事故管理，忽略了事故发生前，每项工作潜在的危险。现行的事故分

《客运索道运营安全生产标准化管理》团体标准应用指南

析是对已经形成伤害的结果和经济损失后果的分析,这对总结教训而重视预防工作是必要的。

安全预测预警工作要从客运索道运营企业过去和现在已知的情况出发,与生产经营状况、日常隐患排查治理情况、风险管理、安全投入、培训、应急演练、事故发生情况等因素相结合,明确预测目标和任务,制定预测计划,选择适合的、动态的、与企业安全生产状况相关的数据,进行分析、判断、计算后,定期生成用来表征企业当前安全生产状况和企业未来安全生产发展趋势的数值。其目的在于客观地、定量地对可能发生的危险进行实现预报,提醒企业负责人及全体员工注意,使企业及时、有针对性地采取预防措施,从源头上控制各种不安全因素,最大限度地降低事故发生概率及后果的严重程度,使得安全生产系统具有"报警"和"免疫"能力。安全生产预警工作需要企业最高领导层负责并亲自参与并强调全员参与。

【主要要求】

(1)与企业日常安全管理工作相结合,数据来源于隐患排查、在线监测、风险管理等工作。
(2)选择能够反映企业安全生产现状和发展趋势的安全生产预警指标。
(3)根据安全生产预警指标,筛选、分析有效数据,并进行定量化表示。
(4)建立安全预警模型,用数值或图形表示,完成安全预警指数系统。
(5)每月至少进行一次安全生产风险分析。

第 2 篇　客运索道运营安全风险管控及隐患排查治理双重预防机制应用指南

大理旅游集团苍山洗马潭索道分公司企业标准

前　言

为认真贯彻执行《中华人民共和国安全生产法》(中华人民共和国主席令第 88 号)、《中华人民共和国特种设备安全法》(中华人民共和国主席令第 4 号)、《中共中央国务院关于推进安全生产领域改革发展的意见》、《国务院安委会关于深入开展企业安全生产标准化建设的指意见》(安委〔2011〕4 号)、《国家安全监管总局等部门关于全面推进全国工贸行业企业安全生产标准化建设的意见》(安监总管四〔2013〕8 号)、《国家安全监管总局、国家质检总局关于开展客运索道运营企业安全生产标准化建设的通知》(安监总管二〔2013〕74 号)、《国家安全监督管理总局关于印发企业安全生产标准化评审工作管理办法(试行)的通知》(安监总办〔2014〕49 号)文件以及中国索道协会关于印发《客运索道企业安全生产标准化评定标准》及做好创建评审工作的通知(中索协〔2018〕17 号)文件的精神,积极推进客运索道运营企业安全生产标准化达标创建工作,强化安全基础,不断提升客运索道安全生产管理水平,逐步推进现代化安全管理,确保安全生产,实现预定安全目标。根据大理旅游集团有限责任公司(以下简称集团公司)的安全生产方针、目标,结合大理旅游集团苍山洗马潭索道分公司(以下简称索道分公司)实际情况,特制定本标准。

本标准自发布之日起实施。

本标准按照 GB/T 1.1 第 1 部分:标准的结构和编写的规则进行编写。

本标准由大理旅游集团苍山洗马潭索道分公司批准。

本标准由大理旅游集团苍山洗马潭索道分公司提出并归口管理。

本标准主要起草单位:大理旅游集团苍山洗马潭索道分公司索道安全标准化创建办公室。

本标准主要起草人:赵春晖、高丽、李彦勤、柏龙、李怡霖、董易山、陶晓杨、赵宏波、刘俊、杨宏娟、董晓磊、杨超、杨雄慧。

本标准审核:李彦勤、杨志敏、夏春祥、杨宏、李新浩、杨泽鸿、张冠青、邢朋程、李永盈、杨凡、李志伟、施丽梅、杨晓明、李建雄、柯咏洪、冯勇。

本标准审定:洪金标、赵春晖、李果明、施树培、杨一丹、张红霞、姚猛、李江、高丽、张玉霞、赵旭润。

本标准由大理旅游集团苍山洗马潭索道分公司索道安全标准化创建办公室负责解释。

《客运索道运营安全生产标准化管理》团体标准应用指南

范围

本标准规定了大理旅游集团苍山洗马潭索道分公司安全生产隐患排查和治理的制定(修订)、审批、实施。

本标准适用与大理旅游集团苍山洗马潭索道分公司安全生产隐患排查和治理的实施管理。

本标准适用与大理旅游集团苍山洗马潭索道分公司及其下属三条索道及所属各部门。本标准适用与大理旅游集团苍山洗马潭索道分公司所有外包项目。

本章节适用于苍山洗马潭索道分公司存在重大风险的辨识、评估、登记工作。本章节适用于苍山洗马潭索道分公司存大重大风险的监控与管理。

规范性引用文件

下列文件对于本文件的应用是必不可少的。凡是注日期的引用文件,仅所注日期的版本适用于本文件。凡是不注日期的引用文件,其最新版本(包括所有的修改单)适用于本文件。

中华人民共和国主席令第 88 号　《中华人民共和国安全生产法》
中华人民共和国主席令第 9 号　《中华人民共和国环境保护法》
中华人民共和国主席令第 69 号　《中华人民共和国突发事件应对法》
中华人民共和国主席令第 81 号　《中华人民共和国职业病防治法》
中华人民共和国国务院令第 493 号　《生产安全事故报告和调查处理条例》
中华人民共和国国务院令第 549 号　《特种设备安全监察条例》
中华人民共和国国务院令第 541 号　《森林防火条例》
国家安全生产监督管理总局令第 16 号　《安全生产事故隐患排查治理暂行规定》《地质灾害防治条例》
《云南省森林消防条例》
GB/T 33000—2016　《企业安全生产标准化基本规范》
GB 12352—2007　《客运架空索道安全规范》
GB/T 34024—2017　《客运架空索道风险评价方法》

5.5.1 安全风险管理

5.5.1.1 安全风险辨识管理制度

1. 目的

为实现公司的安全生产,做到事前、事中预防,达到消除减少危害、控制预防的目的。识别生产中的所有常规和非常规活动存在的危害,以及所有生产现场使用设备设施和作业环境中存在的危害,以加强管理和个体防护等措施,遏止事故发生,实现安全管理的标准化和科学化,特制定本制度。

2. 范围

本制度适用于公司所辖范围内所有安全风险辨识管理工作。

3. 职责

(1)公司主要负责人组织本公司风险的辨识工作。

(2)办公室负责组织风险辨识的策划指导工作。

(3)安全环保部具体负责风险辨识的实施、监督。

(4)各部门负责其管辖范围内的风险防范工作,报安全环保部审核后,由公司负责人审批,并将其结

第2篇 客运索道运营安全风险管控及隐患排查治理双重预防机制应用指南

果报办公室备案。

(5)全体员工应积极参与风险辨识和排查,鼓励员工上报和发现风险。

4. 要求

(1)按照"全员参与,领导负责,职责明确,落实到位"的原则,充分发挥各部门基层专业技术人员的主导作用。

(2)公司需组织全员对本单位安全风险进行全面、系统地辨识。

(3)各部门结合实际情况,严格落实,做到"全员、全过程、全方位、全天候"的风险辨识及管控模式。

5. 术语及定义

(1)风险:安全生产事故或健康损害事件发生的可能性和后果的组合。风险有两个主要特性,即可能性和严重性。可能性,是指事故(事件)发生的概率;严重性,是指事故(事件)一旦发生后,将造成的人员伤害和经济损失的大小和程度。

$$风险 = 可能性 \times 严重性$$

(2)风险分级:指通过采用科学、合理方法对危险源所伴随的风险进行定量或定性评价,根据评价结果划分等级,进而实现分级管理。风险分级的目的是实现对风险的有效管控。

风险等级划分(D)

D级	风险等级	风险描述
≥250	Ⅰ	高度危险,不能继续工作
120≤D<200	Ⅱ	显著危险,需立即整改
70≤D<120	Ⅲ	有危险,需整改
20≤D<70	Ⅳ	略有影响,应引起注意
<20	Ⅴ	轻微影响,可忽略

(3)风险点:风险存在的部位,又称危险源,是指伴随风险的部位、设施、场所和区域实施的伴随风险的作业过程,或以上两者的组合。

(4)风险辨识:识别组织整个范围内所有存在的风险并确定其特性的过程。

6. 风险识别内容

在进行危害识别时,应根据《生产过程危害和有害因素分类与代码》(GB/T 13861)的规定,对潜在的人为因素、物的因素、环境因素、管理因素等危害因素进行辨识,充分考虑危害的根源和性质。

(1)人的行为因素:包括指挥错误(失误、违章)、作业错误(误操作、违章作业)、监护事物及其他行为因素。

(2)物的因素:包括设备、设施、电气、装置、工具等物质本身造成危害的因素。

(3)环境因素:因人及人周边的环境造成危害的因素。

① 物理因素:包括设备、设施、电气、装置、工具、信号、标志等的缺陷。

② 化学因素:包括易燃、易爆、有毒、有害、腐蚀等起化学反应物质因素。

③ 生物因素:包括致病微生物、致害动、植物及传染病媒介物等因素。

④ 心理、生理因素:包括负荷超限、健康状况异常、从事禁忌作业、心理异常及辨识功能缺陷等因素。

⑤ 作业环境因素:包括作业区(地)域、道路交通、自然条件(地质、气候、采光)等因素。

(4)管理因素:包括对物、人、作业程序等管理缺陷及安全检查、监察和事故防范措施等方面因素。

7. 风险辨识范围

各部门在对危险源进行辨识时,应覆盖到所有部门的所有工作活动场所的所有人员及常规、非常规

《客运索道运营安全生产标准化管理》团体标准应用指南

活动及紧急状态,并考虑以下方面:

(1)各部门工作场所内的常规和非常规活动。
(2)所有进入工作场所的人员(包括合同方人员和访问者)的活动。
(3)人的行为、能力和其他的人的因素。
(4)识别来自工作场所外的、可能对组织控制下的工作场所内人员的健康和安全产生不利影响的危险源。
(5)由组织控制下与工作有关的活动的所产生的,在工作场所周围的危险源。
(6)工作场所内的基础设施、设备和材料(包括由外界所提供)的因素造成的危险源。
(7)组织、活动或材料的变化或提议的变化。
(8)职能健康安全管理体系的修改,包括临时的变化,以及他们对运行、过程和活动的影响。
(9)工作区域、过程、装置、机械/设备、运行程序和工作组织的设计,包括与人的能力相适应。
(10)事故及潜在的紧急情况。
(11)气候、泥石流、山体滑坡、地震及其他自然灾害等。

8. 风险辨识方法

风险辨识应遵循"科学性、系统性、全面性、预测性"的原则,从人、物、管理和环境四个方面查找生产过程中可能遇到的各类风险因素,进行分析、归纳和整理。

(1)安全检查法(SCL法)。安全检查表法是一种定性的风险分析辨识方法,它是将一系列项目列出检查表进行分析,以确定系统、场所的状态是否符合安全要求,通过检查发现系统中存在的风险。

① 收集国家和云南省有关安全法规、标准,将其作为重要依据和线索。
② 整理、分析本公司和其他索道公司过去已发生的事件和事故信息,总结事件发生的前因后果,提取经验并结合本公司实际,辨识可能存在的风险。
③ 行业及本公司安全生产的经验,特别是本公司安全生产的实践经验,引发事故的各种潜在不安全因素及成功杜绝或减少事故发生的成功经验。
④ 系统安全分析的结果,如采用事故树分析方法找出的不安全因素,或作为防止事故控制点源列入检查表。

(2)通过现场观察、座谈和预先危害分析进行辨识。
① 现场观察:通过对作业活动、设备运转进行现场观测,分析人员、设备运转过程中存在的危害。
② 座谈:召开安全管理人员、专业人员、管理人员、操作人员,讨论分析作业活动、设备运转过程中存在的危害,对现场观察、讨论分析得出的危害进行补充和确认。
③ 预先危害分析:新设备投入采用前,新的作业环境活动前,预先对存在的危害类别、危害产生对的条件、事故后果等概略地进行分析、辨识。

(3)工作危害分析法(JHA)即对每个作业步骤或作业内容,识别出与此步骤或内容有关的危险源,保持工作危害分析记录及危险源辨识信息表。

9. 危险源辨识

确定生产作业过程,再识别危险源。各部门首先摸底排查各岗位作业活动内容,根据所涉及内容进行危险源辨识,填写《岗位作业内容及风险点辨识信息清单》。其中,危险源辨识应考虑以下方面:

(1)所有活动中存在的危险源。包括公司管理和作业过程中所有人员的活动、外来人员的活动;常规活动(正常工作活动等)、异常情况下的活动和紧急状况下的活动(抢修、意外事件等)。
(2)公司所有采购、使用、储存、报废的物资(包括公司外部提供的)中存在的危险源,如燃料等。
(3)各种工作环境因素带来的影响,如低温、噪音、粉尘、照明、高空作业等。
(4)公司所有工作场所的设备设施中存在的危险源,如建筑物、车辆等。
(5)识别危险源时要考虑八种典型危害、三种时态和五种状态:
① 八种典型危害。

第 2 篇　客运索道运营安全风险管控及隐患排查治理双重预防机制应用指南

有毒有害化学品危害：化学品挥发、泄漏所造成的人员伤害、火灾、爆炸等。

物理危害：造成人体辐射损伤、冻伤、烫伤、烧伤、中毒等。

机械危害：造成人体砸伤、压伤、倒塌埋压伤、割伤、刺伤、擦伤、扭伤、冲击伤、切断伤。

电气危害：设备设施安全装置缺乏和损坏造成的火灾、人员触电、设备损害等。

管理不良危害：不适宜的作业方式、作息时间、作业环境等引起的人体过度疲劳危害。

生物性危害：存在于生产环境中对职业人群的健康存在有害影响的致病微生物、致害植物、寄生虫以及传染病媒介物等。

生理及心理性危害：负荷超限工作、健康状况异常、从事禁忌作业、辨识功能异常、心理异常（情绪异常、过度紧张）等。

行为性危害：指挥错误（指挥失误、违章指挥）、操作错误（误操作、违章作业）、监护错误等。

② 三种时态。

过去曾经发生过，而且对当前的安全管理仍存在影响的识别；目前正在对安全管理产生影响的识别；到目前尚未发生过，而且对当前的安全管理仍存在影响的识别。

正常施工状态下可预期发生的情况的识别；非正常施工状态下可预期发生的情况的识别。

人为过失或自然灾害等紧急状态下施工不可预期发生的情况的识别。

③ 五种状态。

日常操作：技术操作、设备设施操作、现场巡检。

异常情况处理：停水、停电、设备故障、刮大风等自然灾害。

作业活动：动火、受限空间、高处、吊装、临时用电等特殊作业；巡检、设备检修、装卸车、叉车运转等危险作业；场地清理、绿化保洁、设备管线保温防腐、机泵机组维修、仪器仪表维修、设备管线开启等其他作业。

开停车：开车、停车及交付前的安全条件确认。

管理活动：变更管理、现场监督检查、应急演练等。

10. 安全风险辨识的程序

(1)各部门首先摸底排查各岗位作业活动内容，根据所涉及内容进行危险源辨识，填写《岗位作业内容及风险点辨识信息清单》。

(2)确定工作场所所存在的各种物理及化学危害因素、生产使用的设备及技术的安全信息资料，辨识存在的危害因素。

(3)风险辨识应以岗位（包括生产岗位、管理岗位）为主要对象。本着"人人有关，人人有责"的原则，发动每一位员工，全员参与，对身边的危险源进行辨识，按照以下流程进行：安全辨识通知→员工填写《岗位作业内容及风险点辨识信息清单》→部门经理/站长补充、完善、汇总→安全环保部。

11. 危险源的更新

公司根据自身实际情况，随时进行危险源的更新工作，以确保自身处于主动地位。危险源的更新应考虑以下几方面：

(1)相关法律法规变化时。

(2)工作程序将发生变化时。

(3)开展新的活动前（如公司新项目投入等）。

(4)采用新设备、新设施前或设备技术改造后投入使用前。

(5)采用新的物质。

(6)发现新的危险源时。

12. 相关附件

《岗位作业内容及风险点辨识信息清单》。

《客运索道运营安全生产标准化管理》团体标准应用指南

岗位作业内容及风险点辨识信息清单

部门：　　　　　　　　　　　　　　　　　　　　　　　　　　　　　　　年度：

序号	岗位(作业)名称	作业内容	风险点	可能诱发的事故	责任部门	责任人	备注

5.5.1.2 安全风险评估管理制度

1. 目的

为进一步加强客运索道运营企业安全风险管理，有效预防安全事故发生，保障公司财产、职工和乘客安全。特制定本规定。

2. 范围

本制度适用于大理旅游集团苍山洗马潭索道分公司各部门所辖范围内的所有安全风险评估管理工作。

3. 评估组织及职责

(1) 成立风险评估小组。组长为本公司安全第一责任人；副组长为本公司各分管领导；成员为从事客运索道设计、制造、安装、检验维护保养、修理等相关工作，具有丰富经验的相关技术人员(洗马潭1号索道张冠青；洗马潭2号索道邢朋程；感通索道李永盈；中和索道杨凡)。成员人数为2~5人。

(2) 各成员职责。

组长：负责风险评估工作。组织制定风险评估程序；审批《重大危险源辨别和风险评估表》《重大危险源及控制措施清单》。

副组长：协助组长做好风险评估工作。负责做好各方面的协调工作；负责风险评估管理的具体工作；负责组织风险评估的定期评审。

成员：对各部门上报的《LEC评价法》进行调查、核实、补充完善，确定企业的重大危害和重大风险并编制《重大危险源及控制措施清单》；负责相关风险评价和风险控制。

(3) 主要工作。

① 安全风险评估小组在成立后，应由组长主持召开小组工作会议，目的是确定小组内所有成员均已掌握客运索道安全风险评估的目的、程序和相关要求，并按照本制度的程序和方法对被评估索道进行

分析、评估。同时按照本制度要求制定风险评估工作计划。

② 在风险实施评估过程中,定期召开例会,遇到问题随时组织技术人员进行分析讨论。

③ 现场收集资料和检查工作结束后,组长应主持召开安全风险评估小组会议,集中对索道各评估项目进行风险分析和评估,根据评估结果,进行风险等级评定。

④ 在风险评定工作结束后,客运索道风险评估组应当召开末次会议,被评估部门负责人及相关人员应当出席,由组长宣布风险评估结果,提出客运索道风险管理建议,以及降低风险的安全对策措施及建议,并与被评估部门进行沟通确认。

⑤ 风险评估组出具客运索道风险评估报告。

4. 内容

(1)风险管理。

危害识别。在进行危害识别时,应充分考虑:火灾和爆炸(一切可能造成事件或事故的活动或行为);冲击与撞击(物体打击,高处坠落,机械伤害);中毒、窒息、触电及辐射(电磁辐射);暴露于物理性危害的工作环境中;人机工程因素(比如工作环境条件或位置的舒适度、工作的重复性、照明不足等);设备的腐蚀、焊接缺陷等;有毒有害物料、气体的泄漏;可能造成环境污染和生态破坏的活动、产品和服务:包括水、气、声、渣、废物等污染物排放或处置以及能源、资源和原材料的消耗。同时还应考虑:人员、原材料、机械设备与作业环境;直接与间接危险;三种状态:正常、异常及紧急状态;三种时态:过去、现在及将来。

人的不安全行为:违反安全规则或安全常识,使事故有可能发生的行为类别:操作错误(忽视安全、忽视警告);安全装置失效;使用不安全设备;手代替工具操作;物体(材料、工具等)存放不当;冒险进入危险场所;攀坐不安全位置;在起吊物下作业(停留);机器运转时加油(修理、检查、调整、清扫等);有分散注意力的行为;不使用必要的个人防护用品或用具;不安全装束;对易燃易爆等危险品处理错误等。

物的不安全状态:使事故可能发生的不安全物体条件或物质条件。物质:火灾、爆炸性物质;毒性物质;物体:防护、保险、信号等装置缺乏或有缺陷;设备、设施、工具、附件有缺陷;个人防护用品用具缺少或有缺陷;生产(施工)场地环境不良。

有害作业环境:作业场所缺陷:间距不足;信号、标志没有或不当;物体堆放不当。作业环境因素缺陷:采光不良或有害;通风不良或缺氧;温度过高或过低;湿度不当;外部噪声;风、雷电、洪水、野兽等自然危害。

安全管理缺陷:设计、监测方面缺陷或事故(件)纠正措施不当;人员控制管理缺陷:教育培训不足;雇用不当或缺乏检查;超负荷;禁忌作业等;操作过程、作业程序缺陷;相关方管理缺陷。

(2)危害识别的范围。规划、设计和建设、投产、运行等阶段;常规和异常活动;事故及潜在的紧急情况;所有进入作业场所的人员的活动;原材料、设施设备的运输和使用过程;作业场所的设施、设备、车辆、安全防护用品;人为因素,包括违反安全操作规程和安全生产规章制度;丢弃、废弃、拆除与处置;气候、地震及其他自然灾害等;后期服务活动。

(3)危害识别的方法。采用作业条件危险性评价法,即 LEC 评价法,定量计算每一种危险源所带来的风险,公式为 $D=LEC$(其中 D—生产作业条件的危险性,即风险值;L—发生事故或危险事件的可能性;E—人体暴露于危险环境中的频率;C—发生事故或危险事件的可能结果)。

(4)危害识别的步骤:安全环保部负责设计危害识别所用的《LEC 评价法分析记录表》表格,发至各部门;各部门负责组织人员,从本部门班组的活动、设施设备和服务中识别出具有或可能具有的危害,填写《LEC 评价法分析记录表》,经本部门负责人审批后,报送安全环保部;安全环保部对各部门识别出来的危害进行整理、汇总、分类,形成不同的危险源;办公室组织人员进行调查、核实、补充完善,经风险评价小组讨论后制定相应的控制措施。

(5)风险评价。

① 风险评价范围:生产经营活动;生产装置;储存设施;检维修作业;新改扩建和技术改造项目工

程;拆迁工程;后期服务活动。

② 评价准则的依据:有关安全法律、法规要求;行业的设计规范、技术标准;企业的安全管理标准、技术标准;合同规定;企业的安全生产方针和目标等。

③ 评价准则:采用作业条件危险性评价法,即 LEC 法,分值取值见表 1。根据公式计算风险值 D,确定危险源风险级别的界限值和危险程度,风险评价结果分为Ⅰ～Ⅴ(或1～5)从高至低五级(表2),为风险控制策划提供依据。

表 1 LEC 法分值取值

序号	分值	发生事故或危险事件的可能性(L)
1	10	完全会被预料到
	6	相当可能
	3	不经常,但可能
	1	完全意外,极少可能
	0.5	可以设想,但高度不可能
	0.2	极不可能
	0.1	实际上不可能
	分值	人体暴露于危险环境中的频率(E)
2	10	连续暴露于潜在危险环境
	6	逐日在工作时间内暴露
	3	每周一次或偶然暴露
	2	每月一次暴露
	1	每年几次暴露在潜在危险环境
	0.5	非常罕见的暴露
	分值	发生事故或危险事件的可能结果(C)
3	100	大灾难,许多人死亡,或造成重大财产损失
	40	灾难,数人死亡,或造成很大财产损失
	15	非常严重,一人死亡,或造成一定财产损失
	7	严重,严重伤害,或造成较小的财产损失
	3	重大,致残,或造成很小的财产损失
	1	引人注目,需要救护,不利于基本的安全生产要求

风险值

危险源风险等级	风险值(D)	危险程度
Ⅰ(或1)	>320	极其危险,不能继续作业
Ⅱ(或2)	160～320	高度危险,需要立即整改
Ⅲ(或3)	70～160	显著危险,需要整改
Ⅳ(或4)	20～70	可能危险,需要注意
Ⅴ(或5)	<20	稍有危险,可以接受

④ 定性评价。根据运行经历及现有的控制能力对作业活动区域内的设备设施、人员、材料、能源、作业环境、管理情况及相关方等进行定性判断某种危险事件发生的可能性以及一旦危险事件发生后所带来的后果,并确定该危险源的风险级别,对下述情况可直接定为较高级别的风险:不符合安全环保与职业健康安全法律法规和其他要求,易发生较大事故的,评为Ⅰ(1)级;符合 GB 18218《危险化学品重大危险源辨识》的危险源,评为Ⅰ(1)级;曾经发生过事故而至今未采取纠正和预防措施的,评为Ⅰ(1)级;上级或本单位最高管理层特别关注的风险或事故,评为Ⅰ(1)级;紧急状态下的风险或事件,评为Ⅰ(1)级或Ⅱ(2)级;相关方有合理抱怨或要求的,评为Ⅱ(2)级;直接观察到可能导致危险的错误,且无适当控制措施的,评为Ⅱ(2)级。

⑤ 风险控制。

(a)风险控制策划原则。根据风险评价结果,对于可接受风险(Ⅴ级风险),应维持管理,通过有效措施保障其处于受控状态;对于不可接受风险(Ⅳ级及其以上级别风险),应制定风险控制措施(即安全对策措施),消除或降低风险,最终使其变为可防范或可控风险。制定的风险控制措施应具有针对性、可操作性和经济合理性,对象是事故隐患,重点是安全设施,不能以安全管理措施替代安全设施。

(b)风险控制措施制定的基本要求。各部门制定风险控制措施应从两方面制定:一是安全技术对策措施;二是安全管理对策措施。安全技术对策措施按下列等级顺序优先选择:直接安全技术措施、间接安全技术措施、指示性安全技术措施、安全管理和个体防护。具体应遵循先后顺序:消除、预防、减弱、隔离、连锁、警告。制定风险控制措施应包括的主要内容:一是单元的技术、布局、工艺、方式和设施、设备、装置方面;二是单元配套和辅助工程方面;三是应急救援措施方面;四是安全环保与职业健康方面;五是安全管理方面。

(c)降低风险的具体保护措施主要有:针对具有风险的客运索道部件或子系统进行修理或改造;加强安全管理,使乘客远离危险区域,相关作业人员知晓风险并采取有效措施;加强日常检查和维护保养频次和有效性,防止风险的发展。通过维修进行风险控制,即对高风险相关子系统进行维修、更换;通过技术更新进行风险控制,即对高风险子系统进行技术更新;通过重新确定使用规程进行风险控制,即从降低风险概率或减少风险后果角度降低风险。

5. 风险信息更新

本企业应不断地组织风险评价工作,识别与生产经营活动有关的风险和隐患。应定期评审或检查风险控制结果。

(1)识别、评价的时机。

① 对于常规的活动每隔一年应组织一次危害识别和风险评价。

② 对于非常规性(如拆除、新改扩建设项目、检维修项目、开停车、较重要的隐患治理项目和较重要的设备变更项目等)的危险性较大的活动,在活动开始之前进行危害识别风险评价,在此基础上编制安全生产方案,并经有关领导严格审批。如果有发生严重事故可能的作业活动,还应制定应急措施、编写应急预案,并且要在正式生产之前进行演练。

③ 当下列情况发生时,应及时进行风险评价:新的或变更的法律法规或其他要求;操作变化或改变;新建、改建、扩建、技改项目;有对事故、事件或其他信息的新认识;组织机构发生大的调整。

(2)危害(风险)的更新原则:各部门将更新的《LEC 评价法记录表》交所在部门领导审核后,交安全环保部。安全环保部负责组织人员(或评价小组)在 15 个工作日内审核判定,修改后发放至各相关部门。安全环保部保存危害更新所产生的记录。

5.5.1.3 安全风险控制管理制度

1. 目的

为进一步规范公司安全管理工作,识别公司在生产活动、设备检修及服务过程中产生的危险、有害因素,并对危险、有害因素进行相应的风险分析评价,全面体现"安全第一,预防为主、综合治管、防治结合"的主要方针,明确安全风险的辨识范围、方法和安全风险辨识、评估、管控工作流程,实现对风险的超前预控,以预防事故的发生,根据公司实际情况,特制定本制度。

2. 范围

本方案适用于大理旅游集团苍山洗马潭索道分公司所属各部门。

3. 安全风险控制组织机构

为了保证风险控制工作顺利开展,切实达到风险控制目的,特成立风险控制领导小组。

组长:分公司经理

副组长:分公司副经理及经理助理

成员:各职能部门负责人

4. 风险监控领导小组职责

(1)确定公司风险监控工作目标。

(2)审批公司风险预警指标。

(3)审批公司风险预警工作方案。

(4)审批公司风险预警工作报告。

5. 风险监控办公室工作职责

(1)负责公司风险预警工作的组织与协调。

(2)负责风险监控预警指标的制定。

(3)负责对风险预警决策方案的制定及执行。

(4)负责对风险预警工作落实情况督促、检查。

(5)负责上报风险预警工作报告。

6. 风险监控措施

(1)风险监控技术措施:

① 对具有重大风险的项目在设计全过程进行有效监控,规避设计阶段的风险。

② 对具有重大风险的项目在建设施工全过程进行有效监控,规避建设施工阶段的风险。

③ 对具有重大风险的设施设备在运行全过程进行有效监控,规避设施设备运行阶段的风险。

④ 对具有重大风险的设施设备在维护、保养、检查全过程进行有效监控,规避维护、保养、检查全过程的风险。

(2)风险监控管理措施:

① 为保证对重大风险的有效监控,管理过程必须责任清晰明确,并且责任到人。

② 为保证对重大风险的有效监控,必须对相关的管理、操作、维护等人员进行定期或不定期的培训,以适任岗位的要求。

③ 为保证对重大风险的有效监控,在重大风险点和人员上应配置齐全完备能有效使用的防护器具,以应对突发的事件。

④ 在公司醒目位置区域设置《安全风险公告栏》,各部门对存有安全风险的岗位、区域应设置《岗位安全风险告知卡》,并标明本岗位主要危险危害因素、后果,事故预防及应急措施、报告电话等内容。

⑤ 为保证对重大风险的有效监控,各重大风险点岗位须根据各风险点的特点制定完善的操作作业要求,并对相关人员进行相应的培训,使相关人员能严格按照作业要求进行规范操作。

(3)风险监控频率:各部门要按周、月、年度对风险指标进行动态分析监控,保证随时掌握风险指标运行状态,降低风险发生。

(4)警示标志:在重大风险(点)现场应设置明显的安全警示标志和警示标牌。内容须包含重大风险点的名称、地点、责任人员信息、事故模式和相应的控制措施等内容。

(5)风险监控报告。风险监控报告分为不定期报告和定期报告。

① 不定期报告主要适用于风险监控指标出现警示或出现突发事件时所作的报告。

第 2 篇　客运索道运营安全风险管控及隐患排查治理双重预防机制应用指南

② 定期报告。季度风险监控报告:各部门要对本部门的重大风险事件进行监控,每季度末对所负责重大风险进行分析评估上报季度风险监控报告。年度风险监控报告:各部门要对本部门全年风险监控管理工作进行总结,上报年度风险监控报告,风险监控办公室负责汇总、审核并向风险监控领导小组上报。

7. 相关记录

《安全风险公告栏》《岗位安全风险告知卡》。

安全风险公告栏

感通索道风险公告栏			
区域	感通索道支架线路沿线	风险等级	低风险
主要安全风险			事故后果
危石清理存在缺陷			坠落砸伤
连续雨天出现泥石流			山体滑坡
管控措施			
1. 常态化与气象部门联系,对天气情况密切关注,对极端天气做好安全应急处置措施 2. 定期检查危险源,做好危险源安全检查记录,发现异常情况及时报告领导 3. 山体做好安全防护措施(安全防护钢网),防止危石崩落或坠落和山体滑坡造成树木倒塌伤人			
警示标志			

应急措施			
1. 山体发生滑坡时,及时拉起安全警示线,疏散该区域附近的人员并与落石区域保持安全距离 2. 视泥石流事件的具体情况,报告领导启动应急处置工作 3. 发生人员被落石砸伤或心跳停止,应立即将伤员移至空旷地带,进行心脉复苏并拨打120急救电话			
报告方式			
公司应急电话:0872-2683551	公安:110	急救:120	消防:119
部门分管领导:赵春晖	联系电话:1357725****		
责任部门:安全环保部	责任人:夏春祥		联系电话:1828722****

《客运索道运营安全生产标准化管理》团体标准应用指南

安全风险公告栏

感通索道风险公告栏			
区域	感通索道区域	风险等级	低风险
主要安全风险			事故后果
电路线路检查维护不到位			人员受伤、设备损坏, 公司经济损失
施工作业区域堆放易燃易爆物品,安全防护措施不到位			
游客安全防火意识不强或护林防火宣传力度不到位			
管控措施			
1. 加强员工安全教育培训,增强员工安全意识和防范意识 2. 定期对设备线路及用电线路附近的易燃易爆物品进行处理 3. 加强施工作业安全管理措施,进场前进行安全教育注意事项讲解 4. 加强景区内护林防火的宣传力度,工作人员加强景区的巡检力度,发现问题及时处置			
警示标志			

应急措施			
1. 发生火灾时,在可以控制的情况下及时组织人员进行扑救;在无法进行处置时按照公司护林防火应急处置方案进行处置 2. 若伤员心跳停止应立即进行心脉复苏;发生外伤时,及时对伤口进行简单包扎处理,视伤情拨打 120			
报告方式			
公司应急电话:0872-2683551	公安:110　急救:120	消防:119	森林火警:12119
部门分管领导:赵春晖		联系电话:1357725****	
责任部门:安全环保部	责任人:夏春祥		联系电话:1828722****

第 2 篇 客运索道运营安全风险管控及隐患排查治理双重预防机制应用指南

安全风险公告栏

感通索道风险公告栏			
区域	感通索道支架线路沿线	风险等级	低风险
主要安全风险			事故后果
地质灾害(山体滑坡、地震等)突发性造成脱索			人员受伤,设备损坏, 公司经济损失,社会影响
极端天气(大风、暴雪等)导致支架附近树木倒塌造成脱索			
因设备维护、检查不到位造成脱索			
管控措施			
1. 常态化密切关注天气情况,做好极端天气做好安全应急处置措施 2. 定期检查危险源,做好危险源安全检查记录,发现异常情况及时报告领导,及时整改或采取安全有效的预防措施 3. 加强员工安全教育培训,增强员工责任心;加强设备、设施的安全检查维护 4. 加强应急处置预案的演练,检验部门与部门间的协调性,检验应急处置能力			
警示标志			

应急措施			
1. 当出现钢丝绳脱索事件时,在可以控制和安全处置的条件下及时对钢丝绳脱索故障进行处理,及时与其他部门沟通对游客进行援助和安抚;对受伤人员的伤口进行消毒包扎,并拨打120急救电话 2. 视事件的严重情况程度,报告值班领导启动应急处置工作;并上报上级相关的主管部门和请求社会救援援助			
报告方式			
公司应急电话:0872-2683551	公安:110	急救:120	消防:119
部门分管领导:施树培	联系电话:1800872****		
责任部门:技术部感通索道站	责任人:李永盈		联系电话:1360872****

《客运索道运营安全生产标准化管理》团体标准应用指南

安全风险公告栏

洗马潭索道风险公告栏			
区域	洗马潭索道支架线路沿线	风险等级	低风险
主要安全风险			事故后果
危石清理存在缺陷			坠落砸伤
连续雨天出现泥石流			山体滑坡
管控措施			
1. 常态化与气象部门联系,对天气情况密切关注,对极端天气做好安全应急处置措施 2. 定期检查危险源,做好危险源安全检查记录,发现异常情况及时报告领导 3. 山体做好安全防护措施(安全防护钢网),防止危石崩落或坠落和山体滑坡造成树木倒塌伤人			
警示标志			

应急措施			
1. 山体发生滑坡时,及时拉起安全警示线,疏散该区域附近的人员并与落石区域保持安全距离 2. 视泥石流事件的具体情况,报告领导启动应急处置工作 3. 发生人员被落石砸伤或心跳停止,应立即将伤员移至空旷地带,进行心脉复苏并拨打120急救电话			
报告方式			
公司应急电话:0872-5364972	公安:110	急救:120	消防:119
部门分管领导:赵春晖	联系电话:1357725****		
责任部门:安全环保部	责任人:杨志敏		联系电话:1357728****

第2篇　客运索道运营安全风险管控及隐患排查治理双重预防机制应用指南

安全风险公告栏

洗马潭索道风险公告栏			
区域	洗马潭索道区域	风险等级	低风险
主要安全风险			事故后果
电路线路检查维护不到位			人员受伤、设备损坏，公司经济损失
施工作业区域堆放易燃易爆物品,安全防护措施不到位			
游客安全防火意识不强或护林防火宣传力度不到位			
管控措施			
1. 加强员工安全教育培训,增强员工安全意识和防范意识 2. 定期对设备线路及用电线路附近的易燃易爆物品进行处理 3. 加强施工作业安全管理措施,进场前进行安全教育注意事项讲解 4. 加强景区内护林防火的宣传力度,工作人员加强景区的巡检力度,发现问题及时处置			
警示标志			

应急措施			
1. 发生火灾时,在可以控制的情况下及时组织人员进行扑救;在无法进行处置时按照公司护林防火应急处置方案进行处置 2. 若伤员心跳停止应立即进行心脉复苏;发生外伤时,及时对伤口进行简单包扎处理,视伤情拨打120			
报告方式			
公司应急电话:0872-5364972　　公安:110　　急救:120　　消防:119　　森林火警:12119			
部门分管领导:赵春晖		联系电话:1357725****	
责任部门:安全环保部		责任人:杨志敏　　联系电话:1357728****	

《客运索道运营安全生产标准化管理》团体标准应用指南

安全风险公告栏

洗马潭索道风险公告栏			
区域	洗马潭索道支架线路沿线	风险等级	低风险
主要安全风险			事故后果
地质灾害(山体滑坡、地震等)突发性造成脱索			人员受伤,设备损坏,公司经济损失,社会影响
极端天气(大风、暴雪等)导致支架附近树木倒塌造成脱索			
因设备维护、检查不到位造成脱索			
管控措施			
1. 常态化密切关注天气情况,做好极端天气做好安全应急处置措施 2. 定期检查危险源,做好危险源安全检查记录,发现异常情况及时报告领导,及时整改或采取安全有效的预防措施 3. 加强员工安全教育培训,增强员工责任心;加强设备、设施的安全检查维护 4. 加强应急处置预案的演练,检验部门与部门间的协调性,检验应急处置能力			
警示标志			

应急措施			
1. 当出现钢丝绳脱索事件时,在可以控制和安全处置的条件下及时对钢丝绳脱索故障进行处理,及时与其他部门沟通对游客进行援助和安抚;对受伤人员的伤口进行消毒包扎,并拨打120急救电话 2. 视事件的严重情况程度,报告值班领导启动应急处置工作;并上报上级相关的主管部门和请求社会救援援助			
报告方式			
公司应急电话:0872-2683551	公安:110	急救:120	消防:119
部门分管领导:施树培	联系电话:1800872****		
责任部门:技术部洗马潭索道站	责任人:张冠青	联系电话:13508826386	
责任部门:技术部洗马潭索道站	责任人:邢朋程	联系电话:1860885****	

第 2 篇　客运索道运营安全风险管控及隐患排查治理双重预防机制应用指南

安全风险公告栏

中和索道风险公告栏			
区域	中和索道支架线路沿线	风险等级	低风险
主要安全风险			事故后果
危石清理存在缺陷			坠落砸伤
连续雨天出现泥石流			山体滑坡
管控措施			
1. 常态化与气象部门联系,对天气情况密切关注,对极端天气做好安全应急处置措施 2. 定期检查危险源,做好危险源安全检查记录,发现异常情况及时报告领导 3. 山体做好安全防护措施(安全防护钢网),防止山体滑坡造成树木倒塌伤人			
警示标志			

应急措施			
1. 山体发生滑坡时,及时拉起安全警示线,疏散该区域附近的人员并与落石区域保持安全距离 2. 视泥石流事件的具体情况,报告领导启动应急处置工作 3. 发生人员被落石砸伤或心跳停止,应立即将伤员移至空旷地带,进行心脉复苏并拨打 120 急救电话			
报告方式			
公司应急电话:0872-2674399	公安:110	急救:120	消防:119
部门分管领导:赵春晖	联系电话:1357725****		
责任部门:安全环保部	责任人:杨宏		联系电话:1388720****

《客运索道运营安全生产标准化管理》团体标准应用指南

安全风险公告栏

中和索道风险公告栏			
区域	中和索道区域	风险等级	低风险
主要安全风险			事故后果
电路线路检查维护不到位			人员受伤、设备损坏，公司经济损失
施工作业区域堆放易燃易爆物品，安全防护措施不到位			
游客安全防火意识不强或护林防火宣传力度不到位			
管控措施			
1. 加强员工安全教育培训，增强员工安全意识和防范意识 2. 定期对设备线路及用电线路附近的易燃易爆物品进行处理 3. 加强施工作业安全管理措施，进场前进行安全教育注意事项讲解 4. 加强景区内护林防火的宣传力度，工作人员加强景区的巡检力度，发现问题及时处置			
警示标志			

应急措施			
1. 发生火灾时，在可以控制的情况下及时组织人员进行扑救；在无法进行处置时按照公司护林防火应急处置方案进行处置 2. 若伤员心跳停止应立即进行心脉复苏；发生外伤时，及时对伤口进行简单包扎处理，视伤情拨打 120			
报告方式			
公司应急电话：0872-2674399	公安：110　　急救：120	消防：119	森林火警：12119
部门分管领导：赵春晖	联系电话：1357725 ****		
责任部门：安全环保部	责任人：杨宏		联系电话：1388720 ****

第 2 篇　客运索道运营安全风险管控及隐患排查治理双重预防机制应用指南

安全风险公告栏

中和索道风险公告栏				
区域	中和索道支架线路沿线		风险等级	低风险
主要安全风险				事故后果
地质灾害(山体滑坡、地震等)突发性造成脱索				人员受伤,设备损坏, 公司经济损失,社会影响
极端天气(大风、暴雪等)导致支架附近树木倒塌造成脱索				
因设备维护、检查不到位造成脱索				
管控措施				
1. 常态化密切关注天气情况,做好极端天气做好安全应急处置措施 2. 定期检查危险源,做好危险源安全检查记录,发现异常情况及时报告领导,及时整改或采取安全有效的预防措施 3. 加强员工安全教育培训,增强员工责任心;加强设备、设施的安全检查维护 4. 加强应急处置预案的演练,检验部门与部门间的协调性,检验应急处置能力				
警示标志				

应急措施				
1. 当出现钢丝绳脱索事件时,在可以控制和安全处置的条件下及时对钢丝绳脱索故障进行处理,及时与其他部门沟通对游客进行援助和安抚;对受伤人员的伤口进行消毒包扎,并拨打 120 急救电话 2. 视事件的严重情况程度,报告值班领导启动应急处置工作;并上报上级相关的主管部门和请求社会救援援助				
报告方式				
公司应急电话:0872-2683551	公安:110		急救:120	消防:119
部门分管领导:施树培	联系电话:1800872＊＊＊＊			
责任部门:技术部中和索道站	责任人:杨凡		联系电话:1360882＊＊＊＊	

《客运索道运营安全生产标准化管理》团体标准应用指南

岗位安全风险告知卡

岗位：检票、验票				
存在危险因素		可能造成的后果		防范措施
拥挤事件		1. 人员伤亡 2. 财产损失 3. 社会影响		1. 加强员工安全教育培训，提升员工安全意识和服务意识 2. 规范安全操作规范和流程，加强设备检查维护，保障设备正常运行 3. 加强讲解游客乘坐须知 4. 加强设备日常巡查、巡检，发现问题及时整改
重大治安事件		1. 人员伤亡 2. 财产损失 3. 社会影响		
检票机故障		1. 人员伤亡 2. 财产损失 3. 运营停滞		
紧急应急情况下的应急处置方法				应急救援电话
1. 及时采取安全有效的救护措施 2. 及时上报值班领导及分管领导 3. 及时与相关的职能部门沟通、救护和援助，尽快控制现场事态发展、平息事件			公安	110
^^^			消防	119
^^^			急救	120
^^^			洗马潭区域分管领导	施树培 1800872****
^^^			部门负责人	张冠青 1350882**** 邢朋程 1860885****
安全操作要点				
1. 加强员工岗位技能培训，加强员工安全教育培训，提升员工安全意识 2. 认真履行岗位职责，严格按照操作规程和流程进行操作，严禁"三违" 3. 加强设备的安全检查、维护保养，保障设备安全、稳定地运行 4. 加强联动演练，培养员工应急救护与应急反应能力，部门与部门间的协调性				

第2篇　客运索道运营安全风险管控及隐患排查治理双重预防机制应用指南

岗位安全风险告知卡

岗位：上车区			
存在危险因素		可能造成的后果	防范措施
游客摔倒		1. 人员伤亡 2. 财产损失	1. 加强游客乘坐安全须知讲解 2. 加强游客秩序维护和疏导 3. 加强游客进入上车区域的安全管控 4. 提升安全服务质量
客厢夹住游客		1. 人员伤亡 2. 财产损失 3. 索道停运	
拥挤事件		1. 人员伤亡 2. 财产损失 3. 社会影响	
紧急应急情况下的应急处置方法		应急救援电话	
1. 及时采取安全有效的救护措施 2. 对受伤人员及时救护和进行现场保护 3. 争取职能部门人员的救护和援助 4. 必要时索道立即停止安全运行 5. 立即上报值班领导和分管领导 6. 对事故现场进行疏散和引导		公安	110
		消防	119
		急救	120
		洗马潭区域分管领导	施树培 1800872＊＊＊＊
		部门负责人	张冠青 1350882＊＊＊＊ 邢朋程 1860885＊＊＊＊
安全操作要点			
1. 加强安全服务质量的提升；加强员工优质服务用语及语言艺术的培训 2. 加强站务人员的安全管理制度、操作规程和流程管理及修订 3. 加强联动演练，培养员工应急救护与应急反应能力，部门与部门间的协调性			

《客运索道运营安全生产标准化管理》团体标准应用指南

岗位安全风险告知卡

岗位：下车区			
	存在危险因素	可能造成的后果	防范措施
拥挤事件		1. 人员伤亡 2. 财产损失 3. 社会影响	1. 加强游客乘坐安全须知讲解 2. 加强游客秩序维护和疏导 3. 加强游客进入上车区域的安全管控 4. 提升安全服务质量
游客摔倒		1. 人员伤亡 2. 财产损失	
紧急应急情况下的应急处置方法		应急救援电话	
1. 及时采取安全有效的救护措施 2. 对受伤人员及时救护和进行现场保护 3. 争取职能部门人员的救护和援助 4. 必要时索道立即停止安全运行 5. 立即上报值班领导和分管领导 6. 对事故现场进行疏散和引导		公安	110
		消防	119
		急救	120
		洗马潭区域分管领导	施树培 1800872 ****
		部门负责人	张冠青 1350882 **** 邢朋程 1860885 ****
安全操作要点			
1. 加强安全服务质量的提升；加强员工优质服务用语及语言艺术的培训 2. 加强站务人员的安全管理制度、操作规程和流程管理及修订 3. 加强联动演练，培养员工应急救护与应急反应能力，部门与部门间的协调性			

第 2 篇　客运索道运营安全风险管控及隐患排查治理双重预防机制应用指南

岗位安全风险告知卡

风险名称	油库	级别	
警示标志		可能导致的事故	其他爆炸
责任部门	部门分管领导		施树培 1800872＊＊＊＊
	技术部 洗马潭索道站	责任人	张冠青 1350882＊＊＊＊ 邢朋程 1860885＊＊＊＊
应急联系方式	0872-5364972 0872-5364978	应急措施	发生紧急情况立即启动爆炸事故现场处置方案
主要危害因素	油库内部因金属、沙石摩擦、碰撞火花和静电火花等因素,容易引起粉尘爆炸;油库内部通风口与其他房间可能相互连通,存在伤亡扩大或经济损失的危险		
管控措施	1. 加强日常安全检查、发现问题及时整改 2. 明确设备管理要求、标准,对作业人员进行安全培训 3. 现场工作人员配备相关的安全防护措施:口罩 4. 制定现场安全处置方案,必要时及时启动应急预案		

岗位安全风险告知卡

风险名称	高空坠物	级别	
警示标志		可能导致的事故	人员受伤
责任部门	部门分管领导		施树培 1800872＊＊＊＊
	技术部 洗马潭索道站	责任人	张冠青 1350882＊＊＊＊ 邢朋程 1860885＊＊＊＊
应急联系方式	0872-5364972 0872-5364978	应急措施	若伤员因高空坠物伤害后心跳停止,应立即进行心脉复苏;发生外伤时,及时对伤口进行简单包扎处理,视伤情拨打120
主要危害因素	1. 在检维修高空作业中,工具、维修材料等放置不当或检修人员操作不当导致高空坠物 2. 在索道应急救援演练或练习中,未按照索道相关的救援预案要求进行安全操作,导致救援装备掉落造成高空坠物		
管控措施	1. 在检维修和索道应急救援演练或练习前召开安全会议,讲解安全注意事项、安全防护措施 2. 现场设置监督管理人员,发现存在安全隐患的及时制止 3. 加强员工安全教育培训,提升员工安全意识和安全防护意识		

《客运索道运营安全生产标准化管理》团体标准应用指南

岗位安全风险告知卡

风险名称	高处坠落	级别	
警示标志		可能导致的事故	人员高空坠落
责任部门	部门分管领导		施树培 1800872****
	技术部 洗马潭索道站	责任人	张冠青 1350882**** 邢朋程 1860885****
应急联系方式	0872-5364972 0872-5364978	应急措施	若伤员发生高处坠落伤害后心跳停止,应立即进行心脉复苏;发生外伤时,及时对伤口进行简单包扎处理,视伤情拨打120
主要危害因素	1. 检维修高空作业中未挂好安全带、未抓稳或站稳等违规操作造成高空坠落 2. 安全生产应急处置中,未按照安全防护要求佩戴安全带或违规操作造成高空坠落 3. 在索道应急救援演练或练习中未挂好安全带、未抓稳或站稳等违规操作造成高空坠落		
管控措施	1. 在检维修、安全生产应急处置和索道应急救援演练或练习前召开安全会议,讲解安全注意事项和安全防护措施及防护用品的操作 2. 佩戴安全带和安全帽,相互检查防护用品是否防护到位 3. 现场设置监督管理人员,发现存在安全隐患的及时制止 4. 加强员工安全教育培训,提升员工安全意识和安全防护意识		

岗位安全风险告知卡

风险名称	机械伤人	级别	
警示标志		可能导致的事故	人员受伤或死亡
责任部门	部门分管领导		施树培 1800872****
	技术部 洗马潭索道站	责任人	张冠青 1350882**** 邢朋程 1860885****
应急联系方式	0872-5364972 0872-5364978	应急措施	立即停止机械设备运行,及时与职能部门需求救护和援助,报告值班领导;及时对伤口进行简单包扎处理,视伤情运送伤员到医院治疗或拨打120等待救护
主要危害因素	1. 在设备安全检查中,因工作人员着装不当(衣服宽松、大;不摘除工号牌等)或操作不当造成机械伤人 2. 设备、设施检查维护不到位,造成机械伤人		
管控措施	1. 制定完善相关的安全管理制度、规定、操作规程和流程进行操作 2. 加强员工安全教育培训,提升员工安全意识和安全防护意识		

第 2 篇　客运索道运营安全风险管控及隐患排查治理双重预防机制应用指南

岗位安全风险告知卡

风险名称	当心触电	级别	
警示标志	(当心触电警示图标)	可能导致的事故	人员受伤或死亡
责任部门	部门分管领导		施树培 1800872＊＊＊＊
	技术部 洗马潭索道站	责任人	张冠青 1350882＊＊＊＊ 邢朋程 1860885＊＊＊＊
应急联系方式	0872-5364972 0872-5364978	应急措施	立即进行断电操作,及时与职能部门需求救护和援助,报告值班领导;如果心跳停止,应立即进行心脉复苏;及时拨打 120 救护
主要危害因素	1. 设备设施检查、维护不到位造成触电 2. 在日常检查维护中,因绝缘防护用品没有佩戴或操作不当导致触电		
管控措施	1. 制定完善相关的安全管理制度、规定、操作规程和流程进行操作 2. 加强员工安全教育培训,提升员工安全意识和安全防护意识 3. 定期对工器具(绝缘手套、绝缘鞋)进行检验,及时更新更换工器具		

5.5.1.4　变更管理制度

1. 目的

为了对公司机构、人员、技术、设施设备、作业规程和环境等永久性或暂时性的变化进行有效控制,规范变更管理,防范因为变更发生事故,消除或减少由于变更引起的潜在事故隐患,特制定本制度。

2. 适用范围

本制度适用于公司安全生产过程、机构、人员、技术、设施设备、作业规程和环境等永久性或暂时性的变更。

3. 定义

变更:是指机构、人员、技术、设施设备、作业规程、环境和管理等永久性或暂时性的变化。

变更管理:是指对机构、人员、技术、设施设备、作业规程和环境等永久性或暂时性的变更进行有计划的控制,避免因变更风险失控导致事故的过程。

4．职责

(1)变更申请人负责提出书面变更申请。

(2)各部门负责本部门的变更审核。

(3)分管领导负责变更的审批。

5．变更类型、级别

变更类型:分为机构变更、人员变更、技术变更、设施设备变更作业规程变更、环境变更和管理变更等。

《客运索道运营安全生产标准化管理》团体标准应用指南

变更级别：分为同类替换、微小变更和变更等。同类替换：是指原设计参数、规格型号、操作方式和环境条件、管理标准相同的更换。微小变更：是指设计参数、规格型号、环境条件、管理标准在许可范围内的改变。变更：是指设计参数、规格型号、环境条件、管理标准的改变，但不影响设施设备正常运行。

6. 变更管理的内容

（1）机构变更管理。内容包括：管理部门变更，班组变更。管理部门的变更，须经公司领导班子集体研究决定，报集团审批，及时补签责任协议书。变更后部门对岗位职责等进行重新梳理和学习。班组变更，须经公司领导班子集体研究决定，及时补签责任协议书。变更后班组对岗位职责等进行重新梳理和学习。未经批准，部门不得随意变更机构组织。

（2）人员变更管理。内容包括：管理层人员、技术主管、安全员、技术人员、新入职工、特种作业操作人员等的变更。管理层人员变更，需及时补签责任协议书，进行上岗前培训教育。技术主管、安全员变更，需及时补签责任协议书，在变更前相应人员须参加业务管理培训，并获得安全员资格证书技术人员变更，相应人员在取得资格证书前提下，还需要进行技能考核和岗前培训教育。新员工上岗，需要进行"三级安全教育"，即公司级安全教育、部门级安全教育和班组级安全教育，并进行考核，通过后方能上岗。特殊工种、特种作业操作人员变更，需进行体检，办理操作证，进行"三级安全教育"，并进行考核，通过后方能上岗。

（3）技术变更管理。内容包括：技术的改进、新项目的实施、操作程序的优化等。

① 对变更环节进行评估、评价，并建立管理档案。

② 完善新技术的安全性与标准化。

③ 组织涉及人员开展新操作方法和新操作程序的安全教育。

（4）设施设备变更管理。内容包括：设施设备的更新改造、安全设施的变更、更换与原设备不同的设备或配件、临时的电气设备变更、监控测量仪表的变更、计算机及其软件的变更等。

① 建立档案，完善设备、设施变更手续。

② 对变更的设施进行审批和验收管理，并对变更过程及变更后产生的风险和隐患进行辨识、评估和控制。

（5）作业规程变更管理。内容包括：新改扩建项目引起的技术变更、操作设备的改进和变更、操作规程的变更、操作设备参数的变更、通信设施的变更等。

① 制定详细的操作规程，进行危险辨识，并制定相应的控制措施。

② 建立管理档案，对作业规程进行安全现状评价，保障作业规程的安全。

（6）环境变更管理。内容包括：对新、改、扩建项目，严格执行"三同时"管理制度，即同时设计、同时施工、同时投入使用。合理布局，确保事故应急、安全救护、疏散通道的畅通、设施标准规范布局。在变更前做好审批、申报工作，不能随意违建、改建。在新、改、扩建项目实施之前，应充分了解周边环境对项目的影响，落实好评估程序，避免造成建后变更的投资损失。

7. 变更的程序

（1）变更申请人提出变更申请，填写《变更申请书》，说明变更依据，并对变更的风险情况进行分析，提交本部门负责人对变更情况进行审核。

（2）部门审核后报分管领导复审，总经理审批。

（3）变更审批通过后，由变更申请部门组织变更的具体实施。

（4）变更实施前，实施部门需针对存在的风险，制定可控措施后方可实施。

（5）变更结束后，需组织变更验收，并填写《变更验收表》，参与验收人员签字认可。

（6）变更培训由实施部门负责，内容应包括变更的内容及使用注意事项、新的操作规程及制度等，使用者应熟悉掌握通过考核后方可操作设施设备。

8. 作业规程、技术、设施设备的变更程序

（1）所有员工在日常工作中，通过检查、了解、学习发现的任何有益于安全、稳定、高效、节能等的改

进措施,均可向本部门负责人提交变更申请。

(2)部门收到变更申请后,应及时组织相关部门和人员对变更可行性进行论证。

(3)分析变更的可行性、可靠性与潜在的风险,并对变更内容适当地进行补充修改和完善,对于技术上可行、风险上可控的变更,经部门经理审核,分管领导复核,总经理批准后可以组织实施。

(4)对于不予采纳的变更,各部门负责人要及时将不予采纳的理由反馈给变更申请人。

9. 变更的管理

(1)管理变更的相关程序按公司行政部门的有关规定执行。

(2)变更的验收:凡是涉及作业规程、技术的变更、设施设备的变更以及环境变更都需要进行变更验收,评价变更后的效果、影响及存在的各种风险等。

(3)由于变更而产生的各项资料均应报备办公室存档。

(4)公司鼓励员工在工作中通过发挥个人的主观能动性,发现问题,提出相应的变更建议;积极地学习、消化、吸收国内、国外同行业中先进的经验与技术,提出改进和优化现有技术或参数和操作方法的变更意见。并对采纳的变更意见和建议给予当事人一定的奖励。

(5)任何员工在未得到许可的条件下,不得擅自进行任何变更,否则将视为违章作业,予以严肃处理。

10. 本制度从下发之日起执行

11. 相关记录

《变更申请表》《变更验收表》《变更记录表》。

变更申请表

变更名称			申请人所在部门	
申请人姓名		职务		日期	
变更说明及其技术依据:					
风险分析情况:					
部门领导意见: 签名:　　　　　　日期:					
总经理意见: 签名:　　　　　　日期:					

《客运索道运营安全生产标准化管理》团体标准应用指南

变更验收表

验收变更项目		变更所在部门	
组织验收部门		日期	
验收组成人员	姓名	所属部门	职务

验收意见：

验收负责人签字：

部门审查意见：

签字：

总经理意见：

签字：

变更记录表

变更名称		变更所在部门	
变更起止时间		负责人	
变更内容			
风险分析情况			
变更控制措施			
变更审批情况			
变更验收情况			
变更告知情况			
备注			

5.5.2 重大危险源辨识与管理

5.5.2.1 重大危险源管理制度

1. 目的

为认真贯彻"安全第一、预防为主、防治结合、综合治理"的安全环保生产管理方针，进一步加强对重大危险源的管理，规范公司防范自然灾害的流程、措施，避免、减少自然灾害可能对顾客与公司造成的损失。通过识别公司生产经营场所可能导致人身伤亡、疾病，财产损失、工作环境污染的危险源，以便有效

第 2 篇　客运索道运营安全风险管控及隐患排查治理双重预防机制应用指南

预防控制,杜绝或减少事故的发生,根据《安全生产法》《环境保护法》等有关法律、法规,国家标准特制定本制度。

2. 定义

危险源:可能导致人身伤害(或)健康损害的根源、状态,行为或组合。根源——运动的机械、辐射、粉尘、能源等;状态——高处作业、潮湿环境、恶劣环境(雨、雾、雪);行为——手举重物、用手替代工具、违章操作、酒后上岗、粗心疏忽大意等。

重大危险源:长期地或临时地生产、加工、搬运、使用或贮存危险物质,且危险物质的数量等于或超过临界量的单元。依据公司索道行业特点,重大危险源是指:雷电、大风、洪水、泥石流、山体滑坡、冻雨、危岩等自然灾害环境因素。

危险源辨识:识别危险源并确定其特性的过程。危险源辨识主要是对危险源的识别,对其性质加以判断,对可能造成的危害、影响进行提前预防,以确保生产经营的安全、稳定。

3. 范围

本制度适用于大理旅游集团苍山洗马潭索道分公司在经营服务和管理活动中存在的自然灾害环境因素识别、评估、登记、监控和管理。

4. 职责

安全环保与职业卫生领导组负责重大危险源的归口管理工作。公司分管安全环保领导负责重大危险源识别与风险评价的领导工作,并对确定的重大危险源审核批准,制定控制措施。

安全环保部负责组织各部门开展自然灾害因素识别、风险评价和必要控制措施的制定活动;对各部门的危险源进行收集、汇总,确定自然灾害因素并上报分管副经理审批;组织各部门对确定的自然灾害因素及其风险程度进行应急预案的编制工作;负责对公司自然灾害因素进行评审、更新和监控;负责告知相关部门对公司自然灾害因素实施控制。

各部门:行政办公室负责收集、监控预警信息传播情况,协调监督各部门应急措施实施情况;负责对本部门职能范围内的(辖区场所和业务范围内的)危险源、自然灾害因素进行排查、识别、确认、登记、更新和控制;建立并完善本部门重大危险辨识的登记工作,控制好本部门的重大自然灾害因素,并及时向公司报告有关自然灾害的信息。

5. 重大危险源辨识

(1)环境因素识别、职业健康安全危险源辨识范围:

① 环境因素应覆盖所有部门、所有活动、经营活动场所和服务中的环境因素。

② 职业健康安全危险源识别范围应包括:常规活动、非常规活动;常规活动如维修、清扫、办公等;非常规活动包括异常活动(如设施设备临时抢修活动等)和紧急情况下活动(如火灾、自然灾害等情况下的抢险活动)。

③ 所有进入工作现场的人员(包括现场作业人员、管理人员及其他外来人员等);所有特种设施、设备。

④ 人的行为、能力和其他人为因素。

⑤ 工作场所的基础设施、设备和材料。

⑥ 已识别的源于工作场所外,能够对工作场所内组织控制下的人员健康安全产生不利影响的危险源。

⑦ 自然灾害识别:包括雷电、大风、洪水、泥石流、山体滑坡、冻雨、危岩等。

⑧ 重点关注以下活动:公司施工、作业过程中的涉及的(工艺设施、设备、介质);新工艺、新设备、新材料的投入;新、改、扩建、大维修项目(包括设计、施工、投入使用过程);物资采购、储存、调拨等过程;办公、生活、后勤活动及所有工作场所及场内设施;管理岗位、施工岗位现场人员的活动;外包服务活动所带来的环境因素;应急准备以及相应的物资、设施;非各类生产经营活动(培训、会议、文体活动等)。

(2)重大危险源的辨识内容:

《客运索道运营安全生产标准化管理》团体标准应用指南

① 工作环境包括索道支架线路、站房地址的工程地质、地形、自然灾害、周围环境、气象条件、资源交通、抢险救灾支持条件等,作为生产经营场所重大危险源都是导致人身伤害或健康损害的根源,如地质地形确定的地面承重,自然灾害、极端天气的可能性和发生概率决定索道支架线路、站房的设计和平面布局以及索道的安全运营等。

② 平面布局:功能分区(生产、管理、辅助生产经营、生活区);高温、有害物质、噪声、辐射、易燃、易爆、危险品设施布置;建筑物、构筑物布置;风向、安全距离、卫生防护距离等。

③ 施工机具、设备:高温、低温、腐蚀、高压、振动、关键部位的备用设备、控制、操作、检修和故障、失误时的紧急异常情况;机械设备的运动部件和工件、操作条件、检修作业、误运转和误操作;电气设备的断电、触电、火灾、爆炸、误运转和误操作,静电、雷电。

④ 危险性较大设备和高处作业设备:水平救援、垂直救援等。

⑤ 特殊装置、设备:危险品库房(汽油、柴油)等。

⑥ 有害作业部位:粉尘、噪声、振动、辐射、低温等。

⑦ 各种设施:管理设施、事故应急抢救设施(医务室等)、辅助生产经营、生活设施等。

⑧ 标志缺陷:无标志、标志不清楚、标志不规范、标志选用不当、标志位置缺陷、其他标志缺陷。

⑨ 劳动组织生理、心理因素和人机工程学因素等。

(3)危险源识别方法。危险源辨识以预防为指导思想,可通过询问、交谈、查阅有关记录,获取外部信息,现场观察、流程分析等相结合方法。

① 辨识方法:直观经验法,该方法适用于有可供参考的先例,有以往经验可以借鉴的危险有害因素辨识过程,不能应用在没有可供参考先例的危险源中。对照经验法,对照有关标准、法规、检查表或依靠分析人员的观察分析能力,借助于经验和判断能力,直观地对评价对象危险有害因素进行分析,该方法的优点是简便、易行,缺点是受知识、经验、资料限制,易遗漏。类比方法,利用相同或相似作业条件的经验和职业安全卫生的统计资料来类推、分析评价对象的危险。调查法,按照上述内容在现场进行调查、辨识。安全检查表辨识法,辨识小组按照辨识内容编制安全检查表,进行辨识,经辨识的危险源填入《危险源调查表》内。

② 环境因素。现场观察法:观察公司各部门辖区范围内日常作业过程中产生的噪音及废弃物排放,并对其进行识别。调查表:对景区新、改、扩建功能设施项目施工过程中潜在植被破坏、土地占有等环境因素进行识别;对施工过程原污水等潜在的泄漏及资源、能源消耗等环境因素进行识别。对物资采购和服务过程中环境因素进行识别。专家咨询法:聘请经验丰富的专业技术人员、专家分析生产经营和施工过程中潜在的环境因素。

(4)危险源识别的主要途径:作业安全分析;区域风险评价或调查;工程变更分析;行为安全观察;事故事件学习;工作循环检查;其他。

(5)识别要求。

① 识别环境因素要考虑三种状态、三种时态及六个方面。

三种状态包括:正常状态、异常状态和紧急情况。正常状态:正常生产经营和工程施工建设。异常状态:指生产经营和施工过程中设施、设备大修、检修;新技术推广试验等可合理预见的情况。紧急情况:指不可预见何时发生、发生频率极小,但对环境影响较大的环境因素(火灾、洪水、滑坡及第三方破坏等紧急情况)。

三种时态包括:现在、过去和将来。过去:以往遗留问题。现在:现场的、现有的污染及环境问题。将来:生产经营设施的废弃、生产工艺及过程的改进,生产经营过程辅助材料的改变和其他要求;还有计划中的活动可能带来的环境问题。

六个方面:废气排放、废水排放、噪音、固体废物的处置、能源资源的消耗和浪费、地方性环境问题及其他。

② 安全危险因素识别的要求:风险发生的可能性;风险发生的后果。

③ 职业健康危害因素对以下六类进行识别：物理性危害；化学性危害；生物性危害；人机工程类危害；心理、生理性危害因素。

同时应满足标准要求识别出以下危害因素：食品卫生、手动操作、带显示屏的设备、空气质量、毒品、酒精、吸烟。

（6）识别程序：

① 环境因素、危险源识别。

② 安全环保部负责对本程序进行培训。

③ 各部门自行识别本部门涉及的环境因素和危险源。

（7）识别过程中应综合考虑以下因素：

① 景区范围内规划、建设和委托（即新建、扩大经营和改造）过程。

② 常规的和非常规的工作环境和操作条件，包括停工、维修和开工。

③ 事故和潜在的紧急情况，包括天气、地球物理及其他外部自然灾害；恶意破坏和违反操作规程；火灾和爆炸；冲击和撞击；中毒、触电及辐射；存有物理性危害因素的工作环境；人机工程因素（比如工作环境条件或重复性工作等）；设备的腐蚀；有毒有害物料、气体泄漏。

④ 物（设施）的不安全状态，包括可能导致事故发生和危害扩大的设计缺陷、工程质量缺陷、工艺缺陷、设备缺陷、保护措施和安全装置的缺陷等。

⑤ 人的不安全行为，包括不采取安全措施，错误动作，不按规定方法操作及某些不安全行为（制造危险状态）。

⑥ 可能造成职业病、中毒的劳动环境和条件，包括物理的（噪音、振动、湿度、辐射）、化学的（易燃易爆、有毒、危险气体、氧化物等）以及生物因素；

⑦ 管理缺陷，包括安全监督、检查、事故防范、应急管理、作业人员安排、防护用品使用、工艺过程和操作方法等管理缺陷。

⑧ 丢弃、废弃、拆卸和处理的生产经营设施、设备。

⑨ 来自以往生产经营活动的危害和影响。

（8）危险源上报。技术部（各索道站）对公司经营范围内存在的大风、雷电、冻雨等恶劣环境因素重大危险源进行辨识、上报工作。安全环保部对公司经营范围内存在的山体滑坡、泥石流、洪水、危岩等自然灾害重大风险进行辨识、上报工作。其他部门对本部门区域范围内存在的其他重大风险进行辨识、上报工作。

6. 重大危险源评估

安全环保与职业卫生领导组对各部门上报的重大风险进行汇总登记，并组织相关专业人员进行评估，做好评估记录。

（1）自然灾害调查评估的内容包括：人员伤亡、直接经济损失等指标；房屋和设施设备破坏等情况；灾害的社会经济影响评估。自然灾害评估按灾害客观的发展过程可分三种：一是灾前预评估，二是灾期跟踪或监测性评估，三是灾后实测评估。

（2）环境影响评价。

环境影响评价依据：环境影响范围规模；环境影响的程度；发生的频次及持续的时间；资源的消耗；法律法规及其他要求；相关方的观点；公众形象的影响等。

评价方法：环境影响评价直接判断法和矩形分析法相结合的方法进行。直接判断法评价标准（超过国家标准要求的）如废水：（向水体排放）污水、热水；废气：（向大气排放）二氧化碳、烟尘；固废：（向土地排放）剩余废料、废渣、油化品；其他污染：辐射、振动、景区环境问题；破坏和保护环境的不可再生问题；世界文化遗产、物种灭绝；资源能源有下列情况之一的可评为重要环境因素：有较大节能潜能；没有管理控制的；行业对比浪费较大；可能发生重大环境破坏的事故隐患；相关方以及地方政府严格要求的；目前经济可行，通过方案措施能够解决的。

《客运索道运营安全生产标准化管理》团体标准应用指南

重要环境因素的评价方法

项目		代码	分值				
			5	4	3	2	1
环境污染	影响范围	A	全国范围	公司所在地范围	周边小范围	周边5人以上	周边1~4人
	影响程度	B	严重	较严重	一般	较轻	轻微
	污染量	C	非常大	较大	中等	较小	极小
	发生频次	D	持续发生	间歇发生	夜间发生	白天发生	偶然发生
	法规符合性	E	超标	超标不多	接近标准	标准值以下不多	标准值50%以下
	社会关注程度	F	强	较强	一般	较弱	弱
能源消耗	年耗量	G	大	较大	中	较小	小
	可节约程度	H	加强管理后明显见效	稍加投资后可明显见效	增加投资后可明显见效	加大投资后才能见效	较难节约

(3)危险源评价。

① 在进行危险源评价时,应充分考虑可能发生的后果:人身伤害、死亡(包括割伤、挫伤、擦伤、肢体损伤等);疾病(头痛、呼吸困难、失明、皮肤病、癌症肢体不能正常动作等)、高海拔;财产损失;工作环境破坏;水、空气、土壤、地下水及噪音污染;资源枯竭。

② 评价方法。采用LEC法对危险源进行评价。

《重大风险等级评估确认表》中的具体量化要求:

风险评估结果中"人员"分为无伤害、轻微伤害、一般伤害、重大伤害、一人死亡、多人死亡等6个等级。
风险评估结果中"财产"分为无损失、轻微损失、一般损失、局部损失、重大损失、特大损失等6个等级。
风险评估结果中"环境"分为无影响、轻微影响、一般影响、局部影响、重大影响、巨大影响等6个等级。
风险评估结果中"名誉"分为无影响、轻微影响、有限影响、很大影响、全国影响、国际影响等6个等级。
6个等级的影响值(严重级别)分别为0、1、2、3、4、5。

"风险几率"分为业界从未发生A、业界发生过B、本公司发生过C、本公司每年多次发生D、本公司某岗位多次发生E等5个等级。

风险等级以"1B""3C""5A""2E"等表示。

重大风险因素的风险等级的控制要求矩阵表

严重级别	A	B	C	D	E
0					
1					
2					
3					
4					
5					

注: 可通过常规制度和措施,加强管理实现控制; 应建立相应的制度、应急措施,必要时包括程序; 应有程序、应急预案、计划书/指导书等; 应建立风险消减措施,必要时应设置目标、准则等; 必须停工整顿,直至风险降至可容许的范围。

③ 评价实施。分公司、安全环保部组织有关人员、专家,按 LEC 法对各类危险源进行风险评价,形成风险评价汇总表。3 级以上风险,均应确定为重大危险源;列出一般危险源清单及控制措施;列出重大危险源清单及控制措施;以上清单需分管安全环保领导审批。

安全环保部负责组织各部门负责人、公司安全员对各部门上报的《环境因素识别、评价清单》《危险源识别、评价清单》进行审核、确认,将最终评价为公司重要环境因素的列入《重要环境因素清单》《重大危险源清单》报公司主管领导审批。安全环保部将批准的《重要环境因素清单》《重大危险源清单》下发至各部门并进行公布。

7. 重大危险源控制

根据《中华人民共和国特种设备安全法》《中华人民共和国安全生产法》《中华人民共和国职业病防治法》和《客运架空索道风险评价办法》(GB/T 34024—2017)进行重大危险源辨识,如辨识结果构成了重大危险源,须进行重大危险源登记、备案等工作。风险控制基本原则:根据风险评价结果,可采取以减少措施进行风险控制。

(1)消除风险。重大风险是分公司制定目标及隐患治理、管理方案的基础与依据,安全环保部负责制定控制计划,采取针对性的风险控制措施,消除、减少危害和影响,防止潜在事故的发生。

① 工程控制和技术措施:增加安全防护装置、使用安全控制设备、设施。

② 增设隔音设施,以降低噪音。

③ 警告标识预警提示:在景区可能存有安全风险隐患位置设立警告标识牌,提醒、告知过往通行人员;人流密集区域(如售票窗口、索道进、出站口位置、排队候车区域)合理设置安全通道,并随时检查警告标志牌的情况,做到及时醒目地提醒游客。

④ 采取岗前培训、岗中教育、安全检查等措施。

⑤ 针对紧急情况制定预案并进行演习。

⑥ 制定、完善控制程序和操作规程,落实应急预案加强员工的 HSE 体系知识的教育培训。

⑦ 建立检查监督和奖惩机制。

⑧ 个人防护用品:配备安全帽、工作服、鞋、口罩、耳塞、安全绳等。

(2)重大危险源控制。

① 针对重大危险源制定风险控制措施计划,制定管理方案。

② 对不能或需要制定管理方案的风险因素,应制定控制程序,执行安全规程,在日常运行中控制。

③ 针对紧急情况,制定应急预案,实施应急准备和响应程序措施。

④ 对参与风险控制运行的有关岗位人员进行培训,提高人员安全意识,明确要求职责偏离所产生的后果。

(3)环境影响控制。

① 环境影响控制以首先选择能够消除环境影响的方式为原则,其次采取可降低环境影响的方式。

② 安全风险控制原则:遵循"消除、替代、降低、隔离、个体防护、警告"的优先顺序,实行分级控制,法律法规的强制性要求必须予以控制;对中、高度风险要重点制定风险控制措施;对低风险应保持现有控制措施的有效性,并予以监控。

(4)环境影响、安全风险、职业健康安全风险控制方法:

① 投资控制(设定风险控制目标,按需求投资控制)。

② 运行控制(编制管理程序、作业文件、管理制度并按其执行,对人员进行培训等)进行环境影响控制。

③ 应急准备和响应控制(编制应急预案进行演练,并对预案中所编制的应急处置程序的适用性、可行性)等措施进行控制。

④ 安全环保部应对本公司重要环境因素、中、高度安全风险、职业健康安全风险控制措施的落实情况进行监督检查、评审控制措施。

⑤ 重大危险源所在部门应在重大危险源现场设置明显的安全警示标志和警示牌（内容包括名称、地点、责任人员、事故模式、控制措施）。

（5）公共预警信息的收集与发布。

① 办公室负责收集气象预警信息。每位员工从公共传媒获得气象、流行性疾病等预警信息时，须第一时间通知办公室，办公室对收集到的预警信息进行详细记录。

② 办公室须对收集到的预警信息进行核实，经判断得知预警信息可能给公司和游客造成影响时，应及时通过电话通知公司领导和各相关部门，并通过公司信息系统（如微信、QQ、钉钉、对讲机等）或发文等方式向公司全体员工通报，并要求在半小时内通报完毕。

③ 各部门负责人应将接收到的预警信息及时传递给本部门全体职员。

④ 针对气象预警信号，办公室应随时查收最新信息，如有变化即时向公司领导和各相关部门报告，直至预警信号解除。

⑤ 当接收、查询到气象台所发布的"气象预警信号"时，经报分公司经理同意后，尽快通过公司信息系统（如微信、QQ、钉钉、对讲机等）、电话、口头通知等有效形式将预警信息通知各相关部门、管理服务区域的游客以及相关施工单位，提醒员工和游客随时关注预警信息，注意人身财产安全。提醒施工单位对施工现场设备设施、材料进行检查、加固。并对所发布的信息进行登记。

（6）自然灾害防范工作的组织。

① 当气象台所发布的"气象预警信号"或灾害情况，可能将直接影响公司管理服务区域时，公司和部门应启动应急预案，公司应急救援领导组应巡视各部门应急措施落实情况，密切关注索道支架区域范围内车厢进、出站口的监控系统，风速风向监测系统。当预示可能发生险情时应亲临现场组织协助抢险工作。

② 公司应急救援领导组组织各职能部门人员成立应急救援小组到可能受灾区域支援防灾抗灾救援工作。

③ 各部门负责人为本部门抗灾救援工作责任人，切实落实预防自然灾害的有效防范措施，并加强值班巡视。部门主管以上人员须保持24小时通讯畅通，以便联系，及时指挥救援。

④ 应急救援队伍启动运作期间，应急救援成员必须保持通信工具24小时通畅，确保随时保持联络及接受任务调遣。

（7）环境因素、安全风险、职业健康安全风险的更新。

① 为保持环境因素识别、评价信息的有效性，每年末公司各部门应对环境因素、安全风险、职业健康安全风险因素进行重新评审，如有变化予以更新，并重新评价。

② 当发生以下情况时，公司所属各部门应及时进行环境因素的识别，必要时应组织专家、技术人员进行评价：

(a)法律、法规与标准提出新要求。

(b)因采用新技术、新工艺、新设备、新材料、工程投用而使环境因素发生了变化。

(c)对废水、废气、废弃物处理等使环境因素发生变更。

(d)环境因素、职业健康危害因素识别有遗漏。

③ 安全危害因素、职业健康危害因素变更情况包括：发生重大工艺改变时；进行新、改、扩建及更新改造大修理项目时；有重要设备、设施引进时；重点法律法规标准发生变化时；服务范围发生较大变化时；事故事件分析学习发现新的危害因素。

（8）跟踪与检查。安全环保与职业卫生领导组定期对重大危险源进行专项监督检查，发现重大危险源存在事故隐患应责令所在部门立即整改；对不能立即整改的，限期完成整改，并采取切实有效的监控措施。重大危险源安全管理与监控所需的资金费用纳入公司安全环保与职业卫生生产费用计划。

8. 相关记录

《危险源调查表》《环境因素识别和评价表》《危险源辨识和评价表》《重要环境因素清单》《重大危险源和风险因素清单》《重大风险等级评估确认表》《重大危险源辨识和风险评估表》《苍山洗马潭索道分公

第 2 篇　客运索道运营安全风险管控及隐患排查治理双重预防机制应用指南

司重大隐患检查记录表》《大理旅游集团苍山洗马潭索道分公司重大风险定期检查表》《大理旅游集团苍山洗马潭索道分公司重大风险安全控制措施》。

危险源调查表

部门：　　　　　　　　　　　　　　　　　　　　　　　　　　　　　　　　　　　　　　　编号：

序号	作业活动	危险源	可能导致的事故	时态	状态	现有控制措施	改进建议

环境因素识别和评价表

部门：　　　　　　　　　　　　　　　　　　　　　　　　　　　　　　　　　　　　　　　日期：

序号	工作/服务区域	环境因素	时态	状态	环境影响	重要环境因素判定（是/否）	责任主体	控制措施/制度文件要求

填表说明：1. 环境因素应覆盖所有部门、所有活动、经营活动场所和服务中的环境因素；职业健康安全危险源识别范围应包括：常规活动、非常规活动；常规活动：如维修、清扫、办公等；非常规的：包括异常活动（如设施设备临时抢修活动等）和紧急情况下活动（如火灾、自然灾害等情况下的抢险活动）。

2. 时态为：过去（以往遗留问题）、现在（现场的、现有的污染及环境问题）、将来（生产经营设施的废弃、生产工艺及过程的改进，生产经营过程辅助材料的改变和其他要求；还有计划中的活动可能带来的环境问题）；状态为：正常、异常、紧急。

3. 环境影响一栏可填写为：水体污染、固废物污染、大气污染、噪声污染、土壤污染、其他。

4. 控制措施包括：①制定目标、指标和管理方案，②执行运行控制程序，③教育与培训，④监督检查，⑤制定应急预案。

《客运索道运营安全生产标准化管理》团体标准应用指南

危险源辨识和评价表

部门：　　　　　　　　　　　　　　　　　　　　　　　　　　　　　　　　　　　　日期：

序号	岗位	工作/服务区域	危险源	可能导致的事故	伤害的可能因素 L	处于风险中的频繁程度 E	伤害的严重程度 C	风险值 D	风险等级	现行风险措施/制度	责任部门	控制计划

填表说明：1. 事故类型分为：人身伤害、物体打击、高处坠落、火灾、触电、交通事故、车辆伤害、中毒、坍塌、职业病、自然灾害（雷电、大风、洪水、泥石流、山体滑坡、冻雨、危岩等等）、自然灾害环境因素，其他安全事故。其重大危险源内容，请参照《重大危险源辨识和风险评估表》填写。

2. L、E、C、D项风险等级内容，请参照《重大危险源辨识和风险评估表》填写。

第2篇　客运索道运营安全风险管控及隐患排查治理双重预防机制应用指南

重要环境因素清单

部门：　　　　　　　　　　　　　　　　　　　　　　　　　　　　　　　　　　日期：

区域	序号	工作/服务活动	重要环境因素	环境影响	时态/状态	职能部门	管理控制措施

重大危险源和风险因素清单

部门：　　　　　　编制：　　　　　　审批：　　　　　　日期：

序号	工作/服务区域	重大危险源	重大风险因素	触发因素	事故原因	责任部门	现行风险措施/管理制度	应急措施	备注

填表说明：1. 依据公司索道行业自身特点，重大危险源是指：雷电、大风、洪水、泥石流、山体滑坡、冻雨、危岩等自然灾害环境因素。

2. 表格内容填写请参考《大理旅游集团苍山洗马潭索道分公司重大风险安全控制措施》。

重大风险等级评估确认表

部门：　　　　　　编制：　　　　　　审批：　　　　　　日期：

序号	重大危险源和风险因素/重要环境因素描述	风险后果评估				风险几率	风险等级	发生的可能原因	现行措施及改进措施			改进
		人员	财产	环境	名誉				程序	制度	应急	

第2篇 客运索道运营安全风险管控及隐患排查治理双重预防机制应用指南

重大危险源辨识和风险评估表

序号	岗位	工作内容或区域	危险源	可能造成的事故或伤害	L	E	C	D	风险等级	现有管理措施	控制计划
1	公共区域	公共区域临时设施、二次消费用电设施	用电线路绝缘层损坏或老化引起火花火灾	火灾	1	3	7	21	2	消防安全管理规定、安全隐患函件提醒	保持现有管理控制措施
2	公共区域	公共区域临时设施、二次消费用电设施	临时设施采用易燃材料搭设	火灾	1	3	7	21	2	消防安全管理规定、安全隐患函件提醒	保持现有管理控制措施
3	公共区域	公共区域临时设施、二次消费用电设施	用电设备发热或自燃	火灾	1	3	7	21	2	消防安全管理规定、安全隐患函件提醒	保持现有管理控制措施
4	公共区域	公共区域临时设施、二次消费用电设施	消防器材不充分或灭火措施有误	火灾	1	3	7	21	2	消防安全管理规定、安全隐患函件提醒	保持现有管理控制措施
5	机修	高空作业	高处作业无防护设施或个人身体因素	人身伤害、财产损失	0.5	2	7	7	1	高空作业安全操作规程、危险作业安全工作流程、索道安全工作流程	保持现有管理控制措施
6	机修	高空作业	未系安全带或安全带不符合要求	人员坠落受伤、致残、财产损失	0.5	2	7	7	1	高空作业安全操作规程、危险作业安全工作流程、索道安全工作流程	保持现有管理控制措施
7	电器工作人员	索道控制室	未按安全规程操作	索道长时间停止运行	0.5	0.5	1	0.25	1	索道安全工作流程、安全操作规程、岗位责任制度	1. 保持现有管理控制措施 2. 实施管理方案中有关的措施内容
8	公共区域	景区内	游客或工作人员引起或其他原因	森林火灾	1	6	7	42	2	消防安全管理制度、防火工作宣传培训演练、消防器材管理制度、巡逻工作	保持现有管理措施。加强现场巡查，及时排除隐患
9	公共区域	景区内	自然灾害（大风、泥石流、山体滑坡、危石、暴雪、雷电）	索道不能安全运行	1	1	1	1	1	重大风险应急预案、自然灾害应急预案、地质灾害应急预案	保持现有管理措施。加强现场巡查，及时排除隐患

《客运索道运营安全生产标准化管理》团体标准应用指南

苍山洗马潭索道分公司重大隐患检查记录表

编号：

序号	排查时间	排查人员	排查的隐患	排查隐患措施		隐患整改时间及复查	备注
				部门及负责人	整改措施		

大理旅游集团苍山洗马潭索道分公司重大风险定期检查表

序号	检查项目	检查内容	检查结果
1	安全管理制度和组织机构	有各级各类人员的安全管理责任制	
		有健全的安全管理制度（包括安全检查、防雷、防火、动用火、安全教育、隐患整改等等），查制度目录清单和制度	
		有完善的安全操作规程（包括各种作业、劳动防护用具的佩戴和发放），查操作规程目录清单和规程	
		有安全管理机构,配备安全管理人员。应设立安全领导小组,分公司经理任组长,配专职安全员,查企业文件、安全管理网络图和安全管理人员登记名册	
		明确主要领导人为安全负责人,全面负责安全管理工作,检查公司文件	
2	重大危险源档案台账、档案、记录等	建立了重大危险源档案,有电子档案和文本档案	
		重大危险源档案填写规范、准确、完整	
		重大危险源档案及时更新、及时上报备案,有备案登记表	
		设备是否有运行记录	
		车辆定期维护、保养记录是否完备	
		会议、生产、运行记录是否完备	
		有职业健康档案,档案填写准确、完整	
		及时申报职业危害因素,有申报备案登记表	
		有重大危险源定期巡查制度和巡查记录,制度完善、记录完整、准确、无漏项,查制度和记录	
		三类人员档案是否完备,查三类人员登记台账	
		按时报送重大危险源监控报告表,查留存报告表	
3	隐患排查治理	定期进行隐患排查,有安全检查记录,记录完整、准确	
		有隐患登记台账,记载完整、准确	
		有隐患整改通知单,有整改复查销号记录,签字手续完整	
		有隐患排查统计分析资料,分析资料及时上报,查每月隐患统计报告表	
		重大隐患有整改计划、有整改实施方案、有整改期间应急预案、有验收记录,并及时上报有关资料	

第2篇 客运索道运营安全风险管控及隐患排查治理双重预防机制应用指南

（续）

序号	检查项目	检查内容	检查结果
4	考核奖惩和事故处理	有安全考核奖惩办法，并严格执行。查考核制度、记录和台账	
		事故按照"四不放过"进行调查处理，查事故台账和事故调查报告及相关记录	
		建立完备的事故处理资料及定期进行事故案例分析，查事故台账	
5	安全评价	定期进行安全评价（评估），查安全评价报告	
		安全评价报告报有关部门备案，查备案登记表	
		针对评价中的问题和隐患落实整改措施，查整改记录	
6	应急救援预案	制定有完善的事故应急预案，内容应包括：应急处理组织与职责、事故类型和原因、事故防范措施、事故应急处理原则和程序、事故报警和报告、抢险和医疗救护。查预案文本和发布文件	
		所制定的应急救援预案是否定期进行演练（每年至少一次），查演练记录和有关资料	
		有互助救助协议	
		应急救援预案及时修订和报送备案，查预案文本和备案登记表	
7	培训、教育和安全活动	索道道站长和安全管理人员通过安全生产监管部门的培训考核，取得上岗资格	
		其他从业人员经过专业培训，并经考核合格，取得上岗资格	
		开展全员安全教育，并记录在案，查安全教育档案	
		开展"安全生产月"活动，查活动资料	
		开展"隐患排查"活动，查活动资料	
		开展安全体系建设和安全文化建设，查相关资料	
8	设备检验检测、维护保养	建立特种设备台账，台账记录完整、准确	
		设备设施是进行期进行维护、保养，查维护保养记录	
		特种设备及时进行检测检验，合格后投入使用，查检测检验记录	
		定期检测检验，合格后投入使用，查检验检测报告	
		定期对监控报警装置（固定式、便携式）进行维护保养、检测鉴定，查维护、检测记录	
		维修保养（动火、动土、高空、临时用电等）遵守安全规定，办理相关批准手续，查批准手续	
		定期检测作业场所职业危害因素，查检测报告	
		消防设备设施定期维护保养，查维护保养记录	
		防静电、防雷设施定期检测检验合格，查检测检验记录和报告	
9	劳动防护用品管理	有劳动防护用品台账	
		有劳动防护用品配备标准，按标准发放劳动防护用品	
		劳动防护用品进销存严把质量关，查进销存验收凭证	

《客运索道运营安全生产标准化管理》团体标准应用指南

大理旅游集团苍山洗马潭索道分公司重大风险安全控制措施

序号	风险名称	危险因素	触发因素	发生事件	事故原因	事故后果	危险等级	控制防范措施
1	高处坠落	进行登高架设检查维修作业	1. 高处作业场所有洞无盖，临边无栏，不小心造成坠落；2. 无脚手架踏板、踩空或支撑物倒塌造成高处坠落；3. 梯子无防滑措施或防护不够，人字梯无拉绳等造成坠落；4. 高空人行道、护栏、护栏等锈蚀严重造成坠落；5. 未穿防滑鞋或防护用品穿戴不当，造成滑跌坠落；6. 在大风、暴雨、雷电、霜雪、冰冻等条件下登高作业不慎跌落；7. 吸入有毒气体或者氧气供应不足或身体不适造成坠落；8. 作业时嬉戏打闹，不慎跌落。	3米以上高处作业时坠落；作业面下是机器设备或者混凝土等硬质地	1. 无脚手架和防坠落措施、踩空或支撑物倒塌；2. 高处作业面下无安全网、地面是机器设备或质地的混凝土等；3. 未系安全带或安全带挂结不牢靠；4. 安全带、安全网破坏或不合格；5. 违反十一登高；6. 未穿防滑鞋及紧身工作服；7. 违章指挥、违章作业、违反劳动纪律；8. 情绪大起落、工作时精力不集中或身有病	人员伤亡	2级	1. 高处作业人员必须严格执行十不登高；2. 高处作业人员必须戴好安全帽、系好安全带，穿好防滑鞋及紧身工作服；3. 事先设脚手架等安全措施；4. 在高空人行道、屋顶、塔顶以及其他危险的高处临时作业，要架设防护栏或安装安全网；5. 上下层同时进行立体交叉作业时，中间必须搭设严密牢固的中间隔板、罩棚等隔离设施；6. 对平台、护栏及安全网、完生带等要定期检查，确保完好；7. 六级以上大风、暴雨、雷电、下雪和大雾等恶劣天气应停止高处作业；8. 可以在平地做的作业，不拿到高处做，即高处作业平地做；9. 加强对高处作业人员的安全教育、培训、考核工作；10. 杜绝违章作业、违章指挥、违反劳动纪律。
2	火灾爆炸	液化气、柴油等易燃易爆积聚泄	1. 携带火种进办公室、入仓库，吸烟或违章动火；2. 煤气泄漏、遇火动火源；3. 焊、割、打磨发生火；4. 发电机房柴油泄漏遇火源	1. 易燃物浓度达到爆炸极限；2. 易燃物质遇明火；3. 存在点火源，静电火花、高温物体等引燃、引爆能量	1. 明火 ① 点火吸烟 ② 烟火 ③ 抢修、检修时违章动火 ④ 焊接时未按规定动火，有关规定违章动火；⑤ 外来人员带入火种；⑥ 物质过热引起燃烧；⑥ 其他火源	物料跑损、人员伤亡、停车、造成严重经济损失	2级	1. 控制与消除火源。① 禁吸烟，携带火种、穿钉皮鞋进入易燃易爆区；② 动火必须严格按动火手续办理动火证，采取有效防范措施；③ 易燃易爆场所使用防爆型；④ 按规定安装避雷装置，并定期进行检测；⑤ 按规定采取静电措施

234

第 2 篇 客运索道运营安全风险管控及隐患排查治理双重预防机制应用指南

（续）

序号	风险名称	危险因素	触发因素	发生事件	事故原因	事故后果	危险等级	控制防范措施
2	火灾爆炸	液化气、柴油等易燃易爆物质聚泄	1.携带火种进办公室、入仓库、吸烟或违章动火；2.煤气泄漏、遇火发生火；3.焊、割、打磨产生火花等；4.发电机房柴油泄漏遇火源	1.易燃物浓度达到爆炸极限；2.易燃物质遇明火；3.存在点火源、高温物体等引燃能量	1.火花：①设备产生撞击火花；②电器火花；③电器线路陈旧老化或者受到损坏产生短路、超载、绝缘层烧坏引起明火；④雷击；焊、割、打磨产生火花等；3.其他	物料跑损、人员伤亡、停车、造成严重经济损失	2级	2.加强管理，严格工艺纪律，坚持巡回检查，发现问题及时处理；①检修时，特别是易燃有毒的设施，必须做好与其他部分的隔离，并彻底清洗干净，在分析合格后，并有现场监护通风良好的条件下方可进行动火作业；②检查有否违章违纪现象；③加强培训、教育、考核工作；3.安全设施齐全并保持完好；①安全设施齐全并保持完好；②安装高低液位报警器；③易燃易爆、有毒场所安装可燃性气体监测报警装置
3	交通运输事故	车辆、人、设备、管翻车	1.车辆有故障，如刹车、火器不灵、无效等；2.车速太快；3.路面不好，如有缺陷、障碍物、冰雪等；4.超载驾驶	车辆撞人或者其他物体以及翻车等	1.驾驶员违章行驶；2.驾驶员精力不集中；3.酒后驾车；4.疲劳驾车；5.驾驶员心境差、激情驾驶等	人员伤害、撞坏管线、设备等，造成泄漏火灾等引发二次事故	2级	1.增设交通标志，特别是限速行驶标志；2.驾驶员遵守交通规则，不违章管理；3.加强对驾驶员的教育与培训；4.行驶的车辆无故障，保持完好状态；5.不超载超速
4	触电	漏电、绝缘损坏、安全距离不够、雷击等	1.设备漏电；2.安全距离不够，室内线路、电设备及检修的安全距离不够；3.绝缘损坏、老化；4.保护接地、接零不当	1.人体触及带电体；2.安全距离不够，空气击穿；3.流过人体的电流超过30 mA	1.手及人体其他部位，手持金属物体、触及带电体或其距离不够，造成空气击穿；2.使用的电器设备漏电，绝缘损坏、老化等，如电焊机无良好的保护措施，外	人员伤亡	2级	1.配电室建筑结构、配电装置及线路要严格按有关规程；2.按规定对设备、线路采用与电器相称，使用环境和运行条件相适应的绝缘，并定期检查维修，保持完好状态；3.使用遮护栏、护罩机壳等防护装置，采用足够机械强度和耐火性能的材料，以确保安全

《客运索道运营安全生产标准化管理》团体标准应用指南

（续）

序号	风险名称	危险因素	触发因素	发生事件	事故原因	事故后果	危险等级	控制防范措施
4	触电	漏电、绝缘损坏、安全距离不够、雷击等	5. 手持电动工具类别选择不当，流于管理 6. 建筑结构未做到防水、防火、防漏，防雨雪，防小动物和通风良好	1. 人体触及带电体； 2. 安全距离不够，空气击穿； 3. 流过人体的电流超过30 mA	壳漏电，接头裸露，接线板和导线绝缘损坏，更换焊条时人体触及焊钳或焊接变压器、金属容器 3. 在潮湿环境、金属容器或狭小空间内，在夏季进行电焊作业不注意，无人监护 4. 电工违章作业、违章进行电器作业 5. 雷击等	人员伤亡	2级	间距，降带电体同外界隔绝，防止人体接近或触及带电体 4. 架空线路、室内线路、配电设备、用电设备、检修作业要按规定有一定的安全距离 5. 根据要求对用电设备做好保护接地或保护接零 6. 在金属容器内或潮湿环境中进行检修作业时，应采用12 V电器设备 7. 电焊机接线端是否漏电现象，绝缘体不能损坏，注意检测是否漏电现象，电焊时要正确穿戴好劳动保护用品，在特殊环境下进行焊割作业要有专人监护，并有抢救后备措施 8. 建立和健全电器安全规章制度和安全操作过程，并严格执行 9. 对职工进行电器安全教育，掌握触电急救方法 10. 对静电接地，防雷装置定期进行检查、检测，保持完好状态 11. 严禁非电工进行电器作业
5	自然灾害条件危险源	雷电	1. 夏季雷电季节自然气象灾害，雷电是大气中的一种放电现象 2. 雷电的二次作用，沿着电气线路、金属管道侵入	1. 房屋等物体被劈裂倒塌 2. 损坏索道设备、安全设施 3. 停机 4. 乘客滞留 5. 造成人员伤亡 6. 其他危害	1. 景区构建物，生产未安装避雷设施 2. 变电站变压器、电杆等未安装避雷器 3. 避雷设施损坏，失效或人为拆除未恢复	建构筑物损坏，设备损毁，人员伤亡，引发火灾、干扰电力通讯线路，经济损失	3级	1. 提前获取雷电信息 2. 运用雷电预警分析仪、气象雷达等仪器装备 3. 安装避雷设施、避雷器，定期检测接地、检测索道站房、支架安装避雷针设施，确保安全有效

第2篇 客运索道运营安全风险管控及隐患排查治理双重预防机制应用指南

(续)

序号	风险名称	危险因素	触发因素	发生事件	事故原因	事故后果	危险等级	控制防范措施
5	自然灾害条件危险源	雷电	1. 夏季雷电季节自然气象灾害,雷电是大气中的一种放电现象 2. 雷电的二次作用,沿着电气线路、金属管道侵入	1. 房屋等物体被劈裂倒塌 2. 损坏索道设备、安全设施 3. 停机 4. 乘客滞留 5. 造成人员伤亡 6. 其他危害	1. 景区构建物、生产未安装避雷设施 2. 变电站变压器、电杆等未安装避雷器 3. 避雷设施损坏、失效或人为拆除未恢复	建构筑物损坏、设备损毁,人员伤亡,引发火灾,干扰电力通讯线路,经济损失	3级	1. 及时更换损坏、失效或恢复人为拆除的避雷设施 2. 及时向公众发布停运信息 3. 停机,减速慢行 4. 组织相关人员培训、学习 5. 配备索道相应的防雷设备、器具 6. 规范作业要求 7. 索道技术部负责雷电重大风险的管理控制 8. 其他安全控制措施
6	自然灾害条件危险源	大风	冬、春季季节气候性自然灾害	1. 导致钢丝绳偏编、脱索、停机 2. 乘客滞留 3. 人员伤亡 4. 其他危害	1. 遇有强风天气,仍进行露天攀登与悬空高处作业 2. 大风作业现场未设置抗风的临时加固措施 3. 未及时对存有安全隐患的危险建筑物及地上附着物进行排查、清理	人员伤亡,建构筑物损坏、供电中断、建筑物损失、车辆物体伤害、高空打击、坠落、明塌等	3级	1. 提前获取大风气象信息 2. 索道司机对大风风向进行实时监控 3. 定期检测大风和高空风速仪等装置 4. 停止露天和高空户外危险作业,及时将危险地带人员转移至安全场所 5. 及时向公众发布停运信息 6. 停机,减速慢行 7. 组织相关人员培训、学习 8. 规范作业要求 9. 索道技术部负责雷电重大风险的管理控制 10. 注意公司辖区内的森林防火工作 11. 其他安全控制措施

237

《客运索道运营安全生产标准化管理》团体标准应用指南

（续）

序号	风险名称	危险因素	触发因素	发生事件	事故原因	事故后果	危险等级	控制防范措施
7	自然灾害条件危险源	暴雨	夏季季节气候性（雷电、暴雨）自然灾害	1. 站房、支架倒塌 2. 设施、设备损坏 3. 乘客滞留 4. 人员伤亡 5. 其他伤害	1. 在汛期时，未及时做好相关应急救援预备工作 2. 未加大现场重点部位的安全巡查力度 3. 未及时对存有安全隐患的危险建筑物及地上附着物进行排查、处置	人员伤亡、建构筑物损坏、电力通讯中断、建筑物损坏、次生环境污染、经济损失	3级	1. 提前获取暴雨气象信息 2. 向公众发布索道停运信息 3. 停机、关机 4. 若危及乘客道站房、支架造成重大危险时，组织相关人员及乘客迅速撤离 5. 及时如实上报相关部门，请求支援 6. 设置明显安全警示标志及警示牌 7. 组织相关安全人员培训、学习，提高现场作业实施工人员自我保护意识，做好防范工作 8. 安全环保部负责暴雨重大风险管控 9. 雨季前，应及时对污水排泄管道及设备进行检查，根据暴雨情况，及时采用排水管道、保持景区范围内排水畅通，及时清理排水管道，以防淤塞 10. 仔细检查房屋及地上相关附着建筑物，避免雨水致使垮塌、倾斜 11. 加强防范强降水可能引发的山洪、地质灾害 12. 其他安全控制措施
8	自然灾害条件危险源	山洪	夏季季节气候性（雷电、暴雨）自然灾害 1. 地质地貌因素：易发地区地形在是山高、坡陡，谷深，地质大部分为渗透性强度不大的土壤 2. 气象水文因素：前期降雨持续偏多，使土壤水分饱和，	1. 站房、支架倒塌 2. 设施、设备损坏 3. 乘客滞留 4. 人员伤亡 5. 其他伤害	1. 由于工程建设对山体造成破坏，改变地形、地貌，破坏天然植被，乱砍伐森林，失去水源涵养作用 2. 未及时清理河道、排水管道、景区范围内排水设施淤塞，泄洪功能降低	人员伤亡、建构筑物损坏、电力通讯中断、建筑物损坏、次生环境污染、经济损失	3级	1. 提前获取暴雨气象信息 2. 向公众发布索道停运信息 3. 停机、关机 4. 若危及乘客道站房、支架造成重大危险时，组织相关人员及乘客迅速撤离 5. 及时如实上报相关部门，请求支援 6. 设置明显安全警示标志及警示牌 7. 组织相关安全人员培训、学习

第2篇 客运索道运营安全风险管控及隐患排查治理双重预防机制应用指南

（续）

序号	风险名称	危险因素	触发因素	发生事件	事故原因	事故后果	危险等级	控制防范措施
8	自然灾害条件危险源	山洪	地表松动，遇局地短时强降雨后，降雨迅速汇集地形、地貌、破坏天然植被、乱砍伐森林，失去水源涵养作用径流而引发溪沟水位暴涨、泥石流、崩塌、山体滑坡	1. 站房、支架倒塌 2. 设施、设备损坏 3. 乘客滞留 4. 人员伤亡 5. 其他伤害	1. 由于工程建设对山体造成破坏，改变地形、地貌，破坏天然植被、乱砍伐森林，失去水源涵养作用 2. 未及时清理河道、排水管道，景区范围内排水管道设施淤塞、泄洪功能降低	人员伤亡、建构筑物损坏、电力中断、通讯中断、建筑物损坏，发生环境污染，经济损失	3级	8. 安全环保部负责水重大风险的管理控制 9. 其他安全控制措施
9	自然灾害条件危险源	地震	1. 断层错动 2. 岩溶塌陷 3. 地幔物质相变化	1. 站房、支架倒塌 2. 设施、设备损坏 3. 乘客滞留 4. 人员伤亡 5. 其他伤害	1. 工程建筑、构筑物设防等级低于所在区域地震烈度 2. 未及时老化危险建筑物及地上附着物的排查、处置	人员伤亡、建构筑物损坏、经济损失	3级	1. 向公众发布索道停运信息 2. 及时对老化的建（构）筑物进行维护处理 3. 若危及索道站房、支架造成重大危险时，组织及乘客人员及乘客人员迅速撤离 4. 定期组织工作人员进行逃生演习，加强工作人员的防震自救能力 5. 及时、如实上报相关部门，请求支援 6. 设置明显安全警示标志及警示牌 7. 安全环保部负责地震重大风险的管理控制 8. 其他安全控制措施
10	自然灾害条件危险源	泥石流	夏季季节气候性（雷电、暴雨）自然灾害引发的水土流失（泥沙流失山岳撤运）现象 1. 地形因素：陡峭的山岳是泥石流高发区 2. 地质因素：地质构造岩石松软、风化严重、植被破坏或护理不佳 3. 触发因素：是临时性因素，如地震、洪水、暴雨等气象灾害	1. 站房、支架倒塌 2. 设施、设备损坏 3. 乘客滞留 4. 人员伤亡 5. 其他伤害	1. 由于工程建设对山体造成破坏，改变地形、地貌，破坏天然植被、乱砍伐森林，失去水源涵养作用 2. 未及时清理河道、排水管道，景区范围内排水管道设施淤塞、泄洪功能降低 3. 未及时对存有安全隐患的危险建筑物及地上附着物进行排查、处置	人员伤亡、建构筑物损坏、经济损失	3级	1. 提前获取暴雨信息 2. 向公众发布索道停运信息 3. 停机、关机 4. 若危及索道站房、支架造成重大危险时，组织及乘客人员及乘客人员迅速撤离 5. 及时、如实上报相关部门，请求支援 6. 设置明显安全警示标志及警示牌 7. 组织相关人员培训、学习 8. 安全环保部负责泥石流重大风险的管理控制 9. 其他安全控制措施

《客运索道运营安全生产标准化管理》团体标准应用指南

(续)

序号	风险名称	危险因素	触发因素	发生事件	事故原因	事故后果	危险等级	控制防范措施
11	自然灾害条件危险源	体坡山滑	夏季季节气候性（雷电、暴雨）引发的自然灾害； 1. 主导因素：有岩主体类型和性质，地质结构部和岩土体结构部，分化作用，地下水活动等； 2. 触发因素：是临时作用因素，如地震、洪水、暴雨等	1. 站房、支架倒塌 2. 设施、设备损坏 3. 乘客滞留 4. 人员伤亡 5. 其他伤害	1. 地形因素：植被植物被破坏，土地过度使用 2. 地质因素：断层与节理发育地带，易使完整的岩体破碎，岩体强度降低	人员伤亡、建构筑物损坏、经济损失	3级	1. 提前获取暴雨信息 2. 向公众发布索道停运信息 3. 停机、关机 4. 若危及索道站房、支架造成重大危险时，组织相关人员及乘客迅速撤离 5. 及时上报相关部门，请求支援 6. 设置明显安全警示标志及警示牌 7. 组织相关人员培训、学习 8. 安全环保部负责山体滑坡重大风险的管理控制 9. 其他安全控制措施
12	自然灾害条件危险源	冰雨	冰雨是一种灾害性天气，冬春季节交替时会出现的一种自然气象现象	1. 钢绳结冰致使抱索器索力下降，吊具打滑移致使停机 2. 液压系统、安全设施性能下降致使停机 3. 供电、通讯线路中断 4. 其他伤害	1. 未密切关注天气变化，及时掌握恶劣天气变化规律，未及时做好相关应急处置预备工作 2. 未对现场重点部位加大安全巡查力度，索道技术部根据索道设备运行方式和线路故障，未及时做好的事故应预预想的事故应预防控措施 3. 未及时对存有安全隐患的危险建筑物及地上附着物进行排查、处置	人员伤亡、建构筑物损坏、经济损失	3级	1. 密切关注天气变化，及时掌握恶劣天气的变化特点，提前获取预警信息 2. 向公众发布索道停运信息 3. 停机、关机处理 4. 索道支架线路除冰，加热处理 5. 组织相关人员培训、学习，进一步完善应急预案的针对性和可操作性 6. 设置明显警示标志及警示牌 7. 索道技术部负责冰雨天气重大风险的管理控制 8. 根据索道设备运行方式及天气特点，认真做好系统故障和线路故障的事故应预预想，加强变电器监测，经常检查液压机构压力情况

(续)

序号	风险名称	危险因素	触发因素	发生事件	事故原因	事故后果	危险等级	控制防范措施
12	自然灾害条件危险源	冰雨	冻雨是一种灾害性天气，冬春季节交替时会出现的一种自然气象现象	1. 钢绳结冰致使抱索器索力下降，吊具滑移致使停机 2. 液压系统、安全设施性能下降致使停机 3. 供电、通讯线路中断 4. 其他伤害	1. 未密切关注天气变化，及时掌握恶劣天气的变化规律，未及时做好相关应急处置预案工作 2. 未对现场巡查加大安全巡查力度，索道技术根据索道设备运行方式及天气特点，未及时做好系统故障和线路故障的事故预想预控措施 3. 未及时对对有安全隐患的危险建筑物及地上附着物进行排查、处置	人员伤亡，建构筑物损坏，经济损失	3级	9. 人冬前应对机动车辆防冻液进行检查，及时补充或更换；风雪天气驾驶人员出车时应小心驾驶，保证行车安全 10. 其他安全控制措施
13	自然灾害条件危险源	危岩	危岩崩塌是一种山地地质灾害，具有突发、快速、强致灾等特性： 1. 地形因素：植被植物被破坏，土地过度使用； 2. 地质因素：断层与节理发育地带，易使完整的岩体被破碎，岩体强度降低；	1. 站房、支架倒塌 2. 设施、设备损坏 3. 乘客滞留 4. 人员伤亡 5. 其他伤害	1. 未及时掌握天气及地质的变化情况规律，未及时做好相关应急处置预备工作 2. 未对索道沿线支架重点部位加大巡查力度 3. 对存有安全隐患的山体区域未装设安全网、设置高空坠物打击的防控措施	人员伤亡，建构筑物损坏，经济损失	3级	1. 提前获取暴雨信息 2. 若危及索道站房、支架造成重大危险时，组织危相关人员及乘客迅速撤离 3. 组织相关人员培训、学习 4. 及时、如实上报相关部门，请求支援 5. 设置明显安全警示标志及警示牌 6. 定期进行检查 7. 索道技术部负责重大风险的管理控制 8. 其他安全控制措施

《客运索道运营安全生产标准化管理》团体标准应用指南

5.5.3 隐患排查治理

5.5.3.1 事故隐患排查制度

1. 目的

为建立健全公司安全环保与职业卫生事故隐患排查治理的长效机制,规范公司安全环保与职业卫生隐患排查治理程序,促进隐患排查治理措施的落实,彻底消除或控制事故隐患,有效防止和减少各类事故的发生,特制定本制度。

2. 范围

本制度适用于大理旅游集团苍山洗马潭索道分公司对安全环保与职业卫生事故隐患排查治理的管理。包括:隐患的识别、申报、治理、效果验证等管理内容和要求。

3. 定义

安全环保与职业卫生事故隐患(以下简称事故隐患)是指,不符合国家或者所在地安全生产法律、法规、规章、标准、不符合公司或者本单位规程和安全生产管理制度的规定,或者在生产经营活动中存在有可能导致事故发生的危险状态、人的不安全行为、环境的有害因素、管理上的缺陷以及自然灾害等。

4. 要求

(1)隐患管理的原则:隐患整改实行公司负责制,公司是识别、评估和整改事故隐患的责任主体,对各类隐患都必须组织整改。事故隐患整改应遵循"谁管理、谁负责,谁设计、谁负责,谁施工、谁负责,谁验收、谁负责"的原则。

(2)职责分工。成立安全环保与职业卫生隐患排查小组(以下简称隐患排查小组),对公司隐患排查工作进行逐级管控。隐患排查小组是公司隐患排查管理机构,负责组织对各类隐患的排查、评价、整改措施制定,负责隐患项目治理计划的制定、上报,实施过程的监督及验收。办公室负责隐患治理项目所需物资的采购。财务部负责为各类隐患治理和控制的资金保证。安全环保部负责本公司事故隐患排查的组织协调、督查督办、整改验收、资料汇总和报表填报工作。各部门负责其职责范围内各类隐患的排查识别、评价、初步治理方案提出、控制和应急措施在现场的具体实施。明确本公司各部门及各岗位从业人员隐患排查治理工作职责,并认真落实。自觉接受、积极配合安全监管部门对本公司事故隐患排查治理工作的督查和指导,不得拒绝和阻挠。

5. 事故隐患分级、分类

(1)事故隐患分为:一般事故隐患和重大事故隐患。一般事故隐患:是指危害和整改难度较小,发现后能够立即整改排除的隐患。重大事故隐患:是指危害和整改难度较大,应当全部或者局部停业,并经过一定时间整改治理方能排除的隐患,或者因外部因素影响致使单位自身难以排除的隐患。对于一般性事故隐患,安全环保部应要求有关部门限期排除。对于重大事故隐患,安全环保部应立即上报隐患排查组,并联系相关部门技术人员做出全部停止运行或停止使用的强制措施决定,并督促有关部门进行限期彻底整改。

(2)根据国家安监总局《安全生产事故隐患排查治理体系建设实施指南》的标准,安全生产事故隐患划分为基础管理和现场管理两个大类:基础管理类隐患,主要是针对生产经营单位资质证照、安全生产管理机构及人员、安全生产责任制、安全生产管理制度、安全操作规程、教育培训、安全生产管理档案、安全生产投入、应急救援、特种设备基础管理、职业卫生基础管理、相关方基础管理、其他基础管理等方面存在的缺陷。现场管理类隐患主要是针对特种设备现场管理、生产设备设施、场所环境、从业人员操作行为、消防安全、用电安全、职业卫生现场安全、有限空间现场安全、辅助动力系统、相关方现场管理、其他现场管理等方面存在的缺陷。

6. 事故隐患的范围

第2篇　客运索道运营安全风险管控及隐患排查治理双重预防机制应用指南

(1)危及安全生产的不安全因素或重大险情。
(2)可能导致事故发生和危害扩大的设计缺陷、工艺缺陷、设备缺陷等。
(3)建设、施工、检修过程中可能发生的各种伤害。
(4)索道暂停运营、运营中、复运营阶段可能发生的火灾、爆炸、中毒。
(5)可能造成职业病职业中毒的劳动环境和作业条件。
(6)可能造成环境污染和生态破坏的活动、过程、产品和服务。
(7)以往生产活动遗留下来的潜在危害和影响。

7. 隐患的排查

(1)各部门结合自身实际,组织技术人员和现场人员,采用定期和不定期两种方式排查和识别现场各类隐患。

(2)在事故隐患排查中,各部门按照职责分工,明确每台设备、设施、每个区域及部位的责任人。事故隐患排查的责任人对所辖设备设施、区域的事故隐患排查工作负责,及时发现事故隐患并上报或组织处理。

(3)依据法律、法规、标准、规章、规程和公司的有关规定,采用综合检查、专业检查、季节性检查、节假日检查、日常检查等方式进行隐患排查工作。定期检查:公司每季度组织一次、部门每月组织一次、班组每周组织一次,对隐患进行排查和识别;不定期的安全检查:根据具体情况临时开展排查,并对各类隐患随时查找,随时整改。

① 综合检查。公司根据生产经营情况每季度组织开展一次综合性安全大检查,参加人员为各部门负责人及专、兼职安全员,检查内容包括:安全目标、工作计划的实施情况;法律法规及其他要求的遵循情况;运行控制情况;安全管理规定、操作规程执行情况;设备设施的安全性;设备设施管理的安全监督执行情况;员工的个人防护管理和防护用品的使用情况等。

② 专业检查。专业检查由索道站与安全环保部组织相关人员进行,每年不少于三次,主要针对消防设施、危险物品、电气设备、机械设备(索道设施设备)、防尘防毒等进行专业检查。

③ 季节性检查。季节性检查分别由各部门主要负责人,根据当地的地理和气候特点组织本部门人员对防火防爆、防雨防洪、防雷电、防风防冻等进行预防性季节检查。特别在护林防火期间,做好森林防火工作的监督检查。

④ 节假日检查。主要是对节假日前安全、保卫、消防、备用设备、应急救援设备等方面进行的检查,节假日前安全环保部均应进行检查,节假日值班人员每日进行巡查并做好检查记录。

日常检查。日常检查分班组岗位操作人员和管理人员巡回检查,岗位操作人员对关键装置重点部位的危险源每日进行重点检查,发现问题和隐患,及时逐级报告有关职能部门解决。各级管理人员应经常深入现场进行安全检查,特别是关键装置、重点部位并做好检查记录。

(4)每月召开一次事故隐患排查分析会议,会议由公司主要负责人或分管安全环保负责人组织,各部门负责人及有关专业技术人员参加。会议对隐患排查治理工作进行分析、研究,部署下一阶段工作,并做好会议记录。

(5)安全环保部每月应会同各部门,对景区进行隐患排查一次,每三个月进行一次安全大检查。如遇自然灾害等情况,适时增加排查次数,并做好检查记录。

(6)对所排查的安全隐患,由安全环保部会同相关部门编制整改措施,并下发《事故隐患整改通知书》,由各部门、班组负责人负责落实整改。

(7)对于排查和治理的各类隐患必须及时录入《生产安全事故隐患台账》备案,实行动态管理。

8. 隐患的评估

对需要立项投资整改的事故隐患由事故隐患排查小组组织评估,并形成评估报告。评估报告应包括以下主要内容:事故隐患类别、事故隐患等级、影响范围及严重程度、隐患整改的目标及效果要求、事故隐患整改建议、整改资金估算。

9. 隐患报告

(1)隐患实行逐级上报制度,上报隐患应说明以下内容:隐患存在的具体部位、隐患的具体内容、初步评价结果、隐患治理的初步整改方案、隐患治理所需要的投资额等内容。

(2)各部门不能整改的,将评估结果和隐患内容向公司安全环保与职业卫生领导小组申报,同时在公司安全环保与职业卫生领导小组备案。

(3)公司不能整改的,将评价结果和隐患内容向上级部门申报并备案。

10. 隐患的治理与整改

(1)事故隐患的治理:应本着边排查边整改和"三定""四不准""五落实"的原则,组织开展事故隐患治理整改,确保整改到位。

"三定"(定整改时间、定整改负责人、定整改措施)

"四不准"(员工能整改的不推给班组、班组能整改的不推给部门、部门能整改的不推给公司)

"五落实"(责任落实、措施落实、资金落实、时限落实、应急预案落实)

(2)事故隐患的整改:整改责任单位要按照《事故隐患整改通知书》要求,对事故隐患认真整改,并于规定的时限内,向公司安全环保部报告整改情况。

① 整改期限内,采取有效的防范措施,进行专人监控,明确责任,坚决杜绝各类事故的发生。

② 整改工作结束后,整改部门按要求写出隐患整改回复报告,由安全环保部组织检查验收。

③ 对整改措施不到位,检查验收不合格,事故隐患未消除的应停止其相关设施、设备的运行和操作使用。直到检查验收合格后方可恢复运行。

(3)安全环保部每月应对公司隐患排查治理情况进行统计分析,并交公司主要负责人签字报集团相关部门备案。

(4)建立相关制度。

① 建立事故隐患排查治理资金保障制度。在年度财务计划安排时,应将事故隐患排查治理所需资金纳入年度安全生产投入预算中,予以资金保障。

② 建立有效奖惩制度。对举报事故隐患的有功人员,可给予物质奖励。对不及时报告、隐报、瞒报事故隐患的部门,主要负责人给予严厉处罚。

11. 相关文件

《关于成立安全环保与职业卫生隐患排查小组的通知》(附件一),《生产安全事故隐患排查与治理方案》(附件二)。

12. 相关记录

《事故隐患排查整改通知单》《苍山洗马潭索道安全环保与职业卫生事故隐患登记台账》《生产安全事故隐患综合检查表》《安全员日常安全检查表》《索道设备(专业)安全检查表》《防火防爆及消防安全检查表》《特种设备安全检查表》《机械设备安全检查表》。

第 2 篇　客运索道运营安全风险管控及隐患排查治理双重预防机制应用指南

事故隐患排查整改通知单

受检部门		检查范围	
检查日期		发出日期	
检查内容			
隐患内容			
建议整改措施			
整改期限			
检查人		接受检查负责人	

注：本单一式两份，安全环保部和整改部门各执一份。

苍山洗马潭索道安全环保与职业卫生事故隐患登记台账

序号	隐患情况	类别	级别	位置	整改情况	整改责任人	验收情况	验收日期	备注

注：本台账由公司各部门于每月 30 日前汇总上报安全环保部。隐患类别：索道伤害、物体打击、车辆伤害、机械伤害、触电、火灾、爆炸、坍塌、中毒、其他。隐患级别：一般隐患、重大隐患。

《客运索道运营安全生产标准化管理》团体标准应用指南

生产安全事故隐患综合检查表

记录人：　　　　　　　　　　　　　　　　　　　　检查日期：　　　年　　月　　日

序号	排查项目	检查内容	存在隐患或问题	检查结果
1	安全生产责任落实情况	1. 是否明确分公司负责人、安全管理人员的安全生产责任		
		2. 是否明确各部门安全生产责任并进行定期考核		
		3. 是否按规定配备足够的专职安全按去哪管理人员		
		4 是否制定了各类安全管理制度和各岗位工种技术操作规程		
2	目标管理	1. 是否制定了安全管理目标		
		2. 是否进行安全责任目标分解		
		3. 是否制定了责任目标考核规定		
		4. 是否有考核记录和相关结论		
3	安全教育	1. 是否制定安全教育培训制度		
		2. 是否建立安全教育培训档案		
		3. 作业人员持证上岗前经教育培训，了解岗位存在的危险因素，并进行从业人员相应的防范措施及事故应急解决措施的培训		
		4. 对驾驶员是否进行安全驾驶的警示教育培训，使其遵守交通法规、注意行车安全，能有效采取车辆的防盗、防损预防措施		
4	索道特种设备、设施安全管理	1. 是否建立设备维修保养管理制度及设备维护养计划		
		2. 是否存有国家明令淘汰的落后工艺和危及安全生产的设备		
		3. 特种设备的安全使用证、安全标识登记、检测报告是否齐全有效		
		4. 是否建立了防护用具、机械设备及配件验收、使用、维修、保养记录		
		5. 电气设备设施是否定期进行检测、维护保养		
		6. 备品备件、工具、器具、量具等是否完好		
		7. 监控装置、播音系统、客厢收音机是否完好		
		8. 是否定期按时巡检索道线路支架、高压输电线路，及时清除附近区域存有的安全隐患（如枯树枝、杂干草等）		
5	景区安全管理	1. 是否建立了安全环保与职业卫生警示标识管理制度		
		2. 制度的落实情况		
		3. 是否针对危险场所和设备设置醒目安全警示标识		
		4. 是否对可能发生急性职业损伤的有害作业场所，按规定设置警示标识		
		5. 生产经营场所设有符合紧急疏散要求、标识明显、保持畅通的出口		
		6. 明火作业、消防设施、设备是否符合消防的相关规定		
		7. 是否对员工食堂及二次消费的食品安全进行定期检查		
		8. 是否对来访游客的随身携带物品进行安全检查，严防违禁物品、危险物品携带入山		

第2篇 客运索道运营安全风险管控及隐患排查治理双重预防机制应用指南

（续）

序号	排查项目	检查内容	存在隐患或问题	检查结果
6	消防安全	1. 临时用电的设备设施是否关主管部门审查批准,是否配备专人负责管理,限期进行拆除		
		2. 电路设备的接地与接零是否规范可靠		
		3. 是否对来访游客进行森林护林防火的相关宣传和火种收缴工作		
		4. 景区范围内的安全巡逻人员是否合理分布,进行定点巡逻能及时有效解除各类安全隐患		
		5. 定期检查消防设备、设施的放置是否合理,相关消防设备器材是否合格有效		
7	应急救援	1. 是否针建立完善生产安全事故的应急救援预案		
		2. 保障应急救援工作需要的应急救援队伍或者人员是否配置齐全		
		3. 必须的应急救援器材、设备配备齐全		
		4. 是否定期按规定对应急救援预案进行演练,有效提高综合联动救护能力		
8	资金安全	1. 是否严格执行财经管理制度,做好各个款项来源和支出的监督工作		
		2. 是否严格按照"三专、六防"的规定对票款进行专人、专柜、专房管理		
检查意见或建议				

参检人员： 分公司领导审核：

安全员日常安全检查表

检查项目	序号	检查内容	检查依据/方法	检查结果	备注
文明生产环境	1	班组卫生包干区物品摆放整齐、标识标牌清晰			
	2	地面有无油污、积水、积土、杂物、门窗、玻璃、墙壁是否清洁,垃圾是否定置存放,清运及时,符合现场管理要求			
	3	仓库物料堆放是否合理			
设备运行维护保养	4	设备维修是否及时,设备巡查记录是否齐全			
	5	设备运行有无异常			
	6	设备设施安全装置是否完好			
	7	电气设备、线路管道绝缘情况是否完好			
	8	各种设备暴露部位防护装置是否完好			
	9	设备设施的保养情况是否合理			
安全装置消防设施	10	安全装置保养维护,消防器材整洁、合格			
	11	本部门人员是否熟悉本岗位安全操作规程			
	12	部门班组人员有无违章作业行为			
	13	部门班组人员有无擅自离岗行为			

《客运索道运营安全生产标准化管理》团体标准应用指南

(续)

检查项目	序号	检查内容	检查依据/方法	检查结果	备注
岗位操作纪律	14	特种作业人员是否能正确使用工器具,符合岗位安全操作规程堆成要求			
	15	严格执行安全操作规程,遵守劳动纪律			
	16	本部门是否执行安全检查制度			
	17	特种作业人员是否有不持证上岗情况			
防火防爆措施	18	静电接地规范			

检查人:

索道设备(专业)安全检查表

检查时间:

序号	检查内容	参考标准/要求	检查结果(合格/不合格)	备注
1	设备作业环境照明度	操作点和操作区域有良好照明		
2	设备保养、润滑	相对运动部位润滑良好、无严重锈蚀、缺损等		
3	机械设备表面	无凹凸不平的表面和突出部分		
4	报警装置	在易发生故障或危险性较大的地方必须有报警装置		
5	工作平台、防护栏	工作位置在坠落基准面2米以上有防坠落的护栏、板等		
6	检修作业防护	需进入内部维修的可运转设备,必须有起强制作用的安全防护装置		
7	人员可能触及的设备	必须有防接触的屏蔽装置		
8	紧急事故开关的安装	应在所有控制点和操作点都能触及到		
9	各种安全防护装置、照明、信号、监测等装置的使用	严禁随意拆除或非法占用		
10	安全标志的使用	每台设备必须有标牌,危险部位有安全标志		
11	使用电压	照明设备使用安全电压		
12	机械设备电气线路	绝缘、固定、保险良好		
13	设备电气控制系统	灵敏、可靠、无误操作现象		

整改意见:

检查人:

第2篇　客运索道运营安全风险管控及隐患排查治理双重预防机制应用指南

防火防爆及消防安全检查表

检查时间：

目的	对作业过程中可能存在的火灾隐患、有害危险因素、缺陷等进行查证,查找不安全因素和不安全行为,以确定隐患或有害、危险因素或缺陷存在状态,以制定整改措施,消除隐患确保安全
要求	不放过任何可疑点,做到认真检查,查出问题及时处理
内容	见检查项目
计划	每年不少于两次检查

序号	检查项目	检查标准	检查方法	检查评价	
				符合	不符合
1	站台及建筑物	1. 消防通道、紧急疏散道是否通畅 2. 灭火的机动场地空间大小 3. 各种照明设施是否良好 4. 楼梯、地面等是否完好	现场检查		
2	操作规程	有无安全操作规程,作业是否严格遵守安全操作规程,对可能发生的异常情况有无应急处理措施	现场检查及查看记录		
3	消防设施	1. 有无火灾探测报警系统,是否完好 2. 各种灭火器材的配置种类、数量及完好程度是否符合要求	现场检查		
4	作业现场	1. 作业现场符合防火要求 2. 各种动力设备的防护装置与设施是否完好 3. 有无明显标志的安全出口与紧急疏散通道 4. 火灾爆炸危险的电气系统是否符合防火防爆要求 5. 有无必要的、明显的安全标志,是否完好	检查作业证票		
5	装置与设备	1. 各种机械、设备上安全设施是否齐全及灵敏 2. 有无电气系统接地、接零及防静电设施,是否完好 3. 动力源及仪器仪表是否正常、完好 4. 对可能发生的异常情况有无应急处理措施	现场检查		
6	安全管理	1. 有无按照规定配备安全管理人员 2. 各种安全管理制度、安全技术规程是否齐全、实施情况如何 3. 是否进行安全检查,对检查结果如何处理 4. 是否开展安全教育培训,效果如何 5. 作业现场有无违规作业行为	检查资料及现场		

检查人：

《客运索道运营安全生产标准化管理》团体标准应用指南

特种设备安全检查表

检查时间：

序号	检查内容	检查标准	检查方法	检查结果
1	机械设备	检验合格标志是否在有效期内	现场检查	
2		电缆是否完好	现场检查	
3		由专人操作,并经培训持证上岗	查上岗证	
4		必须按额定重量运行,严禁超负荷载客	现场检查	
5	压力设备	表面无油垢	现场检查	
6		连接处是否松动、错位	现场检查	
7		有定期检查记录	现场检查	
8		使用设备定期检验	现场检查	
9		支架应固定,不得有活动现象	现场检查	
10		设备的运行参数应在允许范围内	现场检查	
11		运行记录上的各项参数记录与实际一致	现场检查	
12	其他特种设备	是否符合特种设备管理与使用要求	现场检查及检测报告	
13	定期检验	特种设备安全检验合格有效期内使用	现场检查	
		特种设备安全检验合格标志悬挂在设备醒目位置	现场检查	
14	安全管理制度	有设备操作规程和安全技术规范	现场检查	
		制定特种设备安全教育培训制度		
		制定特种设备事故处理及应急救援制度		
		制定特种设备日常安全检查及维护保养制度		

检查的意见和建议：

检查人：

第2篇 客运索道运营安全风险管控及隐患排查治理双重预防机制应用指南

机械设备安全检查表

检查时间：

序号	检查内容	检查结果	备注
1	设备必须具有适应环境的足够能力,防腐蚀、耐磨损		
2	设备的受力件必须有合理的结构、材料和安全系数,在规定的使用寿命内不得产生断裂和破损		
3	机械设备应没有利棱、凹凸不平的表面和突出部分		
4	照明必须保证操作区域有充足的照明		
5	设备需进行检查和维修的部位必须处于安全状态;需进入内部检修的生产设备应有安全技术措施		
6	安全防护装置： 1. 在可能发生危险的紧急情况下,设备应立即停机或制动； 2. 保证操作者不接触到运转的零部件； 3. 便于调节、检查和维修		

检查人：

5.5.3.2 隐患治理

5.5.3.2.1 事故隐患报告和举报奖励制度

1. 目的

为充分调动公司职工参与安全生产工作的积极性,及时发现和消除事故隐患,提高广大员工参与安全生产监督意识,有效预防各类事故的发生,最大限度地减少安全风险,逐步形成安全生产工作的长效机制,结合苍山洗马潭索道分公司实际,特制定本制度。

2. 适用范围

本制度适用于分公司生产安全事故隐患报告和举报管理。

3. 组织机构职责

分公司隐患排查领导组负责受理安全生产事故隐患的举报,审查举报事项,确定奖励等级,建立健全事故隐患举报登记、处理、答复、统计和报告制度。办公室为举报受理部门,财务部负责举报奖励基金的发放工作。安全生产领导组主要职责：

(1)负责查处受理的举报事项,并按规定回复举报人；

(2)负责举报受理奖励的发放；

(3)按月统计事故隐患举报情况,并向公司领导汇报；

(4)安排专人负责受理举报工作,受理举报的工作人员,要讲究文明礼貌,做到热情和蔼,耐心细致,正确疏导,认真负责；

(5)受理举报应当及时记录、编号,按照相关规定填写《举报登记表》；受理面谈举报,应当将举报情况写成笔录,向举报人宣读或者交举报人阅读,经确认无误后,由举报人签名；受理电话举报,应当细心接听,询问清楚,如实记录；受理书面和电子邮件举报,应及时拆阅或下载,并认真做好登记。

(6)安全生产领导组接受举报后,应按《中华人民共和国安全生产法》等法律法规和行业安全生产规范的有关规定进行调查处理。

(7)举报事项经核实基本属实后,由安全生产领导组下发《安全隐患整改通知书》,督促相关部门限期整改,并到期进行复查。隐患整改责任部门整改事故隐患后,应及时将整改情况书面呈报安全生产领导组。

(8)对于实名举报的事项,经核查确认不属实或不属于本办法规定的举报事项后,应在10个工作日内通知举报人。

(9)受理举报的工作人员,必须严格遵守保密制度,妥善保管和使用举报材料;不得泄露举报人相关信息;严禁将举报材料转给被举报部门、被举报人,违者将受到严肃查处。

(10)分公司任何部门和个人不得以任何借口压制、打击和报复举报人。一经查实有打击报复行为的,将依照有关规定予以严肃处理。

(11)对举报事故隐患的有功人员,可给予物质奖励。

(12)对不及时报告、隐报、瞒报事故隐患的个人及部门,按事故等级给予相应处罚。

4. 事故隐患报告

(1)分公司各部门、各班组、各岗位员工应严格执行岗位巡检制度,及时发现事故隐患,并向隐患所在班组或部门逐级报告发现的事故隐患。重大、紧急事故隐患应同时报告安全生产领导组。

(2)报告一般采用书面形式,特殊情况可采用电话、口头等汇报报告。

(3)报告内容应包括事故隐患地点、内容、措施建议、报告人姓名、报告时间等。

(4)收到事故隐患报告后,班组、部门必须立即进行整改或在24小时内做出解释,如超出时间或解释理由不充分,报告人可越级上报。

(5)各部门及时受理、核实并消除员工所报告的事故隐患。对无法整改的隐患,应做好安全防范措施,并及时向安全生产领导组、相关部门或上级报告,确保隐患得到及时、彻底的整改。

(6)事故隐患所在班组、部门拒不受理员工事故隐患报告,或超出合理时间拖延事故隐患整改时,发现事故隐患的员工应向公司领导、安全生产领导组举报。

5. 举报受理和核查

(1)分公司任何部门员工均有权对非本岗位负责的安全隐患(包括物的不安全状态、人的不安全行为和管理上的缺陷)进行举报。

(2)分公司设立事故隐患举报电话、电子信箱,建立健全举报管网络,并将受理举报的方式对外公布。

(3)举报人可采用书信、电子邮件、传真、电话、面谈和举报箱等方式举报事故隐患。鼓励举报人表明自己身份,并提供真实姓名、工作部门或其他有效通讯方式,以备查询和回复意见。对不愿公开自己姓名、单位和地址的举报人,尊重其意愿。对举报人借举报为名,故意捏造、歪曲事实,诬告、陷害他人的,将依照有关规定严肃处理。

6. 奖励制度

(1)举报奖励要求:

① 事故隐患举报应当遵循属地管理、分级管理和首问责任制原则。

② 公司应当建立安全生产事故隐患举报奖励制度,对举报有功人员安全本制度的规定予以奖励。

③ 对举报事故隐患的有功人员,可给予物质奖励。

(2)获得本办法规定的奖励应当具备以下条件:

① 实名举报;

② 有明确、具体的举报内容或对象;

③ 举报人提供的线索事先未被隐患排查领导小组掌握;

④ 举报事项被确认属实。

⑤ 分公司组织的各类自检自查所发现的事故隐患不在本办法奖励范围之内。

(3)设立安全生产举报奖励基金,奖励资金筹集与使用办法由财务部提出方案,各部门会同制定,后报安全生产领导组批准。

(4) 奖励标准如下：

① 按照"谁受理、谁负责"原则对举报人进行奖励，奖励标准分为两类：重大事故隐患举报奖励标准为 500~2000 元；特大事故隐患举报奖励标准为 2000~4000 元。

② 举报人接到奖励通知后，应当在 60 日内凭举报人有效证件到指定地点领取奖金，逾期未领取的，该款项返回奖励基金账户，不予保留。

③ 举报人的奖励制度不适用于分公司隐患排查领导组成员。

7. 处罚

(1) 对不及时报告、隐报、瞒报重大事故隐患的部门主要负责人处以 500 元罚款。

(2) 对查出的事故隐患，在整改过程中不制定治理方案的部门主要责任人处以 500 元罚款。

(3) 对查出的事故隐患，不及时进行整改治理，擅自生产经营的部门主要责任人处以 500 元罚款。

(4) 对不及时报送事故隐患排查治理统计分析表的，对主要负责人处以 500 元罚款。

(5) 奖惩纳入公司月度绩效考核实施细则执行。

8. 附则

(1) 本制度执行中的具体问题由分公司隐患排查领导组负责解释。

(2) 本制度自印发之日起施行。

9. 相关记录

《生产安全事故隐患举报情况登记表》。

安全生产事故隐患举报情况登记表

举报时间		举报人		联系电话	
被举报部门（人）				记录人	
举报内容：					
处理情况：					
公司领导批示：					

5.5.3.2.2 事故隐患排查治理资金保障制度

根据《中华人民共和国国家安全生产法》及财政部、国家安监总局《高危行业企业安全生产费用财务管理暂行办法》提取费用的规定，结合本公司的实际情况，特制定本制度。

1. 按照《暂行办法》规定，安全隐患排查治理资金列入安全生产费用，在成本中列支，专门用于完善和改进企业安全生产经营条件，治理各类安全隐患。

2. 安全隐患排查治理资金应当按照"项目计取、确保需要、企业统筹、规范使用"的原则进行管理。财务部门应将安全隐患排查治理资金纳入公司年度安全生产投入预算中，保证专款专用，并监督其合理使用。

3. 安全隐患排查治理资金应当用于以下事项：安全隐患或重大事故隐患的评估、整改、监控支出和其他与安全生产经营隐患排查治理的直接或相关的支出。

4. 总经理对安全生产费用全面领导。审批安全经费提取、安全投入计划和经费使用。

5. 财务部负责对安全隐患排查治理资金进行统一管理，负责审核安全费用提取、投入计划及使用等，并根据年度安全生产经营计划，做好资金投入使用计划和台账管理工作，确保安全投入迅速及时。

6. 安全环保与职业卫生领导小组负责审核、汇总并编制公司安全生产费用投入计划，审核安全生产投入报告，监督检查安全生产投入落实情况，汇总并建立公司安全生产经费投入台账，编制年度安全经费提取和投入情况报告。

7. 安全生产费用实行专户核算。按规定范围安排使用，不得挪用或挤占。年度结余资金结转下年度使用；安全生产费用不足的，超出部分按正常成本费用渠道列支。

8. 各部门主管领导按照职责分工，对安全生产费用计提、支取、使用，实施监督管理。

9. 发现安全生产费用擅自被人挪用的，公司将按情节严重程度严肃依法处理。

5.5.3.2.3 隐患排查治理方案

为建立安全生产事故隐患排查治理长效机制，落实"安全第一，预防为主，综合治理，防治结合"的安全生产方针，推进公司安全隐患排查治理工作，彻底消除事故隐患，有效防止和减少各类事故的发生，确保公司安全生产工作持续稳定向好，特制定本方案。

1. 目标

通过隐患治理，杜绝一切事故苗头，认真消灭事故隐患，确保"零"事故，力争"零"事件的总体目标。同时举一反三，查找和弥补安全管理工作中的不足，防微杜渐，确保安全生产。

2. 任务

（1）各部门有效开展隐患排查治理专项行动，排查隐患并及时整改。

（2）全面加强公司安全管理工作，进一步健全制度，完善设施，加强职工安全防范意识，事故预防预警应对机制进一步细化。

（3）努力减少一般事故，遏制重大事故的发生，最大限度地减少安全事故的发生。

3. 工作要求

加强领导，切实落实责任。各部门及相关人员要高度重视隐患排查工作，按工作部署要求，及时开展隐患排查治理，真正形成全面负责的责任体系。要为隐患排查治理工作提供必要的人力、资金和技术装备保障。各部门一定要把工作做深、做细、不留盲区，不留死角。凡因排查工作不认真而疏漏重大安全隐患的，将追究有关人员的责任。

突出重点，狠抓工作落实。各部门及相关人员要按照排查治理范围内容要求，结合实际和重点，建立重大隐患跟踪治理和逐项整改台账记录，隐患排查领导工作组负责督促整改落实情况。

密切配合，形成合力。隐患排查治理工作，各部门要密切配合，加强工作联动，形成隐患排查治理的合力。

强化宣传，广泛发动。一要充分利用广播、宣传栏、宣传单、公司QQ/微信/钉钉群、手机短信等方式，加大对隐患排查治理工作的宣传力度。二要通过各种途径教育引导全体职工，深刻认识开展安全生产隐患治理的重要性、必要性和紧迫性，增强做好隐患治理工作的主动性和自觉性，落实主体责任。三要充分依靠和发动广大职工参与隐患排查治理工作，建立监督和激励机制，加大员工参与监督力度。

4. 管理原则

隐患整改实行公司负责制，公司是识别、评估和整改事故隐患的责任主体，对各类隐患都必须组织整改。事故隐患整改应遵循"谁管理、谁负责，谁设计、谁负责，谁验收、谁负责"的原则。

5. 组织领导机构和人员

为加强隐患排查工作的监督与管理，分公司成立隐患排查领导组，形成主要领导亲自抓，分管领导具体管，各部门协同配合，职责分明的管理机制。

组长：分公司总经理

第2篇　客运索道运营安全风险管控及隐患排查治理双重预防机制应用指南

副组长：分公司副总经理
　　　　分公司总经理助理
成员：由分公司各部门负责人组成
　　　行政办公室主任
　　　安全环保部经理
　　　后勤部经理
　　　财务部经理
　　　经营部经理
　　　苍山洗马潭1号索道站站长
　　　苍山洗马潭2号索道站站长
　　　感通索道站站长
　　　中和索道站站长

6. 工作职责

组长全面负责安全隐患整改治理工作，监督各项安全隐患整改治理工作的落实。副组长协助组长开展安全隐患整改治理工作。各部门负责人是所在部门隐患治理的第一责任人，对各部门安全生产隐患治理工作全面负责。

技术部对公司经营范围内存在的大风、雷电、冻雨等重大风险实施监控，并制定相应的控制措施。

其他部门对公司经营范围内存在的山体滑坡、泥石流、洪水、危岩等重大风险实施监控，制定相应的控制措施。

其他部门对评估确定的其他重大风险实施监控，并制定相应的控制措施。

重大风险所在部门应在重大风险现场设置明显的安全警示标志和警示牌（内容包含名称、地点、责任人员、事故模式、控制措施）。

隐患排查领导小组定期对重大风险进行专项监督检查，发现重大风险存在事故隐患时应责令所在部门立即整改；对不能立即整改的，限期完成整改，并采取切实有效的监控措施。

7. 工作范围

安全生产隐患排查工作包括景区安全隐患排查、旅游安全隐患排查、消防安全隐患排查、食品安全隐患排查、车辆安全隐患排查、索道安全隐患排查、经营安全隐患排查、用火用电安全隐患排查，以及社会治安综合治理、森林防火、反恐维稳隐患排查等其他相关安全隐患排查工作。

8. 自检自查

（1）综合检查。公司根据生产经营情况每季度组织开展一次综合性安全大检查，参加人员为各部门负责人及专、兼职安全员，检查内容包括：安全目标、安全工作计划的实施情况；法律法规及其他要求的遵循情况；运行控制情况；安全管理规定、操作规程执行情况；设备设施的安全性；设备设施管理的安全监督执行情况；员工的个人防护管理和防护用品的使用情况等。

（2）专业性安全检查。索道运行（设备设施）安全检查，主要检查电气作业、变配电室管理、索道设备、防护用品。索道输电线路检查、观光车运行安全检查、观光车输电线路检查等专业性安全检查。设施设备（专业）安全检查每半年至少一次，具体检查内容见《索道设备（专业）安全检查表》。防火防爆及消防安全检查主要检查景区及建筑物、消防设施、作业现场、相关装置与设备、安全管理；每半年至少一次，具体检查内容见《防火防爆及消防安全检查表》。特种设备安全检查，主要检查特种设备的可使用性及维护保养情况、操作人员的安全教育与持证上岗情况，每月至少一次，具体检查内容见《特种设备安全检查表》。机械设备安全主要检查设备基础管理、运行管理、维护管理等；每半年至少一次，具体检查内容见《机械设备安全检查表》。景区、索道、建筑物安全检查主要检查耐火等级检查、防雷电检查、现场检查、防护设施，每半年至少一次。

（3）季节性检查。主要是根据气候变化的特点，对防火防爆、防雨防洪、防雷电、防暑降温、防风工作

《客运索道运营安全生产标准化管理》团体标准应用指南

等,进行预防性季节检查,重点要对汛期安全隐患排查工作和护林防火期森林防火工作进行检查,具体检查内容见《季节性安全检查表》。

(4)节假日检查。主要是节前对安全、环保、消防、索道设备、备品备件、车辆管理、票务管理、景区商户管理、医疗救护预案、游客接待预案、投诉预案、应急预案等进行的检查,特别是应对节日值班领导、检维修人员值班安排和索道、备品备件、应急预案落实情况进行重点检查。

(5)日常检查。公司各部门实行安全监督管理责任制,由部门安全员负责本部门每天的安全检查及隐患排查工作。部门管理人员要对本部门的安全生产和设备运行情况进行巡回检查,及时了解情况和处理问题;各部门员工上岗时,应认真履行岗位安全生产责任制,进行交接班检查和班中巡回检查;专业人员要在各自的业务范围内进行检查,具体检查内容见《安全员日常安全检查表》;索道站坚持早检制度,每天运营前进行线路巡检和各项全面检查。发现问题及时报告、及时解决,将隐患消灭在萌芽状态,防止机电故障的蔓延;坚持岗位值班制度,索道运行中上、中、下三个站设值班人员,负责处理和解决一些日常事务和突发事故。

通过开展隐患排查专项活动及各类安全检查,及时发现事故隐患;发现隐患后,应当及时处理,不能处理的,应及时通知有关职能部门负责人,相关负责人接报后应当及时处理,将隐患排除在第一时间内;非本公司管理场所、设施设备、人员等出现安全隐患时,对本公司可能造成影响的,发现者应及时向安全管理人员报告;安全管理人员对排查出的隐患要进行及时评估,果断采取相应的安全控制措施;根据隐患危险程度,由隐患排查领导组下达相应的隐患整改通知单,要求相关部门限时落实整改;发现重大安全隐患,应及时上报隐患排查领导组,由领导组即刻下达隐患整改通知书,采取临时控制措施并制定应急预案,必要时可停业整改;各部门发现隐患后收到隐患整改通知时,要高度重视,立即开展隐患整改,在规定时限内完成;整改结束后,安全管理人员和隐患排查领导组成员现场验证,确保治理达到规定要求。

9. 治理措施

隐患治理措施包括工程技术措施、管理措施、教育措施、防护措施、监控措施、应急措施等。各措施可单独使用或者结合其他措施综合使用。

(1)工程技术措施:按照消除、预防、减弱、隔离、连锁、警告的优先顺序选择安全技术措施,其应具有针对性、可操作性和经济合理性并符合有关法规、标准和设计规范的规定。

(2)管理措施:通过加强管理,制订、修订、完善安全管理制度和操作规程并贯彻执行,从根本上解决问题;

(3)教育措施:对隐患涉及部门、管理者、员工进行安全生产教育;

(4)防护措施:对无法从根本上消除危险的隐患,岗位操作人员应按规定佩戴个人防护用品;

(5)监控措施:从设计、建设、运行、维护、检查、检验等方面进行监控;

(6)应急措施:在隐患未整改前,应临时采取必要手段,预防事故的发生。

10. 经费和物资

(1)治理隐患所需经费,按照安全生产经费投入管理制度进行申请、拨付.

(2)当治理费用较大时,提交行政办公会或召开临时总经理办公会集体讨论决定。

(3)财务部应无条件确保隐患治理费用及时拨付。

(4)治理所需物资应按照特事特办原则,由后勤部及时采购和调拨。

(5)重大风险安全管理与监控所需的资金费用纳入公司安全生产投入费用计划。

10. 时限和要求

(1)对违章指挥、强令冒险作业、违反操作规程的行为,要及时制止和纠错。

(2)重大事故隐患整改通知书即刻下达,一般隐患整改通知书下达时限自接到隐患报告开始起算。

(3)治理时限自接到通知,一般不超过72小时;复杂、工作量较大或已停业的治理任务以具体文件为准。

(4)隐患治理必须严格按照要求,切实消除危险因素,并认真检查,确保没有因为治理工作,产生新的不安全因素。

(5)在隐患治理过程中,应采取相应的监控防范措施。隐患排除前或排除过程中无法保证安全的应从危险区域内撤出作业人员,疏散可能危及的人员,暂时停业或停止使用相关设备、设施。

(6)安全管理人员应及时做好现场验证工作,验证不合格的,必须及时采取补救措施。

(7)隐患治理工作与安全责任制挂钩,实行年终一票否决权。

11．实施日期

本方案从印发之日起各部门严格执行实施。

12．相关记录

《重大危险源辨识和风险评估表》《苍山洗马潭索道分公司重大隐患检查记录表》《大理旅游集团苍山洗马潭索道分公司重大风险定期检查表》《大理旅游集团苍山洗马潭索道分公司重大风险安全控制措施》《安全员日常安全检查表》《索道设备(专业)安全检查表》《防火防爆及消防安全检查表》《特种设备安全检查表》《机械设备安全检查表》。

5.5.3.3 隐患排查治理情况评估验收管理制度

1．总则

为深入贯彻落实"安全第一,预防为主、综合治理"的安全生产方针,进一步加强和规范公司安全隐患排查治理闭环管理工作,加强安全生产事故隐患排查治理情况的评估、验收,实现隐患排查治理评估、验收工作的规范化、制度化、程序化管理,提高安全管理水平,落实安全生产责任,及时消除安全生产隐患,杜绝安全事故发生。确保公司安全生产,保护全体员工在生产过程中的安全与健康,全面实现公司安全生产目标,特制定本制度。

2．适用范围

适用于本公司隐患排查治理情况的评估、验收工作。

3．管理职责

总经理:督促、检查公司的安全生产工作,督促安全生产事故隐患的整改消除。

副总经理(分管安全环保):负责公司内事故隐患的排查治理领导工作,组织落实重大安全隐患的整改工作,组织重大隐患安全整改验收。

安全环保部:安全环保部是公司隐患排查治理情况评估的综合管理部门,负责公司内事故隐患排查治理的组织协调工作,建立事故隐患档案,下达事故隐患整改,组织验收评价整改效果,按月进行统计分析,定期对各部门隐患排查治理情况进行评估考核,发布考核结果。

相关职能部门:负责本部门业务范围内安全隐患排查治理工作,整改事故隐患并确保安全可靠,建立事故隐患档案。

4．隐患和隐患排查

(1)定义。隐患是指生产单位违反安全生产法律、法规、规章、标准、规程和安全生产管理制度的规定,或者因其他因素在生产经营活动中存在的能导致事故发生的物的危险状态、人的不安全行为和管理上的缺陷。隐患排查是对影响此事件的各类因素进行分析查证,经查证把符合安全生产的条件排除,将可能引起事故发生的危害因素找出来。

(2)隐患的分级。隐患根据其威胁程度和治理难度,可分为一般事故隐患和重大事故隐患。一般事故隐患是危害和整改难度较小,发现后能够立即整改排除的隐患。重大事故隐患是可能导致重大人身伤亡或者重大经济损失的事故隐患。

5．隐患排查治理评估

(1)评估的概念。评估是指对隐患排查治理后的效果进行的评价估量,是一种专业的分析。评估主要针对治理结果的效果进行,确认其措施的合理性和有效性,确认对隐患及其可能导致的事故的预防效果。评估需要有一定条件和资质的技术人员、专家或有相应资质的安全评价机构实施,以保证评估本身的权威性和有效性。

(2)评估的作用。评估是对完成的措施是否起到了隐患治理和整改的作用,是彻底解决了问题还是

《客运索道运营安全生产标准化管理》团体标准应用指南

部分的达到某种可接受程度的解决,是否真正能做到"预防为主"。

(3)重大事故隐患排查治理情况评估。重大事故隐患治理工作结束后,有条件的生产经营单位应当组织本单位的技术人员和专家对重大事故隐患的治理情况进行评估,或生产经营单位应当委托具备相应资质的安全评价机构对重大事故隐患的治理情况进行评估。

(4)隐患排查治理后效果评价。对隐患排查治理后效果实行分级评价,分为五级:

一级:优秀,对于要求整改内容能够及时、有效地实施整改,接受整改态度好,整改工作主动,整改后能够达到或超过相关质量标准要求,并且所辖区域职工受到了正确的教育。

二级:良好,对于要求整改的内容,能够在限定时间内,做出有效的整改,能够正确地认识整改工作,较积极地实施整改,整改后能够达到相关质量标准要求,或者通过整改提高了原有隐患部位抵御事故的能力,所辖区域职工受到了正确的教育。

三级:中等,能够主动地接受整改,在限定时间内,能够对要求整改的内容实施整改,整改后基本能达到相关质量标准要求,并且所辖区域职工受到了一定的教育。

四级:及格,能够在限定时间内对要求整改的内容进行一定的整改,或者超限期整改但整改后起到了一定的效果,基本能够达到相关要求并满足生产需要。

五级,不及格,不能按要求整改,或者严重超过整改期限而不反馈整改结果,整改后达不到要求,拒绝整改,应付整改,虚假整改。

隐患排查治理效果实行闭合回路式循环评价,即一、二级通过,三级进一步自查,四级制定针对该隐患的后续防范措施(或制度),五级重新整改。

(5)整改完成后由整改部门在自验合格的基础上提出验收申请,安全管理部门组织复查人进行复查验收,形成闭环管理。

6. 闭环管理

"闭环管理"是现代安全生产管理中的基本要求,对任何一个过程的管理最终都要通过"闭环"才能最后结束。隐患排查治理工作的收尾工作也是"闭环"管理,要求治理措施完成后,公司主管部门和人员对其结果进行效果评估和验收。效果评估是对完成的措施是否起到了隐患治理和整改的作用,是彻底解决了问题还是部分的,达到某种可接受程度的解决,是否真正能做到"预防为主";验收就是检查措施的实现情况,是否按方案和计划的要求一一落实了;当然不可忽略的还有隐患治理的措施是否会带来或产生新的风险也需要特别关注。

7. 隐患排查治理闭环管理包含十个环节:

隐患排查环节:各类安全检查、安全人员日常安全督查、其他从业人员发现或提供的信息。

填单登记环节:作业现场隐患确认登记、隐患整改通知单录入登记、安全环保部汇报信息登记。

签字确认环节:检查单位和被检查单位责任人对存在的隐患及整改措施签字、确认。本环节包含作出处罚决定。

收集整理环节:将隐患信息收集后,进行筛选、分类、建档。

下达通知环节:按整改责任区划责任范围向责任人送达整改通知单。

整改实施环节:按整改要求,落实整改措施,限期消除事故隐患。

监控督查环节:在整改限期时间内,对整改情况进行监督检查。

复查验收环节:接到整改完成报告后,进行整改情况检查、验收。

信息反馈环节:收集整改信息,对完成情况进行登记、报告。

销号登录环节:完成整改项目,销号登记;未完成项目,处罚责任单位、责任人,再下达整改通知,落实整改,直至完成整改、销号。

8. 相关记录

《事故隐患排查整改通知单》《大理旅游集团有限责任公司索道运营管理中心安全隐患整改记录表》。

第 2 篇　客运索道运营安全风险管控及隐患排查治理双重预防机制应用指南

事故隐患排查整改通知单

受检部门		检查范围	
检查日期		发出日期	
检查内容			
隐患内容			
建议整改措施			
整改期限			
检查人		接受检查负责人	

注：本单一式两份，安全环保部和整改部门各执一份。

大理旅游集团有限责任公司索道运营管理中心安全隐患整改记录表

检查出的安全隐患		检查日期	
整改责任人		整改日期	
整改情况			
整改图片			
整改部门负责人签字			
公司验收情况			
是否闭环			
验收人签字			

5.5.3.4　隐患排查治理信息通报和报送管理制度

1. 目的

为了建立安全生产事故隐患排查治理长效机制，强化安全生产主体责任。加强事故隐患排查治理信息通报和报送管理，根据安全生产法、行政法规等法律、法规特制定本制度。

2. 适用范围

本制度适用于公司隐患排查治理从业人员信息通报和报送的管理工作。

3. 事故隐患分类

事故隐患分为一般事故隐患和重大事故隐患。

《客运索道运营安全生产标准化管理》团体标准应用指南

一般事故隐患,是指危害和整改难度较小,发现后能够立即整改排除的隐患。

重大事故隐患,是指危害和整改难度较大,应当全部或者局部停业,并经过一定时间整改治理方能排除的隐患,或者因外部因素影响致使生产经营单位自身难以排除的隐患。

4. 事故隐患报送职责

本单位负责人为事故隐患排查治理信息通报和报送工作第一责任人。事故隐患上报分管领导,做好事故隐患排查和整改记录后报送相关部门备查。

5. 通报的形式和内容

事故隐患通报主要分为电话、口头传达和书面告知。主要通报的内容包括隐患名称、部位、整改难易程度及紧急程度。

检查通报:公司每次开展隐患排查检查后及时以安全领导小组名义下发隐患整改通知书,内容包括隐患名称、部位、整改措施、整改责任人和整改完成时间等。

重大隐患告知牌:公司发现重大事故隐患,且不能在短期内治理完成应在隐患部位设立告知牌,内容包括事故隐患等级、状态、可能导致的后果、防范措施、隐患整改时间、责任人和验收责任人等。

6. 隐患治理情况记录

公司各部门应如实记录隐患治理情况,至少每月进行统计分析,及时将隐患排查治理情况向从业人员通报。

7. 报送程序

相关部门每月、每季、每年对本单位事故隐患排查治理情况进行统计分析后,于次季度15日前和次年1月31日前向集团安委办报送书面统计分析表,报送前统计分析表由主要负责人审核、确认签字。

重大事故隐患,要及时向集团安委办进行报告,报告内容包括:隐患的现状及其产生原因,隐患的危害程度和整改难易程度分析,隐患的治理方案。

一般事故隐患,由各部门负责人及时向分管领导进行报送,做好备案和记录,并由部门负责人组织立即整改。

8. 相关记录

《大理旅游集团苍山洗马潭索道分公司隐患排查治理统计表》《事故隐患排查治理统计分析报告表》。

大理旅游集团苍山洗马潭索道分公司隐患排查治理统计表

排查时间	排查事故隐患内容	事故隐患等级	整改措施	整改时限	治理资金投入	整改情况	整改负责人(签字)	备注

公司负责人:　　　　　　　　分管负责人:　　　　　　　　部门负责人:

第 2 篇　客运索道运营安全风险管控及隐患排查治理双重预防机制应用指南

事故隐患排查治理统计分析报告表

公司名称（盖章）：　　　　　　　　　　　　　　　　　　　　　　　　　　　上报时间：

月份	自主排查事故隐患数量		隐患性质和类别								事故隐患整改资金投入情况		事故隐患整改工作情况			
	总计（条）		设备的危险状态		人为的不安全行为		管理上的缺陷		其他				已整改		未整改	
	一般隐患（条）	重大隐患（条）	一般隐患（条）	重大隐患（条）	一般隐患（条）	重大隐患（条）	一般隐患（条）	重大隐患（条）	一般隐患（条）	重大隐患（条）	一般隐患（元）	重大隐患（元）	一般隐患（条）	重大隐患（条）	一般隐患（条）	重大隐患（条）
季度综合统计分析																

公司负责人：　　　　　　　　　　　　　　公司分管负责人：　　　　　　　　　　　　　　报表人及联系电话：

5.5.3.5 安全预测预警管理制度

1. 目的

为提升公司安全管理水平,规范安全风险预测预警工作,对在生产经营、作业场所出现的安全生产、设施设备管理、职业健康、交通安全、环境保护、劳动纪律、安全操作、安全培训、隐患排查、应急预案管理等问题所引发的事故进行防控,做到早发现、早处理、早排除,确保分公司安全管理责任落实到位,及时有效消除事故隐患。结合分公司实际情况,特制订本制度。

2. 定义

① 预警:指在灾害或灾难以及其他需要堤防的危险发生之前,根据以往总结的规律或观测得到的可能性前兆,向各职能部门发出紧急信号,报告危险情况,以避免危害在不知情或准备不足的情况下发生,从而最大程度地减轻危害所造成的损失的行为。

② 安全预测:指的是结合行业、公司安全现状,通过提前通报、检查、监督等方式手段,通过各有关职能部门的数据搜集监测能力,拓展信息通道,准确迅速地掌握可能出现的不安全动向,并确定符合公司总体安全要求的防范标准和参数,有效地控制住各个生产经营项目及作业环节的不安全苗头。

③ 安全预测预警:指通过对项目施工中安全管理状况程度(过程)的检测,对出现公司不可接受的风险进行警报。

④ 风险预警系统:是根据所研究对象的特点,通过收集相关的资料信息,监控风险因素的变动趋势,并评价各种风险状态偏离预警线的强弱程度,向领导决策层发出预警信号并提前采取预控对策的系统。

⑤ 企业安全事故风险预警:是基于对影响公司安全的诸多因素进行综合分析评价的基础上,对可能出现的安全事故风险做出预测和警报。在确认险情后,做出风险分析和评估,并借助决策支持系统制定出针对性的应急处理预案,以便及时化解或降低风险,将可能发生的灾害损失降低到最小。

⑥ 安全预防:在安全预测的基础上达到预测预警的项目,按照公司和预测预警的要求制定纠正、预防措施,并把措施的执行效果进行反馈。

3. 适用范围

本制度适用于大理旅游集团苍山洗马潭索道分公司在日常生产经营、作业场所中对出现的安全生产、设备设施管理、职业健康、交通安全、环境保护、劳动纪律、安全操作、安全培训、隐患排查、应急预案管理等方面隐患信息的预防、管理和控制。

4. 依据标准

参照《企业安全生产标准化基本规范》和《客运索道企业安全生产标准化评定标准》。

5. 职责

(1)安全环保与职业卫生领导小组负责公司安全风险预测预警系统的归口管理工作。负责确定公司内部风险预测预警的目标,组织分公司的风险预测预警和风险控制工作。

(2)安全环保部负责重大预警信息落实情况的跟踪工作;对自然灾害与事故预防信息处理、隐患排查、预防措施及应急反应的情况进行监督、检查;组织预测预警信息管理、应急响应工作;负责值守,并协助安全分管领导与水文、地震、气象等相关部门建立自然灾害预警工作机制;负责指导、协调各部门自然灾害与事故隐患预测、预警、排查、治理、恢复生产经营期间的监督工作;负责监督、指导本部门预测预警技术系统(景区重要区域位置视频监控)的使用与维护。

(3)各部门。各职能部门岗位人员应积极参与风险评价预测预警工作。索道站负责监督、指导本部门预测预警技术系统的使用与维护。行政办公室负责对预测预警有关信息(安全生产风险分析结果,存在的薄弱环节和危险源等)的发布、通报;协助各部门完成对预测预警系统中教育培训、应急救援、事故管理、隐患登记、隐患整改等内容资料的填写;并负责跟踪检查应急防范处置措施的落实情况。

6. 总体要求、目标与原则

第 2 篇　客运索道运营安全风险管控及隐患排查治理双重预防机制应用指南

总体要求:按照"全员参与,领导负责,职责明确,落实到位"的原则进行安全风险分级管控体系建设。结合实际情况,严格落实,做到"全员、全过程、全方位、全天候"的风险管控模式。

工作目标:通过开展风险辨识、风险分级工作,并通过建立风险管控体系,对隐患排查数据、监测信息进行分析、统计;对事故征兆的不良趋势采取不同预防措施,有效遏制生产事故发生,保障人身财产安全。

基本原则:坚持"统一指导、标杆示范、标准先行、分级推进,全面实施、持续改进"的基本原则,充分发挥各部门专业技术人员的主导作用和现场作业主动防控作用,全面落实主体责任。

7. 安全生产管理预警体系的要素

事故的发生和发展是由于人的不安全行为、物的不安全状态以及外部环境因素和管理上的缺陷等方面相互作用的结果。一个完整的预警体系应由外部环境预警系统、内部管理不良的预警系统、预警信息管理系统和事故预警系统四部分构成:

(1)外部环境预警系统。自然环境突变的预警:自然灾害以及人类活动造成的破坏。政策法规变化的预警:国家对行业政策的调整、法规体系的修正和变更。技术变化的预警:关注索道特种设备设施技术创新、技术标准变动的预警。

(2)内部管理不良预警系统。质量管理预警:制定公司年度安全生产、环境保护及景区服务质量规划,建立健全公司的质量保证体系。设备管理预警:对象是索道特种设备的维修、操作、维护保养等活动事项。人的行为活动管理预警:对象主要是员工,针对存有思想上的疏忽、知识和技能欠缺、性格上的缺陷、心理和生理弱点等问题。

(3)预警信息管理系统。监测外部环境与内部管理的信息,预警信息的管理包括信息收集、处理、辨伪、存储、推断等过程。

(4)事故预警系统。以事故预防和控制为目的,给出安全风险预警级别,并根据预警分析的结果,对事故征兆的不良趋势进行矫正、预防与控制。

8. 工作要求

(1)预警指数系统的建立。安全环保部门:全面指导、优化内容、检查汇总、形成报告。其他组成部门:任命人员、汇总发现、结果辨识、形成报告。

(2)预警体系建立的原则。

① 及时性:萌芽状态发现、及时报告、及时采取有效措施加以控制和消除。

② 全面性:对人、物、环境、管理等各个方面进行全面监督。

③ 高效性:制定合理适当的应急措施迅速改变不利局面。

④ 客观性:正确引导各职能部门和员工个人,不能因为可能涉及形象或负面影响隐匿有关信息。

(3)预警体系实现的功能预警体系功能的实现主要依赖于预警分析和预控对策两大子系统作用的发挥。

① 预警分析。主要由预警监测、预警信息管理、预警评价指标体系构建和预测评价等工作内容组成。

预警监测:外部环境与内部管理状况的监测任务,并将采集的原始信息实时存入计算机,供预警信息系统分析使用。

预警信息管理:即管理过程,包括信息收集、处理、辨伪、存储和推断等管理工作。

预警评价指标体系构建:是预警体系开展识别、诊断、预控等活动的前提。预警评价指标体系内容一般包括:预警评价指标的确定,一般可分为人的安全可靠性指标,生产过程的环境安全性指标,安全管理有效性的指标以及机(物)安全可靠性指标等;预警准则的确定,用来决定在不同预警级别情况下,是否应当发出警报以及发出何种程度的警报;预警方法的确定,包括指标预警、因素预警、综合预警、误警和漏警等方法;预警值的确定,预警值确定原则上既要防止误报又要避免漏报。

预警评价:评价对象是导致事故发生的人、机、环、管等方面的因素,预测系统建立的目的是实现必

《客运索道运营安全生产标准化管理》团体标准应用指南

要的未来预测和预警。预警信号一般采用国际通用的颜色表示不同的安全状况,如:Ⅰ级预警,表示安全状况特别严重,用红色表示;Ⅱ级预警,表示受到事故的严重威胁,用橙色表示;Ⅲ级预警,表示处于事故的上升阶段,用黄色表示;Ⅳ级预警,表示生产活动处于正常状态,用蓝色表示。

② 预控对策。一般包括组织准备、日常监控和事故危机管理三个活动阶段。

③ 预警分析和预控对策的关系。内容不同:预警分析是对系统隐患的辨识,预控对策是对事故征兆的不良趋势进行纠错、治错的管理活动;预警分析是预警体系完成其职能的前提和基础,预控对策是预警体系职能活动的目标。对象差异:预警分析的对象是在正常生产活动中的安全管理过程,预警对策的对象则是已被确认的事故现象。但如果工程已处于事故状态,那么两者的活动对象是一致的;预警分析的活动对象总是包容预控对策的活动对象,或者说,预控活动的对象总是预警分析活动对象中的主要矛盾。

(4) 预警体系的运行。预警分析完成监测、识别、诊断与评价功能。预控对策完成对事故征兆的不良趋势进行纠错和治错的功能。

① 监测:一是薄弱环节和重要环节;二是处理信息并建立信息档案。

② 识别:识别生产经营活动中各类事故征兆、事故诱因,以及将要发生的事故活动趋势。

③ 诊断:分析和发展趋势预测。诊断的主要任务是在诸多致灾因素中找出危险性最高、危险程度最严重的主要因素,并对其成因进行分析,对发展过程及可能的发展趋势进行准确定量的描述。

④ 评价:判断此时生产所处状态是正常、警戒,还是危险、极度危险、危急状态,并准确报警。

(5) 预测预警技术系统组成:系统所采集的数据信息主要包括日常生产监测信息和安全管理信息。其数据来源为隐患排查的结果及仪器仪表监测数据。日常隐患排查的内容:人员的反应、人员的位置、个人防护装备、工具与设备、作业环境、制度与安全操作规程等。在生产经营过程中,对排查出的安全隐患,每月组织一次安全风险预警防控工作,分析、评估安全隐患的风险程度和可控程度,并遵从全面性原则、可操作性原则,提出符合相关法律法规、技术标准和管理制度的整改落实措施。

(6) 仪器仪表监测数据:索道安全运行气象监测系统(风速监测装置),景区重要区域位置视频监控,索道站进、出站口安全监控,客运索道安全承载量。

(7) 安全预测预警系统的防控对象:对日常生产经营中、作业过程中的各种危险源进行预判、辨识和排查,并结合分公司自身现有条件、自然环境条件、装备水平、安全现场管理等情况进行安全隐患预测综合评估,采取分级、分类、预测、预警等的合理性、可行性及针对性进行预判,预测。制定相应措施进行消除或控制,使分公司安全隐患、风险降低到可控的安全管理的过程。

(8) 安全预测预警系统的范围。

① 在生产经营过程中,提前对生产经营的自然环境、运作过程、管理办法、工具设备所涉及的相关部门、相关活动、相关人员进行提前预判、预测,对不符合安全生产、安全隐患排查的内容或项目制定切实可行的应急预防措施,并向所有员工传达、学习,力争人人都明白,事事都清楚;采取自我预测、相互预测、阶段预测、日常预测等方式,查找生产经营过程之前、之中、之后可能出现的安全隐患进行全面、系统的预测,做到人员安全行为隐患预测、生产系统要素安全隐患预测,管理层面预测(包括人员、设备、运输、防灭火、供排水等)以及安全综合管理等方面存在的、有可能引发事故的安全隐患。

② 其他需要纳入安全风险预警的事项。

(9) 安全预测预警系统的防控。

① 根据风险评估确定的人员、技术、环境、管理方面存在可能导致事故的危险源,对其进行分级监控。

② 根据国家安全生产法律、法规、行业标准和技术规范等,按照"消除、预防、减弱、隔离、警示"的原则,编制作业规程、操作规程,制定安全技术措施、应急预案或其他计划等对危险源进行防控。

③ 在进行重大及以上风险任务时,应编制专门的安全措施,明确安全工作程序;对专业性较强、危害程度较大、整改较难或无法评估的危险源,应聘请相关专家进行论证处理。在某个行为、动作或现象

出现危险时,启动预警系统终止不安全状态。

(10)预警告知方式。

① 会议形式,通过部门班前会、经理办公会、公司安全生产例会、集团"1·19"安全例会发布预警信息。

② 信息形式,通过公司信息系统(QQ群、微信群、钉钉群)、电话口头通知等有效形式及时发布预警信息。

(10)预警方法:

① 各部门值班负责人利用班前会,对安全风险分析结果,存在的薄弱环节和危险源进行通报,并负责发布预警信息,及时采取控制措施。

② 部门的安全风险分析结果由部门负责人在公司安全生产例会上对存在的薄弱环节和危险源进行汇报,发布预警信息及时采取控制措施。

③ 安全环保部每月公司安全生产例会对安全风险分析结果,存在的薄弱环节和危险源进行通报、发布预警信息,及时采取控制措施。

④ 出现事故征兆时各部门要立即发布预警信息、采取防范和应急处置措施。

(11)风险预测预警工作实施步骤:

① 安全环保与职业卫生领导小组主持风险预测预警活动。

② 及时获取识别国家、行业有关法律法规、标准规范,组织员工学习相关内容。

③ 定期开展安全生产事故隐患排查活动。

④ 各部门专职安全员根据安全生产事故隐患排查结果,确定风险预测预警目标。

⑤ 专职安全员组织开展风险预测预警工作,记录目标可能或即将发生的风险,提出风险控制措施。

⑥ 专职安全员向安全环保与职业卫生领导小组汇报风险预测预警结果,领导小组确定风险控制措施,并由专职安全员负责落实。

(12)风险控制措施的选择。选择控制措施时,应考虑控制措施的可行性和可靠性,控制措施的先进性和安全性,控制措施的经济合理性。

(13)控制措施的内容:工程技术的措施,采取先进的科学技术和先进的设备,以实现本质安全;管理措施,学习吸取先进的管理经验,规范安全管理;教育措施,采取有效的教育方法和手段,有效提高从业人员的操作技能和安全意识;个人防护措施,根据岗位职业卫生需要配备防护用品,保证防护用品的质量,减少职业伤害和职业危害。

(14)风险预测预警的培训。安全环保与职业卫生领导小组定期组织职工进行风险预测预警培训,培训内容包括:安全生产法律法规、标准、规定及其他要求;危险因素识别、风险预测预警方法;危害辨识与风险预测预警结果,风险控制措施与应急预案等。增强员工的安全风险意识,使其认识并了解所在岗位存有的风险,并及时掌握控制风险的技能。

(15)风险预测预警体系内容更新。不间断地组织风险预测预警工作,识别与生产经营活动中有关的风险,采取切实可行的控制措施控制风险,每年至少对风险控制结果检查、评审一次,以确保控制措施的有效性。每年末由安全环保与职业卫生领导小组组织一次风险预测预警,当下列情况发生时,应及时进行风险预测预警:

① 有新的或变更的法律法规或其他要求出台时。

② 安全操作规程变化时。

③ 作业现场、生产经营活动产生新的认识时。

④ 有对事故、事件或其他信息产生新的认识时。

⑤ 组织机构发生重大调整时。

陕西华山三特索道有限公司
安全生产标准化建设图册

中国索道协会安全生产标准化建设图示

各索道运营企业、协会安全标准化评审专家：

现将陕西华山三特索道有限公司安全生产标准化建设对标图示转发给你们，请认真学习借鉴。

陕西华山三特索道有限公司是由华阴市公路索道总公司与武汉三特索道集团股份有限公司、新加坡高技术公司共同兴建的中外合作企业。公司坐落于陕西省华阴市华山风景名胜区内，于1996年4月10日建成运营。索道全套设备引进奥地利多贝玛亚公司产品，为单线循环脱挂抱索器六人吊厢客运索道，全长1524.9米，落差755米，拥有一条救护索，属于特种设备行业和旅游服务行业。

公司自开业以来，始终认真贯彻执行国家安全生产法律法规，坚持"安全第一、预防为主、综合治理"的方针，坚持安全发展与不断创新的理念，现已安全运营25年。先后被国家安全生产总局、中华总工会评为"安康杯"优胜单位，并被全国评为"十佳索道"等荣誉。在2008年索道行业第一家通过并获得国家安监总局、中国索道协会"5S"索道企业，2013年获得第一家"安全生产标准化一级企业"。

陕西华山三特索道有限公司近十五年来，建立建全了安全标准化管理体系，构建了安全风险分级管控和隐患排查预防治理机制，真正做到了安全生产标准化精细化、规范化、科学化、常态化管理。实现了全员岗位操作行为规范化、设备设施本质安全化，以及作业环境器具定制化，并持续完善改进，全面提高了客运索道安全运营管理水平。

中国索道协会

二〇二二年四月十二日

一、大门区域

▲ 按评定标准5.9.8第2条示图,设有索道入口、索道售票处高大标识,游客可在50米以外看到标识,确定方向。

▲ 按评定标准5.9.8第7条示图,售票处外设置了中巴车站售票处向前100米提示牌,防止下山游客购买中巴车票误入索道售票处。

▲ 按评定标准 5.9.2、5.9.8 第 2 条示图，大门口为游客乘坐索道第一接触区域，在游客即将进入公司区域前有明显地面标示索道入口引导游客进入公司区域，并设有睡牌索道入口引导标识，入口处设有引导员引导游客依次进入公司区域。疫情防控期间穿防护服，查验健康码、行程码。

▲ 按评定标准5.9.8第7条示图，入口和出口有明显分界，有明显地面标识下山乘车引导游客下山。

◀ 按疫情防控需要，图示：地面设置了疫情防控安全距离线。

按评定标准5.9.8第1条示图，售票处前设有索道区域平面图、乘坐索道安全须知、购票须知。

▲ 索道区域平面图

乘坐索道安全须知 ▼

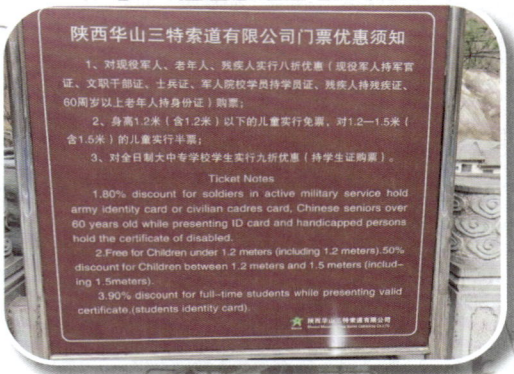

◀ 门票优惠须知

按评定标准 5.9.7、5.9.10 示图，放置了垃圾桶、休息座椅。

◀ 垃圾桶

休息座椅 ▶

按评定标准 5.9.8、5.9.10 示图，台阶处设置了残疾人专用通道，台阶做了黄色警示标识，防止游客被绊倒，并张贴小心地滑标识，防止下雨天游客摔倒。▼

273

按评定标准 5.4.2.1、5.9.6、5.9.8 示图，周围设置了无烟景区、请勿翻越栏杆、请勿丢弃废物提示牌。▼

◀ 无烟景区
请勿丢弃废弃物

请勿翻越护栏 ▶

按评定标准 5.9.8 示图，明显位置设置了卫生间、哺乳室引导标识。▼

二、综合服务大厅一楼服务区域

按评定标准 5.4.1.1、5.9.10 示图设有综合服务大厅一座，一楼主要为游客服务，二楼主要为安全保障。

按评定标准 5.9.8 示图，综合服务大厅一楼设有上山乘索地面引导标识和小心地滑温馨提示标识。

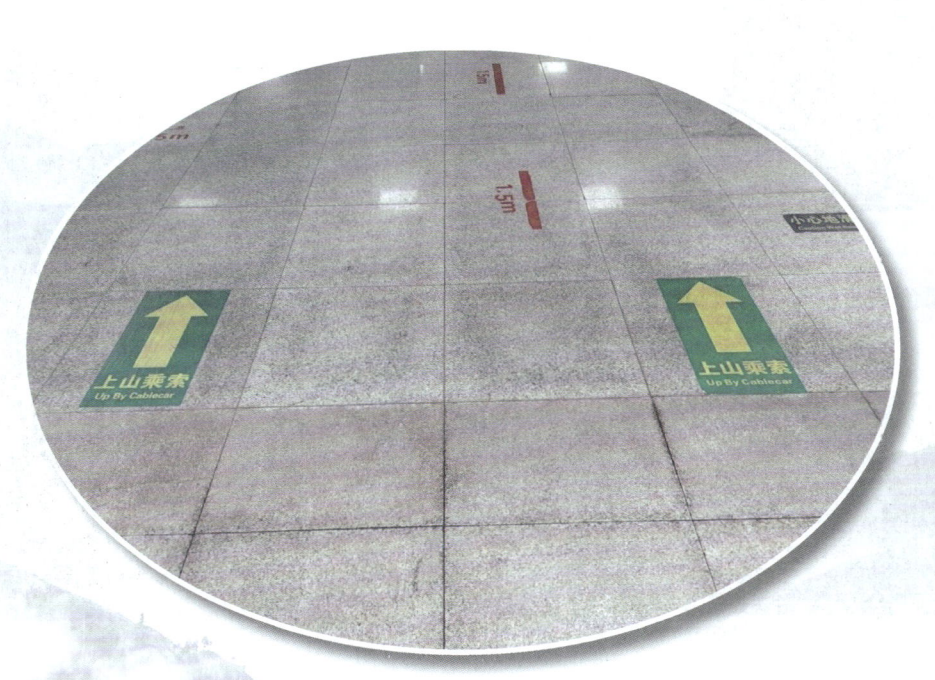

按评定标准 5.9.2、5.9.9、5.9.11 示图，一楼服务大厅设有售票处，并有电子票房，购票引导人员。▼

按评定标准 5.9.9、5.4.1.1 示图，售票处设置了乘索安全须知、价格公示牌、购票须知、退票价目公示牌、儿童身高测量标尺。▼

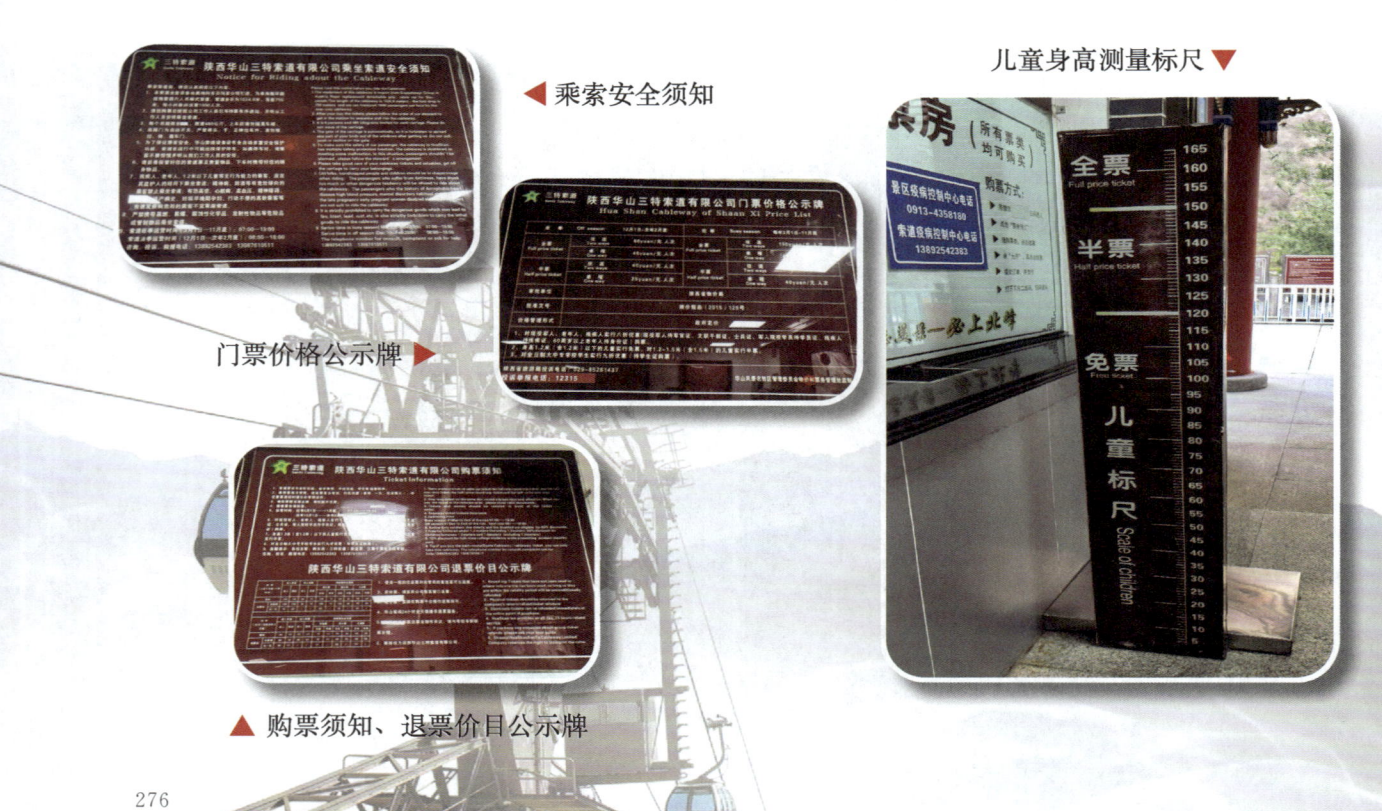

◀ 乘索安全须知

儿童身高测量标尺 ▼

门票价格公示牌 ▶

▲ 购票须知、退票价目公示牌

按疫情防控需求示图，售票处前设置了疫情安全间隔线。

按评定标准 5.9.10 示图，售票窗口摆放了公司文创口罩，方便游客因疫情防控需要购买口罩。▶

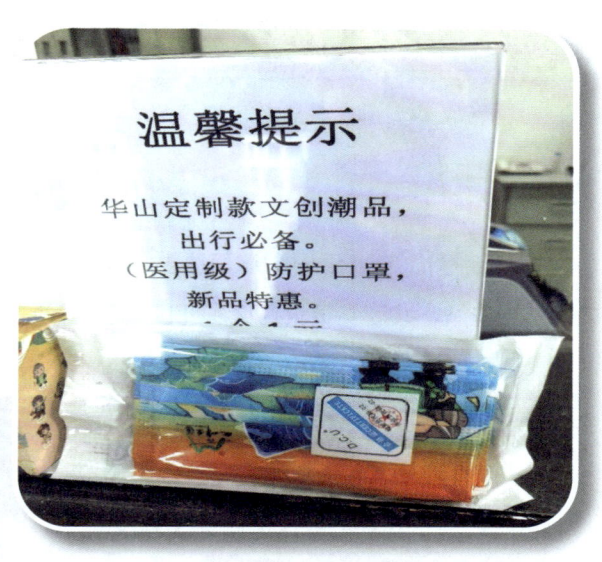

◀ 按疫情防控需要示图，售票窗口和通道均张贴了疫情防控期间乘索注意事项。

▲ 按评定标准 5.9.14 示图，墙面张贴了带有市场监督管理局投诉电话、文物旅游局投诉电话、华阴概况的标识牌。

按评定标准 5.9.8 示图，墙面张贴了未戴口罩禁止进站、共产党员责任区、此区域已消毒、景区和索道疫情防控中心电话标识牌。▶

按评定标准 5.9.7 示图，放置了垃圾桶、废弃口罩丢弃箱。

按评定标准 5.4.2.1 示图，张贴了华阴市人民政府森林防火戒严令，更好的营造森林防火氛围。

按评定标准 5.4.2.1 、5.4.1.1 示图，放置了防暴专用器材。▶

◀ 按评定标准 5.9.8 示图，大厅通道内地面张贴了引导游客购票后去乘索的引导标识和防止摔倒的小心地滑标识。

按评定标准 5.9.7、5.9.10 示图，大厅内放置了老、弱、病、残、孕专用座椅。▶

按评定标准 5.9.9、5.9.10 示图，大厅内配备了充电宝租赁、自助售票机服务设备，更好的为游客提供无障碍服务。▼

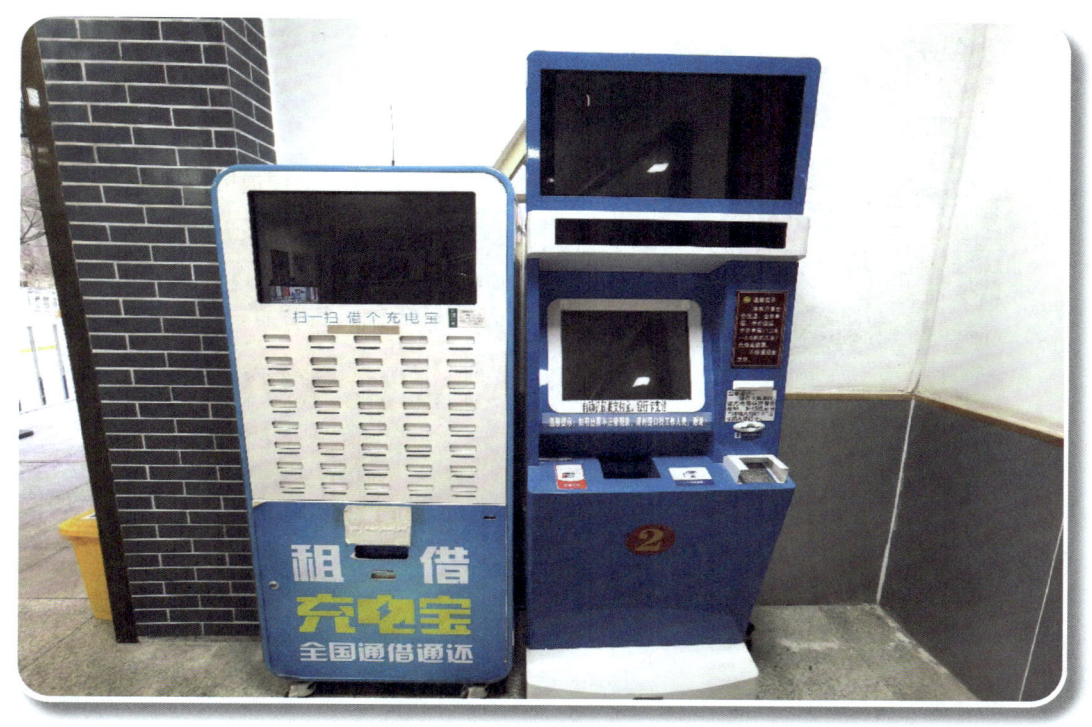

按评定标准 5.9.14 示图，建立了价格争议调解处理工作点，并建立了完善的工作制度。▼

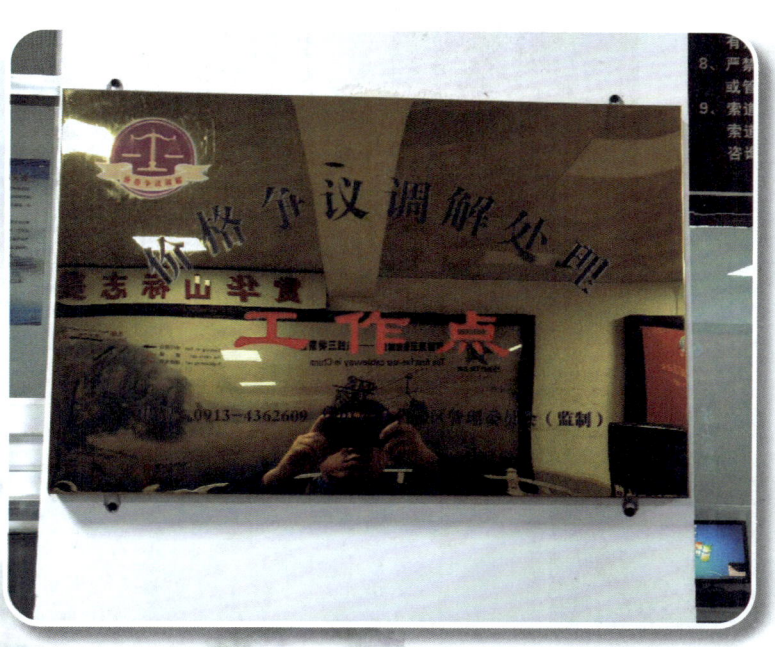
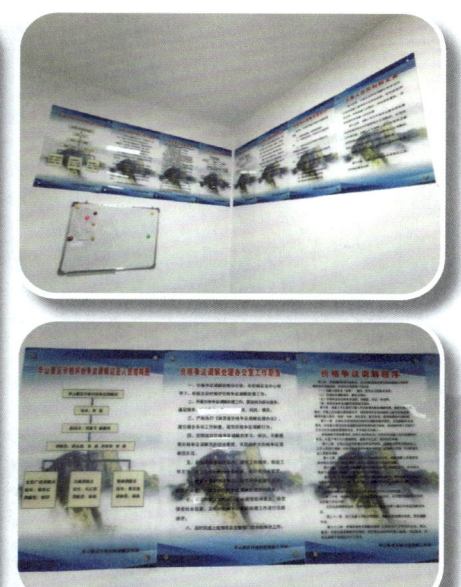

按疫情防控需要示图，大厅内设置疫情防控服务点，安装了自动测温系统，并有专人进行疫情防控服务。

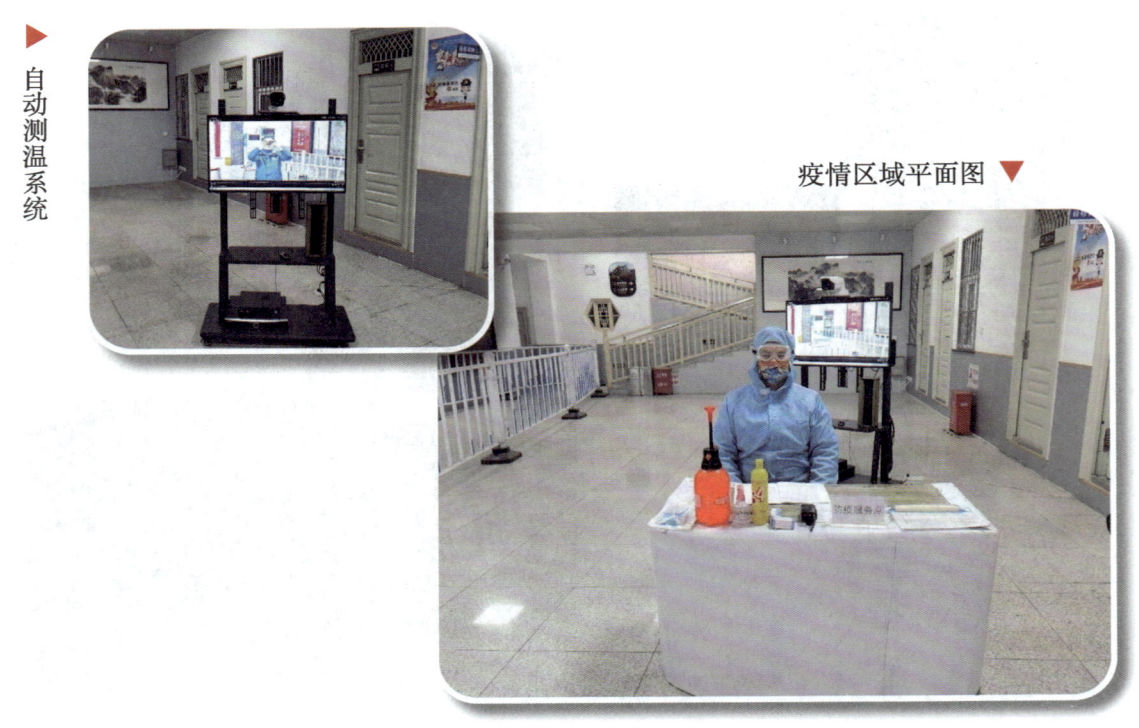

自动测温系统

疫情区域平面图

按评定标准 5.9.10 示图，大厅内设置了值班室、医务室、医务室内配备了常用药物、氧气管、担架等常用医疗设施。

值班室、医务室

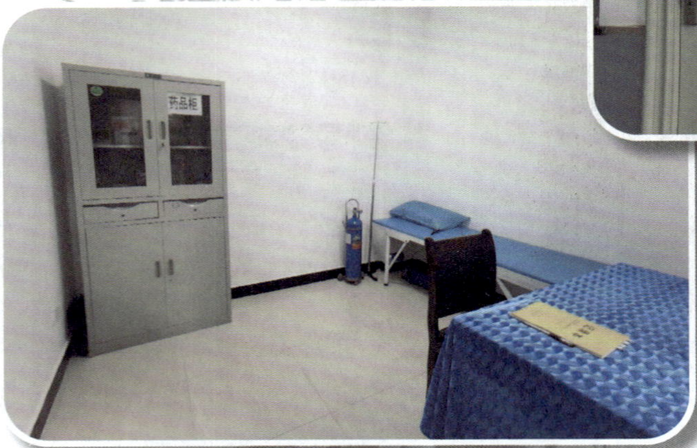

医务室内

按评定标准 5.9.6、5.9.7、5.9.10 示图，大厅内悬挂有华山风景照片和水墨画，为游客营造优美的乘索环境。▼

◀ 按评定标准 5.4.2.1 示图，不同位置配备了灭火器。

按评定标准 5.9.8 示图，墙面悬挂了华山游览地图，方便游客参考游览路线。▶

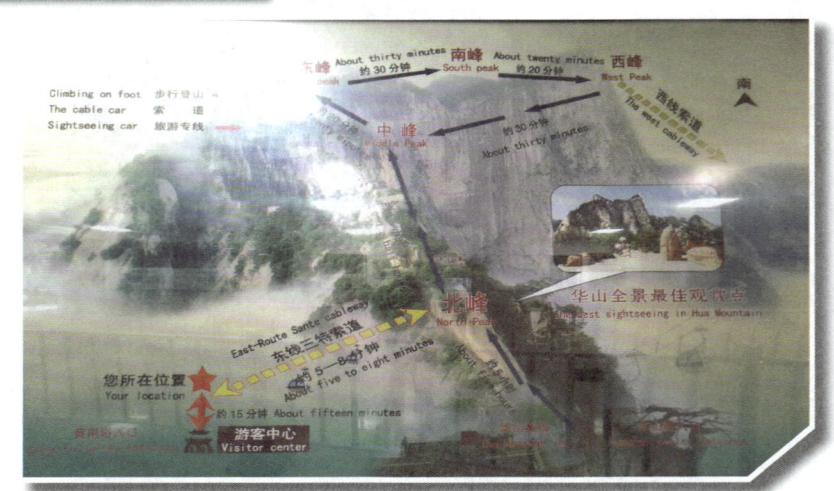

按评定标准 5.4.2.1、5.6.1.3 示图，不同出口安装了应急灯和应急标志。▼

安全出口标识 ▶

道路指示牌 ▶

消防应急灯 ◀

按评定标准 5.9.7 示图，建立了卫生间、哺乳室、无障碍卫生间，卫生间配备了干手器，母婴室配备了婴儿床、饮水机、洗手池，并张贴了非饮用水标识，悬挂了管理制度。▼

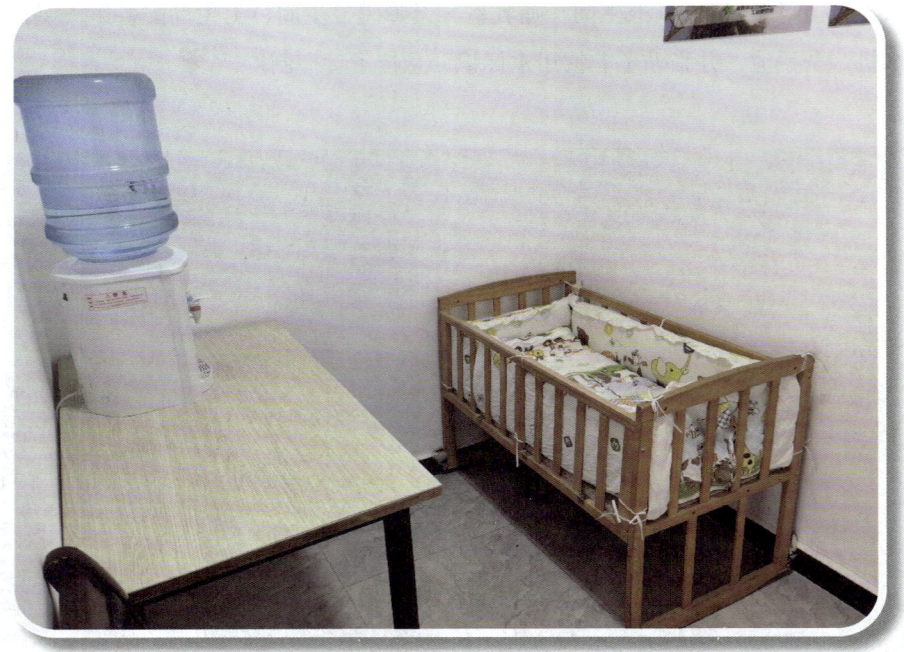
◀ 母婴室

◀ 母婴室

◀ 无障碍卫生间

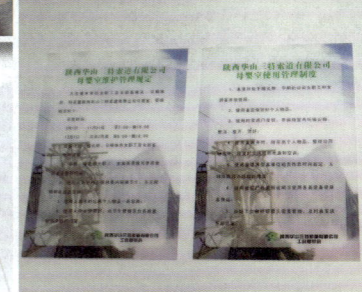
◀ 母婴室管理制度

按评定标准 5.4.2.1、5.9.6、5.9.8 示图，卫生间通道处有河道危险、禁止翻越标识牌，并放置了灭火器和应急灯。▼

◀ 危险、禁止翻越标识牌

▶ 消防器材

按评定标准 5.9.8 示图，楼梯通道均贴有小心地滑、小心台阶和安全间隔线标识。

三、综合服务大厅二楼安全保障区

按评定标准 5.4.2.1 示图，和公安局联合建立了警务室和防恐反恐工作室。建立了完善的工作制度和反恐预案。配备了防恐反恐装备。

警务室、防控反恐工作室

警务相关制度

防恐反恐器材

防恐反恐预案 ▶

防恐反恐器材警示牌

按评定标准 5.4.2.1 示图，建立了微型消防站，配备了专业消防设备设施，悬挂了消防管理制度、组织机构等。▼

微型消防站

消防管理相关制度

按疫情防控需要示图，设立了疫情防控临时隔离室，并拉了警戒线和禁止进入标识。

▲ 疫情防控隔离室

◀ 疫情防控隔离区警示牌 ▲

四、乘索通行和等候区域

按评定标准 5.4.2.4 示图，有服务部可以方便游客购买任何游玩需要的物品，所有商品明码标价，制定了从业人员各项管理制度。▼

按评定标准 5.9.8 示图，通道中设置了不同的引导标识，设置了安全间隔线。

按评定标准 5.9.10 示图，游客排队等候区安装了降温风扇为旺季游客排队创造舒适温度，安装了索道知识灯箱，让游客在乘索前消除自己的困惑，同时缓解排队的焦急情绪，安装了排队温馨提示牌。

◀ 降温风扇

▼ 乘索排队提示牌 ▶

▶ 乘索排队隔离护栏

按评定标准 5.4.2.1 示图，等候区排队处，配备了灭火器、防暴器材。

▶ 等候区排队处

◀ 防暴器材

五、进站口区域

按评定标准 5.9.8、5.4.2.4、5.9.7、5.9.9、5.9.10、5.4.11、5.4.1.2 示图，顶部安装了明显的进站口标识，左侧张贴了优惠票请出示证件、此区域已消毒标识，张贴了微信购票码，方便游客购票和补票。右侧悬挂了安全生产标准化一级企业、5S 索道质量等级牌、索道年检标志以及乘索安全须知，既是企业形象和品牌的展示，也给游客乘坐索道一种特有的安全感。放置了疫情防控戴口罩提示牌和垃圾桶、废弃口罩丢弃箱。

进站口标识

便捷购票标识

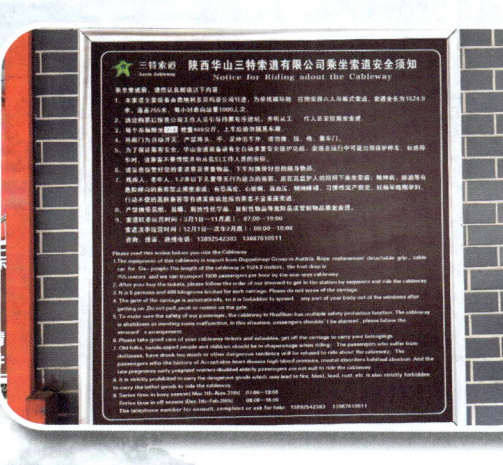

乘索安全须知

按评定标准 5.9.7、5.9.8、5.9.10 示图，进站口两侧放置了老、弱、病、残、孕专用休息座椅和游客休息座椅，安装了请勿翻越栏杆、请勿丢弃废物提示牌，放置了垃圾桶。▼

按评定标准 5.9.8 示图，地面张贴了小心绊倒、小心台阶、小心地滑标识。

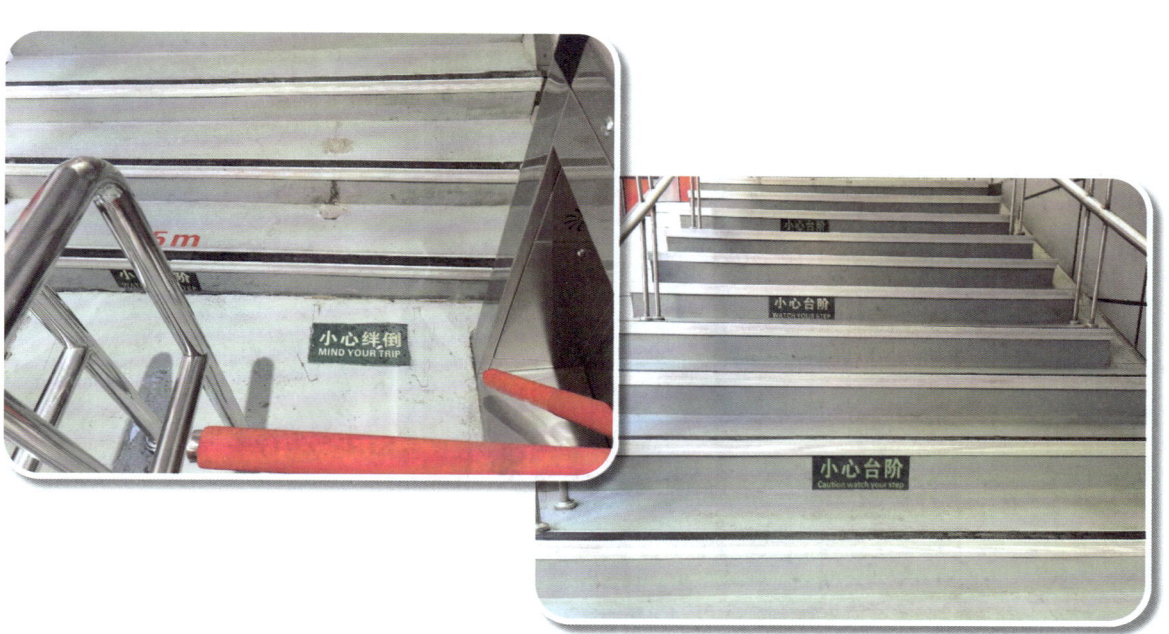

按评定标准 5.4.2.3 示图，当游客较少，一个验票时，放置了提示牌挡住闸机，防止游客进入闸机误操作。

按评定标准 5.9.7 示图，进站区域两侧安装了已进入 24 小时监控区域、放心消费单位、陕西省放心单位创建、水墨画，放置了免洗手消毒液，让游客来的安心、消费的放心。

◀ 放心消费单位

▲ 免洗消毒液

六、上下车区域

按评定标准 5.2.2 示图，游客上车区正面墙面悬挂了乘车提示、携带好随身物品提示、安全提示以及特种设备安全承诺书、操作员公示栏。▼

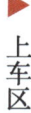 上车区

▲ 特种设备使用单位安全责任承诺书

▲ 操作员公示栏

301

按评定标准 5.9.7、5.9.8、5.4.2.1 示图，地面喷印了油漆警示标识等候区、禁止上车、红线、黄线、铺设了防滑垫，放置了免洗手消毒液、垃圾桶、防暴专用器材、隔离栏杆。▼

按评定标准 5.9.8、5.4.1.1 示图，下车区地面喷印了出口、箭头、下车区引导标识，顶部有出站口标识，地面和台阶张贴小心地滑、小心台阶标识，出站口玻璃张贴了出口、无烟景区标识，安装了应急灯和应急标识。▼

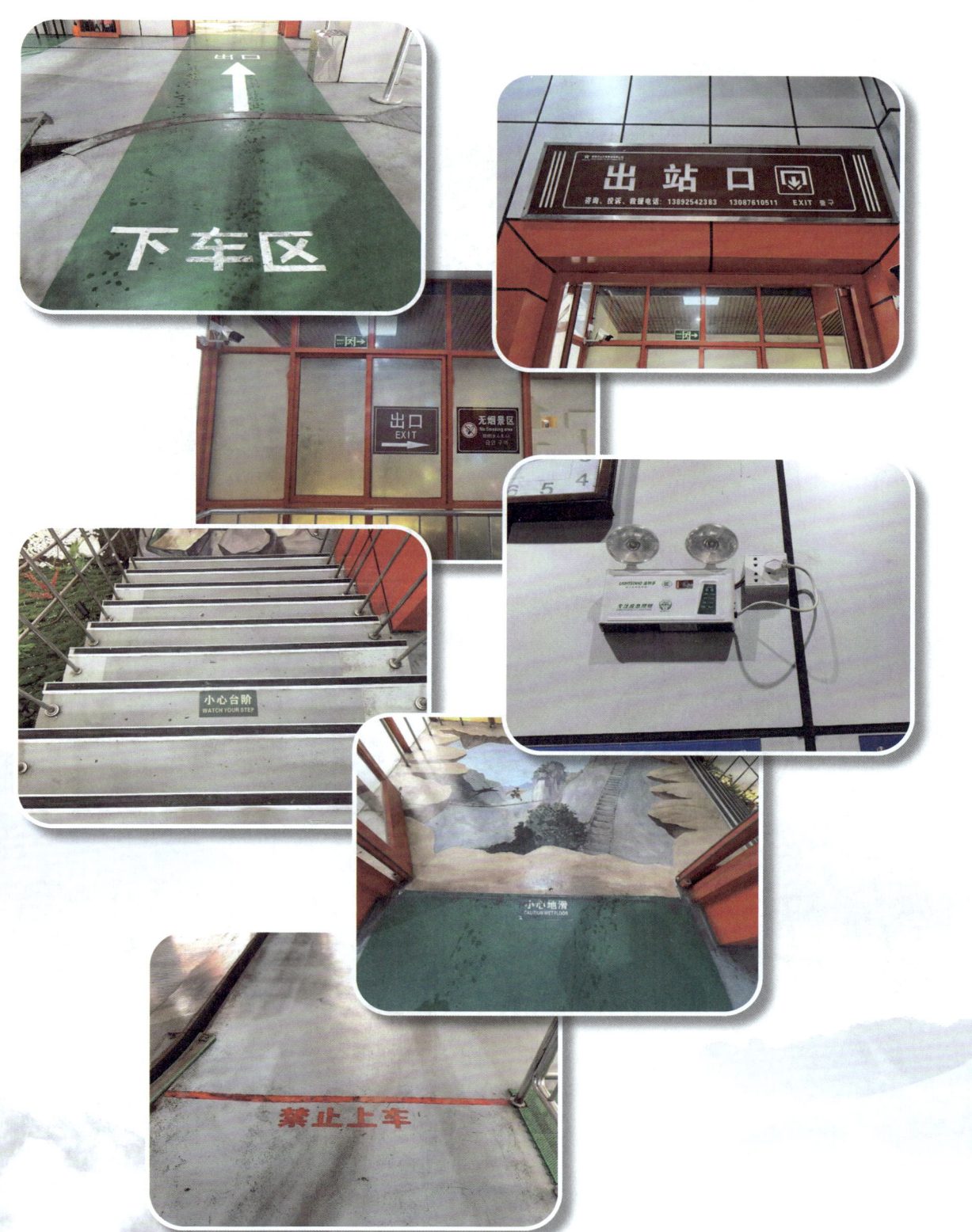

按评定标准 5.9.14、示图安装了钟表、风扇、点赞器、游客意见本等服务设施。

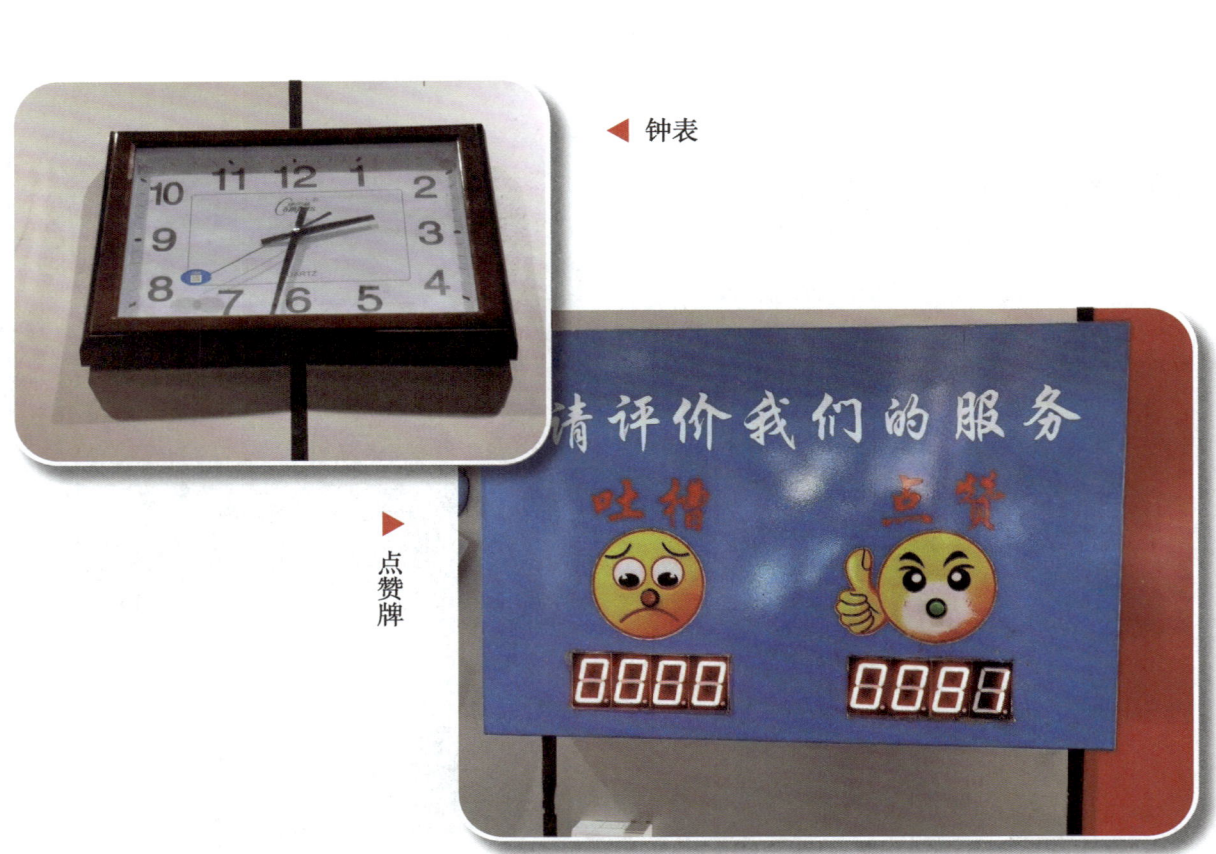

◀ 钟表

◀ 点赞牌

◀ 降温风扇

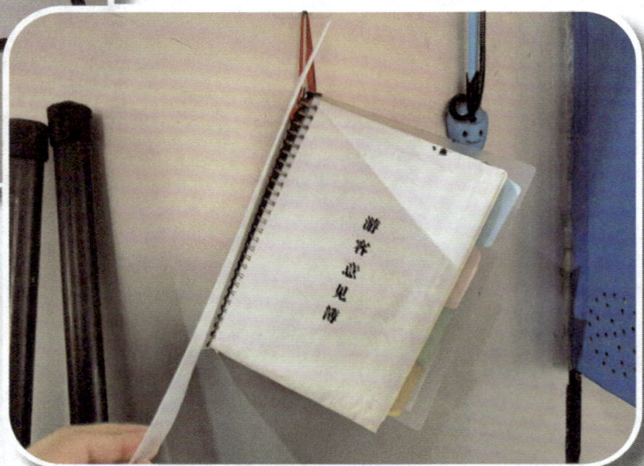

游客意见簿 ▶

按评定标准 5.9.8 示图，上下车区远程控制箱安装了禁止触摸警示标识，防止游客误触控制箱，上下车区均设置成绿色通行区域，其他为灰色区域，更直观的引导游客上下车，上下车区均有人员引导游客上下车，确保为游客提供安全优质服务。▼

◀ 警示牌

绿色通行区域 ▼

◀ 引导员

七、办公区

按评定标准 5.9.6、5.9.7 示图，办公区外安装了 LED 显示屏，用于发布通知、欢迎词、显示时间、天气等信息，布置了景观盆栽、华山模型。▼

按评定标准 5.9.8 示图，墙面上粘贴了公务乘索引导标识，用于对公人员服务引导从进站口有序乘索。▼

按评定标准 5.9.10 示图，办公区门张贴了办公区、失物招领、火种寄存处、疫情防控标识，用于为游客服务。

按评定标准 5.9.14 示图，张贴了本区域新冠疫苗接种率已达到 90%，消费者维权服务站公示标识。

按评定标准 5.9.14 示图，悬挂了服务监督栏。

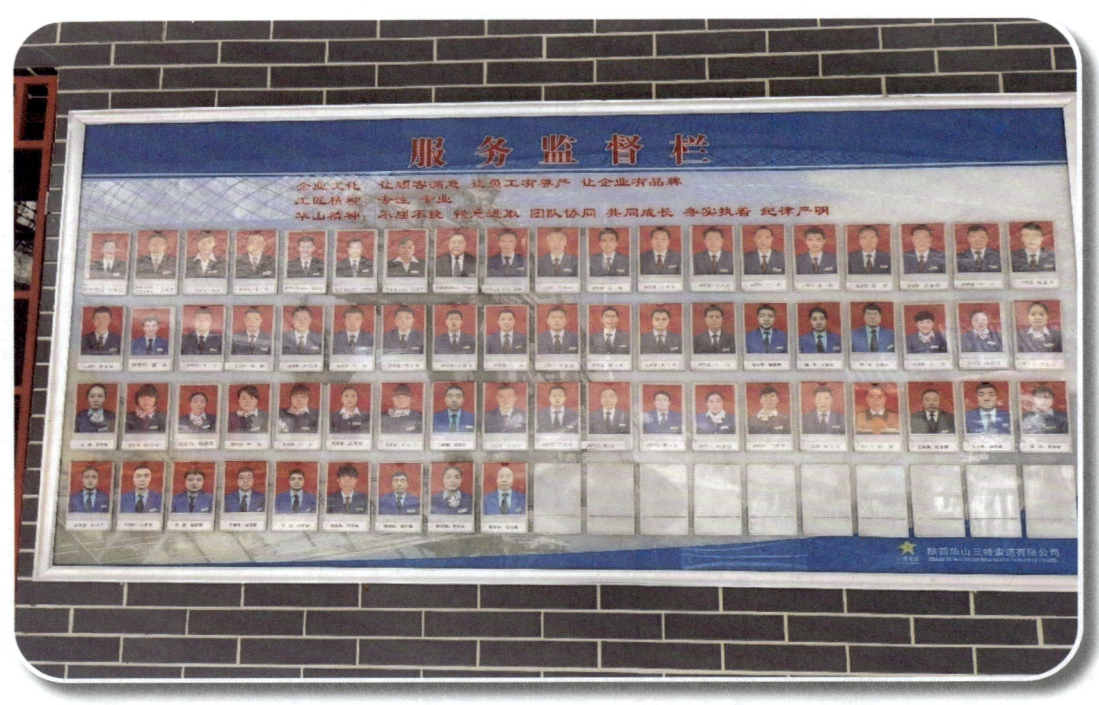

按评定标准 5.2.1 示图，办公区内悬挂了刑法修正案（十一）。

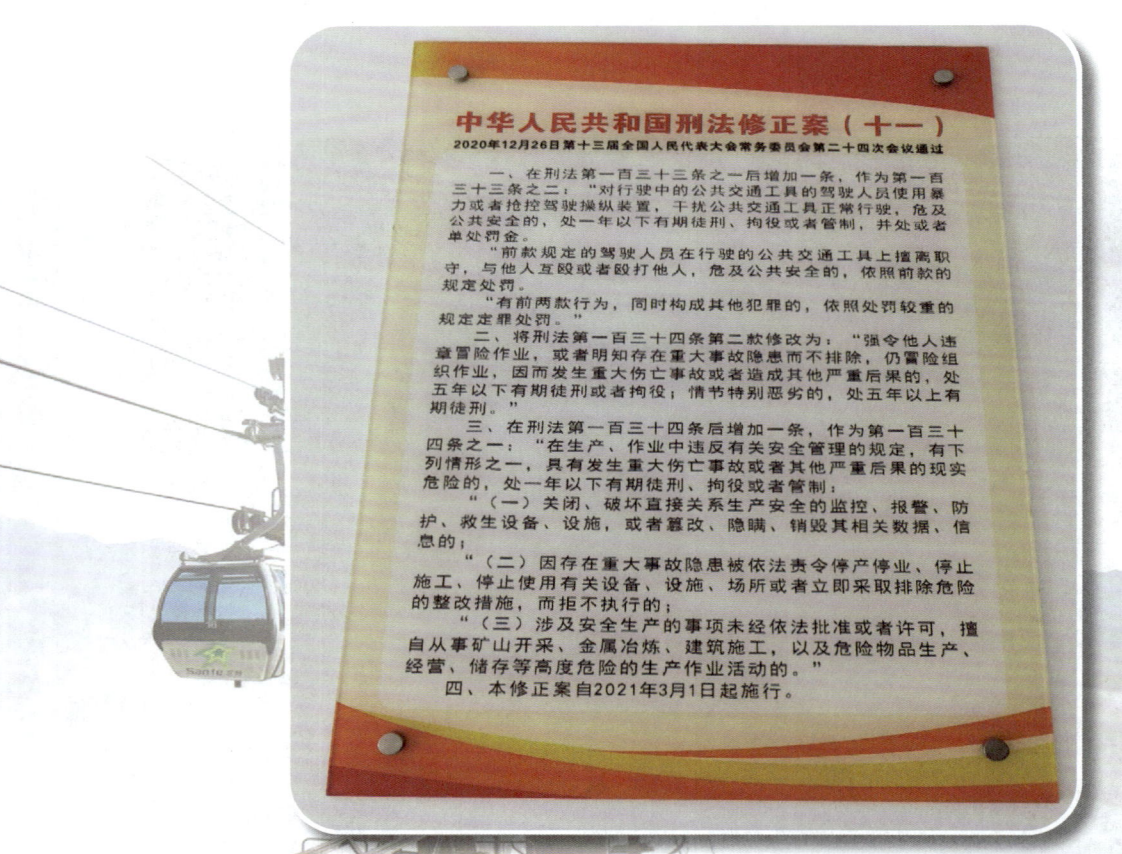

按评定标准 5.2.1、5.2.2、5.9.14 示图，办公区内悬挂了消费者服务相关制度、承诺书等标识牌。

按评定标准 5.2.1、5.2.2、5.6.1.1、5.9.14 示图，办公区内悬挂了应急救援组织机构人员名单、旅游投诉处理制度、安全监督管理制度、站长职责、卫生许可证、索道安全检验标志。

按评定标准 5.9.10 示图，放置了游客免费试用电话和 24 小时值班电话。▼

按评定标准 5.4.1.1 示图，建立了现场监控系统。▼

◀ 现场监控系统 ▼

按评定标准 5.9.10 示图，建立了站外广播系统。▼

按评定标准 5.9.10 示图，建立了现场无线网络系统，游客在区域内可免费享受 wifi。▼

八、出口下山通道区域

按评定标准 5.9.8 示图，出站房有明显索道出口标识，楼梯处有小心碰头温馨提示标识。

按评定标准 5.9.6、5.9.8 示图，出口通道布置了华山水墨画、地面张贴了下山乘车引导标识、小心地滑标识。▼

按评定标准 5.9.8 示图，沿出山通道每 10~20 米，设置了不同下山乘车引导标识、垃圾桶、卫生间引导标识、温馨提示牌。▼

按评定标准 5.9.8、5.6.1.3 示图，等候区作为了特殊天气下的了应急避难场所并有明显标识。

按评定标准 5.4.2.1 示图设定了山上运送货物时临时放货区域。

九、吊箱

按评定标准 5.6.2、5.9.8 示图车厢两侧张贴了明显车号，车内张贴了请携带好随身物品、咨询救援电话、乘索安全标识，车门张贴了请勿吸烟、请勿往窗外扔东西、请勿依靠、推拉、脚蹬车门标识，张贴了救护挂钩标识。▼

按评定标准 5.9.10 示图，车厢内有导览图盒，放置了华山旅游导览图。

按评定标准 5.6.1.3、5.6.2 示图，车厢内配备了应急物资箱，箱内配备了足够乘坐人数的矿泉水、速效救心丸、丹参滴丸、风油精、藿香正气水、压缩干粮、糖、保温毯、纸巾、雨衣，以便出现意外时，应急所需。

按评定标准 5.9.10 示图，吊箱内配置了视频广播系统，且在停车时能自动切换。

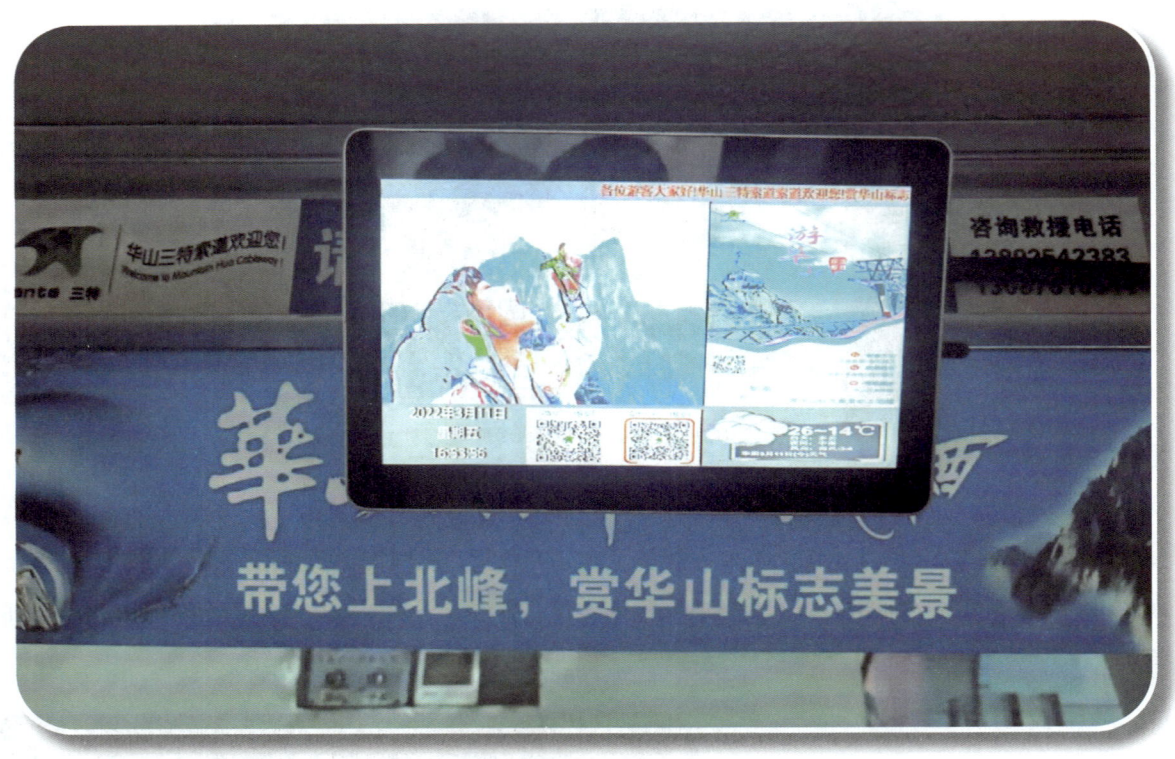

按疫情防控需要示图，吊箱内张贴此吊箱已消毒，请放心乘坐标识。

十、机房

按评定标准 5.9.8 示图,机房前门后门均张贴了机房重地、严禁入内。▼

机房前门

机房后门

按评定标准 5.4.2.1 示图，机房门口、机房内发电机旁、可控硅室、配电室门口等均配备了灭火器。

按评定标准 5.4.1.1 示图，机房门、墙、配电室门均设有应急灯、应急标识。

◀ 消防应急灯

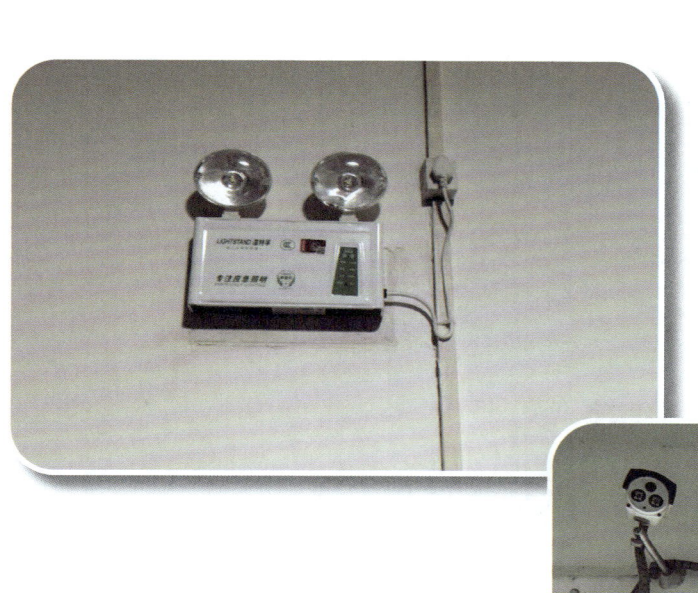

▼ 消防应急标识 ▶

挡鼠板 ▶

按评定标准 5.4.3.1、5.4.3.2、5.4.4 示图，机房内各区域均张贴了柴油、噪声、电焊职业危害告知卡，配备口罩、耳机、电焊帽等防护措施，并张贴了防鼠板放置示意图。

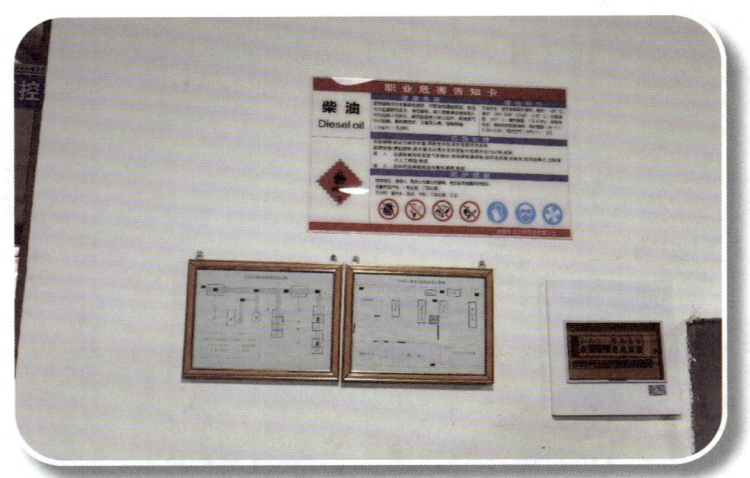

防鼠板示意图
柴油职业危害告知卡

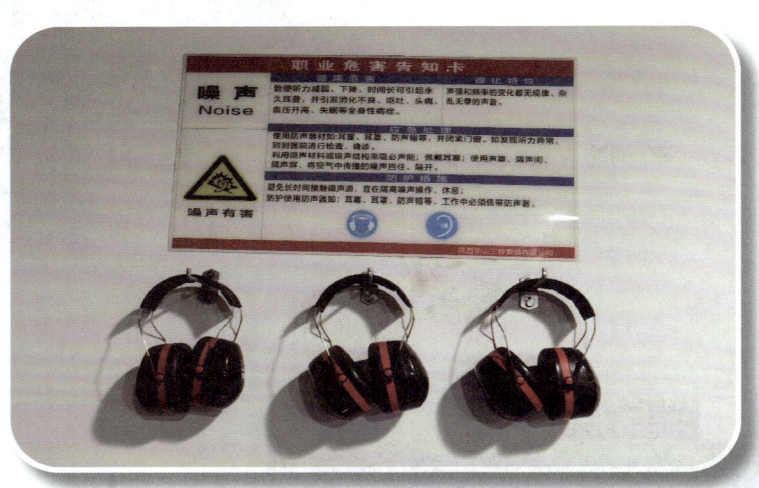

防噪耳机
噪声职业危害告知卡

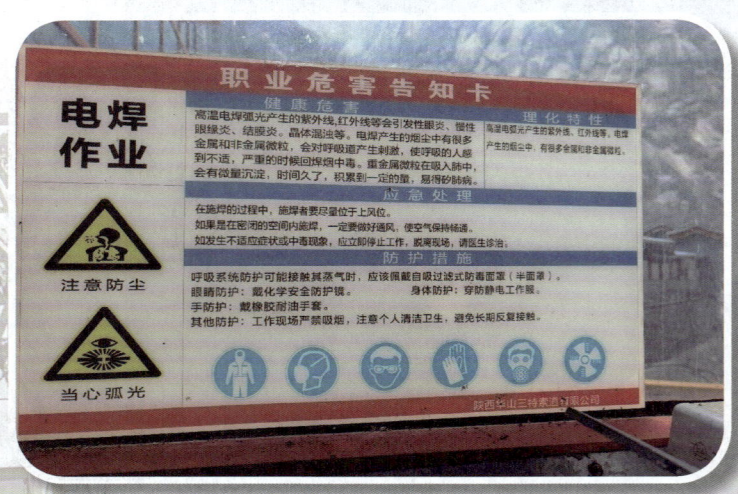

电焊作业职业危害告知卡

按评定标准 5.4.2.1 示图，维修闭锁开关做了鲜明标识。

按评定标准 5.4.2.1 示图，重点部位张贴了严禁烟火标识。

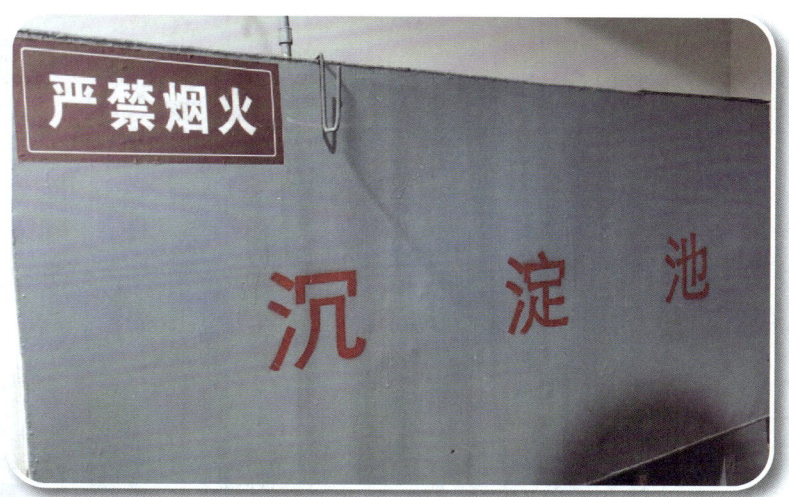

沉淀池

配电值班室

按评定标准 5.2.2. 示图,发电机张贴了操作规程、必须戴耳机标识。

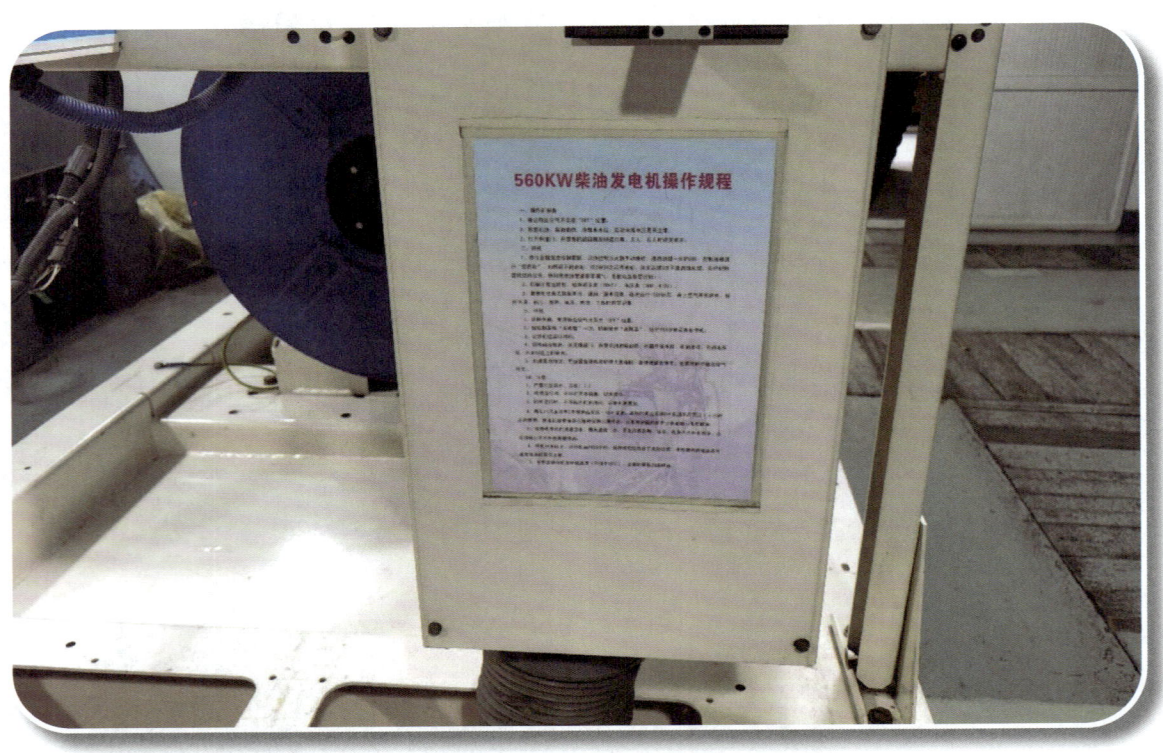

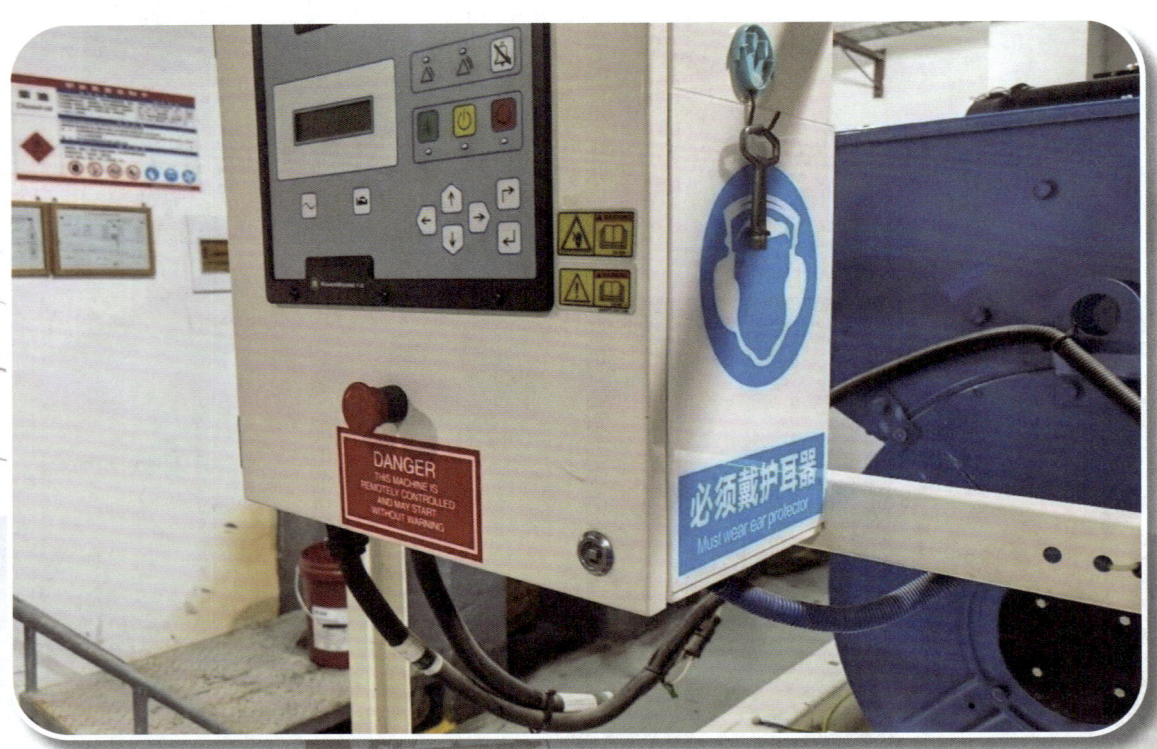

按评定标准 5.4.1.3 示图，重要设备均贴有重要设备标识牌。▼

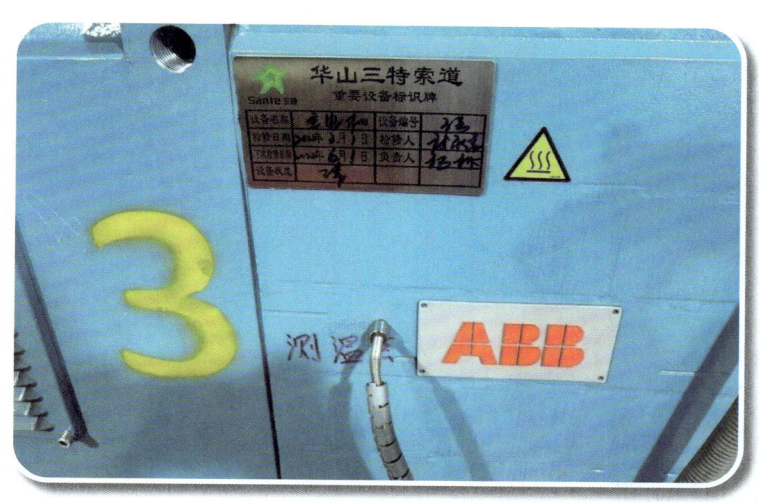

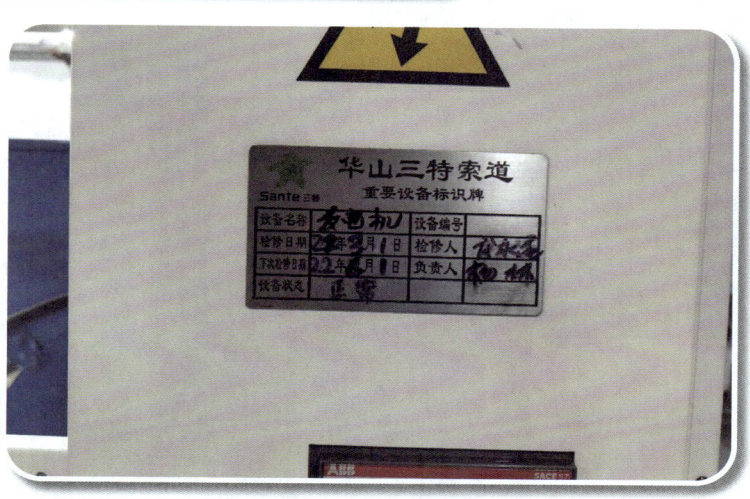

按评定标准 5.9.8 示图，配电室门张贴配电室、高压危险、禁止入内、配电重地、闲人免进标识。▼

按评定标准 5.2.2、5.2.3 示图，悬挂了机房、配电室管理制度、有载开关控制器操作规程、供配电检修规程。▼

按评定标准 5.2.3 示图，悬挂了停、送电操作规程的华山索道配电图。

按评定标准 5.4.3.1 示图，设有电工工具柜。

按评定标准 5.5.1.1 示图，按评定标准示图，各配电柜均有明显安全标识。

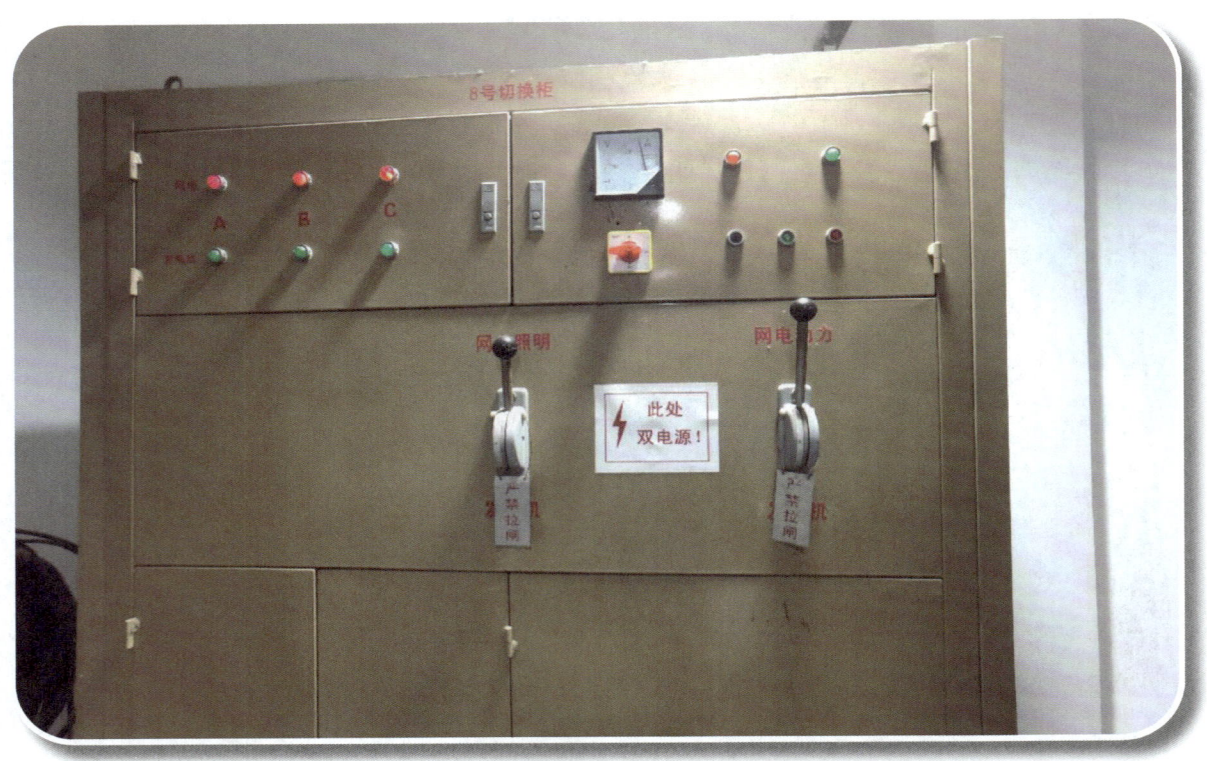

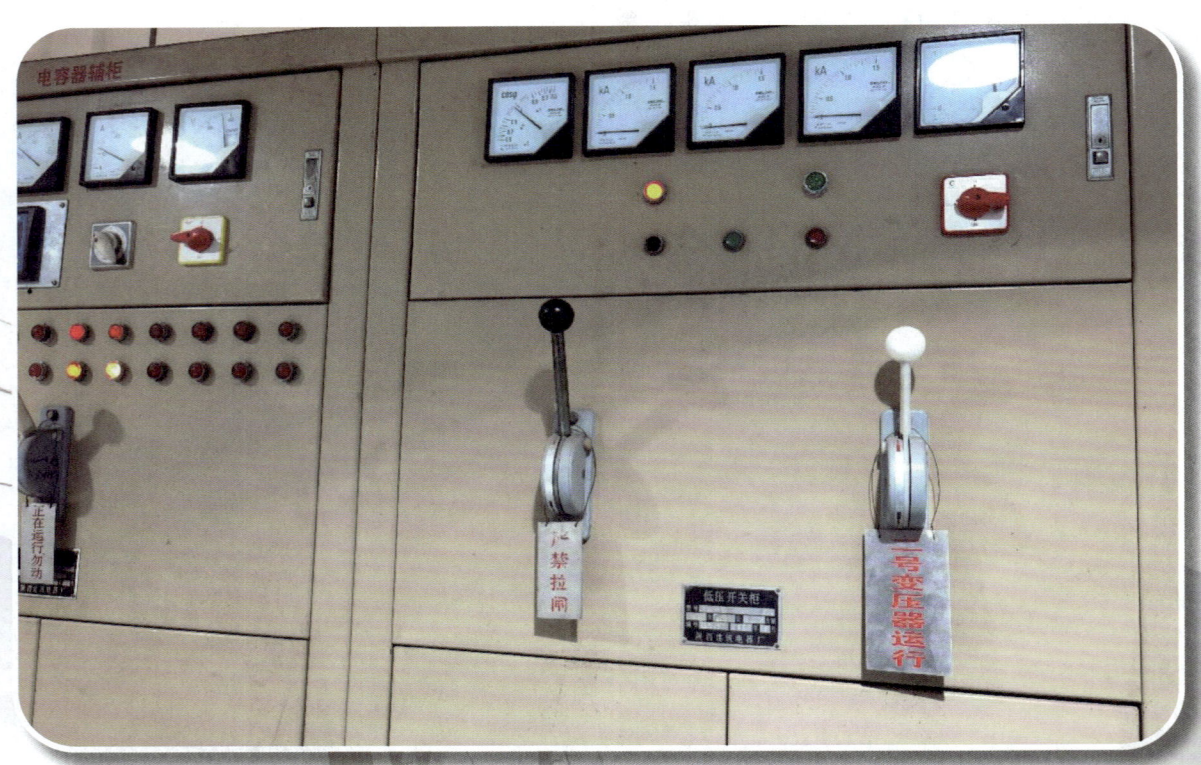

十一、维修培训室

按评定标准 5.3.1 示图，维修培训室用于日常维修和培训使用，墙上张贴禁止吸烟，布置两块白板用于日常培训。▶

按评定标准 5.2.2、5.2.3 示图，悬挂了维修间管理制度、培训室管理制度、砂轮机安全操作规程、台式钻铣床安全操作规程，以及砂轮机、钻铣床设备及主要事项提示牌。▼

◀ 维修培训室相关制度 ▼

◀ 砂轮机

▶ 台式钻铣床

按评定标准 5.4.1.4 示图，配备了常用工具和工作台。▼

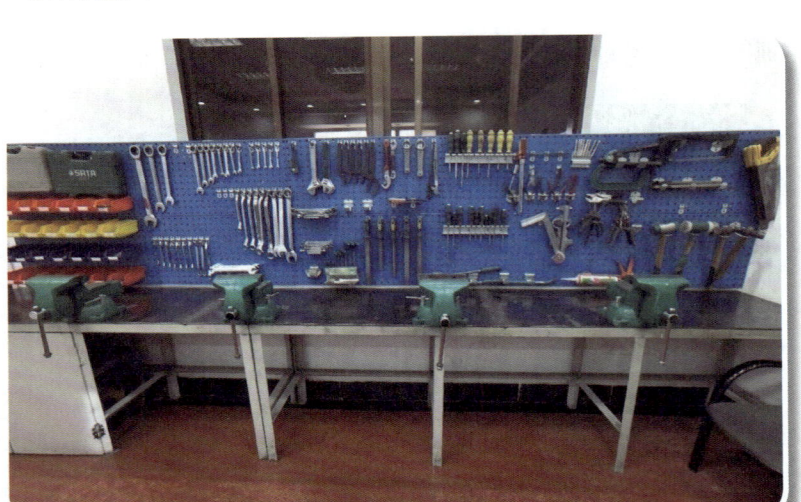

按评定标准 5.4.1.4 示图，配备了电气维修工作台。▼

按评定标准 5.4.1.4 示图，配备了资料柜和储物柜。▼

十二、控制室

按评定标准 5.4.1.4 示图,墙面布置了主驱故障原理图,方便在发生故障时,参考原理图快速排除故障。▶

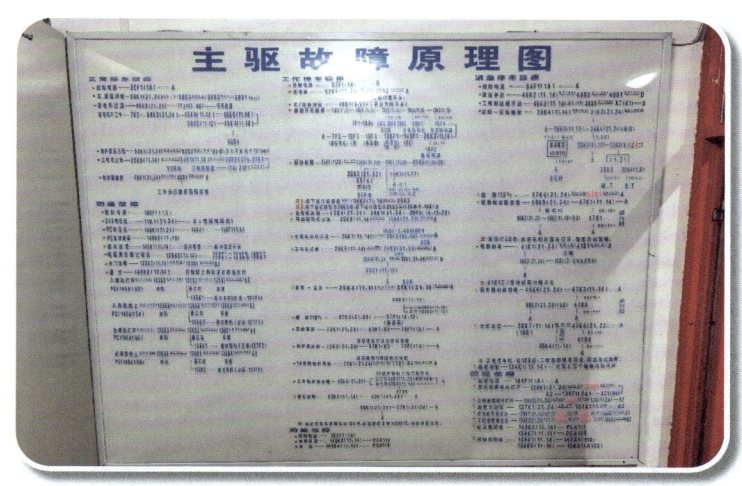

按评定标准 5.2.2、5.2.3 示图,墙面悬挂有控制室管理制度、设备司机人员岗位职责、设备主驱操作规程。

按疫情防控需要示图，大厅内设置疫情防控服务点，安装了自动测温系统，并有专人进行疫情防控服务。▼

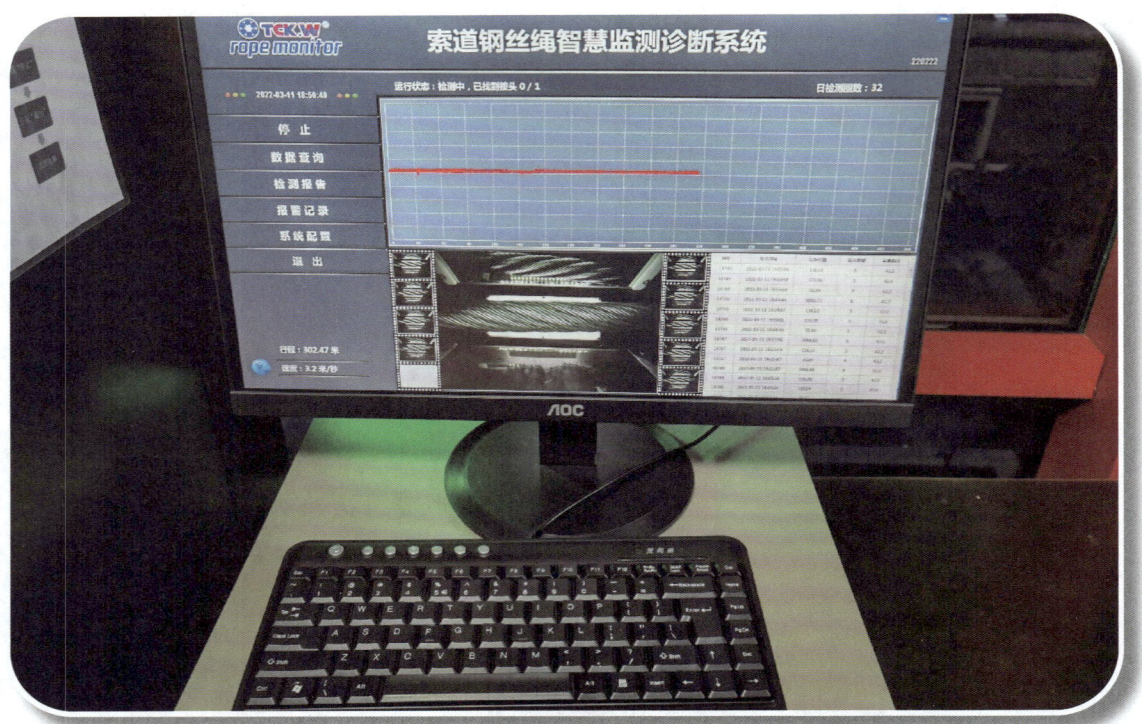

智慧索道钢绳安全诊断系统

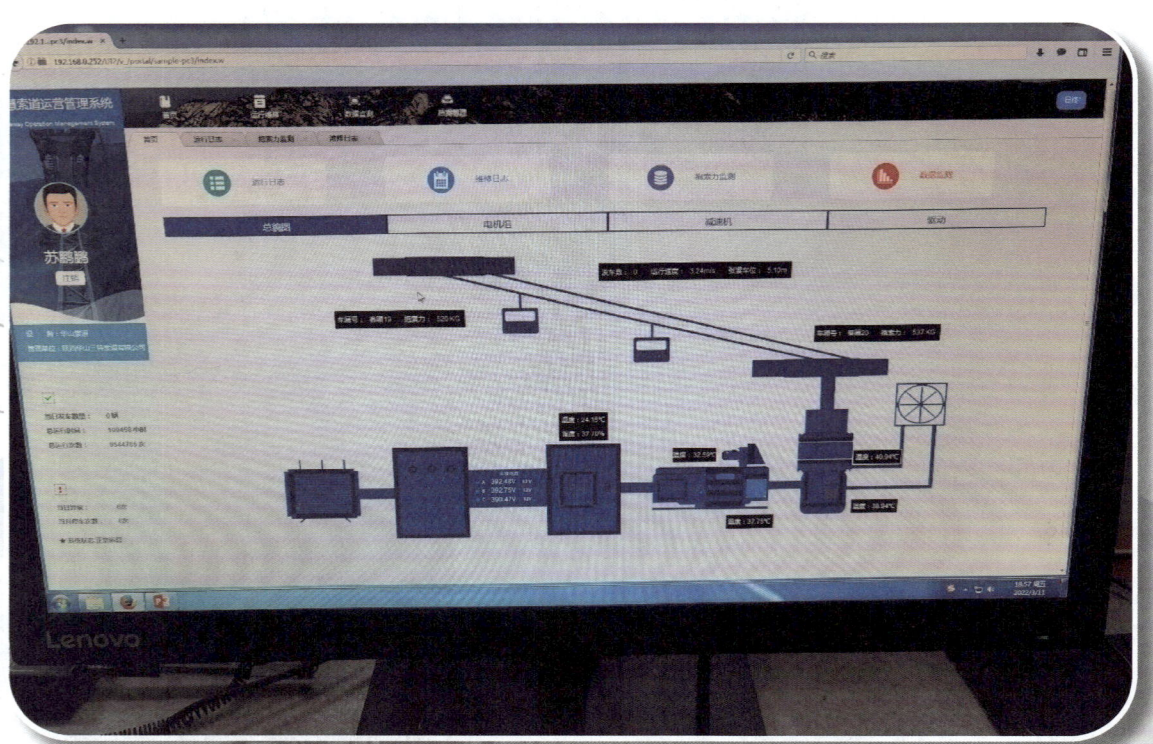

智慧索道安全管理系统

按评定标准 5.4.1.4 示图，配备了常用的工具和应急工具。

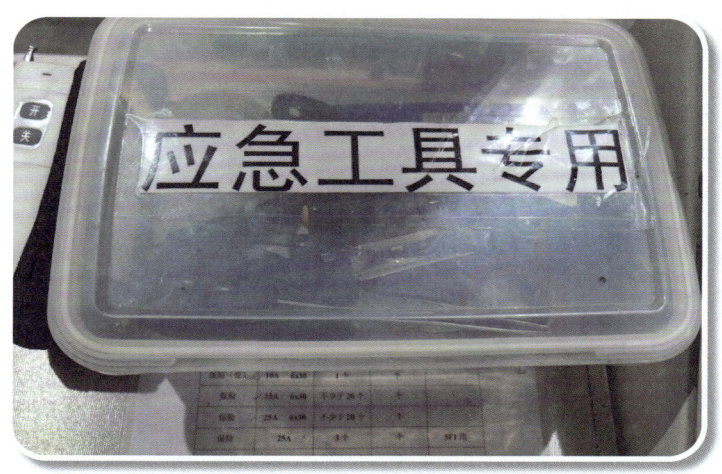

按评定标准 5.9.8 示图，控制室门口悬挂了安全检验标志、风速等级表及风速限定说明。

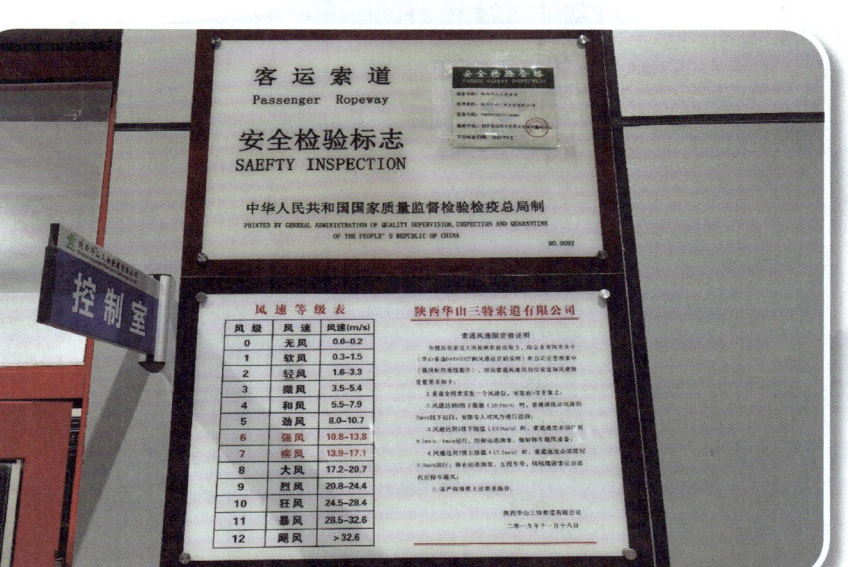

十三、车库及站前区

按评定标准 5.5.1.3 示图，站前区与车库用隔离栏杆隔离，防止人员误入运营区域，造成不安全事故。

按评定标准 5.4.2.1 示图，配备了充足的灭火器。

按评定标准 5.5.1.3 示图，安装了危险区域语音报警系统。

危险区域语音报警系统

按评定标准 5.4.1.4 示图，安装了充足的广播充电线毂。

按评定标准 5.9.8 示图，停车紧急开关处粘贴了禁止触摸标识，防止人员误触。

▲ 紧急停车开关

按评定标准 5.4.1.4、5.6.1.3、5.4.2.1 示图，车库角上配置了常用维修工具和应急救援设备存储点，并分类进行存放，安装了烟雾报警装置，预防火灾的发生。▼

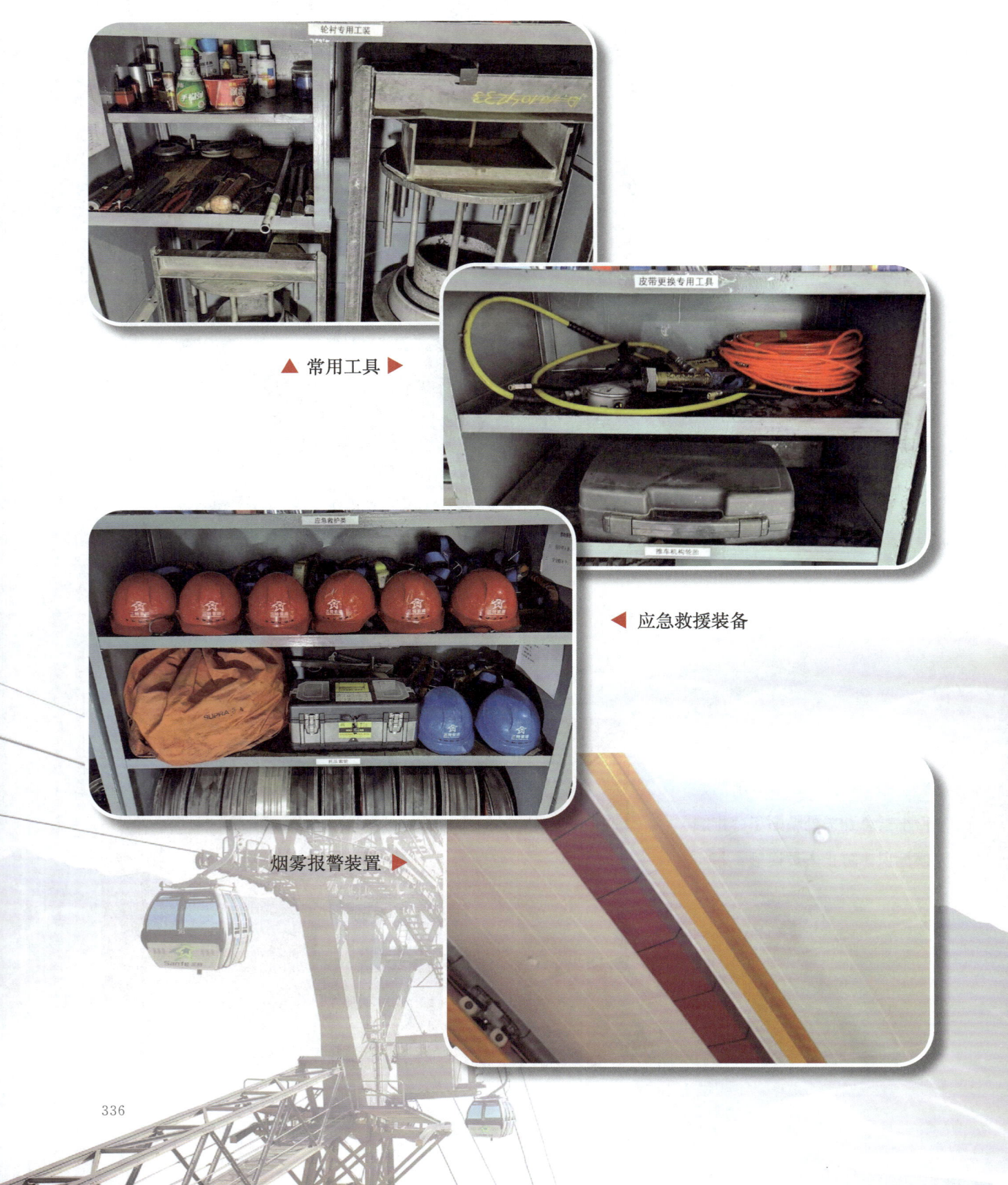

▲ 常用工具 ▶

◀ 应急救援装备

烟雾报警装置 ▶

十四、生活区

按评定标准 5.4.2.1 示图，生活区分界处安装了游客止步、安装了闸机设施，避免游客走错路。

按评定标准 5.4.2.1 示图，划分了车位和禁止停车区域，设立车辆掉头处，确保车辆有序停放。

按评定标准 5.9.8 示图，通往支架的道路设置了禁止攀登标识。

按评定标准 5.5.2 示图，易落石地方悬挂了地质灾害警示牌、当心落石标识牌。

按评定标准 5.6.1.3 示图，设立了应急物资间、临时物品储存间、生活用品间、后勤物资间。

按评定标准 5.2.2、5.4.2.1、5.4.3.1、5.6.1.3 示图，员工宿舍悬挂了宿舍管理制度、放置灭火器，宿舍统一管理，发放了统一的床单、被罩、枕头、枕巾，实行半军事化管理，宿舍安装了应急呼叫系统，用于员工夜间发生意外时能快速响应。

◀ 宿舍管理制度

宿舍消防器材 ▶

◀ 员工宿舍

床头应急呼叫按钮 ▶

按评定标准 5.1.5 示图，院子和食堂内设立了板报栏、员工之家宣传栏，构建安全文化建设，丰富员工的生活。▼

按评定标准 5.2.2、5.2.3、5.3.2.2 示图，食堂内悬挂了食品监督信息公示牌，包含了营业执照、食品经营许可证、食品安全等级、管理制度、食品安全承诺书、安全管理员、健康证明。▼

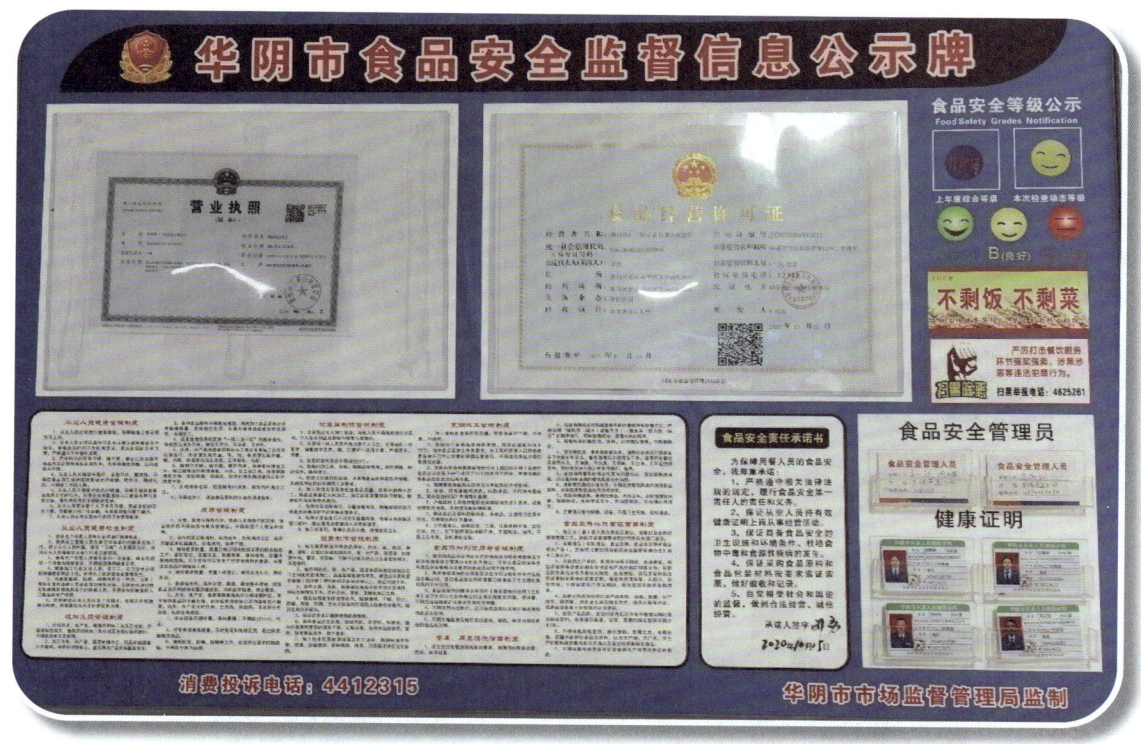

按评定标准 5.4.3 示图，放置了电子秤，更好的让员工管理身体健康。▼

按评定标准 5.9.13 示图，食堂悬挂了节约粮食文化牌、禁止吸烟、今日供应餐牌，摆放了厉行节约光盘行动桌牌。▼

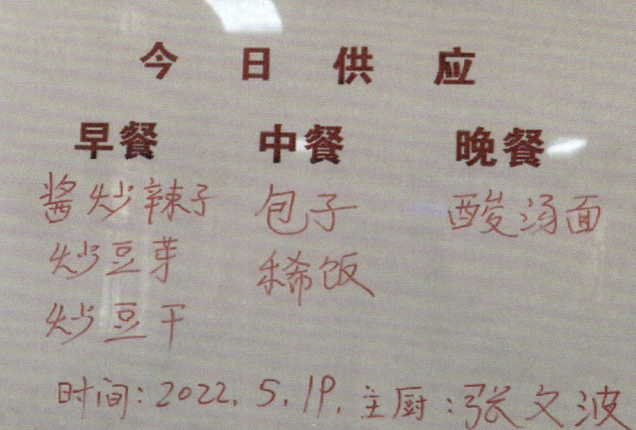

按评定标准 5.9.8、5.4.3 示图，后厨门口张贴了后厨重地、非工作人员严禁入内，食堂配备了消毒柜、调料台、钟表等，保障员工用餐卫生和舒心。▼

按评定标准 5.9.6 示图，建成了封闭式垃圾收集屋，避免垃圾泄漏造成污染，收集屋内按可回收和其他垃圾进行分类，设立了餐厨垃圾专用储存桶。▼

十五、油品库和废油库

按评定标准 5.9.6、5.4.4、5.5.1 示图,建立油品库和废油库。悬挂了严禁烟火、油库名标牌、危废管理责任信息牌、危废贮存场所标识牌、消费设施。▶

按评定标准 5.9.6、5.4.4、5.5.1、5.2.2 示图,废油库内悬挂了危险废油管理制度、危险废物、危废物储存间、危险废物警示牌,废油桶有废油标注,配置了危废物出入库记录表。▼

按评定标准 5.9.6、5.4.4、5.5.1、5.2.2 示图，油品库内悬挂油品存储管理制度、职业危害告知卡、严禁烟火、划分不同的存储区。▼

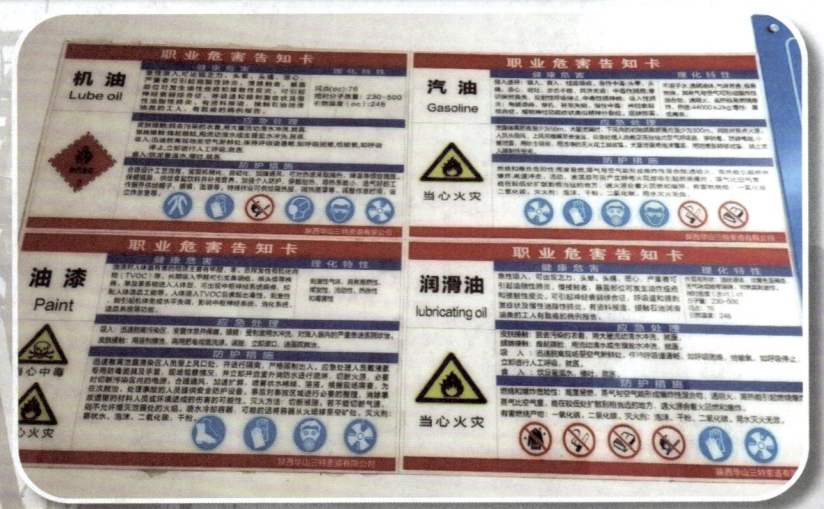

十六、站房后区域

按评定标准 5.5.2、5.9.8 示图，山体旁安装了当心落实、地质灾害警示牌。

按评定标准 5.9.8、5.4.2.1 示图，变压器前放置灭火器、禁止靠近标识，变压器护栏有明显高压危险标识和禁止攀登、高压危险标识牌。

十七、消防设施

按评定标准 5.4.2.1、5.6.1.3 示图，微型消防站配备了防火服、头盔、手套、防火靴等专业防火装备，配备了灭火机、灭火弹、消防斧等重要消防设备。▼

按评定标准 5.4.2.1、5.5.1、5.6.1.3 示图，建立了消防沙池并配备了应急工具，消防沙池有明显标识。

按评定标准 5.4.2.1 示图，灭火器划分了指定放置区域，张贴有消防器材、严禁挪用标识，配有灭火器检查记录卡，控制室、可控硅室除干粉灭火器外还配置了二氧化碳灭火器。

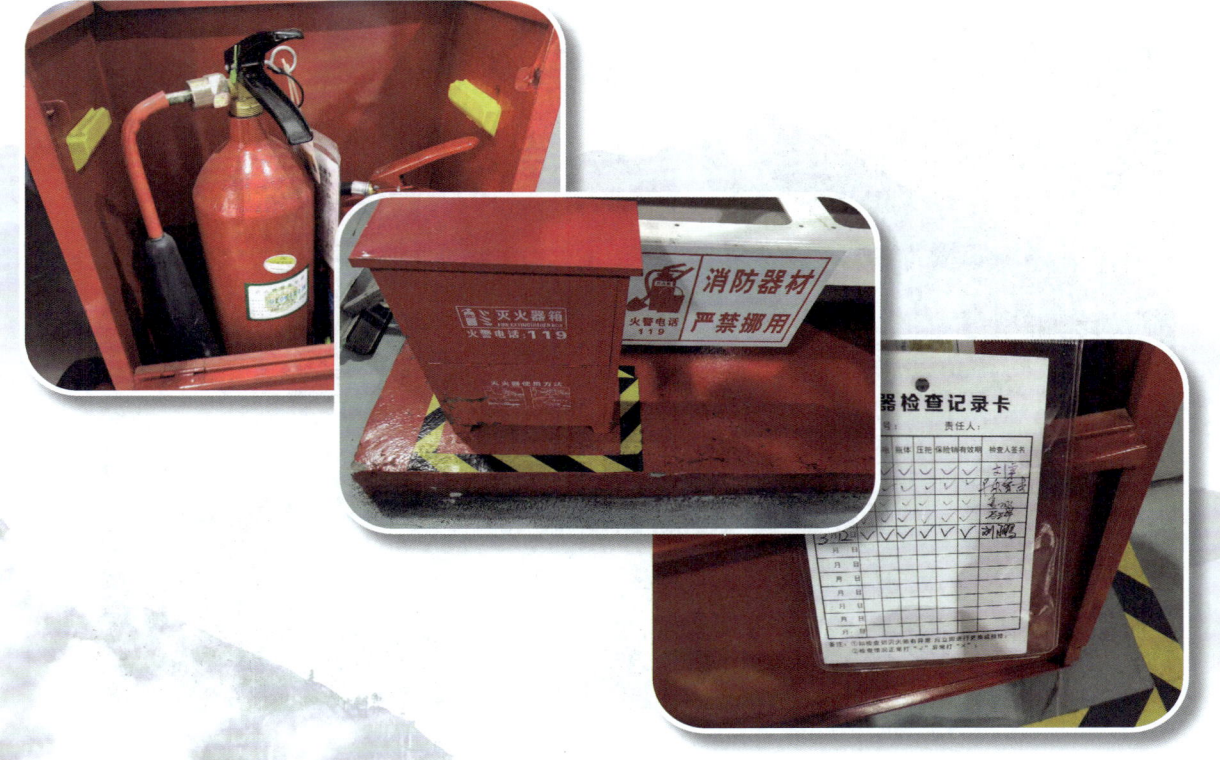

十八、支架和通讯设备

按照评定标准 5.9.8、5.4.2.1 示图，支架上两端都标明了该支架号码，支架底部均悬挂了禁止攀登。

按照评定标准 5.4.1.1 示图，控制室配备了内线电话，手摇电话，司机岗配备了对讲机，上下车区也配备了手摇电话，24 小时值班室配备了中国移动、中国联通不同的值班电话，确保不因一个网络有问题造成值班联系中断。▼

十九、上站区域

按评定标准 5.9.9、5.4.1.1 示图，售票处设置了乘索安全须知、价格公示牌、购票须知、退票价目公示牌、儿童身高测量标尺、LED 屏、自动售票机。▼

按评定标准 5.9.8、5.4.2.4、5.9.7、5.9.9、5.9.10、5.4.11、5.4.1.2 示图，顶部安装了明显的进站口标识，右侧张贴了此区域已消毒标识，张贴了微信购票码，方便游客购票和补票。左侧悬挂了安全生产标准化一级企业、5S 索道质量等级牌、索道年检标志以及乘索安全须知，既是企业形象和品牌的展示，也给游客乘坐索道一种特有的安全感。▼

按评定标准5.9.8示图，沿路每10~20米，设置了不同下山乘索引导标识、索道售票处、排队时间提示牌、卫生间引导标识、温馨提示牌。▼

按评定标准5.2.2示图，游客上车区正面墙面悬挂了乘车提示、携带好随身物品提示、安全提示以及特种设备安全承诺书。▼

按评定标准 5.4.2.1 示图，灭火器划分了指定放置区域，张贴有消防器材、严禁挪用标识，配有灭火器检查记录卡。▶

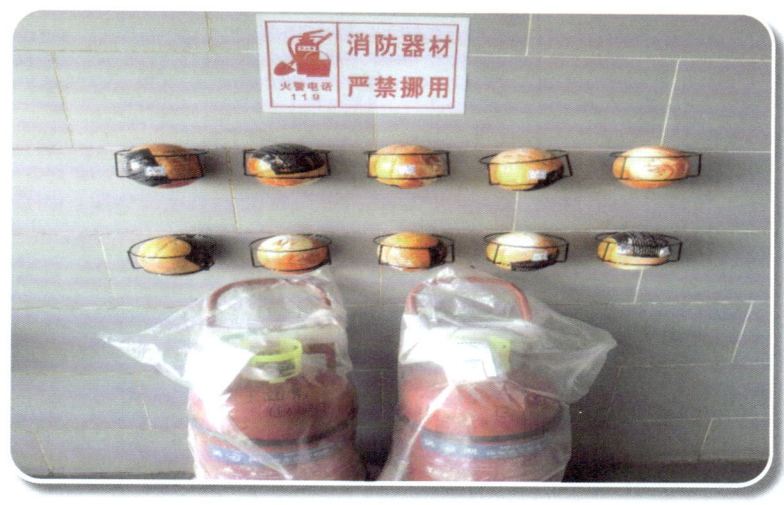

按评定标准 5.6.1.3 示图，设立了应急物资间，并粘贴了应急物资、严禁挪用。▼

按评定标准 5.4.2.1、5.4.1.1 示图，放置了防暴专用器材。▼